京津冀产业协同发展研究

王素仙　陈曦　著

中国商务出版社

·北京·

图书在版编目（CIP）数据

京津冀产业协同发展研究 / 王素仙，陈曦著. — 北京：中国商务出版社，2023.12

ISBN 978-7-5103-4883-9

Ⅰ．①京… Ⅱ．①王… ②陈… Ⅲ．①区域经济发展－产业发展－协调发展－研究－华北地区 Ⅳ．①F127.2

中国国家版本馆CIP数据核字（2023）第209672号

京津冀产业协同发展研究

JING-JIN-JI CHANYE XIETONG FAZHAN YANJIU

王素仙　陈曦　著

出　　版：中国商务出版社		
地　　址：北京市东城区安外东后巷28号	邮　编：100710	
责任部门：发展事业部（010-64218072）		
责任编辑：孟宪鑫		
直销客服：010-64515210		
总 发 行：中国商务出版社发行部 （010-64208388　64515150）		
网购零售：中国商务出版社淘宝店 （010-64286917）		
网　　址：http://www.cctpress.com		
网　　店：https://shop595663922.taobao.com		
邮　　箱：295402859@qq.com		
排　　版：北京宏进时代出版策划有限公司		
印　　刷：廊坊市广阳区九洲印刷厂		
开　　本：787毫米×1092 毫米　1/16		
印　　张：20	字　数：426千字	
版　　次：2023年12月第1版	印　次：2023年12月第1次印刷	
书　　号：ISBN 978-7-5103-4883-9		
定　　价：84.00元		

前　言

在经济全球化和区域一体化的背景下，区域经济协调发展对我国经济的健康持续发展起着越来越重要的作用。

京津冀协同发展作为重大国家战略实施以来，三地在非首都功能疏解、产业合作、政策衔接等方面取得了明显成效。京津冀地区是我国沿海三大核心综合经济区之一，产业协同是京津冀协同的重要部分。只有产业协同发展的目标达到了，才能合理利用京津冀区域的资源，京津冀区域才能形成良好的产业协作，京津冀协同发展才算成功。目前京津冀经济圈区域合作仍处于初级发展阶段。因此，京津冀产业协同发展势在必行，对其研究有很大的应用价值。

本书以协同创新为视角，以地方政府的探索为案例，梳理保定实践做法，从移植北京创新基因、引进中关村创新生态、打造协同创新平台、营造科技创新环境等方面进行探索，通过协同创新带动区域一体化发展，以期为京津冀战略性新兴产业融合集群协同发展提供借鉴。本书首先从产业协同理论入手，介绍了区域产业协同发展的国内外经验，接着详细分析了京津冀地区产业发展现状、京津冀产业协同发展 SWOT 分析，然后分析了协同发展的趋势和重点、京津冀产业协同创新发展的困境与模式创新，之后重点探讨了雄安新区——京津冀产业协同发展的战略引擎、加快滨海新区建设推进京津冀产业协同发展，以及京津冀产业协同发展的法治保障，最后对京津冀产业协同发展的路径和机制方面进行了详细的研究。

本书在编写过程中引用了大量的国内外专家、学者的观点、论述和成果，在此一并表示衷心的感谢。鉴于编者的学识有限，编写时间仓促，书中难免会有不足，恳请读者提出宝贵意见。

目　录

第一章　产业协同理论

第一节　协同方法及科学基础

一、提出和应用

1971 年，物理学教授哈肯和他的学生格若汉姆提出了协同学的主要思想及相关概念，并在其发表的《协同学：一门协作的科学》一文中对此进行了正式的阐述。1977 年，哈肯的专著《协同学》发表，"协同学"（Synergetics）一词由此正式进入学术视野。1983 年，哈肯的专著《高等协同学》发表，"Synergetics"被解释为共同工作。协同学可以说是"协同合作之学"，并强调研究的是"集体行为""人们的那些似乎是相互约定的行动"，集体行为形成一种自动反应，使个体不可能摆脱它的控制。"做出决定的并非好意或恶意，而是集体形成的条件"。协同学理论借由对远离平衡态的开放系统和外资进行物质、能量交换条件下的自身内部协同，自发存在于时间、空间和功能上的有序结构的研究，由此成为横断科学"新三论"之一。协同理论结合了耗散结构理论的精华，以现代系统控制科学成果为基础，采用来自系统动力学的综合思维模式，基于不同学科、系统的同构类比，建立起整套关于多维多项空间理论的数学模型和处理方案。在研究对象由微观向宏观的扩展过程中，对各类包含不同特殊性质系统的共性——由无序向有序转变，并进行了描述。在以往 30 多年中，协同学得到了一次又一次的新的和意想不到的应用。曾建和张一方两位教授对协同学在社会科学中的具体运用给予了高度评价："在社会中如何通过对不同的社会领域和社会作用之间的相互协同，以期在社会整体形成在微观个体层次之间的新的结构特征的科学。"但从协同学在国内外经管领域的研究来看，维持在使用协同学部分原理对企业间竞争进行初步探讨，研究总体尚处于萌芽状态。

二、科学基础

（一）协同学中的协作性思想

在哈肯的系列研究中，协同学的观念和研究方法被用于物理学、化学、气象学、生物学、生态学等领域中问题的研究。从真正的理论角度来看，协同学更偏重系统论观点，对由大系统的子系统之间的关联而造成的协同运动关注更多，这种协同会使得系统在宏观上出现差异化的组织结构，而这个特点成为协同学被应用到定量社会学和社会管理研究的主要原因。

（二）玻尔的互补原理思想

互补原理在1922年由丹麦物理学家、物理学诺贝尔获奖者玻尔提出，认为物理学中有关波动和粒子这两个理想的经典概念都有有限的使用范围，辐射与物质能够在特定的物理实验中表现出波动性或粒子性。对这两种理想描述，割裂开来的任一描述都不能对所涉及的现象进行完整说明。在此基础上，玻尔基于更广泛的逻辑关系提出解决彼此不相容但又互为完整的互补原理。在协同方法中通常选择的协调点就是这种波粒二相性的反映。

（三）系统论中的基本原则

提高人们对系统整体效应的关注程度，要使其认识到系统本质的"整体性原则"，同时使得系统目的的"最优化原则"得到体现。整体性原则作为系统论的重要基本原则，意味着系统整体应当大于各部分之和，这实际上是对系统整体性原则最好的表述。"最优化原则"意味着系统中存在着自然状态下的最优，这种最优是生物系统自然选择的结果，而非生物系统的最优则通过结构稳定性和有序性进行表现。一切系统都以在特定条件下最稳定、最优化的结构和组织状态存在，一旦这种稳定遭到破坏，系统就可能遭到淘汰。

第二节　区域产业协同发展机制

复杂系统在内部要素和外部环境的共同作用下各种内在机能、规定性和控制性的产生被称为机制。对协同发展机制的探讨，益于在发展中相互关系的厘清，抓住众多关系中的主要矛盾、解决主要难题，从而为协同发展扫清障碍。协同机制应用于产业发展中，通常是指产业系统在内部产业竞争力要素和外部环境共同作用下，在产业系统中形成的协同系统和产生的内在技能与控制方式。总结来看，产业协同机制应当包括动力机制、耦合机制、外部控制机制和自组织运行机制在内的机制之间相互交织渗透的复杂而有序的系统网络。

一、动力机制

通过与外界物质和能量的持续交换，一个偏离平衡态的非线性开放系统内会产生随机的"小涨落"，这些涨落会通过相关效应进行叠加，形成"大涨落"，从而对原始系统结构产生破坏，形成原有系统向新的、稳定的、有序的系统进行转变的"触发器"，使得原来偏离平衡态的混沌无序状态向时间上、空间上或功能上的有序状态转变。故系统中出现的涨落可以被看作由系统要素协同作用而形成的一种推动产生有序结构的动力。区域产业系统是一种开放系统，受到外部经济社会变动、技术进步、政治波动等外部环境的影响，区域产业之间存在着复杂的资源整合、合作创新与竞争共存、产业关联、协同提升等非线性关系，区域产业协同发展处于偏离平衡态的状况之下，产业中的企业通过协同作用产生众多的"小涨落"，从而形成区域产业系统竞争力的"大涨落"。伴随区域产业系统中企业数量的增加和规模的扩大，企业间在产业关联过程中逐步构建出稳定的产业链，形成战略发展联盟，企业间资源共享、合作共赢，企业竞争力由此得到较大提升。这种企业竞争力的"涨落"会产生关联、辐射和示范作用，对区域外部企业形成吸引力，区域产业系统的集聚力增强，系统中的"小涨落"更多，最终使得区域产业协同形成竞争力的"巨涨落"。这种规模的产业竞争力提升，必然会使得区域产业整体布局、结构和政策支撑体系出现适应性变革，产业和企业间要素整合、人才协同配置、技术创新协同合作，形成新的产业体系成长的适应性结构，推动区域产业协同发展。因此，区域产业竞争力"涨落"是产业协同发展的必要条件，是推动区域产业协同发展的"原动力"。

二、耦合机制

耦合是物理学的一个基本概念，是指两个或两个以上的系统或运动方式之间通过各种相互作用而彼此影响以至联合起来的现象，是在各子系统间的良性互动下，相互依赖、相互协调、相互促进的动态关联关系。因此，耦合来自系统内部的子系统之间存在的相互作用、依赖、协调、促进的动态联系，这种联系会作用于各子系统实现竞争力共增。产业协同发展必须要求区域内部产业在竞争力提升过程中耦合互动，从系统内部要素具体层次来看，一方面包括区域内产业间合作与竞争关系的耦合，另一方面包括区域间产业竞争力的耦合。

（一）竞争性耦合机制

区域产业协同的根本目的是通过区域产业通过资源要素互补，耦合成为整体，发挥竞争力"1+1 ≥ 2"的协同效益，从根本上提升区域产业竞争力。在波特的"钻石"模型中，把生产要素划分为基本要素和高等要素两类，基本要素包含资源要素、地理气候条件、初级劳动力等，高等要素包括高科技人才、技术、管理经验、现代设备等，这些要素实际上是提升区域产业竞争力的必要的物质条件。当区域产业系统中存在的基本要素与高等要素具有较强的互补性时，企业就很容易运用比较优势实现互补，在市场运作下实现区域产业竞争力耦合互动，从而在区域产业系统中释放更强的产业竞争力。

（二）竞争与合作耦合机制

当面临激烈的环境时，企业间通常存在更激烈的市场竞争，但过度竞争会使得企业面临资源短缺的状况，从而在下一轮竞争和创新中处于劣势。麦肯锡公司咨询专家布利克和厄恩斯特的观点认为："驱动公司与此行业其他公司竞争，驱动供应商之间、经销商之间在业务各方面不断竞争的传统力量，已不可能再确保其在这场达尔文式的游戏中拥有最低成本、最佳产品或服务，以及最高利润。"这就意味着在现代企业发展中传统的竞争不再主导，以竞争为导向的合作、通过合作达到共赢的"竞合一体"格局正在形成。这种竞争与合作的耦合只有在一定条件下才会发生，从协同的角度来看，这些条件包括：①创新的潜力。双方在竞争与合作的过程中能够创造出各自无法创造的价值，双方的耦合互动存在创新潜力。②理念上的共识。双方在重大发展问题，如发展战略、发展方向等方面具有相同的和具备兼容性的观念与价值观。③适宜的环境。存在支持、催化双方进行竞争与合作的适宜的环境，从企业自身来看包括战略规划、企业文化、人员结构等；从外部环境来看包括国内外市场环境、政策支持、法律保障等。④目标的谋合。双方对竞争与合作发展有共同追求的目标。

从区域产业系统来看，"竞合一体"形成的主要主体是微观企业。因此，区域产业"竞合体"形成的关键在于如何促进企业竞合体的形成。在全球经济一体化环境下，区域中的各方企业在市场经济条件下形成"竞合协同体"，从而构成区域企业竞合体，并在竞争中加强合作，在合作中强化竞争，以达到区域"竞合"整体层次的提升。

三、外部环境控制机制

在协同学理论的观点中，只有当外部环境超越临界状态时，开放型系统才会向更完善的有序结构演变。从区域产业系统来看，作为一个开放型系统，外部环境如国内外经济环境、技术发展环境等的影响都至关重要。外部环境每超越一次临界值，区域产业协同发展的进程都会相应发生改变。从外部环境控制机制本身来看，主要体现在外部环境对区域产业系统的正面、负面或正负面交杂的集合控制，当这种集合控制的正面效应意味着环境变化对区域产业协同产生了促进作用，反之，将产生抑制作用，而当正负面效应交杂时，具体作用方向取决于两者的综合效应。

四、自组织运行机制

自组织性作为协同学理论研究系统的最基本特性，表现为当外部控制参量超过阈值时，协同系统内部会自发将资源要素重新组织构成一个更为有序的结构。同样，区域产业协同系统最本质的特征是系统的自组织机制。当外部环境超过一定的控制程度时，区域内部的产业会在内外部要素的共同作用下，重新组织成为更有效的结构以益于区域产业竞争力提升，这种变化的出现就是区域产业系统具备组织运行的自我开放和自我调控能力。

（一）自我开放

区域产业想要提升产业机制，通过自组织运行机制形成更为有效的结构，就要求区域产业系统必须具备开放性。只有具备开放性，区域产业系统才能够从外部环境获得产业协同发展所需要的资金、技术、人才等资源要素，达到更有序的结构，提升区域产业竞争力。自我开放着眼于区域产业系统本身，指系统在提高自身竞争力的压力下，自动拓宽对外交流渠道、自动开放系统，突破单纯某种具体要素的开放，实现资源要素的全方位开放，从而形成要素组织更加完备的结构。

企业作为构成产业的微观主体，同样构成产业协同发展的主体。企业在市场经济条件下，必须从市场上获取原料、资金、劳动力等各类资源要素和市场供求、技术进步、政策调整等各类信息，其对应行业产品生产价值链上各环节的创造都与外部环境密不可分。企业开放有一个重要的前提条件，就是政府对开放环境的态度，政府可以为相应的企业提供必要的宏观政策支持和引导，因而成为区域产业协同发展的关键。政府通过自我开放可以为产业和企业发展营造良好的环境，并建立完善与国际惯例接轨的新型体制，通过贸易、招商引资、展会等方式与外界广泛交流沟通，为各类企业尤其是高新技术企业参与国际市场竞争创造条件，并为高科技产业的发展提供必要的国际人才、国际市场信息等。

（二）自我调控

在发展过程中，系统不断吸收自身内部知识，对内部局域关系进行调整。在外部环境变化下，系统内部诸要素通过自我调整形成更有序的结构以适应环境变化，这两种情况都属于自我调控，构成了自组织机制的内容。区域产业系统中的产业之间是否能够进行包括政府、企业、科研机构和高校在内的自我调控，是产业协同发展中自组织机制建立的关键。

从自我调控根据调控发生的时间来看，主要可以分为前馈、同期和反馈控制三类。其中，前馈控制即事前控制，是根据既有情况的观察、现有规律的掌控和所获信息的分析，对未来可能发生的问题或迎来的机会进行预计，并相应地进行预防或争取。同期控制即实时控制，指对事前未做出准确估计的、需要立刻解决的偏差要做到即时控制。反馈控制即事后控制，指在已经发生的组织活动反馈信息中发现偏差并进行分析，随后采取措施纠正偏差。

根据区域产业协同发展的要求，政府应该对宏观环境等进行及时调整，创造优越的产业协同氛围。并根据市场环境发展趋势，将政府角色由"无限政府"向"有限政府"转变，把控政府职责范围，做好由"管理者"向"服务者"的转变。

第三节　区域产业协同发展理论基础

一、经济系统动力原理

区域经济非平衡状态下的加速发展通常是依靠区域经济系统外部环境和内部力量相互作用而产生的结果，而区域经济协同就是将平衡的惯性系统改变为具有加速度的开放系统的必备手段。根据经济系统动力论中关于内动力原理的表述，改变社会经济的内部结构是将经济社会系统由惯性系统向加速度开放系统转变的必要条件。这种内部结构的改变通常包括三个方面：一是变革维持原有平衡惯性系统结构的旧体制，突破旧体制中隔绝外部世界的封闭体制特征；二是改进原有系统内部资源要素质量；三是扩大平衡惯性系统内部的势能差。

二、协同放大原理

系统科学已经证明，围绕系统整体目标，各子系统作用的共同发挥能够具有放大作用。开放性的非平衡系统会与外界环境作用从而产生竞争，形成系统内协同的外因，而子系统间的非平衡性和非线性作用则构成功能放大的内因。构成系统内协同内因作用方向的主要因素包括系统内要素的质量差异、要素组合的作用性质及内部物质的非均匀分布。系统中的非线性作用具有多方向性、有转折突变点、非成比例增大的特点，同时还能进行相互作用。这些非线性作用能够放大协同作用，进而导致有序结构的形成。然而，由非线性作用带来的放大作用也可能产生非积极作用的结果，在一定阶段会对系统发展产生消极影响。从社会经济系统内部来看，如果子系统之间的差异超过阈值，就可能使得系统发展中的矛盾出现尖锐化，从而激化系统矛盾。同样地，如果各个区域在经济社会发展过程中，区域间的发展差异过大，就会导致区域之间出现更明显的摩擦，造成区域矛盾的复杂化，对整体经济发展不利。因此，如果不能通过科学的协同方式将发展差异维持在合理范围之内，那么区域经济发展的干扰引资就会取代协同引资，对系统发展造成负面影响。

协同放大原理兼顾了非线性作用的积极方面和消极作用，认为任何系统都是线性与非线性作用的统一。任何开放的非平衡系统中，都是线性作用与非线性作用共存。非平衡作用和不断协同发展的直接结果就是功能放大。封闭区域经济系统可能面临短期非线性发展的结果，开放区域经济系统也可能因子系统差异过大而面临低速发展。

在现代协同论中，只有坚持协同，开放的区域经济系统才能在非线性状态中保持有序运行。在以国家为单位的区域经济系统中，如果系统没有建立协同发展的共同目标、子系统目标存在差异，就会对区域经济协同发展产生消极影响，甚至落入子系统各自为政的恶性循环。

三、催化作用原理

自然界的催化作用原理由化学和分子生物学研究所揭示，这种由催化剂作用加速分子碰撞、加快反应进程的现象，在社会经济各领域普遍存在。催化剂在反应中仅仅起到加速和放大作用，这种放大作用只有借助催化剂才能实现，催化剂本身不参与反应。这实际上非常清晰地将催化剂的作用进行了阐述，说明了包括社会经济领域在内的放大作用的普遍意义，有助于更好地认识区域经济系统发展中的自催化和互催化作用。自催化通常是指物质本身具有自我催化的作用，在社会经济系统中可以表现为诸如自力更生的精神。互催化是指参与反应的物质互相催化、互相反应，在社会经济系统中可以表现为贸易和投资双方的互动发展。实际上，在区域社会经济发展中，系统内部有效率的动态协调就能够产生放大作用，加速区域经济发展，其本质就是区域社会经济系统的"催化剂"。

四、支配性原理

物理学中的序参量被界定为响应时间长、影响大，能够通过多个定量方程求导获解并进行控制。构成区域社会经济系统的物质是人的相互作用，以人的相互作用作为序参量时具有较大的不可预见性，这与物理学的序参量求解具有较大差异，有时并不能通过定量求解而只能进行定性分析。协同学中的序参量引发了支配性原理，支配性原理要求在区域经济发展中要对具有较高的短期和长期利益的序参量进行关注。然而，由于区域社会经济中序参量求解的困难，系统中的这种序参量可能会随着时间变化存在差异，因此支配性原理中涉及的序参量必须根据系统的实际情况选定。

第二章 区域产业协同发展的国内外经验

第一节 区域产业协同发展模式的国内经验

一、京津冀产业协同发展的现状与经验

1.京津冀产业协同发展的现状

京津冀都市圈是指以北京市和天津市为中心，囊括河北省的石家庄、保定、秦皇岛、廊坊、沧州、承德、张家口和唐山八座城市的区域。京津冀都市圈占地183704平方公里，占全国总面积的1.9%，人口7605.13万人，占全国总人口的比重为5.79%。近年，该区域经济总量增长速度普遍高于全国平均水平，其中北京和天津的核心地位显著。

北京作为全国的政治和文化中心，已经形成了以第三产业为主导的格局，第二产业逐步弱化，而天津作为北方的工业重地，现代制造业极其发达，河北作为北方农业大省，为农产品生产加工以及重工业基地，京津冀在产业构成方面存在明显的互补和梯度差异，从而各自发挥资源比较优势，形成互补的产业格局。北京方面，以发展交通运输及邮电通信业、金融保险业、房地产业和批发零售及餐饮业为主；天津在现有加工制造业优势与港口优势基础上，大力发展电子信息、汽车、生物技术与现代医药、装备制造、新能源及环保设备等先进制造业；河北省八座城市定位在原材料重化工基地、现代化农业基地和重要的旅游休闲度假区域，也是京津高技术产业和先进制造业研发转化及加工配套基地，其在第一产业中着重发展农业和牧业，成为京津地区的"米袋子"和"菜篮子"。

2.京津冀产业协同发展的现状经验

（1）中央政府及地方政府的积极推动。在京津冀的合作中，政府一直是主导力量。

自 2004 年以来，中央政府与地方政府相继出台了各种政策规划，以促进京津冀的经济合作。其中，以"京津冀都市圈"区域规划为核心，北京市政府、河北省政府、天津市政府以及各级政府之间相继出台了相关规划政策，合作逐步深入。政府的区域政策，不断地改进和创造条件，京津冀都市圈内城市之间的分工十分明确，形成集聚优势，特别是在都市圈经济的基础设施、空间扩散、产业结构调整等方面，促进了区域产业的一体化过程。

（2）依据发展需要，规划范围由中心到外围，逐步扩大京津合作由来已久，随着北京市和天津市发展定位不断明确，两地之间的合作不断深化，两地的互补性越来越强。然而，随着北京城市建设的需要，辖区面积不断扩大，河北省的部分地区被划入北京市，在辖区建设上，北京与河北的关系越来越密切。天津市与河北省同为工业重地，在钢铁、乙烯化工等诸多领域需要进行协调。三地之间的合作越来越密切。因此，合作规划的范围从最初的"大北京"建设，"北京、河北"合作，"环北京都市圈建设"，京津冀区域一体化到环渤海经济圈建设，规划范围不断扩大，北京、天津的"双增长极"作用越来越明显。

二、长三角区域产业协同发展的现状与经验

1. 长三角区域产业协同发展的现状

长江三角洲地区包括上海市、江苏省和浙江省，区域面积 21.07 万平方公里。该地区区位条件优越，自然禀赋优良，经济基础雄厚，体制比较完善，城镇体系完整，科教文化发达，已成为全国发展基础最好、体制环境最优、整体竞争力最强的地区之一。为避免区内城市间的恶性竞争，区域致力于"一核九带"格局的形成，即以上海为核心，沿沪宁和沪杭甬线、沿江、沿湾、沿海、沿宁湖杭线、沿湖、沿东陇海线、沿运河、沿温丽金衢线为发展带的空间格局。

在制造业方面，经过近几年的高速发展，整个长三角的专业集群程度比较高。地方化产业集群优势不仅集中在纺织与服装、电气电子、仪器仪表、日用品等轻工业，在金属制造、通用设备、交通运输、电气机械及器材、电子及通信制造业等先进制造业方面也有明显的优势。在上海，优势最明显的是金属制造、通用设备、交通运输、电气机械及器材、电子及通信制造业。不仅区位熵大于 1，在制造业生产总值上也具有一定的优势。纺织、服装、化学纤维产业集群在江苏、浙江两地的优势非常明显，江苏在化学原料及制品、金属制品、通用设备、专用设备、电气机械、电子及通信等产业存在较强的优势。浙江则在皮革毛皮羽毛制品、塑料制品、金属制品、通用设备、电气机械行业的集群较为突出。可见，在制造业三地已经形成较为明显的集群分工布局，而在机械设备制造业集群上的竞争则更为明显。可以看出，在长三角范围内比较，

上海相对在重工业方面具有集群优势，并不断地进行产业转移，而浙江和江苏有良好的轻工业发展，近年来在重工业发展上较为突出。

在服务业方面，上海的集群行业集中在金融、房产、信息服务、商务服务、科学研究、文化娱乐等6个行业。其中，作为经济中心，上海率先实现了产业结构从"二三一"向"三二一"的转变。上海自贸区的建设必将加速上海产业结构升级的步伐。江苏在金融、文化娱乐产业、公共设施管理业、居民服务业方面有较好的发展，其中心城市南京实现了产业结构的转变，第三产业产值超过第二产业产值。苏州服务业有良好的发展，但是由于制造业规模庞大，仍是其最重要的产业。浙江省在金融业、房地产业、电子商务业等方面发展良好，形成了一定的产业集聚。杭州、宁波、温州等城市是该省服务业发展的中心。三个省市已经形成了合理的分工，而在一些细分行业存在着竞争。

2. 长三角区域产业协同发展的经验

（1）构建以市场作用为主，政府调控、民间组织协调为辅的合作机制。长三角地区的经济合作依推动力量的变化可分为三个阶段：民间力量推动、企业联合、政府和市场双向推动。政府层面的协调不断深入，从最初的学界讨论到座谈会再到具有约束力的定期磋商机制，可协调的领域不断扩展，效力不断增强。当前，三省市领导定期磋商机制已经成为地区合作的主要依据和指导地区发展的重大战略。市场机制下，企业的主体地位得到了进一步加强，通过区域间的合作，实现了企业效益最大化。同时，以商会为代表的民间组织同样提高了资源配置的效率，促使市场和政府两种力量的进一步融合。

（2）通过资源集聚，统一要素市场和商品市场促进了区域产业协同发展。在市场经济建设中，市场一体化对社会经济资源配置发挥着越来越重要的作用，它直接推动着社会资源的优化配置。当前，长三角地区已经建立了相对完善的要素统一市场，加深了区域内部成员间的经济合作，具体来看，"领头羊"上海作为金融中心，具有发达的金融业和现代服务业，从而为地区发展提供了金融资本支持和人才技术支持。江苏、浙江逐步形成了各具特色的市场，聚集了不同的资源，从而促进了资源的利用效率。

（3）通过构建区域技术创新网络，促进了区域产业协同发展。自改革开放以来，长三角的经济发展水平、城市化集聚的程度和产业集聚，以及国际化程度和产业协同水平一直是全国最高的，制度创新也一直在中国各地区的前列。这些都是区域创新良好的基础与条件，同时，为逐步建立区域技术创新网络，提高区域创新能力，长三角区域设置了相关的机构——长三角区域创新体系建设联席会议办公室，以及区域创新合作项目——长江三角洲科技资源共享服务平台、重大科技联合攻关项目等。在知识流动能力、知识创造能力、技术创新环境、企业技术创新能力、技术创新的经济效益等方面，长三角地区各省市表现突出。

三、珠三角区域产业协同发展的现状与经验

1. 珠三角区域产业协同发展的现状

珠江三角洲简称珠三角经济区或珠三角经济圈，是中国最发达的经济区域之一，包括珠江三角洲区域的 2 个省级的特别行政区、广东省的 2 个副省级市及 7 个地级市所组成的经济区。2 个省级的特别行政区是指香港特别行政区和澳门特别行政区，而广东省的 2 个副省级市是指广州市和深圳市，广东省 7 个地级市是指珠海市、佛山市、惠州市、肇庆市、江门市、中山市和东莞市。珠江三角洲经济区面积 4.17 万平方公里，2012 年，珠三角地区生产总值达 47897.25 亿元，比 2008 年（下同）增长 45.8%，占全省 79.1%；人均 GDP 达 84563 元，折合 13454 美元，增长 29.6%。

珠三角按照"引导增量、优化存量"的思路，培育发展新兴产业，优化提升现有产业，整合优势产业，协调区域产业，打造珠江口东岸的知识密集型产业带、珠江口西岸的技术密集型产业带、珠三角沿海的生态环保型重化工产业带。东岸知识密集型产业带是指广州东部和中部一东莞一深圳等东岸地区，重点布局发展金融、物流、会展、信息服务、专业服务、文化创意等现代服务业，以及电子信息、新能源、新材料、生物医药等战略性新兴产业和高技术产业，形成服务化、高端化的知识密集型产业带。西岸技术密集型产业带是指广州北部和南部一佛山一中山一珠海等西岸地区，重点布局发展汽车、轨道交通、船舶及海洋工程装备、核电、风电、光伏发电及输变电设备、通用专用机械、航空等装备制造业和家电、金属制品、纺织建材等优势传统产业，以及外包服务、教育服务、物流等现代服务业，形成自主化、集成化的技术密集型产业带。肇庆作为西岸腹地，重点延伸沿岸产业链，成为重要的配套产业基地。沿海生态环保型重化产业带是指惠州—深圳—珠海—江门等珠三角沿海地区，重点布局发展石油化工、精品钢铁、海洋工程装备、海洋生物医药、油气勘探开采等先进制造业，以及商务休闲、文化创意、教育培训等现代服务业，形成规模化、集约化的临港产业带。

2. 珠三角区域产业协同发展的经验

（1）充分发挥了中心城市在产业协同中的重要作用。在产业协同发展中，充分发挥中心城市在资源整合、产业集聚和功能提升中的核心作用。广州依托国家经济中心城市、综合性门户城市和区域文化教育中心的优势，着力打造国际产业服务中心；深圳依托经济特区、全国经济中心城市和国家创新型城市的优势，着力打造国际产业创新中心；珠海依托经济特区和科学发展示范市的优势，着力打造国际重大装备制造业中心；佛山、东莞依托制造业发展优势，着力打造国际产业制造中心；惠州依托大石化优势，着力打造世界级石化产业基地；中山、江门依托特色产业发展优势，着力打

造国家级先进制造业基地；肇庆依托区位优势和国土资源优势，着力打造传统产业转型升级集聚区和重大装备制造配套基地。

（2）充分发挥了规划在产业协同发展中的重要作用。在各城市制订的发展规划中，注重超前理念、长远规划，大到城市，小到社区、企业，都是先规划，后建设，先有详细规划，然后分步实施。例如，在制订澳珠协同发展规划的过程中，充分考虑了珠江口西岸的珠海、中山、江门等地的战略性产业，特别是重型装备工业、战略性新兴产业、环保产业的引领和带动能力，同时利用这样的发展机遇，为以第三产业为主的澳门特区提供广阔的合作空间。例如，佛山的一汽大众汽车产业园开发建设、江门轨道交通产业园建设、纸业基地等基础设施建设配套正逐步成熟，珠江口西岸城市可与澳门特区进行产业对接合作，进一步完善上中下游产业链，共同开发华南市场。

（3）通过园区与园区的合作，促进区域产业协同发展。由于珠三角地区园区众多，政府通过发展园区与园区的合作，促进了区域产业协同发展。园区与园区的合作模式是指处于不同地方的两个园区，一方经济发达，具有资本、技术优势；一方蓬勃发展，具有资源、人力资本优势。通过产业转移，一方将部分生产转移到另一方进行。该模式集中在贸易、外包等行业。由于合作使得大规模转移成为可能，易出现规模效应。珠三角地区作为我国改革开放最早的区域，在该区域内形成了各种产业集群的园区，各个园区之间的产业存在着明显的分工，并具有较为明显的产业层级，这为园区与园区的合作奠定了产业基础。政府通过促进不同层级的园区合作有力地促进了区域之间的产业协同发展。

第二节 区域产业协同发展的国外经验

一、东京都市圈产业协同发展的现状与经验

1. 东京都市圈产业协同发展的现状

东京都市圈是日本经济的心脏，虽然仅占日本国土总面积的 26.5%，但人口高达日本总人口的 61%。该区域主要包括东京、横滨、名古屋、神户、大阪、静冈、长崎等城市，城市化水平超过 80%。都市圈内，东京优势明显，具有较高的首位度和经济聚集度，并且显著高于纽约、伦敦等国际城市。作为日本的政治、经济、文化中心，在媒体、网络服务、大型文化设施等行业，东京就业人口超过了全国行业就业总人口的一半，这一比例在外资企业中更加突出，高达 90%。与其他国际城市一样，东京的

总部经济十分明显，数百家银行总部、销售额过百亿日元的大公司落户东京，其拥有的世界五百强企业名列世界城市之最。同时，东京的城市定位也是多重的，除典型的政治功能、金融功能，教育与创新功能也十分抢眼。与纽约、伦敦等其他国际城市相比，东京产业结构高级化优势不明显，第三产业比重偏低，制造业色彩浓重。虽然近年来东京的服务业比重不断上升，但与其他世界级大都市相比仍存在较大差距，第二产业规模仍然过于庞大。

除东京外，都市圈内还有部分次级中心城市，其与东京合理分工、错位发展，包括大阪、横滨、名古屋等城市。虽然总体上都市圈内大部分城市早已进入工业化后期阶段，服务经济取得了良好的发展，但是制造业色彩仍然浓重。与发展中国家不同，这些地区的制造业主要为信息产业等高端制造业，实体经济仍然非常发达。以大阪为例，辖区内的阪神工业区是仅次于东京的第二大工业区，第二产业占区域产业产值仍高于20%，主导产业主要有生物工程、信息产业、半导体等精尖制造业。与大阪致力于新兴产业不同，名古屋的主导产业仍为传统的重化工业，主要包括汽车、钢铁、石化、机械等典型的传统重工产业，该区内形成了产业集聚，有众多的产业新城，如汽车城、化工城等。

2. 东京都市圈产业协同发展经验

（1）制订前瞻性发展规划。与纽约都市圈不同，东京制订都市圈发展规划的主体是政府。其发展规划的成功离不开前瞻性，在每次规划中，依照国际形势、国家整体的发展战略以及东京城市发展的定位，具体内容不断调整完善。其过去的五次规划均表明，区域间的产业协作需要前瞻性的规划。例如，在第一次规划中，为了有序引导核心区的产业转移，区域推动卫星城的建设，从而加速中心区域城市功能的转变。在经济全球化和国际分工的推动下，东京强化自身地区服务中心的地位，发挥高层次的中心枢纽功能，其他次中心城市则加快制造业的发展。随着发展的逐步深入，城市拥挤效应显现，规划致力于推进核心城市与周边城市的分工协作，积极构建相对平衡的区域产业协同发展模式。

（2）发展高速交通网络。区域产业的协同发展以及经济合作需要以发达健全的城际交通网络为基础。东京都市圈构建了以轨道交通为重点的发展模式，具有稳定、安全、快捷、经济等诸多优点。首先，依赖轨道交通的客运网络很好地解决了通勤问题，促进了人才的流动。新干线、轻轨、城市列车等交通网络覆盖了东京以及主要城市的各个据点，形成了全球最为密集的交通网络。其次，发达的交通网络促进了区域间物资的流动，节约了企业的成本，提高了企业绩效，使各城市间不同产业间都能够高效协作。

（3）分层次构建特色功能区。与纽约、伦敦等都市圈相比，东京都市圈内各城市的特色更加明显，城市功能更加多元化，空间结构更加多样化。总体来看，在促进产业集聚和缓解城市拥挤双重目标的指引下，东京都市圈推动中心以及外围区域产业的合理布局，积极建设新型现代服务功能区。这些功能区包括以银座、新宿为代表的CBD，以八王子大学城、筑波建筑城为代表的特色功能新城，以 TOD 新城为代表的居住新城等。这些功能区各具特色、功能明确，支撑着东京都市圈的进一步发展。

二、伦敦都市圈产业协同发展的现状与经验

1. 伦教都市圈产业协同发展的现状

20 世纪 70 年代伦敦都市圈开始形成，主要是以伦敦—利物浦为中心轴线，其中还包括伦敦、伯明翰、谢菲尔德、曼彻斯特、利物浦等几个大的城市，之后随着经济的发展，众多中小城镇也成为都市圈的一部分。这一地区的总面积约占全国总面积的8.5%，约为 4.5 万平方公里，但人口却超过 3600 万。其经济总量约占英国 80% 还多，产业革命之后，这一地区成为英国的生产基地和经济中心。

伦敦是大都市圈的核心城市，它引领着英国的政治、经济，传承着英国文化，同时也是大都市圈的交通枢纽。作为整个都市圈的领导者，都市圈内政治经济的健康发展和英国经济振兴腾飞都离不开伦敦的创新性的引领作用。第二次世界大战后，由于世界产业结构的调整,英国传统产业出现竞争力减弱、成本优势逐渐丧失的边缘化危机。但是每次出现这种危机时，伦敦都会通过对新兴战略性产业的先导贡献和引领经济发展的作用,使英国重新恢复到世界经济核心的舞台,并保持世界六大都市圈之一的地位。作为世界工业基地和国际金融中心的伦敦，它始终走在传统产业转型和新兴产业发展的前列，这种引领带动着产业发展方向和提高了自主创新、创造的能力，使伦敦充满了发展的活力，这种活力不仅使伦敦成为世界性大城市，还有效地辐射带动了周边的中小城市，加快了这些地区的产业升级和现代化的进程，给伦敦都市圈的形成与发展创造了条件。

作为都市圈的次级中心城市的曼彻斯特、伯明翰、利物浦等，这些城市在地域上与伦敦形成了一定的功能分工。例如，伯明翰，如今虽然服务业约占经济总量超过70%，但它作为英国第二大城市仍然是英国重要的工业中心，它见证了英国的工业革命和世界工厂的光辉岁月，现在工业总产值超过全国的 20%。利物浦依靠优越的地理位置发展成世界著名的港口城市，并成为英国第二大港口，增加了伦敦国际交通物流枢纽的功能。

2. 伦教都市圈产业协同发展的经验

（1）实施适于不同发展阶段的区域规划。英国政府在伦敦大都市圈的形成过程起到了重要作用，主要体现在持续推动并实施应对不同发展阶段的区域规划。20 世纪 40

年代"巴罗委员会"的成立，主要旨在编制区域以及城市发展与规划，该委员会通过对城市不同阶段的特点、问题和需求进行研究，依次制订了具有鲜明历史特点和轨迹的伦敦市区规划。进入 21 世纪，空间规划和产业、功能相协调的规划策略被引入伦敦城市规划的研究范围，根据经济发展和城市发展的协调关系，英国政府更加注重城市的未来发展方向。2004 年，英国政府颁布《伦敦规划》这一指导伦敦未来几十年经济发展及城市规划的重要文件。该文件指出，伦敦城市规划的重点是研究并提出伦敦五大分区和五大现代服务业功能区的协调发展问题，从整体规划框架出发，通过对各个功能区发展特点的研究进一步将一些具体区域细分，划分出机遇区域、强化区域和重建区域。在城市规划实施的过程中，政府扮演了重要的角色，通过运用法律手段政府予以支持城市规划起到了重要作用，如《绿带法》《新城法》的颁布，不仅有效地引导伦敦规划的方向，而且在一定程度上促进了大都市圈的形成。

（2）系统推动新兴创意产业，提升创新能力。在世界产业转型的浪潮中，伦敦一直走在前列，在 20 世纪 70 年代中期，通过不断的创新努力，伦敦确立了世界金融之都的霸主地位。在 20 世纪 90 年代，英国成为世界第一个认识到文化和创意价值的国家，文化和创意不仅是城市软环境的主要构成部分，而且是一个日益成长、不断壮大具有财富创造力的新兴产业。在实际工作推进中，伦敦发展署和伦敦市长办公室各司其职，前者负责方针的制定与规划，后者主要落实细节并提供协调工作，二者协调互助，共同引领伦敦创意产业的发展方向。与此同时，为解决创意产业投融资、用地和人才等方面的困难，在伦敦发展署之下，还建立了"创意伦敦"工作组和负责伦敦创意产业评估的委员会。同时，为了给有志进入该领域创业的个人和机构提供战略规划、产业咨询、融资指导等专业化交流平台，伦敦还成立了文化产业发展推介中心。

（3）加强制造业高端化和服务化的程度。最近几年，出于促进城市经济多元化发展、增强城市发展的活力以及提高城市就业等需要，伦敦等大都市对制造业的升级与发展更加看重，甚至有些大城市提出了"制造业回归"的口号，为此，他们开展了一系列具有知识密集型、高附加值、具有设计性主导和创新性的制造业活动。同时，在一定程度上，创意设计产业的快速崛起也表明了现代制造业服务化、高端化的发展方向，伦敦制造业进一步向生产性服务业更深处延伸。此外，作为都市圈一个举足轻重的老工业城市——伯明翰，经过近几年信息化和金融化两股力量的催化，伯明翰工业经济完成了向现代服务业的成功转型。其主要的经验可以概括以下四点：一是对传统制造业进行深层次的技术改革，摒弃了落后的生产技术，通过技术改革快速实现产业转型；二是在高端制造业的基础上进行产业的重新布局，调整制造业产业结构，加大会展、物流、创意产业等的投入和研发力度；三是通过正确引导传统制造业，让一些一般性的加工制造环节有条理地转移出去，促进制造业向高端发展；四是发展制造业配套产业，推动延伸相关产业链,大力发展与之相关的现代生产性服务业,如大宗原材料贸易中心、展会中心、工业设计以及企业管理咨询等。

三、纽约都市圈产业协同发展的现状与经验

1. 纽约都市圈产业协同发展的现状

纽约都市圈是美国最发达的城市群,主要城市有纽约、波士顿、华盛顿、费城、巴尔的摩等大中小城市共计40多个,领土面积13.8万平方公里,地区总人口约6500万,占美国总人口的五分之一,城市化水平高达90%。

当前纽约都市圈内各城市间已形成功能互补、错位发展的格局。作为中心城市,纽约是具有全球影响力的金融中心和经济管理与服务中心,其总部经济发达、高级专业服务业种类齐全。以纽约为依托,圈内其他城市错位发展,结合自身的比较优势,建立互相区别的主导产业。这些产业之间并不是毫无关联的,它们之间往往处于同一产业的上下游,具有很强的互补性。因此,圈内产业并不是各城市主导产业的简单相加,其整体功能远超过各城市独立发挥作用的情况。在区内产业呈现多元化的同时,产业协同作用显著。从产业布局来看,纽约都市圈存在着差异明显的三个圈层。在核心区域,其主导产业主要是以金融业、信息业、房地产业等为代表的附加值高、技术含量高的现代服务业;在内圈,聚集的产业主要有制造业以及服务于核心区域的零售业、医疗等行业,它们主要来自区域产业转移。在外圈,以农业及服务于本区的服务业为其主要产业。以城市为划分,核心区即纽约市,内圈包括波士顿、巴尔的摩、华盛顿、费城等4个城市,外圈主要包括其余的40多个城市。这些城市间形成了合理的产业分工,错位发展,互为补充,是当前世界上区域产业协同发展最为成功的典范。

2. 纽约都市圈产业协同发展经验

(1)积极开展城市发展规划的设计。与我国政府负责进行发展规划的制订不同,纽约区域规划协会(RPA)负责编制纽约大都市发展规划,其是非官方、非营利组织。该组织秉承"中心城市—周边区域"积极互动、稳定持续的指导思想,以将纽约建设成世界一流城市、美国中心城市为目标,依托周边地区,综合安排大区内的空间资源,提高资源的利用效率。纽约凭借其雄厚的资本、领先的科技,处于产业结构调整的先导地位。由此,中心城市通过"吸虹"效应,城市地位和实力不断增强,周围地区在中心城市"扩散"效应的作用下,同样取得了良好的发展。

(2)错位发展中心城市的主导产业。这是纽约都市圈经济发展得以久盛不衰的重要经验。各中心城市发展具有不同的城市定位。除纽约以外,其他地区次中心城市间形成了功能各异的发展格局。身为全球金融中心,纽约拥有全球最先进最完备的生产

性服务业，它为全美乃至全世界提供了高质量的专业化服务。波士顿是全美重要的高科技研发中心和教育重镇，以高校为依托，波士顿建成了与"硅谷"齐名的"高科技走廊"。作为美国的首都和政治中心，华盛顿具有明显的总部经济优势，世界银行、国际货币基金组织等国际性组织以及美洲发展银行总部等纷纷落户华盛顿，为其发展注入活力。此外，巴尔的摩毗邻华盛顿，扩散效应明显，大量的政府采购合同促进了当地制造业以及相关产业的发展。作为地区的交通枢纽，港口城市费城在交通运输、国防及航空工业具有较好的发展。

第三章　京津冀地区产业发展现状分析

京津冀地区作为我国的一大核心经济体,将对我国经济发展起到至关重要的作用。《京津冀协同发展规划纲要》指出疏解首都非核心功能、产业升级转型是京津冀发展的重点任务。因此我们要对京津冀地区产业发展进行分析。2016 年作为"十三五"的开局之年，也是京津冀协同发展的关键一年，京津冀三地经济发展都取得了较为显著的效果。

第一节　京津冀产业协同发展的内涵与目标

一、京津冀协同发展内涵

京津冀协同发展，核心是将京津冀三地作为一个整体协同发展，要以疏解非首都核心功能、解决北京"大城市病"问题为基本出发点，调整及优化城市布局和空间结构，构建现代化交通网络系统，扩大环境容量和生态空间。

推进产业升级转移，推动公共服务共建共享，加快市场一体化进程，打造现代化新型首都圈，努力形成京津冀目标同向、措施一体、优势互补、互利共赢的协同发展新格局。京津冀地区同属京畿重地，战略地位十分重要。当前区域总人口已超过 1 亿人，面临着生态环境持续恶化、城镇体系发展失衡、区域与城乡发展差距不断扩大等突出问题。实现京津冀协同发展、创新驱动，推进区域发展体制机制创新，是面向未来打造新型首都经济圈、实现国家发展战略的需要。京津冀空间协同发展、城镇化健康发展对全国城镇群地区可持续发展具有重要示范意义。京津冀协同发展是当前我国的国家战略之一，拥有国家政策的大力支持，发展前景光明。

习近平指出，北京、天津、河北人口加起来有 1 亿多，土地面积有 21.6 万平方公里，京津冀地缘相接、人缘相亲，地域一体、文化一脉，历史渊源深厚、交往半径相宜，完全能够相互融合、协同发展。推进京津冀协同发展，要立足各自比较优势、立足现代产业分工要求、立足区域优势互补原则、立足合作共赢理念，以京津冀城市群建设为载体、以优化区域分工和产业布局为重点、以资源要素空间统筹规划利用为主线、以构建长效体制机制为抓手，从广度和深度上加快发展。推进京津双城联动发展，要加快破解双城联动发展存在的体制机制障碍，按照优势互补、互利共赢、区域一体原则，将区域基础设施一体化和大气污染联防联控作为优先领域，将产业结构优化升级和实现创新驱动发展作为合作重点，把合作发展的功夫主要下在联动上，努力实现优势互补、良性互动、共赢发展。

推动京津冀协同发展的指导思想是，以有序疏解北京非首都功能、解决北京"大城市病"问题为基本出发点，坚持问题导向，坚持重点突破，坚持改革创新，立足各自比较优势、立足现代产业分工要求、立足区域优势互补原则、立足合作共赢理念，以资源环境承载能力为基础、以京津冀城市群建设为载体、以优化区域分工和产业布局为重点、以资源要素空间统筹规划利用为主线、以构建长效体制机制为抓手，着力调整优化经济结构和空间结构，着力构建现代化交通网络系统，着力扩大环境容量和生态空间，着力推进产业升级转移，着力推动公共服务共建共享，着力加快市场一体化进程，加快打造现代化新型首都圈，努力形成京津冀目标同向、措施一体、优势互补、互利共赢的协同发展新格局，打造中国经济发展新的支撑带。

"十三五"规划提出，京津冀协同发展要优化城市空间布局和产业结构，有序疏解北京非首都功能，推进交通一体化，扩大环境容量和生态空间，探索人口经济密集地区优化开发新模式。2015年，京津冀协同发展，努力推动三地"一张图"规划、"一盘棋"建设、"一体化"发展，在交通一体化、生态环境、产业对接三个重点领域率先突破。

在交通一体化方面，京津冀三地与中国铁路总公司共同出资成立京津冀城际铁路投资公司，2015年编制并发布了城际铁路网规划（2015—2030年）。三地谋划了10条高速铁路和城际列车，已经打通了京昆、京台等多条高速公路及一批省内干线、农村公路"断头路"和"瓶颈路"。保津、张唐铁路年内通车。京津城际延伸至滨海新区中心商务区，从北京南站到于家堡站只要1个小时。津保铁路年底通车，天津到保定只要40分钟，且与京广高铁连通。天津到石家庄从4个多小时缩短到1.5小时。京滨城际、京唐高铁2015年12月底在天津宝坻站开工，整个线路在2021年竣工。

港口方面，成立渤海津冀港口投资公司，在北京和河北设立10个无水港。机场方面，北京新机场开工建设，天津民航今年底在京津冀地区将建成20座城市候机楼，陆续推出空铁联运、陆空联运等多项服务。天津机场全年旅客吞吐量有望超过1400万人/次，这里面增加的客流量绝大部分来自河北和北京。通关一体化改革深化，已有超85%的北京企业选择以京津冀跨关区一体化方式通关，天津经北京空运进口货物通关时间、北京经天津海运进口货物通关时间和运输成本均节省近二成。

在产业对接协作方面，财政部和税务总局制定了《京津冀协同发展产业转移对接企业税收收入分享办法》。2015 年 1—10 月，北京企业在天津投资项目 327 个，到位资金 1172.7 亿元；在河北投资项目 2896 个，到位资金 2381 亿元。2015 年 1—10 月，北京、河北在天津投资资金到位额超过 1520 亿元，占天津利用内资的 43%。

北京与河北共建曹妃甸协同发展示范区，设立了 200 亿元的首钢京冀协同发展投资基金，20 多家北京企业到曹妃甸落户发展。北京现代第四工厂落户河北沧州并实现开工建设。推动中关村示范区、亦庄开发区与津冀合作共建大数据走廊、保定中关村创新中心等科技园区，加快打造跨京津冀科技创新园区链，促进三地创新链、产业链、资金链、政策链、服务链深度融合。

在生态方面，深入实施京津冀大气污染联防联控。2015 年 1—9 月，完成全年建设京冀生态水源保护林 10 万亩任务的 90%；2015 年 1—11 月，北京 PM2.5 累计平均浓度 74 微克 / 立方米，同比下降 16.6%。河北在全国率先开展"拔烟囱"等专项行动，对 612 家重点污染企业都安装脱硫脱硝除尘设施。2015 年 1—11 月，全省 PM2.5 平均浓度同比下降 24.5%。天津投入 4 亿元支持沧州、唐山两市治理大气污染。京津冀三地环保部门，正式签署《京津冀区域环保率先突破合作框架协议》，明确以大气、水、土壤污染防治为重点，以协同治污等 10 个方面为突破口，联防联控，共同改善区域生态环境治理。召开首次京津冀环境执法与环境应急联席会议，并启动区域环境执法联动工作机制，实现统一人员调配、统一执法时间、统一执法重点。

二、京津冀产业协同发展目标

随着经济全球化和区域一体化趋势不断加强，产业竞争已经由单一企业的竞争向产业集群、产业链条的竞争转变，加速了产业调整和产业空间转移的步伐，区域协同发展是地域相连或相近的两个或多个独立的经济单元之间的产业合作日趋紧密，意味着产业要在更大空间进行布局，以产业、生产要素等互动为基础的经济一体化竞争格局正在形成。产业结构服务化特征日益突出的京津冀区域发展更符合我国未来发展趋势和方向，未来发展的潜力和发挥的作用将日益加强。作为支撑我国经济发展三大增长极之一的京津冀区域，既是中国参与全球竞争、在国际竞争中占有重要战略地位的空间单元，也是引领环渤海经济圈产业一体化的重要引擎。

京津冀协同发展的最大难题是产业结构不合理，推进京津冀产业协同发展，应通过产业链上下游的合理分工，发挥各自的比较优势，实行差别化分工协作，真正形成一体化的产业体系。调整经济结构和空间结构，使京津冀成为一个经济有机体，走上集约发展之路。做好顶层设计，打破"一亩三分地"思维。像京津冀地区"一个首都、两个直辖市、三个行政区"实现产业协同发展，按照以前那样"头痛医头、脚痛医脚"孤立的个别项目已然行不通。京津冀协同发展通俗地讲就是京津冀重新地区域分工和定位。京津冀一体化多年未成功的原因是缺少顶层设计与监管，各自为政，事实证明只有自上而下地推进才能打破僵局。中央有关部门会同三地在深入调查研究的基础上，编制《京津冀协同发展规划纲要》，规划既是规范区域协同发展的总章程，也是指引其未来发展的蓝图；既要有顶层设计纲要，也要有实施方案细则和路线图。

三、京津冀区域的总体功能定位

京津冀区域的总体功能定位应为：世界级城市群、区域协同发展体制改革引领区、全国创新驱动和经济增长新引擎、生态修复和环境改善示范区、环渤海经济带新增长极。

根据区域经济学的错位发展理论，京津冀三地应该有不同的定位。城市战略定位决定着城市布局和发展，战略定位是京津冀协同发展的基础性、核心性问题，产业布局和发展必须与城市战略定位相适应、相一致、相协调。明确区域和三地功能定位，是搞好顶层设计、推动协同发展的前提和基础。

在区域发展的定位上，除了宏观的总体定位，还要精确定位，找准产业链的环节和所处的位置。城市战略定位决定着城市产业布局和发展模式，北京、天津和河北三地各具发展优势，确定三地各自的功能定位，应充分体现出各自的比较优势、竞争优势、经济分工联系，以及优势互补和合作共赢的要求。在京津冀协同发展中北京应充分发挥首都优势，可把北京市的定位为全国的"政治中心、文化中心、国际交往中心、科技创新中心"。天津市应利用其天然的港口优势，天津市可定位为"全国先进制造研发基地、北方国际航运核心区、金融创新运营示范区、改革开放先行区"。河北省土地广阔、人口众多，重工业基础良好，要坚持发展自身的优势产业，有选择地接收京津产业转移，优化产业结构，河北省定位是"全国产业转型升级试验区、新型城镇化与城乡统筹示范区、现代商贸物流重要基地和京津冀生态环境支撑区"。北京市的知识型和服务型，天津市的加工型和服务型，河北省的加工型和资源型的产业特征具有很强的互补性。为解决京津冀三地面对的人口、资源、环境和发展不均衡问题，需要北京"去功能化"、天津"去加工化"、河北"去重型化"。

第二节　京津冀地区产业发展现状

一、京津冀经济发展现状与问题

近年来，京津冀三地之间的合作不断加深，区域深度合作趋势进一步加强继而带动经济持续、稳定增长，经济运行质量达到了一个较高的水平。随着全国经济发展新常态的形成，京津冀区域经济逐渐呈现出中高速的增长态势，而非像往常一样高速增长，同时经济增长模式也产生了变化，质量效率型集约增长模式正逐渐取代规模速度型粗放增长模式。这种经济发展模式的转变和经济结构的不断调整与优化直接带动了京津冀区域经济的协调发展。下面对京津冀地区的经济发展现状与问题进行概括性总结与分析。

（一）经济规模

京津冀地区地理位置优越，资源丰富，交通便利，产业基础水平高，依托这些有利的优势与条件，京津冀地区逐渐发展成为我国北方最大的都市经济区。2015 年，京津冀三地的生产总值达 69312.9 亿元，占全国生产总值的 10.2%。目前，我国区域经济主要有三大增长极，分别是京津冀地区、长三角地区和珠三角地区，可见京津冀地区在我国经济系统中占据着非常重要的地位。

2018 年，京津冀三地生产总值合计约 8.5 万亿元。其中，北京地区生产总值为 30320 亿元，按可比价格计算，比 2017 年增长 6.6%；天津地区生产总值为 18809.6 亿元，比 2017 年增长 3.6%；河北地区生产总值为 36010.3 亿元，比 2017 年增长 6.6%。

2010 年来，京津冀地区经济呈现出良好的发展态势，建设速度平稳增长，区域 GDP 始终保持在 11% 左右，在全国 GDP 中所占比重也比较稳定。从经济增长速度来看，京津冀地区近年来始终保持在 7% 以上，经济总量和人均 GDP 也平稳提升。此外，京津冀区域联合发展进程不断加快，协作创新趋势越来越明显，这一点在区域基础设施建设、区域资源与市场开发整合、区域产业结构优化升级等方面得以体现。京津冀三地虽然经济增长速度平稳，运行质量逐渐提升，但一个现象需要引起注意，那就是区域经济增长速度出现了缓慢降低。衡量一个国家或区域的经济发展水平时，重点参考的一个指标是人均 GDP，地区和国家的生产力水平能够从该地区或国家的人均 GDP 中直接反映出来。2010 年以来，京津冀地区人均 GDP 在逐年上升，其与全国人均 GDP 相比是较高的，这说明京津冀地区的人均生产力高于全国水平。然而，京津冀地区人均 GDP 的优势在逐渐减弱，2004 年，京津冀地区人均 GDP 高出全国 42%，而到 2014 年，高出全国的数值下降到 30%。

京津冀三地的自然禀赋并不是等同的，它们之间存在着巨大的差异，并且产业基础也各有自己的特色，这直接导致京津冀三地经济发展不平衡，差异显著。这从三地经济总量的差异上就能够反映出来。据相关调查统计，在京津冀全区域经济总量中，京津两大城市占到一半。此外，京津冀三地的人均 GDP 也存在着显著的差异，尤其是河北地区人均 GDP 与京津两市的人均 GDP 存在着较大的差距，甚至比全国人均 GDP 水平还低。2016 年，北京与天津的人均 GDP 分别为 52530 元、34074 元，在全国分别排在第二和第四，而河北省人均 GDP 在全国范围内排名则比较靠后。从经济增速来看，2010 年以来，京津冀三地的 GDP 增长率均有所下降。相比而言，天津的经济增长速度较快，在京津冀区域经济结构中，天津所占的比重将不断增加。近年来，北京出现了经济发展新常态，并且十分明显，这主要体现在其所确立的产业结构以服务业为主，需求结构以消费为主，将科技创新、文化创新作为本市发展的新驱动力。从目前来看，北京已经进入了经济增速换挡期，而天津和河北还未出现经济发展新常态。

（二）产业结构

"十二五"规划以来，京津冀地区的产业结构呈现出了新的变化，主要表现在第三产业的比重逐渐增加，第一二产业的比重稍有减少，但总体结构变动不明显，三大产业结构所占的比重相对比较稳定。第二产业的比重始终保持在 40% 以上，可见在区域经济中第二产业的地位是非常重要且不可动摇。第三产业的比重在 50% 以上。由此可见区域产业结构有了一定的调整，且进入了新的升级阶段。京津冀地区的产业结构正在逐步向服务主导型过渡，工业主导型的传统结构模式正逐步被替代，可见该地区对发展服务业十分重视，而第一产业的退出进程相对较为缓慢。与全国三大产业的比重相比，京津冀地区第一产业比重低于全国；第二产业比重也较低，但正在逐步缩小差距；第三产业比重则要比全国水平高，服务业在京津冀地区是非常受重视的产业。

苏浙沪地区和广东地区经济都很发达，与这两个地区相比，京津冀地区工业占比较低，交通运输、仓储和邮政业以及金融业占比稍高，整体呈现出了服务化特征。具体来说，天津、河北工业占比较高，北京更具产业服务化，京津冀三地在发展三大产业时各有侧重，这从第一二三产业对经济发展所做的贡献度得以体现。近年来，京津冀三地第一二三产业增加值在京津冀地区所占的比例数据不同，第一产业增加值在区域中所占比例最多的是河北省；第二产业增加值在区域中所占比重最多的也是河北省，其次是天津；北京的第三产业增加值在区域中所占比重最大。河北第一产业基础雄厚，天津则以第二产业为主导产业，同时注重第三产业的发展，而北京则重点发展第三产业服务业。

通过对京津冀三地的主要行业区位商进行计算发现，三地主导产业的差异很明显，但错位发展趋势也很突出，具体分析如下。

北京市服务业有明显的集聚优势，表现最为突出的有租赁与商务服务业以及计算机软硬件与信息传输行业，此外，餐饮住宿、批发零售、仓储邮政等服务行业的区位商优势明显，这说明北京已经建立了较为完备的服务业体系，且表现出了明显的知识型和服务型特征。

天津市比较优势最明显的产业主要是居民服务和其他服务业，此外，区位商超过1.5的行业还有科学研究、技术服务和地质勘查业，这表明，虽然天津的产业结构在慢慢倾斜于服务业，但仍然很重视制造业的发展。

河北省具有明显的比较优势的产业主要是金融、采矿、卫生、教育和社会保障服务业，环境、水利和公共设施管理业也具有一定竞争力。目前，河北省的支柱产业依旧是能源导向的产业，随着产业结构的调整与优化，公共服务业、生产性服务业的发展越来越受到重视，而生活性服务业的发展水平却远远不及北京和天津。

二、京津冀社会发展现状与问题

近年来，京津冀地区在社会发展方面取得了丰硕的成果，这主要从以下几个方面体现出来。

（1）京津冀地区的科学研究与技术创新水平得到了大幅度的提升，在推动区域产业结构优化升级和促进经济持续健康发展方面发挥了重要作用。

（2）京津冀地区的教育事业发展稳定，基础教育水平有了一定的提高，高等教育的发展质量在不断优化。

（3）文化艺术事业呈现出一片繁荣的景象，文化艺术产业化进程在不断加快。

（4）医疗卫生事业也有了一定程度的发展，基层医疗服务系统在不断更新与完善。

（5）社会保障工作全面实施，基本建立了多层次的社会保障体系框架。虽然京津冀地区的各项社会事业在近些年有了很大的进步，但仍然存在一些不容忽视的问题，如内部发展不均衡，各地社会公共服务水平存在差距，优质公共资源较少，还未实现全区域共享等。这些问题对京津冀地区社会事业的发展形成了严重的制约。

下面具体从教育、医疗卫生及社会保障三个方面对京津冀地区社会发展的现状与问题进行分析。

（一）教育事业

京津冀地区的教育资源不仅丰富，而且质量较高。"十二五"规划以来，京津冀地区在坚持教育公平和教育发展并重原则的基础上发展教育事业，促进了本地区教育工作的有序开展。京津冀地区不仅基础教育能力很强，而且职业教育发展情况较好，该地区有关部门很重视这方面的投入。此外，民办教育与公办教育的发展几乎是同步的，并且发展速度很快，高等教育更是在向多样化、特色化的趋势发展。整体上来说，教育结构日趋合理。

京津冀地区的高等教育事业不但发展迅速，而且发展质量很高，在全国范围内都是出类拔萃的。据统计，京津冀地区共有260多所普通高校和220多万在校大学生，普通高校的数量在全国所占的比例超过一成，在校学生数在全国所占的比例接近一成。北京在研究生教育方面具有很明显的优势，全市共有136所研究生教育机构，在全国占到17.3%，并且是河北研究生教育机构数量的5倍多。全国研究生中，有接近两成的研究生分布在京津冀地区。

京津冀地区非常注重基础教育，近年来始终都在加强贯彻九年义务教育政策，并开始广泛实施教育均等化战略，对教育机构进行精简，同时加大了对教育教学的改革力度。从学校数量与在校学生数量来看，近些年京津冀地区虽然在一定程度上缩减了各级学校的数量，但在校学生的规模依然呈上升态势。从整体来看，京津冀地区教育事业的发展水平较高，发展态势良好，但也存在明显的问题，最突出的就是教育资源的内部分配不均衡。具体来看，北京、天津在高等教育与研究生教育方面具有明显的优势，而河北省在这两个方面不具备突出的优势，其在发展教育事业的过程中，重点以基础教育为主。京津冀地区高等教育资源的不均衡直接造成了人才分布的不均衡，因为人才大多流向了资源多的地区。因此地区间存在着显著的差异，这也是河北省缺乏高技术人才的主要原因，这一问题对河北省的产业发展造成了严重的制约，并导致了区域内部经济与社会发展不均衡问题的产生。此外，虽然京津冀地区的教育结构较为合理，但还存在很大的优化空间，这主要表现在，相对基础教育而言，学前教育、职业教育、特殊教育的发展都比较落后，难以满足一些居民群体的教育需求。

（二）医疗卫生

京津冀地区拥有丰富的医疗资源，与其他地区相比而言，该地区医疗卫生的发展水平是较高的，很多知名的综合医院与专科医院都分布在这一区域，并且这些医院在国内外都是居于领先水平的。"十二五"规划以来，我国深入改革医疗体制，京津冀地区在这一背景下进一步扩大公共卫生服务的覆盖面，并努力提升医疗服务和保障水平，初步建成了社区卫生服务体系，区域内的优质医疗卫生资源也在良性转移与合理流动。

目前，京津冀地区共有2300多家医院，其中有1400多家综合医院、360多家中医医院和450多家专科医院，不管是总的医院数量还是不同类型医院的数量，都较"十二五"规划初期有了很大提高。从区域内部来看，河北省的医院数量要比天津和北京多，天津的医院数量最少。从医疗卫生机构床位数指标看，近几年京津冀地区医院、社区卫生服务中心、乡镇卫生院的床位数量都在持续不断增加。

总体来看，京津冀地区的医疗卫生条件在不断改善，医疗卫生服务能力虽然在逐步提高，但仍存在一些显著的问题，如区域内部医疗资源分配不均衡等。这种不均衡主要表现在两个方面：一是京津冀三地的医疗资源分配不均，二是本地区城乡医疗资源分布不均。先看第一点，与京津地区人均医疗资源拥有量相比，河北省严重不足，尤其缺乏优质医疗资源，而河北省的常住人口远远超过京津地区，这就难以使广大人民群众的治病需求得到满足；再看第二点，京津冀地区城市每千人拥有执业（助理）医师的数量、拥有医疗卫生机构床位的数量都远远多于农村。

（三）社会保障

随着社会的持续进步与经济的快速发展，京津冀地区的社会保障体系逐步形成并日趋完善，该地区对促进区域社会的和谐稳定、保障城乡居民的合法利益具有非常重要的作用。

"十二五"规划以来，京津冀地区大力开展社会保险扩面征缴工作，并取得了一定的成效，如扩大了社会保障覆盖面，促进了各类社会保险参保人数的增加，尤其是生育保险与养老保险参保人数的增加。同时，京津冀地区各项社会保险基金的收支规模在近几年在持续扩大，五项社会保险基金的总收入和总支出规模都有显著提升。

京津冀地区社会保障事业在快速发展的同时存在着明显的问题，区域内部差异尤其是社保标准差异、征缴体制差异等问题十分突出，这主要是由京津冀三地经济发展不均衡造成的。"十二五"期间，三地在促进区域公共服务均等化水平提高方面做了很多的工作，尤为注重均衡配置优质公共服务资源及加快社会保障事业的协作发展进程。目前，京津冀三地积极推进实现养老保险制度名称、政策标准、信息系统和经办服务的统一，详细制定本地养老保险跨区域转移操作程序，推动发行了与全国统一标准相匹配的社会保障卡，为实现区域社会保障一卡通奠定了基础。

第三节　京津冀间的交流合作

一、京津冀间的交流合作

北京和天津是渤海湾区域的两大直辖市，相距 137 公里，呈现特有的"双子星座"态势。河北省环京津地区主要包括唐山、保定、秦皇岛、廊坊、沧州、承德、张家口

7个城市，20世纪90年代，环京津地区对河北街经济增长的贡献率将近60%，是河北省经济发展最重要的区域。

（1）北京是中国北方最大的市场，天津是北方最大的工业基地。北京是一座传统的消费型城市，2002年末户籍人口为1136.3万人，暂住人口将近360万人，城市居民人均可支配收入为12464元，全年社会零售总额1744.8亿元，相当于天津的1.9倍。天津是北方重要的工商业城市，2002年实现工业总产值为3717.72亿元，比北京多344.22亿元，在全部40个工业行业大类中天津涉及的有35个，产业配套能力强，工业是全市经济发展最重要的推动力量。

（2）北京"总店"、天津"后厂"成为大企业集团的最成功的运营模式。北京具有良好的亚太区域性商务中心职能，又是中国教育、科技最发达和人才最集中的地方，越来越多的企业选择在北京设立总部和企业研发中心，将天津作为生产基地。目前世界500强企业中有300多家以总公司名义在中国开办各级办事处、代表处、中国总公司，其中一半以上设在北京，摩托罗拉、三星集团等大型跨国公司纷纷将总部和研发中心设在北京，将其在华最大的生产基地设在天津。

（3）天津港成为北京和河北货物进出的重要通道。天津港是我国北方最大港口，与世界上160多个国家和地区的300多个港口保持着贸易往来，天津港历史上就是北京的外港和河北的重要出海口，北京出口总值的三成、河北出口总值的六成经由天津港。

（4）京津教育、科技实力拥有难以比拟的优势。环渤海地区教育资源密集，共有300多所大学，其中北京市是全国最大的教育中心、科学技术研究基地，拥有科研院所360个，居全国第一，普通高等院校62所，著名高校密集，全市每年获国家奖励的成果占全国的三分之一，天津有37所高等院校，具有发展教育产业的独特优势。北京科技经费投入居全国之首，2002年北京科技活动经费支出393.2亿元，相当于天津的6倍、河北的6.4倍，占全国科技活动经费总支出的14.7%，科学研究与试验发展（R&D）经费支出219.5亿元，相当于天津的7倍、河北的6.5倍，占全国的17%。创业创新体系建设取得较大进展。2002年末北京市拥有孵化器53家，居全国之首。2002年北京技术市场技术合同成交金额中有一半辐射到北京市之外的全国各地。

二、北京市和天津市交流合作基本情况

北京市和天津市地相连、人相亲、业务相互往来，两市经济、社会发展既各具特色又有很高的依存度和关联度，有着广泛的经济联系与良好的合作基础。

近年来，两市高层往来频繁、部门接触密切、重大基础建设步伐加快，投资贸易、物流、科技往来发展迅速。双方共同签订了《关于进一步发展经济技术合作的会谈纪要》，多次参加对方组织的经贸洽谈会、座谈会等各种活动。京津城际高速铁路的开通，

进一步缩短了两市的距离，还实现了京津两个城市一卡"互联互通"功能。天津海关与北京海关签署合作备忘录，整合两地的海、空港资源，逐步实现两地海空运一体化。可以说，两市经济技术合作进入了加快发展阶段。

天津承接了北京产业转移。天津市将支持北京朝阳口岸外移至通州马驹桥物流基地，支持北京评估国际陆港实施海关卡口联网工程、"口岸直放"转检模式和"抵港退税、商品直转"的保税港"港区联动"政策，给予港口使用费优惠，实现港口手续、码头场地、装卸作业"三优化"。两地还加强了区域物流信息一体化建设，推进两地电子口岸互通互联。加强京津冀陆海空口岸的货物直通合作，互开立体口岸直通公路航班，推动两地甩挂运输推广应用。

三、天津市和河北省交流与合作基本情况

天津市与河北省人缘、地缘、水缘、事缘关系密切，同时有格局发展优势，双方经济互补性很强。长期以来，两省市在经济社会发展各个方面建立了良好的合作关系，交流与合作也在不断深化。1996年，两省市签署了《关于全面发展经济技术合作的会谈纪要》。2000年，签署了《关于面向新世纪进一步发展全方位合作关系的会谈纪要》，商定共同推进环渤海区域合作，共同构筑外向型市场经济体制，加强双方服务体系的合作，积极推进产业结构调整，加强农业等九个方面的合作。2007年6月，时任天津市委书记张高丽，市委副书记、市长戴相龙和河北省省委书记白克明，省委副书记、省长郭庚茂分别率党政代表团一同考察了唐山曹妃甸工业区和天津滨海新区，并在天津市举行两省市交流合作座谈会。2009年6月，以时任天津市委书记张高丽为团长的天津市党政代表团到河北省学习考察，深入了解河北省改革开放、经济社会发展、城市建设等方面的先进经验做法，推动双方合作步伐不断加快，合作层次进一步提升。合作领域从生态、农业、旅游、建材业拓展到装备制造、矿上采集、基础设施、环保、高新技术、物流、金融等诸多方面，在项目、资金、技术、人才等方面取得了显著成果。在产品协作上，摩托罗拉、三星电子等一批天津企业与河北建立了密切的合作配套关系。在对外贸易上，河北省经天津港进出口货物占全错进出口总量的31.2%，集装箱占全省集装箱进出口总量的91.4%。在口岸通关合作上，两地海关共同推出"属地申报，口岸直放"的监管模式，实现了两地口岸的"直通"。另外，津冀两地企业间合作不断深入。天津钢管集团与保定建昌铜业有限公司共同出资35亿元，建设19万吨电解铜和36万吨铜材加工项目。天津鑫茂集团在常州建设鑫茂科技园。保定长城汽车有限公司在天津投资5亿元成立天津长城汽车有限公司。河北前进钢铁有限公司在天津开发区成立天津前进实业有限公司。河北天山房地产有限公司在天津津南开发建设水榭花都住宅小区项目。

四、北京市和河北省交流与合作基本情况

北京市与河北省地域相连，资源互补，历来有着密切的联系和良好的合作基础。"十一五"期间，首都工业跨地区调整转移取得重大进展，以首钢搬迁曹妃甸为代表，北京钢铁建材等传统工业向周边地区转移达到高潮。首钢曹妃甸模式的成功，成为京津冀区域产业紧密结合的一个代表。自首钢与唐钢共同组建京唐钢铁联合有限公司后，新钢铁厂从开工建设到投产仅用两年时间，整个一期工程全部投产后将形成 970 万吨的生产能力，为河北省唐山市加快打造京津冀都市圈重化工基地的步伐做出了贡献。

随着经济区域合作的日益紧密，北京的一批现代化制造业优势企业主动将生产基地迁到周边地区，京城机电、京仪控股首钢机电等企业，已采取多种形式在周边地区联合建立生产基地，逐步形成以总部经济为特色的研发和营销在北京、生产基地在外地的产业链分工。

除制造企业外，北京农牧企业也加快了向周边地区拓展的脚步。北京三元、华都、千禧鹤、大发畜产、顺鑫农业、六必居等农业龙头企业相继在张家口、承德、廊坊、秦皇岛、保定等周边地区投资建立了一批绿色种植和养殖基地、农副产品加工及仓储配送企业。

北京市从 1995 年三次产业产值所占比重分别为 5.1%、42.3%、52.6%，已经从传统的"二三一"型结构转变为"三二一"型结构，率先成为进入产业结构高级阶段的地区之一。北京市产业结构率先进入产业结构高级阶段主要由于其作为首都的特殊城市定位和发展战略，农业在国民经济中所占的比重越来越小，土地资源多数被用于工业及商业用地，第二产业的发展规模受到产业结构布局的限制，而第三产业对经济发展起到越来越重要的支撑作用。

同时，河北为北京天津的发展提供了丰富的资源、人力和物力支持，为北京和天津的发展提供了强有力的后方基础，同时北京和天津对河北有一定的带动和辐射作用。可见，京津冀在经济产业领域有一定的互补作用。因此京津冀两市一省之间是相互联系、相互促进的关系。

第四节　京津冀协同发展总体战略措施

一、京津冀发展坚持的原则

　　坚持以生态优先为前提，推进产业结构调整，建设绿色、可持续的人居环境。以区域资源环境，特别是以水资源、大气环境承载力等为约束，严格划定保障区域可持续发展的生态红线，明确城镇发展边界，合作推进"环首都国家公园"和区域性生态廊道建设。提高城镇的用地集约利用效率，实现"存量挖潜、增量提质"，构建生态、生产、生活相协调的城乡空间格局。加强城乡地域特点和人文特色塑造，保护传统村落，共同构建区域文化网络体系，坚持区域一体、协同发展的原则，谋求城镇体系、区域空间、重大基础设施的协同发展与布局。促进城镇功能合理分工，优化城镇规模结构，着力培育区域次中心城市和沿海新开发地区。强化京津高端服务功能合作对接，京津冀共同构筑面向国际的开放平台。加快建立"网络化、低碳化、安全化"的区域交通运输体系，提升天津、石家庄等中心城市的客货运枢纽地位，与北京共同构筑国际门户和国家综合交通枢纽。促进京津冀地区各机场之间的分工协作，立足北京新机场建设服务区域的立体交通运输体系与国际物流基地。着重完善互联互通的城际轨道网，破除阻碍区域人口和要素自由流动的体制壁垒和制度障碍，促进多种形式的跨地区合作。重点加强创新、文化、教育、医疗、旅游等的跨区域合作交流，推进多种形式的经贸合作。通过区域治理创新，促进共建共享，建立区域竞合发展的良性格局，提升区域整体竞争力。两市一省应合作开展支持冀中南地区、张承地区绿色转型发展的研究建立跨区域规划的编制与实施工作的新体制、新机制。应充分发挥京津冀空间协同发展规划的综合协调平台作用，开展专项规划对接，加强重大空间布局问题的协商沟通。充分利用区域内智力资源密集的优势，以京津冀的协同发展为目标，大力推进城镇群发展理论与规划实践的创新。

二、京津冀产业发展对策

　　河北省作为京津的外围，包含着京津两个直辖市，在长期计划经济下，河北一直支援着京津的发展，京津冀三地区存在着一种不平等的经济关系。北京与天津两个相距很近的中心城市，北京有首都优势，而天津借助港口航运优势，是中国北方的工业基地。两个城市之间相对独立发展，竞争大于合作。北京作为中国政治中心，其首都经济地位在区域经济发展过程中起着很大的作用，汇聚着全国的物力资源。反过来看，以天津目前的经济规模和地位，强调自身的经济中心地位，大力发展自己的优势产业，一定程度上在运输业和制造业方面取代了北京在这方面的经济辐射能力。近年来，北京、天津都提出要成为北方金融中心的目标，天津正在争取建立金融市场，打造中国的北方金融中心。从国内外经济的发展规律来看，一个地区内出现多个功能相同的经济中心必然会造成人力、物力、财力资源的大量浪费，并且无法达到预期效果，进而会制约该区域的协调发展。

除以上论述之外，京津两市功能定位不明确，缺乏必要的统筹规划，也是导致京津两市各自独立发展现象相对突出的原因。目前，从北京、天津的发展状况看来两大城市之间的功能定位有相当大的重叠部分，这些使得京津两市在一定的市场容量下竞争大于合作，使得两个城市之间各自独立发展．无法真正联手为京津冀区域协调发展做贡献。20 世纪 90 年代初，国务院对北京的城市定位为"政治、文化、教育、科技"四个中心，而对天津则定义为北方重要的工商业城市、金融、信息和技术中心，但从目前的发展状况看，北京已经成为五个经济中心，即政治、文化、教育、科技和经济中心。

京津冀都市圈应是一个三足鼎立、均衡发展的概念，北京应该强化自身的政治、文化、科教中心地位，向周边地区疏解经济功能。从过去强调全国服务首都、强调外省市保障北京向首都服务全国来转变。河北应从北京附属的地位中解脱出来，第一，做好京津两大城市产业转移的承接工作，同时根据自身的产业布局吸收优先发展的产业群，针对落后的、淘汰的中低端产业应逐级安排到河北的三线、四线城市和开发区。第二，在承接产业转移的过程中要做好服务工作，抓住历史机遇，调整毗邻京津产业布局，优先发展高端的服务业和科技文化创意产业，特别是环首都的 13 个县市重点发展旅游、休闲，养老和海滨城市的建设。第三，产业园区的建设和开发将是未来区域的提升竞争力的主力军，养老地产、物流地产、住宅地产以及商业地产会在环京津周边大幅度地开发建设，房地产以及围绕其服务的各个机构一定是黄金十年。第四，围绕京津两大城市的周边县镇会出现更多的小城市群体，轨道交通和配套服务功能会逐步完善，形成工作在一地、生活在一地，两小时经济圈生活，真正意义的同城化时代。

在产业结构方面：三个区域的产业发展不同阶段，单靠各个区域自身的行政权限很难实现，应成立由国务院副总理一级的领导直接负责的协调小组，编制三地的统一发展规划纲要，根据各个省市的资源禀赋打造协同的、可以分梯队的产业层级，在产业空间布局和产业链衔接方面加强协作，会逐步形成产业合作紧密，分工明确，跨区域的产业集群。河北省在历史的机遇中将得到更大发展，进而带动毗邻的山西、山东、安徽、内蒙古以及东三省，泛华北地带整体竞争力大幅提升，西北经济发展落后地区在经济发展中可以利用京津两大城市产业转移的外溢效获得些许利益。

三、采取措施的方向

（一）加强基础设施建设

在京津冀协同发展步伐加快的条件下，优质的基础设施建设可以为承接京津产业转移做好充分的准备，同时可进一步促进县域经济发展。一是加大财政投资力度，尤其是加大对农村民生工程的投入。二是因地制宜制定基础设施发展规划和京津冀协同发展的总体布局，根据各县具体的功能定位和特色制订发展规划。

（二）做强产业集群，提高经济竞争力

培育和壮大产业集群有助于形成经济增长极，是推动经济发展的关键。首先，要加强集群引导和规划工作。促进河北省各地区县域特色产业集群的平衡发展，并突出各地产业独具的特色，走差异化道路，避免产业的趋同化、同构化和恶性竞争。其次，进一步完善集群的发展环境。制定有利于河北省县域特色产业集群发展的产业、税收、科技、融资政策和优惠政策，为集群发展创造宽松的政策环境。第三，进一步强化服务意识，完善各级政府相关部门的服务职能。第四，加强公共基础设施的建设，以交通、电力、信息为重点，改善特色产业聚集条件，合理规划产业园等项目，为产业集群的发展提供完备的环境条件。

（三）市场机制和政府协调相结合

产业结构的优化和升级是市场机制与政府协调两种力量协同作用的结果。促进生产要素的流动和产业梯度转移既需要发挥市场机制的基础性作用又需要政府政策的有效协调。

发挥市场机制的作用，一是要强化市场资源配置的基础性地位，推动一体化的消费品市场、技术市场、资金和资本市场和劳动力市场的建设与发展；二是要发挥价格的灵活导向作用。产业转移的内在推动力量就是生产业要素价格差。企业的目标是追求利润的最大化，当生产要素价格存在地区差异时，生产部门就会向生产要素价格更低的地区转移，从而带动产业的转移。

京津冀地区要对产业结构做进一步调整，需要各地政府履行其指导、规范、协调和服务的职能，健全市场秩序，消除各种政策壁垒，建立一套公开、透明、高效的区域合作市场机制。例如，北京市作为区域内部的高梯度地区，通过梯度转移将相对成熟有衰落趋势的产业转移到河北，既能够清减北京产业结构的冗余，又可以扩大和夯

实河北地区的产业发展基础。在产业转移中除了发挥市场机制的基础作用，在涉及地区间的事务，特别是产业承接或引进与产业梯度是否相符的问题上，还需要各地方政府结合本地区的资源优势和产业结构状况发挥指导及协调作用。对处于高梯度的京津两市要积极促进竞争优势不足的企业向外转移，产业梯度相对较低的河北省各地区要合理吸纳转移产业，将产业承接与资源深度加工相结合。

（四）统筹产业发展总体规划，避免产业结构趋同

在"十二五"的起步阶段，要尽快落实、推进国家关于京津冀产业发展的统一规划，协调各方面的适当利益，使得总体规划获得有效支持和遵守。

在过去的发展中，京津冀城市之间各自为政，自我规划，在一定程度上导致了各地发展的封闭性和盲目性。区域内大部分地区形成钢铁、化工、汽车等传统产业，又都在竞相发展电子信息、生物制药等高新技术产业；在港口规划上京津冀三地更是都各自规划自己的港口，天津、秦皇岛、京唐港和曹妃甸四大港口的集中密集度在世界范围都比较少见。基于这种现实，迫切需要强化地区合作，形成区域统一的投资与发展环境，统一规划主要产业的发展；要建立联合发展长效工作机制，以保证区域内生产资料、人才、资金、技术等要素的无障碍流通；各地区要明确自身的比较优势，通过区际交换和产业转移，使各地区的优势得到最有效的利用，实现共赢。

（五）依靠科技发展和自主创新，促进产业结构优化升级

科技进步和自主创新是产业的核心竞争力。京津冀地区集聚着全国一流的人才，北京市和天津市虽然是高校和科技机构的高密度区域，但由于知识要素和人才在区域内的流动较差，使得京津冀地区的创新绩效落后于长三角地区。因此，促进产业结构优化必须要促进和加快知识要素、人才和信息在区域内部的流动，提高高新技术的自我研发能力和自我消化能力。

河北省由于人才聚集度较低，自主创新能力相对较弱，在产业发展中通常会按照梯度规律承接京津地区发展相对成熟的产业，以劳动力和生产资源优势谋得产业的继续发展。然而，这样承接而来的产业有些是高耗能或重污染型的产业，从长远利益来看，并不利于河北省经济的可持续发展，因此，在产业承接环节应按照合理的产业导向慎重进行选择。避免和解决这一问题的途径有两个：一是依托京津的研发能力，对所承接的产业进行技术改进，完善不合理的部分；二是在产业转移中，可以遵循合理的产业导向逆梯度发展，利用自身生产资料和劳动力资源的优势，依靠政府的积极政策直接引进高新技术产业，来达到优化和提升产业结构的目的。

（六）打通交通壁垒，构建京津冀综合交通体系

京津冀协同发展的核心问题是交通问题，在当前与北京形成"1小时高铁圈"的

基础上，打通区域内的"断头路"，使高速公路实现天津中心城区 1 小时到达北京、3 小时内到达河北省主要城市。河北在吸引外地企业纷纷入驻的同时，要着力构建现代化交通网络系统，把交通一体化作为先行领域，加快构建快速、便捷、高效、安全、大容量、低成本的互联互通综合交通网络。实现快速铁路"市市通"，高速公路"县县通"，形成京、津、石之间以及相邻城市之间"1 小时交通圈"、主要城市与周边卫星城市之间"半小时生活圈"。

第四章　京津冀产业协同发展 SWOT 分析

第一节　优势分析

一、总体优势分析

京津冀经济带是环渤海区域的核心地带,也是环渤海区域城市群最为密集的地区。总体来看,北京市、天津市和河北省的八个城市地缘相连,各种优势相对集中,经济联系较为紧密,具有一定的相互依存度和互补性。

(一)优越的区位优势和交通优势

北京市作为首都拥有良好的区位条件。第一,北京市位于华北平原西北部,紧邻渤海湾。第二,北京是全国铁路中枢,京哈、京沪、京九、京包、京承、京秦铁路等铁路干线汇集在此。近几年来,京津城际高铁、京沪高铁、京广高铁等线路的建设大大缩短了北京与各个中心城市之间的距离。第三,北京首都国际机场于 2006 年首次跻身世界十大最繁忙机场行列,客运量和货运量快速增加,2010 年旅客吞吐量达到 7377 万人次,仅次于美国亚特兰大机场。

天津市位于京津冀经济带的中心位置,毗邻北京市,面向日韩以及俄罗斯远东地区,腹地辽阔,是中国北方最重要的出海口之一,同时拥有中国北方最大的综合性港口和区域性大型客货运枢纽机场,2014 年港口规模按照全年货物吞吐量比较是全世界第四大港口,一年的吞吐量超过 5 亿吨,集装箱超过 1300 万。将作为国际交流中心的北京和作为对外开放门户的天津结合在一起,共同打造东北亚经济合作的平台,将有利于亚洲经济发展和政治局势的稳定。天津是中国近代工业的重要发祥地,创造了 100 多个"中国第一"。近年来,天津围绕建设现代制造业和研发转化基地,以滨海新区为战略平台，打造产业集群，产业规模超过 2.3 万亿元，已成为辐射京津冀乃至整个华北地区的现代工业高地，天津市的工业是区域经济发展的保障。

从全球视野来看，京津冀经济圈处于太平洋西岸经济日趋活跃的东北亚经济区中心地带，也是我国亚欧大陆桥东起点之一，国际经济重心向亚太区转移使其地位不断上升。从全国视野来看，京津冀经济圈地处我国东来西往、南联北开的中枢地带，亦是联结西北、东北和华东的重要接合部，区域经济发展腹地广阔。优越的区位条件有利于本区及时抓住全球经济发展脉搏和产业发展最新趋势，适时承接国际产业转移，更好融入全球产业价值链。京津冀经济圈位于我国华北、东北和西北地区的接合部，处于日渐活跃的东北亚经济圈的中心地带，是我国经济由东向西扩散、由南向北推移的重要枢纽。

京津冀经济区综合交通运输网络在我国综合运输体系中占有重要的地位，拥有全国最高密度的交通网络。整个区域内铁路网密度约为全国平均密度的 2.4 倍，区域内公路发达，是全国公路最密集的地区；海岸线密集分布着大、中、小型的各具特色的现代化港口群。天津、秦皇岛等枢纽港口均与铁路干线直接相连。便利的交通运输条件，加强了京津冀地区间的联系。有利于区域经济合作往来和沟通。京津冀经济圈处于北方最重要的"海洋经济"与"大陆经济"连接枢纽地带，拥有便捷的交通运输条件；海运通道便捷，沿"C"字形的渤海湾西岸，密集分布着大中小型各具特色的现代化港口群；区内铁路网贯通东西南北，铁路货运年周转量占全国比重超过 30%；本区也是全国公路最为稠密的地区之一。此外，北京为全国最大的铁路运输枢纽和航空港，而天津则是北方第一海港并拥有便捷的陆空交通运输体系，河北的铁路与公路交通也较为发达，构成全国最密集的海陆空立体交通体系。发达的交通优势不仅有利于本区发展现代物流业和港业等与交通密切相关的产业，更重要的是有利于降低企业运营成本，为本区创造良好的外部投资环境，进而增强外资吸引力。

（二）智力资源高度富集，科技实力雄厚

京津冀都市圈拥有雄厚的人才和科技教育优势，聚集着全国近百所高等院校、科研院所及国家科技实验中心，其科研投入产出水平、科技开发与应用均在全国首屈一指。北京是我国最大的科技和智力密集区。中关村科技园区涵盖了电子信息产业科研、贸易、生产基地，集聚了众多软件开发和信息技术方面的优秀人才，是全国最大的电子信息产业研发中心；北京高等院校和科研机构集中度之高，高级人才培养水平之高，科技力量、科研水平及成果数量之多，乃至科技投入产出能力之强，都在全国首屈一指。天津高等院校和科研机构众多，科研门类齐全，科研人员众多，科技教育实力较为雄厚，亦拥有较强的研发和产业转化能力。河北省的八个城市在人才和科技教育方面亦有一定实力，区内共有 20 所中等专业技术学校、21 所高等院校以及 13 所国家级科研机构，

其中省会石家庄市的人力和科技教育水平较高。

北京丰富人才优势和发达的高端服务业是推动整个区域经济圈产业转型升级的根本动力。北京作为首都，是全国政治中心、文化中心、对外交往中心和创新中心，具有丰富的创新资源，北京有高校91所，其中重点高校占全国重点高校的1/4。北京高校中有500个博士培养点，占全国的1/3；有1081个硕士培养点，占全国的1/5。2012年北京市共有288所科研院所，R&D人员32.2万人，R&D经费支出1063.4亿元。在每百万人口中，北京的专业技术人才约有10万人，广泛分布于电子通信、计算机应用、生物工程等高新技术产业；北京拥有1103个高新技术企业，总产值达到2992.7亿元，增加值为888.8亿元。中关村高科技园区为区域科技创新和产业创新提供了高端平台，是全国重要的自主创新高地和技术源头，技术市场交易额已占全国40%。在日趋激烈的竞争中为打造新优势赢持续发展，通过区域合作促进整体产业发展成为战胜危机共渡难关的首选。

（三）丰富的资源为产业发展提供了便利

从农业资源来看，京津冀地区地形复杂，涵盖了平原、丘陵、山地、高原等多种地形，农、林、牧、渔业发展条件得天独厚。河北农业规模优势和多元化经营优势明，而京津农业发展虽受空间限制，但却具有较好的科技优势，三地在农业发展方面具有较好的互补性。从土地资源整体来看，京津冀土地资源丰富，尤其是渤海湾西岸和环京津地区拥有充裕的土地资源，为区域产业转移与产业协作提供了充足的发展空间。从局部来看，北京城市拥挤问题严重，产业发展受土地资源限制较为明显；天津产业处于快速扩张阶段，而滨海新区的开发在一定程度上缓解了土地紧张局面；河北沿海四港（秦皇岛、曹妃甸、京唐港和黄骅港）尚有广阔的滩涂地域，土地资源较为充裕。总体来看，京津冀之间只有进行充分产业协作，实现产业合理分工与布局，才会实现土地资源优化配置。从其他资源来看，京津冀劳动力资源丰富，京津拥有充裕的高素质人才，而河北有低廉的劳动力资源，三地在劳动力方面互补优势明显，为区域产业转移与合作奠定了基础。京津冀在旅游资源方面亦各具特色，有利于三地在旅游产业开展广泛深入的协作。此外，本区亦拥有发展现代化工业所需的黑色金属、有色金属、建筑材料、化工原料和能源等矿产资源，为工业发展提供了便利。

津冀产业协同发展，河北的优势在于"后发"，相对京津有着更广阔的土地和发展空间。河北较为发达的第一产业是京津冀区域经济共同体的发展基础，河北在土地资源、海岸线、劳动力资源、矿产资源、生态旅游资源等方面有明显优势，河北省境内分布有冀中煤炭基地以及华北、冀中、大港油田；农业优势突出，2014年河北省粮食总产量3360.2万吨，棉花总产量43.1万吨，油料总产量150.2万吨，蔬菜总产量8125.7万吨。河北省有广阔的空间土地和庞大人口、较强农业及相对发达的城市群体。

河北耕地面积 619.9 万公顷，占全国的 5.29%，为全国第五位，河北省面积是京津的十倍，人口 7185.42 万，相当于京津的两倍。

通过优势互补，在北京、天津及河北形成"国际城市—国际港口—冀中平台""研发—转化—生产""高端制造—高端服务"等展模式、发展亮点，必然会大大推动京津冀的发展进入一个全新的良性循环阶段，建立以北京为科研创新中心，以天津为制造业基地，以河北省为产业链上游和下游配套的分工体系。

（四）优越的经济腹地条件

京津冀经济圈拥有优越的经济腹地条件。独特的地理位置是京津冀经济产业一体化的先天优势。京津冀两市一省地理位置独特，京津环抱于河北省境内。北京是全国重要的枢纽，与津冀两地之间交通方便。天津是北方重要的港口之一，是京冀的出海口，京津周边的十几个县，均是先后由河北省划出。京津冀地势平坦、资源丰富，民众生活习惯相近，民间联系紧密。2009 年，河北省政府在《关于加快壮大中心城市促进城市群快速发展的意见》中明确提出：将河北街环京津的 22 个县（市、区）托，强化与京津的基础设施对接，增强承接京津产业梯度转移的能力，构筑环京津卫星城市带，使其成为京津冀城市群的重要组成部分。

一方面，内蒙古、山西、河南是京津冀产业发展的资源供给腹地：内蒙古与山西煤炭资源丰富，也是全国重要的电力资源净输出地，共同为京津冀产业发展提供了稳定的能源和电力供应。内蒙古区域产业转移的综合协和效应实证分析表明，以白云鄂博为中心的地区富有稀土、铁、锌、铝、镍、钴、钨、锡、铋等多种矿产资源，为京津冀工业发展提供了丰富的工业原料。此外，内蒙古的丰富的畜牧业资源以及河南的农业资源亦是京津冀经济圈产业发展的重要条件。

另一方面，内蒙古、山西、河南经济近年来表现出强劲的增长趋势，日益成为京津冀产业发展稳定的市场需求腹地。受资源和政策优势的诱导，内蒙古经济增速连续八年居全国之首，2009 年 GDP 达到 9725.78 亿元；在中部崛起政策促进之下，山西、河南两省亦保持较快增速，2009 年两省 GDP 分别为 7365.7 亿元和 19367.28 亿元。蒙、晋、豫三省区经济快速发展，为京津冀产业发展提供了稳定的腹地需求，有利于摆脱金融危机后国际市场长期低迷的不利影响，从而增强区域经济发展的持续性和稳定性。

（五）产业基础雄厚

北京中关村科技园区集聚了一大批向社会开放的国家重点实验室和工程技术研究中心，形成了完善的高新技术产业社会化服务体系。目前，中关村科技园区已由海淀区的"电子一条街"发展成为包括海淀园、丰台园、昌平园、电子城科技园、亦庄科技园、德胜园和健翔园在内的一区多园的高新技术产业开发区，园区集聚了联想、方正、诺基亚、惠普、IBM、微软等国内外知名企业，吸引了跨国公司分支机构112家，包括研发机构41家。北京中关村已形成完整的手机产业链，2008年产值160多亿元，已集聚了40多家手机企业，具有应用软件、电池材料、手机性能测试、手机研发、系统软件等各个环节的研发生产能力。天津滨海新区初步形成以摩托罗拉、三星、现代电子多媒体有限公司、施耐德等知名企业为代表的电子信息业集群，以天津丰田汽车有限公司、新大洲本田摩托有限公司、SEW—传动设备有限公司、天津矢崎汽车配件有限公司为代表的机械制造产业集群，以葛兰素史克、诺维信生物技术、施维雅制药、PPG涂料有限公司为代表性的生物医药化工产业，以顶新国际集团、天津可口可乐有限公司、天津雀巢有限公司、卡夫天美（食品）有限公司为代表的食品饮料产业。保定高新区集聚企业近900家，以天威集团、英利集团、风帆集团、日本三菱株式会社、澳诺制药有限公司、德玛斯新型建筑材料有限公司、康达精细化工有限公司等国内外知名企业为代表，初步形成了太阳光伏发电、风力发电、新型储能材料、输变电设备、高效节能设备五大支柱产业。保定可再生能源企业已超过160余家，以太阳能、风能设备制造两大主导产业为核心，在光电领域、风电领域和节电领域形成了较为完善的产业链。

（六）政策优势

京津冀一体化最大的机遇就是国家层面重视，京津冀协同发展上升为国家战略。"国家动力"的注入，京津冀作为中国重要经济增长极的巨大潜力将得到极大释放。为巧破"一亩三分地"的思维定式和行政区划的藩篱，2014年国务院成立京津冀协同发展领导小组，该领导小组在京津冀产业协同发展过程中起到了统筹协调作用，从国家层面对京津冀区域发展进行顶层设计，并在财政体制、投融资体制、市场开放、要素流动等方面给予政策支持，这将为京津冀产业协同发展提供坚实的制度保障。改革开放以来，我国经济社会取得了举世公认的成就，但是，东强西弱、南快北慢的格局依然存在，相比中国改革开放之先的珠三角、长三角地区，京津冀地区发展相对较慢的其中一个最重要的原因就在于开放水平低。李克强总理提出将天津建成中国投资和贸易便利化综合改革创新区，这将是京津冀调整产业结构、转型升级的战略机遇期。

（七）差异化优势

差异化的发展基础和水平是实现京津冀产业一体化的重要推动力。北京市产业基础雄厚，技术研发能力强，有充足的资金实力，集中了全国一流的高校和科研院所、大企业集团研发中心、金融机构总部和办事处，吸引了各类优秀人才。天津市工业门类齐全，已形成了石油和海洋化工、汽车和装备制造、电子信息、生物技术与现代医药、新能源和新材料、现代服务业等支柱产业，依托港口和保税区等优势，物流及相关服务业发展迅速。河北省产业结构调整取得积极成效，钢铁、石化、医药、建材、农副产品加工等行业的比较优势进一步显现，服务业结构正在逐步优化，新兴和现代服务业发展较快，农业综合生产能力提高。三地不同的产业格局，为地区梯度产业配合创造了良好的条件。北京市已经进入工业化中期向后期过渡的边缘点，及其未来发展的形态是消费型的城市社会。天津市属于中上水平，河北省地处于较低水平。河北省与北京市、天津市处于不同的经济发展阶段，发展水平存在明显的差距，这将成为河北省经济发展的重要推动力。

二、天津发展的优势

多个轨道交通枢纽已建成。天津站交通枢纽是集国铁、地铁、轻轨、公交、出租车及长途客运等交通方式为一体的大型交通枢纽，是连接东北地区高速铁路网的重要枢纽。

天津西站交通枢纽是京沪高铁五大始发终到站之一，是联系我国东北、长三角和环渤海地区的门户型交通枢纽。

航运方面，商务部发文要求天津东区保税港区将继续深入实施"打造三个基地、培育一个中心"战略，即全力打造国家租赁业创新基地、高端航运物流业基地、北方国际商品进口基地，培育国际航运融资中心。

实现双城联动方面，天津的另一大战略就是大力发展海陆两港，谋划建设"北方国际航运中心和国际物流中心"。时任天津市委书记孙春兰曾多次视察天津滨海国际机场，调研机场货运，要求其要"承接首都机场货运分流"。天津谋划建设"天津国际港口城市、北方经济中心和生态城市"的宏大目标。

三、北京发展的优势

（一）政治优势

政治优势是指在北京这样一个城市里谋求发展，起点高，平台大，途径广，路途近，对想在政坛上有所作为的人来说，选择北京作为自己从政的起点和终点是有利的。对谋求在经济上取得成功的人来讲，北京政策上的优势，也会使之成为目前中国最好的平台之一，其他领域亦如此。

（二）经济优势

北京的经济优势不仅体现在经济总量上，更体现在经济结构上，体现在现代产业形态在全国的领先上。例如，北京的高科技产业、现代金融业、现代信息产业、现代文化产业、现代消费产业、互联网产业等在全国处于领先和优势地位，它代表了中国未来经济发展的方向。如果我们深入研究这些产业，深入研究这些产业中优秀企业发展的案例，我们就会从中学到、悟到现代产业、现代企业发展北京的经济优势不在于它创造的有形财富，更多的在于它创造的无形财富上，它创富的方式科技含量更高，知识含量更高，智慧含量更高，是知识经济、脑力经济、智慧经济的集中代表。不管是百度的搜索，还是互联网的门户；不管是现代的网游，还是高科技的软件；不管是金融大鳄的创富传奇，还是教育文化的传播天下；不管是会议论坛展览的繁盛，还是模式创新的克隆天下，都是知识经济、脑力经济、智慧经济的体现。这些都代表了未来，代表了人类发展的方向，这些也都是现代人追求的方向和目标的奥秘，为走向全国积累了丰富的经验。北京的经济优势不仅在于它是国内优秀企业的聚集地、现代产业的聚集地，也在于它是世界优秀企业的聚集地、国际现代产业的聚集地，无数世界级的企业落户于此，无数国际领先的产业布局于此，使我们有可能领略世界上最先进的技术、最先进的理念、最先进的管理，让我们不出国门，跟踪世界，与国际标准同行，与世界前沿同步。

（三）文化优势

北京的文化优势相较政治优势、经济优势而言，更为突出，更为明显。具体来说，它的文化优势体现在以下方面：

第一，历史文化优势独特唯一。北京的历史文化不仅体现在各种的历史建筑、遗迹、文物、景点之中，更体现在市井街巷和院落之中；不仅体现在各种的故居、人物、活动之中，更体现在各种历史和文化的传承载体如典籍、档案、戏剧、传说、故事之中。仔细审视，北京的文化优势代表了中国文化的源远流长，博大精深，绚丽多彩。

第二，多元文化的汇聚优势。北京是中国多民族、多地区文化的汇聚地，北京是世界各国文化的汇聚地，这种汇聚，因人员、文化、经济的汇聚、交融，使北京成为多元文化的汇聚地，这种优势极其明显且是独一无二的。纵览全国各地文化、纵览世界各国文化，我们都可以在北京找到它的载体，吸收它的营养。

第三，北京不仅具有承载中国历史文化、全国各地文化、世界各国文化的多种载体，更是创造新的文化，新的历史的策源地、发生地，它有着各种研究机构、名牌大学，多样化的传播媒体、传播平台。因此，北京又是现代文化的创造者、引领者、传播者。在北京可以学到当代中国、世界最先进的、最前沿的文化，使我们的思想和行动走在世界的前列。

第四，科技、思想、理念、模式的优势。科技的优势体现在改变中国、改变世界的先进技术上，北京聚集了中国最顶尖的科研机构、高等院校，聚集了最多的高科技企业，是他们引领了中国科技发展的潮流，引领了中国企业的发展潮流。我们要学习中国最现代的技术，到北京来寻求发展是最优的选择。

我们往往强调和重视科技的优势，实际上改变人类生活的不仅是科技，还有思想、观念、模式等等。思想上的领先，观念上的转变，模式上的创新，往往是科技上创新的前提和基础。北京是中国各类思想、理论的传播基地、创造基地，它引领了中国思想、观念、模式创新的潮流，是中国思想、观念、模式的主要领导者，而这种优势使得北京能够走在中国和世界的前列。我们应该看到和充分发挥这一优势。

四、河北省发展的优势

第一，资源优势。河北省是全国唯一兼有海滨、平原、湖泊、丘陵、山地、高原的省份。拥有 487 公里长的海岸线和 132 个岛屿，海岸带总面积 10364 平方公里，是华北和西北的重要出海通道。海洋生物资源和海洋矿产资源丰富，有可开发利用盐田面积 6 万公顷，在全国具有明显优势。河北省近海石油探明储量 6 亿吨、天然气 144 亿立方米，居渤海地区首位。由北到南，沿渤海湾分布着山海关港、秦皇岛港、京唐港、曹妃甸港和黄骅港五大港口，共有码头（泊位）58 个，有巨大的吞吐能力，现已纳入国家级发展战略的曹妃甸新区所拥有的矿石专用码头是我国北方最优越的深水港址。第二，基础设施优势。目前，河北省的基础设施建设取得重大进展，京石客运专线、南水北调中线工程河北段等重点项目加快推进，全省开工在建高速公路 2021 公里，港口货物吞吐量突破 5 亿吨，新增电力装机容量 600 万千瓦。首钢搬迁、曹妃甸及港区配套建设等工程已基本完成。目前正在完善石家庄机场和山海关机场设施，建设邯郸、承德、张家口、秦皇岛等支线机场，基本形成以石家庄为中心的干支结合的航空网络。河北省与京津之间已形成了基本完备的交通路网。第三，加工制造业优势。河北省工业结构经过改革开放几十年的发展，已初步形成门类齐全、具有一定基础的工业体系成为河北省加快经济发展的主动力。一是基础产业、基础设施迅速发展，支撑作用明显增强，"瓶颈"制约基本缓解，投资环境大大改善；二是通过实施"两环开放带动战略"，外向型经济发展进一步加快，为全省经济发展注入活力；三是经济总量不断扩大，位居全国第五位，已具备向经济强省迈进的基础。钢铁、装备制造、石油化工等七大主导产业对规模以上工业增长贡献率达 85%，发展后劲和支撑作用增强。第四，区位优势。河北省具有独特的地理区位优势，是唯一环绕北京、天津两市和东临渤海湾的特殊省份。河北省环抱北京、天津两个直辖市，围绕着两座历史名城，既有首都北京的政治、经济、文化分量，又增添了港口都市天津的资源储备，东临渤海，西依太行与山西交界，南连鲁豫两省，北部与蒙古高原接壤。河北境内雄浑起伏的万里长城、肥沃广袤的华北平原、碧波荡漾的富饶渤海沿岸、纵横交错的公路铁路网络，不仅架通了全国与北京、天津的交通运输渠道，而且使河北成为首都北京向外扩展的广阔战略市场。

第二节 劣势分析

一、京津冀三地原有产业结构的相似性制约了地区比较优势的形成

尽管京津冀各城市在经济发展中有较强的互补性,但由于长期处于计划经济体制,各地区对经济增长尤其是对产业发展有很强的内在动力,过分追求与保护地方利益,追寻自成体系的产业结构,使京津冀地区一直没有建立起有效的产业分工与合作机制,地区间产业关联比较弱,产业融合程度低,未形成功能互补和各具优势的产业结构。特别是过去京津两市产业结构雷同,造成资源分散利用,产业间恶性竞争,产业无法做大、做强,长期以来严重制约了京津两地的产业结构升级。

二、缺乏良好的协作基础和协调机制

由于北京、天津均为直辖市,过去两市场就谁是经济发展"龙头"相争而束缚了京津经济合作的步伐,尽管近几年各方的交流频次和力度都有明显改善,但还是处于多探讨、造舆论、重形式的阶段,关系到切身利益的实质性内容方面进展较慢,全面稳定的合作机制与长效规范的协调机制尚未形成。同时,影响产业合作的民间力量十分薄弱,京津地区产业协会、民间商会、民间资本、民间咨询机构等微观力量发展缓慢,缺乏相应的机构指导,不能在产业合作中发挥主要作用。

由于自身市场机制发育程度不高,京津冀在产业协作中,很难依靠市场机制实现区域要素自由流动和资源充分共享,区域产业分工合作也难以实现。故在市场机制作用有限的约束下,区域经济协调仍有赖于政府的协调。然而,京津冀经济圈内三个平行的行政单位的存在,造成区域性协调机构和协调机制均不完善。健全的政策实施组织载体是区域协调机制发挥作用的前提,有效的组织是制度发挥作用的关键。京津冀区域协调机制不完善,一方面体现为协调机构不健全。当前,京津冀经济圈缺少一个超省级的行政组织,京津冀之间仍是各自为政。由于京津冀三地只注重各自经济效益最大化,不重视发挥区域整体效益,不仅导致区域资源的优化配置难以实现,也影响到区域生态平衡、污染治理,以及区域共享性基础设施的建设与维护。由于区域内同级政府之间的协调机制作用的有限性,中央政府的协调成为京津冀都市圈实现科学有效管治的必要条件。由于区域经济发展不平衡,京津冀三地之间尤其是河北省与京津

两市之间，存在较大经济落差，使三地间很难形成一个平等参与的经济协调组织。

另一方面，体现为协调机制的缺乏。有效协调机制的实现不但须加强专门性协调机构的建设与管理，还须进行一系列科学合理的制度设计。由于京津冀三地政府在各经济发展中较强的主导性作用，区域产业选择和产业结构深受影响。三地政府基于各自经济效益最大化的角度，过度追求行政区内的经济绩效，从而在城镇布局、城市规模、产业分工、基础设施建设等方面缺少有效的协调。受此影响，京津冀之间存在不同程度的重复建设和恶性竞争等问题，阻碍了区域产业协调发展。

三、首位城市聚集效应不明显

根据区域经济增长相关理论，城市圈辐射力的形成主要来自首位城市的集聚力和扩散力。集聚力来自集聚经济效益，即区域经济要素向某一特定地区集中而产生的效益，包括两方面：内部集聚经济和外部集聚经济。扩散力，即核心城市通过交通网络、商品网络、技术网络、资金网络、人才网络、旅游网络、文化网络、信息网络等向周围城市传递要素，带动周围城市的发展。因此做强首位城市是城市圈经济发展的关键，否则就会形成有"圈"无"心"的城市圈。北京作为京津冀地区的首位城市，在聚集与扩散功能的发挥方面与纽约、上海相比还存在着较大差距。2003 年北京的 GDP 占全国 GDP 的 3.1%，天津为 2.0%，京津之和尚不及上海，而纽约、东京、伦敦、首尔的 GDP，分别占各国的 24%、26%、22% 和 26%。根据增长级理论分析，京津的极化效应远远大于扩散效应，使其不断将资本、市场、人才吸引到增长级点上，而京津的经济发展，尚未达到经济成熟期，体现在其经济总量和两种效应的强弱对比。由于首位城市的带动作用不明显，明显滞后了整个区域的经济发展，从而令区域经济一体化的进程减缓。

四、京津冀地区经济差异较大

按经济学的解释，经济腹地与经济中心是一个相对应的概念，其内涵是经济中心的吸收和辐射能力能够达到并能促进其经济发展的地域范围，如果没有经济腹地，经济中心也就失去了赖以生存的物质基础；如果没有经济腹地，也就根本谈不上经济中心和中心城市现代化。与长江三角洲和珠江三角洲相比，京津周边地区发展相对落后，二元经济特征十分明显，制约着京津整体优势的发挥和区域规模经济效益的发挥。北京 2003 年的人均国内生产总值约为河北省的 3 倍，分别是紧邻北京的张家口、承德地区的 4 倍和 5 倍，地区经济发展十分不平衡、落差很大。长江三角洲和珠江三角洲的成功在于上海、广州等中心城市的功能外溢带动了区域周边的发展，产业链条有了循环的特征和紧密的衔接性，经济发展的组合性能、互补性能得到较好的发挥和利用。由于较大的地区经济差异，使得京津冀整体区域内难以形成有效的产业合作，制约着区域经济的发展和整合。

五、京津冀市场发育尚不完备，区域统一市场尚未形成

区域经济一体化，根本上是市场的一体化，是各种资源，如人力、资本、技术等要素在市场内部自由流动、合理配置的结果，没有市场的一体化，试图仅仅依靠政府的力量，以规划的方式，来完成区域间生产力的合理布局和分工，是不现实的，也是不可能的。在市场经济条件下，经济区只应是市场催生的结果，而不是仅靠规划规划出来的。根据樊纲、王小鲁的《中国市场化指数》可以发现，京津冀 2014 年在全国 30 个省市自治区的排名分别为第 16、第 5 和第 21 位，远远低于长三角和珠三角区域。

从整体来看，2008 年京津冀地区外贸依存度为 80.39%，比全国平均水平 57.97% 高出 22.42 个百分点；从局部来看，京、津、冀外贸依存度分别为 176.15%、86.04% 和 16.14%，这说明京津开放程度较高，而河北省经济开放程度过低，甚至低于全国平均水平。

与东部沿海其他地区相比，北京外贸依存度要高于上海的 159.87%。但是作为区域整体来看，长三角与珠三角的对外依存度均高于京津冀（长三角为 96.08%，珠三角为 130.48%），并且长三角内部三省市对外依存度较为均衡，其都是相对开放的经济体，区域之间在对外引资和产业协作方面联系紧密，存在较好的互补优势。京津冀内部，三省市之间的外贸依存度相差过大，尤其是河北省，16.14% 的对外依存度水平表明其仍然是一个较为封闭的经济体，这一情形不利于京津冀之间在对外引资及产业协作方面展开合作。

2008 年，京津冀进出口总额占全国的比重为 15.24%，远低于长三角的 36.10% 和珠三角的 26.72%；外商直接投资额占全国的比重为 9.72%，亦低于长三角的 37.36% 和珠三角的 16.03%。这说明在三大都市圈中，京津冀都市圈的对外合作水平相对较低，这虽然有利于规避全球性金融危机冲击，但从长远来看既不利于区域进入全球产业价值链，也不利于区域产业结构的优化升级。此外，京津冀都市圈尚未形成合理的区域分工，也未形成完整的区域产业链。目前，长三角与珠三角均已形成几大具有明显竞争优势的区域产业链，如长三角的集成电路产业链（上海以集成电路芯片、电路印刷板为上游，苏州、无锡、昆山和杭州以笔记本电脑、移动通信为中下游，并生产 PC 零部件、电脑外设等配套相关产业），珠三角的电子信息产品制造业产业链（以广州和深圳为电子信息产业研发中心，东莞、中山、珠海、惠州、顺德等为电子产品生产

加工基地）。在京津冀都市圈内部，通信设备、计算机及其他电子设备制造业虽均是京津的一级主导专业化部门，但却处于直接的竞争状态，未形成产业错位分工与协作。另外，黑色金属冶炼及压延加工业虽然也均是津冀的地区主导专业化部门，但也处于对立和竞争状态。

六、城市之间缺乏协调分工

北京、天津以及河北省均各自为政，城市发展目标相似，在产业政策上追求大而全，均强调"一个都不能少"，导致产业结构自成体系、自我封闭和结构趋同继续加重，相互之间争资源、争项目、争投资等过度竞争和封闭竞争严重，许多重复建设不仅带来了大量的经济损失和浪费，而且造成整个区域的资源无效配置和经济发展水平相对落后。在河北省 19 万平方公里的地域空间内，存在着两个特大型城市，在经济同构、互补性和内生衔接性不足、缺乏反哺通道的条件下，地域的紧密相连，恰恰形成了一种直接性的地理通道，加快了资源过度集聚的过程。近年来，河北高素质人才和各种要素资源加速流向京津，北京集聚就是这一特征的集中反映。

京津冀的深层次产业合作水平不但不高，而且主导产业多是高能耗行业，工业产业附加值也较低。对于第一产业，京津与河北省之间的合作主要围绕京津城市居民的"菜篮子"和"米袋子"，合作水平较低，缺乏在现代农业和科技农业方面的深层次合作。对于第三产业，京津的第三产业多服务于本地，对河北省的辐射带动作用极为有限，更谈不上其生产性服务业对河北的转移和扩散。同时，这也使河北省与京津在第三产业领域的梯度差进一步扩大，增加了产业转移与协作的难度。对于第二产业，北京的传统产业多已转移出去，虽然天津正处于快速发展阶段，但天津过于追求自身经济发展，延缓了传统产业向河北省的转移步伐，致使京津对河北省产业辐射作用极为有限。在津冀产业结构中，占工业总产值 50% 以上的主导产业中，黑色金属冶炼及压延加工业，化学原料及化学制品制造业，石油加工、炼焦及核燃料加工业，石油和天然气开采业，电力、热力的生产和供应业多属于资源密集型和劳动密集型产业，技术含量不高，从侧面反映出京津冀地区的高新技术产业有待进一步发展。

七、城市规划不合理

作为中心城市的北京市，由于不合理城镇布局体系，引发了中心城市交通拥堵、环境恶化、住房紧张等一系列"城市病"。突出表现为在整个区域的城际竞争中处于绝对优势地位的北京市，没有给予其他城市发展的空间和机会，加剧了整个区域发展的不平衡。截至 2017 年，在京津周围众多的城市之中，只有唐山一个城市人口超过

100 万，人均国内生产总值超过万元，可以称得上是次级中心城市，而其他城镇均规模过小，难以形成辐射能力和发挥次级中心城市的作用。

在京津冀都市圈内，核心城市过大过强，中等城市偏少，小城市数量偏多。截至 2017 年，除核心城市北京和天津外，仅有唐山和石家庄人口超过 200 万，保定也仅有 100 万左右的人口规模，其他地级市的人口规模均低于 100 万。此外，即便是具有相当规模的唐山和石家庄，两城市人口之和（556.6 万）也尚不及天津一个城市的人口（793.9 万）。京津冀都市圈城市体系发育不完善，小城市偏多，而中等城市偏少，使得区域产业转移与协作容易产生脱节，不利于区域产业链的构建。

八、京津冀地区要素市场发育相对滞后，区域合作的市场机制尚不完备

由于受行政区划和其他种种因素的影响，京津冀经济圈内各地区、各部门生产要素的自由流动存在很大限制，特别是一些短缺要素的流动，如资金、人才、技术流动更是受到多种人为的限制。这在很大程度上阻碍了区域内生产要素市场的一体化进程，不利于区域经济的协调发展，使区域内合理分工和优化产业布局的巨大潜力无法得到有效发挥。实现区域产业分工与布局优化以及经济一体化的基本推动力是政府和市场，而企业在生产过程中所结成的密切分工协作关系是市场推动力的主要来源，它有助于提高区域内部经济合作水平。民营经济与跨国公司依照比较优势原则进行产业布局，这有助于实现资源优化配置和产业合理分工与布局，故民营经济发达与外资聚集的长三角和珠三角地区，得以克服种种壁垒，形成了科学合理的区域产业分工与布局。然而，由于国有企业比重较高，京津冀与东北和西部地区一起成为国有经济体制最难改革的三个地区之一。在国有经济产业链重组、结构调整以及布局调整过程中，存在诸多困难：一是企业规模大，使得国企改革时间较长，同时增大了调整难度；二是国有企业往往与地方关系紧密，易导致地方保护主义；三是制度刚性使得国企改革缺乏足够的市场利益驱动。

九、京津冀都市圈自然生态条件总体较差

京津冀都市圈自然生态条件总体较差，水资源相对缺乏，生态环境比较脆弱。明朝以来的大规模毁林建城等使得该地区生态环境十分脆弱，人口过密、草畜失衡和林粮争夺矛盾突出，成为极易遭受人为破坏且难以得到恢复的地区。

第三节　京津冀协同发展带来的机遇

京津冀区域协同发展给各地区可能带来的机遇：

一、区域协调发展战略顶层设计带来的机遇

20 世纪 90 年代，国家提出了环渤海经济圈建设的构想，并将其作为整体战略给予确定。紧邻环渤海经济圈的东北，二十多年来经济一枝独秀，成为全球经济增长速度最快、最富生机和活力的区域。环渤海经济圈是中国腹地走向东北亚走向世界的一个窗口，京津冀作为环渤海经济圈的核心地区，拥有雄厚的经济发展基础、较高的经济发展水平和巨大的发展潜力。

"十一五"规划中把长江三角洲地区和京津冀地区列为中央级的两大区域规划试点并在全国率先启动，昭示了中国区域经济崛起正在发生质的变化，城市化、工业化正在从小板块聚集向大区域板块聚集转变。滨海新区的开发和开放被确定为国家发展战略，将天津打造成为北方经济中心等一系列国家级的统一部署和规划为环渤海各城市的未来发展指明了方向，有效地协调了地区间的分工合作，为京津冀一体化加速发展搭建了广阔的平台。

改革开放以来，在邓小平同志东西部"两个大局"区域发展战略思想的指导下，逐步形成"抓两头、促中间"的区域发展政策思路。改革开放初，邓小平同志倡导形成东部沿海发展战略（主要是珠江三角洲的深圳经济特区）和扶贫战略并举的"抓两头"举措。江泽民、李鹏同志提出并实施浦东新区和内部大开发"抓两头"战略；胡锦涛、温家宝同志提出和实施天津滨海新区和经济欠发达地区"抓两头"战略。

事实上，"抓两头、促中间"的区域发展政策是具有普遍意义的，西方发达国家走的也是这条路。目前，我国仍处在这条路上。因此，新时代仍需走这条路，其主要内容已逐步显现，即以京津冀为突破口的东部三大城镇群核心区协同发展，以内地沿边地区和新丝绸之路经济带的协调发展，构成新的"抓两头"举措。

二、综合区域经济合作层次带来的机遇

大家知道，省市县是我国区域经济的主体。在市场经济条件下，在这些主体区域层次之内或之间会自发产生不同层次的区域经济分工合作关系，这些区域经济合作关

系大体可分四个层次：一是东中西三大地带（或东中西和东北四大板块）区域合作层次；二是省域之间的综合区域经济合作区层次；三是城市群区域合作层次（地级市之间合作）；四是城市圈区域合作层次（县域之间的合作）。其中，城市群和城市圈等低层次的区域合作较为普遍和成功，而区域之间高层次的综合性区域经济合作成功的事例尚不多，也缺乏成功的经验。

京津冀区域合作属于高层次的综合性区域合作，是在我国三大地带划分的基础上，在各地带内部进一步以街区为单位划分的一个高级别的区域协调或协同发展区域单元。这一层次区域合作单元的主要目的在于，就跨省区的各种大型基础设施项目（如铁路、公路和生态保护等）开展区域共建和合作，以促进区域经济在更大规模上的一体化，提升整个合作范围内整体经济的竞争实力。事实上，截至目前，我国区域合作的层次主要是在市县两级开展并取得一定的成效，而省区一级开展的区域合作还不多见，也缺乏成功的事例。国家将第一个国家级跨湾区综合性区域合作项目选择在京津冀地区（在一定程度上还应该包括山东），这无疑将给该区域协同发展带来前所未有的新机会。

三、首都非核心功能调整的机遇

众所周知，京津冀区域协同发展的最大机遇在于北京下决心调整非首都核心功能，控制人口和中心城区范围。天津和河北将利用其近邻首都的独特区位，承接首都转移出来的多项功能，赢得又一个难得机会。当然，在利用近邻首都的独特区位中，天津市和河北省应当有所分工，要按照发展阶段和接纳能力，实现错位承接转移产业，优化布局，良性互动。

北京和天津一直是发达的大型工业城市，而周围的石家庄、唐山、保定、廊坊等都是中小型城市，京津冀三地之间的产业梯度较大。产业结构的合理调整和不断优化，是国家、地区经济按比例协调发展、社会资源恰当配置和高效利用的重要手段，也是经济社会整体素质不断提高和逐步现代化的时代标志。当前国家将优化国内产业结构作为经济发展的重点，京津冀应把握好地区和自身产业结构升级的历史机遇期，科学地确定北京、天津的城市功能定位，将不适宜自身发展的产业项目迁往周边河北省各城市，既可以调整京津两城市大而全的不合理产业体系，又可以实现河北省内相关城市的产业升级。

四、区域联防治理"雾霾"带来的机遇

努力将"雾霾"这件坏事转变成促进北方地区产业结构布局调整、转变发展方式的好事。京津冀要充分利用这一轮因"雾霾"引起范围扩大、深度提高、力度前所未

有的第三次京津冀协同发展的大好势头和北京大力调整非首都核心功能的机会，大力协同转变区域发展和合作方式，协同进行产业结构调整，协同开展产业布局优化行动，协同建立区域联防治理"雾霾"体制机制，为先行改善生态环境、实现可持续发展、打造我国区域经济发展第三极创造更好的条件。

第四节　京津冀协同发展面临的挑战

一、竞争分析

东北作为老工业基地，有足够的技术储备、知识储备和人才储备，这几个方面的优势极为深厚，也极为独特。因此，我国北方未来的工业重镇将是东北地区，随着振兴东北地区的一系列政策措施的推进及改革开放的深化，东北地区经济重新起飞、东北地区重新崛起，成为中国经济第四个增长极指日可待。作为应对措施，京津冀地区可以考虑适当减轻发展其成为工业基地的压力，着力于构筑高层次的产业结构。

国内区域经济体的竞争日趋激烈，目前我国已经形成了以上海为中心的长江三角洲经济区，以广州、深圳为中心的珠江三角洲经济区，与这两者相比，正在建设中的京津冀经济区起步较晚，发展较慢，竞争力较弱。当前国际产业转移带来了国内产业承接的巨大机遇，跨国公司的投资开始从孤立松散的低成本区位转向产业协作优良、整体系统成本更低的产业聚集区位，在同等条件下竞争，京津冀地区与长三角、珠三角地区相比处于劣势。为此京津冀地区要尽快解放思想、打开思路、与时俱进，充分把握当前的有利时机，迎头赶上，甚至超过长三角、珠三角。

二、京津冀协同发展面临的问题

（一）主导产业同构同质

比较分析京津冀前五大制造业、服务业投资前三位产业，发现京津冀三地制造业和服务业呈现出严重的同构同质倾向：京津之间有三大制造业重合（汽车制造业；计算机、通信和其他电子设备制造业；石油加工、炼焦和核燃料加工业），京冀之间有两大制造业重合（汽车制造业；石油加工、炼焦和核燃料加工业），津冀之间有四大制造业重合（黑色金属冶炼和压延加工业；石油加工、炼焦和核燃料加工业；汽车制造业；化学原料和化学制品业）。三地服务业投资前三位均是房地产、交通运输、仓储和邮政业、水利、环境和公共设施管理业。

（二）优势产业布局分散

京津冀内部经济和产业过于集中于京津两地，河北省经济相对落后，产业虽然总量大，但以各地级市为节点，表现出分散布局的特征。从产业层次分析，高新技术产业、战略性新兴产业集中于京津两地，河北省地区仅有少数零星分布，缺少优势产业集群。钢铁产业是京津冀地区的优势产业，在京津冀几乎所有地区都有钢铁企业布局，大型国有企业就有首钢、天钢、唐钢、邯钢、宣钢、承钢、石钢、邢钢等多个。

（三）产业辐射带动不足

首先，作为权力中心的北京具有的发展特权和高度集中的资源配置权，从而对周边产生了强烈的"空吸现象"，河北省大量的资源和人才源源不断地流向北京。首都周边出现了世界上罕见的城乡"二元结构"的现象，河北的燕郊作为一个"睡城"就是最好的例证。

其次，天津作为老工业城市，具有100多年海港城市发展的历史，沿海优势明显，这最终使天津不必过分依附于北京，不必依附于所谓的京津冀一体化。改革开放以后滨海新区的快速发展印证了这一点，虽然和北京毗邻较近的武清、宝坻、蓟县等在大力吸收北京产业转移的企业，但从历年的招商来源中可以看出本地的产业转移占据大部分。

最后，比较尴尬的是河北省，作为全国重要的粮食主产区，计划经济时代就建成了与京津产业结构雷同的包括钢铁、建材、机械、化工、医药、纺织服装、轻工、食品等八大行业的老工业基地，又是国家重要的能源、原材料生产基地，劳动力大省。但在这些自身资源的配置中大部分输入北京，成为实际意义上的北京附属省份，本身的资源优势没有充分发挥出来，在产业结构上和京津雷同，功能侧重服务首都，并且围绕北京的一些县市没有产业支撑，仅有的秦皇岛、曹妃甸和黄骅三大海港功能也不是很完善，沿海大省的作用发挥不了。

由于行政体制机制不畅，三地间在基础设施建设、生态环境保护、产业发展、创新合作等多个方面相对独立，缺少相关产业合作机制与平台。北京、天津处在极化效应向辐射扩散的转换阶段，对周边的辐射和扩散能力有限，带动作用比较小，周边的城市、农村发展不是很快。

这些就是现实的京津冀产业布局状况，如何打破惯性思维，利用自身优势打造区域特色产业，形成产业聚集效应，带动整个京津冀产业结构的协同发展应是重中之重，尤其是河北省的产业结构调整和发展，需要由中央统一协调，成立协作机制并具体牵头。

（四）落后区域被动的研发、制造和地方保护加剧了恶性竞争

为了减少与北京的差距，河北省发展高科技产业，自主研发、自己制造，很有可能在研发力量上造成和北京水平重复建设，当产业制造技术成熟时，结果却在研发上形成与北京的竞争，产业对接还是无法实现。为了保护已开发的力量，地方壁垒可能相继出现，条块分割变成保护手段，区域内的经济合作被竞争取代，条块分割进一步造成发展差距。

（五）对已有重复建设整合的矛盾促使域内竞争加剧

为避免区域内的重复建设和恶性竞争，各地积极商讨区域经济一体化规划。在规划当中，必然涉及各方的产业分工问题，涉及重复建设的部分如何整合的问题。在三方都希望联合、都有相同产业的情况下，都希望自己的投资能实现最大效益。

（六）落后地区承接产业转移吸引力差与吸纳产业的落后状态循环

新北京功能定位以后，天津和河北都面临着承接北京产业转移的机会，有实力、技术好的企业大多更看重市场和发展机会，对核心城市周边落后地区的招商引资政策积极性不高，转移出来的可能性不大，实力较弱、技术落后、高污染、高消耗企业转移出来的积极性却很高。

京津冀区域经济一体化的实现需要建立在基础条件一体化的基础上，这样才能提高区域经济一体化的效率，加快区域经济一体化进程。然而，基础条件一体化的进程本身就是非常复杂的，需要各级政府不断的磨合与协作。在京津冀政府各自为政的情况下，基础条件一体化的实现将面临很大的压力。例如，在京津冀区域物流一体化、金融一体化等方面困难重重。京津冀无论在物流发展水平、物流一体化程度以及物流专业化程度等方面都远远落后于长三角和珠三角地区，并且不容回避的是京津冀存在行政区划观念过强、物流规划建设协调和衔接不足、物流运营管理协调不足、物流合作政策还相对滞后、"分灶吃饭"等问题。

除此之外，受经济发展水平和思想观念的影响，"分灶吃饭"的财税体制局限和产业互补性较差等因素，都是京津冀区域物流合作面临的许多新的挑战。金融体系的一体化虽然可以为区域经济一体化提供非常便利的投资、融资环境，但是在京津冀金融体系已替换过程中，地方政府、金融管理当局对区域金融合作的研究不足，对金融体系一体化缺乏政策指引，并且金融机构的合作还存在一定的盲目性。此外，在政策体制不完备的情况下，金融机构跨区域、跨行业经营的趋势，将使风险的传播和扩散更加容易。京津冀一体化问题自 2004 年"廊坊共识"提出以来，一体化的效率非常低，大部分成果多出现在规划上，而这些规划的可行性还缺乏明确的论证。即使"十二五"规划纲要对区域经济一体化问题的提出可能将京津冀一体化的发展带入一个新的实质

阶段，但京津冀一体化实施过程所需要的一些基础条件短期内也很难快速实现。由此可见，京津冀区域经济一体化只有多方共同努力配合，才有可能逐步实现。

（七）京津冀文化差异是导致产业对接和协同发展不畅的潜在因素

虽然三地的文化差异在短期内不能消除，但在教育以及科技、培训资源利用上，在人力资源开发与利用上是可以先行一步的。产业结构的调整必然伴随着专业人员就业及培训的地域转移调整，没有配套的人力资源，产业转移和调整就无法实现。

总的来说存在的问题：一是各自为政现象严重，缺乏统筹部门，这是京津冀三地难以一体化发展的根本原因。二是区域一体化效率低，缺乏基础条件建设和物流体系，远远落后于长三角、珠三角。三是地区经济发展水平差异明显，导致产业对接难度大，基本没有形成配套的产业链。四是功能定位不清，产业重叠现象严重。特别是京津两地产业结构自成体系，重复投资、重复建设现象严重。五是生态环境形势严峻。如何确保企业在发展中节能减排，安全生产，防止生态环境进一步恶化，对一体化发展提出更高要求。这五个方面问题是客观存在的，应该有针对性解决。

三地市场壁垒仍然存在，根据国家统计局北京调查总队发布的数据，2014年京津冀三地GDP总量达到66474.5亿元，占全国的10.4%。报告指出，三地经济发展不平衡，仍处于人口红利期。比较典型的表现是，北京、天津人口高度聚集，人口密度分别为1311.1人/平方公里和1289.8人/平方公里，均为河北省393.4人/平方公里的3倍以上，是全国平均水平142.1人/平方公里的9倍以上。三地协同发展表面上是资本、产业和人口的方向流动，体制机制改革是有序疏解北京非首都功能、推动京津冀协同发展的制度保障。当前，京津冀统一要素市场发展相对滞后，市场壁垒仍然存在，协同发展还存在诸多体制机制障碍。必须消除隐形壁垒、解决制约协同发展的深层次矛盾和问题，把国家层面的重大举措与京津冀地区实际情况结合起来，创造性地提出推动区域协同发展的改革措施。

第五节　京津冀协同发展取得的成就

2014年2月，习近平总书记在北京视察工作时发表重要讲话，全面深刻阐述了京津冀协同发展战略的重大意义、推进思路和重点任务，掀开了京津冀三地发展新的历史篇章。数年来，习近平总书记亲自谋划、亲自部署、亲自推动实施京津冀协同发展战略，在每一个重要阶段和关键节点都做出重要指示，为我们指明了前进方向、提供了根本遵循。回顾数年工作，我们为取得的成就和积累的经验倍感自豪；展望今后一个时期的工作和奋斗目标，我们满怀信心。

一、数年耕耘、披荆斩棘，京津冀协同发展取得累累硕果

在以习近平同志为核心的党中央坚强领导下，在京津冀协同发展领导小组统筹指导下，三地和有关部门积极进取、攻坚克难、狠抓落实，京津冀协同发展不断取得新进展、新突破和显著成效。

（一）有序推进北京非首都功能疏解，空间布局和经济结构得到优化提升

北京非首都功能存量得到疏解。看得准的部分非首都功能存量先行启动疏解，积极发挥示范带动作用。一般制造业企业有序向外疏解，区域性批发市场和物流中心有序疏解提升，金融机构数据中心、呼叫中心等劳动密集型后台服务逐步向京郊和京外转移。首批 7 家央企总部迁出北京，有关高校和医院的疏解工作稳步实施。经济结构得到调整优化。功能疏解为首都"高精尖"经济发展创造了空间，科技、信息、文化等领域"高精尖"产业新设市场主体占比从 2013 年的 40.7% 上升至 2021 年的 60%。

（二）高标准高质量推进雄安新区建设，新区呈现塔吊林立、热火朝天的新面貌

党中央、国务院批复《河北雄安新区规划纲要》后，雄安新区总规、起步区控规、启动区控详规、白洋淀生态环境治理和保护规划印发实施，智能城市、绿色空间等一系列专项规划印发实施，为新区规划建设夯实了基础。党中央、国务院出台《关于支持河北雄安新区全面深化改革和扩大开放的指导意见》，有关方面陆续制定出台自然资源、生态环境、投资项目审批等领域的配套方案，加快推动新区高质量发展。启动区基础设施和公共服务设施加快建设，市政干线道路和次干路、综合管廊、电力等基础设施项目陆续开工，北京援建的"三校"（北海幼儿园、史家小学、北京四中雄安校区）主体完工。

（三）加快推进重点地区发展，引领带动周边地区协同发展

国务院出台《关于支持北京城市副中心高质量发展的意见》，城市副中心重点项目加快建设，剧院、图书馆、博物馆三大建筑主体结构封顶，行政办公区二期、东六环入地改造、城市副中心站综合交通枢纽等顺利推进。印发实施《北京市通州区与河北省三河、大厂、香河三县市协同发展规划》。加快建设张家口首都水源涵养功能区和生态环境支撑区，累计退减坝上地区水浇地 2.6 万多公顷，完成营造林 73.3 万多公顷，可再生能源装机容量超过 2000 万千瓦，首都生态屏障功能更加突出。制定出台《关于

支持天津滨海新区高质量发展的意见》，天津自贸区制度创新和扩大开放红利进一步释放，天津港通关效能提升和成本节约效果显著，2021年完成集装箱吞吐量2026.9万标箱，增长10.4%。

（四）大力推进重点领域协同发展，交通、生态、产业等不断取得新突破

交通一体化建设稳步推进。"轨道上的京津冀"加快构建，京张高铁、京沈高铁建成通车。京雄城际北京至雄安新区段建成运营，实现从雄安站19分钟至大兴国际机场、50分钟至北京西站。京津冀机场群和港口群协同联动建设深入推进，北京大兴国际机场建成投运，天津港提速降费成果突出。生态环境联防联控联治成效显著。京津冀地下水超采、风沙源治理等工程持续实施。京津风沙源治理、沿海防护林、京津保生态过渡带等重点工程建设持续实施。产业升级转移扎实推进。曹妃甸协同发展示范区、大兴国际机场临空经济区、天津滨海——中关村园区等重大产业合作平台建设深入推进，产业合作持续深化，带动京津冀区域产业升级转移。

（五）积极推进民生领域补短板强弱项，基本公共服务均等化水平持续提高

加强重大突发事件联防联控。出台实施《关于进一步加强京津冀区域重特大突发事件应急处置协同联动建设的意见》，推动京津冀三省市建立新冠疫情等突发事件联防联控联动工作机制，在人员流动、企业复工、物资保障等方面加强协同支持，协同打赢疫情防控阻击战。医疗卫生协作不断加强。京津冀三省市持续推进双向转诊和检查结果互认，组建跨区域医联体，启动异地就医门诊直接结算试点，京津冀等地区医疗机构临床检验结果互认项目达43个、互认医疗机构近500家。教育合作日益深化。京津冀三地基础教育资源共建共享和学校交流合作深入推进，成立多个高校发展联盟和协同创新中心，持续深化优质课程、科研资源等领域共享合作。

二、深入领会、提高站位，准确把握习近平总书记关于京津冀协同发展重要讲话的精神实质和深刻内涵

习近平总书记关于京津冀协同发展的重要讲话精神，是习近平新时代中国特色社会主义思想的重要组成部分，是推进京津冀协同发展各项工作的根本遵循。今后工作中，我们必须认真贯彻习近平总书记重要讲话精神，完整准确全面贯彻新发展理念，进一步提高政治站位，从全局和战略高度认识和做好京津冀协同发展工作，不断提高新时代推进京津冀协同发展工作的能力和水平。

（一）必须牢牢抓住北京非首都功能疏解这个"牛鼻子"，着力治理北京"大城市病"

习近平总书记强调指出，京津冀协同发展的出发点和落脚点，就是要解决北京"大

城市病"问题，为全国乃至世界治理"大城市病"提供"中国方案"。贯彻新发展理念，按照高质量发展要求，有力有序有效疏解北京非首都功能，治理北京"大城市病"，是京津冀协同发展这盘大棋的"棋眼""一招活，全盘活"。必须把握"多点一城、老城重组"的思路，严格控制增量，有序疏解存量，坚持政府引导与市场机制相结合，集中疏解与分散疏解相结合，统筹谋划与分类施策相结合，调整经济结构和空间结构，走出一条人口密集地区内涵式优化发展的新路子。

（二）必须全面深化改革扩大开放，持续增强协同发展的内生动力

习近平总书记强调指出，京津冀协同发展要"向改革创新要动力，发挥引领高质量发展的重要动力源作用"。京津冀区位优势显著，创新要素集聚，产业基础雄厚，综合实力虽然较强，但发展不平衡不充分的问题也比较突出，正处于转方式、优结构、换动力的攻关期。要加快破除制约协同发展的行政壁垒和体制机制障碍，建立完善优势互补、互利共赢的协同发展制度体系，全面激发市场活力；巩固拓展对内对外开放的广度和深度，以开放促合作，以开放促协同；加快构建协同创新体系，推动形成协同创新共同体，加快质量变革、效率变革、动力变革，打造引领全国高质量发展的重要引擎。

（三）必须坚持以人民为中心的发展思想，不断加强和改善民生

习近平总书记强调指出，坚持一切为了人民、一切依靠人民，始终把人民放在心中最高位置、把人民对美好生活的向往作为奋斗目标。京津冀协同发展战略的实施，无论是疏解北京高校、医院、企业总部等非首都功能，还是解决人口集聚带来的交通拥堵、资源超载、污染严重等突出问题；无论是设立雄安新区这一北京非首都功能疏解集中承载地，还是建设北京城市副中心并推进北京老城重组和改造提升，都是践行中国共产党全心全意为人民服务根本宗旨的具体体现，目的是实现好、维护好、发展好京津冀三地人民群众的根本利益，不断增强广大人民群众的获得感、幸福感、安全感，朝着共同富裕的目标不断迈进。

（四）必须打破"一亩三分地"思维定式，心往一处想、劲往一处使

习近平总书记强调指出，京津冀如同一朵花上的花瓣，瓣瓣不同，却瓣瓣同心。京津冀三地作为一个整体，要立足各自功能定位，发挥比较优势，着力优化区域生产力布局和空间格局，不符合首都功能定位的要有序向外疏解，属于落后产能的要就地淘汰，不断优化提升首都核心功能；津冀两地及雄安新区要有选择有错位地承接非首都功能，优化自身发展环境，使承接的功能留得下、发展好，实现区域良性互动，促进三地协调发展、协同发展、共同发展，努力形成京津冀目标同向、措施一体、优势互补、互利共赢的协同发展新格局。

三、奋发有为、开拓进取，推动京津冀协同发展迈向更高水平

做好当前及今后一个时期的工作，我们将以习近平新时代中国特色社会主义思想为指导，全面贯彻党的十九大和十九届历次全会精神，贯彻落实党中央、国务院决策部署和京津冀协同发展领导小组要求，坚持稳中求进工作总基调，立足新发展阶段，贯彻新发展理念，构建新发展格局，以推动高质量发展为主题，以深化供给侧结构性改革为主线，更好统筹发展和安全，在做好新冠疫情防控的前提下，牢牢把握北京非首都功能疏解这个"牛鼻子"，加快完善功能疏解激励约束政策体系，高标准高质量建设雄安新区，协同推进交通、生态、能源、公共服务等重点领域发展，推动京津冀协同发展取得新突破和实实在在的更大成效。

（一）出台一批改革举措

持续推进落实"雄安事雄安办"要求，进一步完善雄安新区党工委管委会职能，理顺雄安新区与托管的雄县、容城、安新三县管理体制。制订实施京津冀新一轮全面创新改革试验方案，深入推进北京市全面推进服务业扩大开放综合试点，形成一批可复制、可推广制度创新成果。充分发挥京津冀城际铁路投资有限公司作用，研究建立市场化资本投入和运营机制。健全完善以信用为基础的新型监管机制，推进京津冀全国守信联合激励示范点建设，优化区域营商环境。

（二）推进一批重点工作

稳妥有序推进一批具有较强影响力和带动性的北京非首都功能向雄安新区疏解，发挥示范效应，带动相关非首都功能向京外疏解。推进北京城市副中心高质量发展，落实"统一规划、统一政策、统一标准、统一管控"要求，瞄准交通、产业、基础设施、公共服务等方面的先行启动事项，深入推进北京市通州区与河北省三河、大厂、香河三县市一体化高质量发展。落实首都功能核心区控制性详细规划，深入推进北京市中心城区功能重组，做好腾退空间的承接管理和优化利用，进一步提高为中央政务功能服务保障的水平。落实张家口首都水源涵养功能区和生态环境支撑区规划，大力实施植树造林等重点工程。推动京津冀机场一体化管理，提升津冀港口群协作水平，打造世界级机场群和港口群。持续开展秋冬季大气污染联合治理攻坚行动，加强京津冀及周边地区空气质量监测和联防联控。发挥北京科技创新优势带动津冀传统行业改造升级，将创新链和津冀产业需求紧密结合，推动供应链、产业链、创新链三链融合。

（三）建设一批重大工程

按照"在建一批、新开工一批、储备论证一批"的原则，加快推进雄安新区启动

区和起步区重大基础设施及配套公共服务设施建设。加快建设京唐、京滨、津兴城际铁路等重大项目，谋划建设一批新的城际铁路项目，加快形成"轨道上的京津冀"。推进跨区域公路项目建设，完善京津冀区域公路网。加快实施天津港智能化码头项目，加快建设北方国际航运枢纽，研究推进天津港直通西部铁路通道建设。

（四）实施一批重要政策

研究出台有针对性的北京非首都功能疏解政策，做好后续支持政策的研究储备工作，不断完善疏解激励约束政策体系。研究制定雄安新区承接北京非首都功能疏解的配套支持政策，增强雄安新区对北京非首都功能和人口的吸引力。创新雄安新区人才引进与激励政策体系，优化就业创业、成长成才环境，吸引优秀人才和高校毕业生在雄安新区落地生根。加快实施支持北京城市副中心高质量发展意见。落实好支持天津滨海新区高质量发展意见的政策举措。加强张家口首都水源涵养功能区和生态环境支撑区规划实施的政策支持和保障。

京津冀协同发展是一个复杂的系统工程，我们要更加紧密地团结在以习近平同志为核心的党中央周围，进一步增强协同发展的自觉性、主动性、创造性，保持历史耐心，久久为功、善作善成，加倍努力推进京津冀协同发展不断迈上新台阶、取得新成效。

第五章　协同发展的趋势和重点

京津冀区域性环境、社会和经济问题近些年日益突出，三地合作的需求日益强烈，推进京津冀协同发展，加快释放潜能势在必行。党的十八大以来，以习近平同志为核心的新一届中央领导班子高度重视和强力推进京津冀一体化发展，做出了一系列重要指示。2015年4月30日，《京津冀协同发展规划纲要》出台，明确有序疏解北京非首都功能、推动京津冀协同发展的目标、方向、思路和重点。2017年10月18日，党的十九大报告指出：以疏解北京非首都功能为"牛鼻子"推动京津冀协同发展。

第一节　京津冀产业协同发展的趋势

"十三五"时期，京津冀协同发展将进入一个新的阶段，既是起步期，也是关键期，推进协同发展的领域、节奏将具有一些趋势性特征。

顶层设计政府推动。如前所述，京津冀地区民营经济活力不足，市场化的合作能力不强，仍需要政府通过顶层设计，自上而下推动各项工作。同时，重点领域中基础设施建设和生态环境治理具备很强的非市场化公共属性，均需要财政支持推动。此外，为改变三省市"各自为政"的状态，实现三省市"一盘棋"发展，还需要上位规划的引领。因此，中央与三地各级政府将成为推动协同发展的主要策划和实施者，应起到决定性作用。政府在顶层设计上已经做出了不少努力，如国家先后制定了《京津冀都市圈区域规划》《京津冀协同发展规划纲要》等统领性文件，推动京津冀地区一体化发展。

重点领域率先突破。京津冀协同发展既要统筹谋划，协调发展，又要突出重点，率先引领。按照中央部署，京津冀协同发展已经明确了交通基础设施互联互通、产业合作、生态环境合作三大重点领域，编制了相应的规划或行动计划，并在一些重要的领域已经取得了实质性进展。例如，签订了京津冀三地机场合作协议，三地质监部门签署了京津冀质量发展合作框架协议，区域机动车排放污染防治监管系统也在积极推进中。

承接平台重点建设。抓住北京非首都功能疏解这个"牛鼻子"，统筹规划建设京津冀产业转移承接平台，优化区域产业布局，在重点领域率先进行产业承接。增强北京新两翼对高端要素吸引力，在雄安新区重点承接中央在京部分行政事业单位、总部企业、金融机构、高等院校、科研院所、科技创新型企业；在北京副中心重点发展行政办公、高端商务、文化旅游等主导产业；沿京沪、京广、京九、京承、京张、京秦等铁路通道方向，高标准规划特色小镇，承接北京的产业与人口转移。集中力量打造曹妃甸协同发展示范区、北京新机场临空经济区、张（家口）承（德）生态功能区、天津滨海新区等四大战略合作功能区。

区域发展创新驱动。创新是推动京津冀协同发展的根本驱动力。京津冀地区承担着建设全国创新驱动经济增长新引擎的重要任务。北京市打造全国创新高地，天津市打造全国金融创新运营示范区、建设自由贸易试验区，河北省改变以往在京津冀地区被动为京津"输血"的地位，变京津"两头独大"为京津冀"三足鼎立"，高标准、高质量建设雄安新区，改变以往开发区建设依靠大规模投资与土地财政拉动的发展模式，搞组团式、生态型发展，打造推动高质量发展的全国样板。解决区域发展不平衡不协调、生态污染、资源短缺等难题，都需要依靠创新发展理念与发展方式来实现。当前已出台《京津冀农产品流通体系创新行动方案》《京津冀人才一体化发展规划（2017—2030年）》等方案，推动京津冀地区各领域创新。

改革引领重点突破。随着协同发展的逐步推进，政策制度的一体化、资源要素自由流动、补偿机制的建立、社会领域的资源共享等核心问题将逐步凸显。这些制约协同发展的体制机制问题，都需要通过改革进行重点突破。例如，启动了京津冀区域通关一体化的改革，出台京津冀海关区域通关一体化改革方案，制定出台《京津冀协同发展产业转移对接企业税收收入分享办法》，京津冀通信资费一体化、京津冀大气污染联防联治等改革举措。

第二节 牵住疏解非首都功能这个"牛鼻子"

一、疏解北京非首都功能的必要性

北京大城市病严重。北京市长期具有政治中心、经济中心、文化中心的战略定位，城市吸引力较强，导致人口大量集聚，且仍在以较快速度增长，北京成为人口密度仅次于上海的第二大人口密集城市。2014年底，北京常住人口达2151.6万人，其中，城内六区达到1276.3万人，全市人口已突破2020年1800万人左右的控制目标。人口膨胀引发一系列的城市病，交通拥挤、住房紧张、环境污染、教育资源紧张、社会福利不均等成为北京城市治理的重点问题。北京日益严重的大城市病已经超出了城市生态系统的资源环境承载能力，导致自然生态系统退化，如2014年北京市人均水资源量为100立方米，仅相当于全国平均的二十分之一。

区域可持续发展受制约。北京市由于其特殊的战略地位，集聚了大量的全国的知名高校、企业总部、医疗资源。受北京"虹吸效应"的影响，京津冀地区的天津与河北，尤其是河北省，每年都有源源不断的人口涌入北京，这在导致北京城市病的同时，造成输出地人力资源严重不足，尤其是高端人才短缺，严重影响了当地经济发展的可持续性。与此同时，京津冀地区尚未构建起统一的要素市场一体化体系，资源配置的行政色彩浓厚，要素流动壁垒森严，人才、技术、资本、创新等要素难以自由流动，三省市在信息共享、联动发展等方面尚未打破行政界限，更加剧了区域发展的不平衡性。北京城市功能结构调整不只是单一的城市内部问题，而演变为京津冀区域性问题，甚至是全国性的发展问题。因此，有序疏解北京非首都功能，成为京津冀协同发展的关键环节。

二、非首都功能疏解的重点产业

根据首都北京的功能定位，重点疏解一般性制造业，区域性物流基地、区域性专业市场等部分第三产业，行政性、事业性服务机构和企业总部，教育、医疗、培训机构等社会公共服务功能等四类产业。

坚决一般性制造业。关停淘汰钢铁、建材、化工、造纸、有色金属、机械、印刷、纺织印染等高耗能高污染的产业。向周边地区转移一批科技成果转化型产业、高端制造业中比较优势不明显的生产加工环节。引导农业生产功能外迁，建立与首都周边地区蔬菜基地与首都需求市场的对口联系。

外迁一批区域性物流基地、区域性专业市场等部分第三产业。引导农产品、原材料等大宗商品的仓储物流功能外迁，推动建材、服装等区域性专业市场向周边具有产业基础的地区外迁，推动劳动密集型金融后台服务功能迁离北京三环以内，鼓励健康养老、服务外包等部分新兴服务业迁至市场基础条件良好的区域。

疏解部分行政、事业性服务机构和企业总部。主要疏解为政府核心职能提供支撑服务以及辅助性的机构，如服务中心、行业协会、信息中心、研究院所、社团机构等。加快建设北京市行政副中心，推进北京市属行政事业单位整体或部分迁往行政副中心，推动部分具有明显地域特色的企业总部转移到相应的地方产业集聚区。

疏解部分医疗、教育、培训等公共服务功能。推动部分在京高校的本科教育部分有序外迁，老校区向研发创新基地、研究生培养基地、研究智库转型，鼓励在京的中高等职业技术学校、普通高等学校通过与周边地区联合办学、建立分校。推动在京优质医疗资源与周边地区合作建立分院，开展医疗技术、管理经验交流，对口支援培育河北、天津特色优势专科。推动以全国为招生范围的一般性培训机构和有条件的文化团体向周边地区疏解。

三、非首都功能疏解的其他重点要素

人口要素的疏解。产业的疏解在一定程度上会带动人口的疏解，除了积极推动北京非首都功能产业转移，还需要做到疏堵结合，分类施策。一方面，需要严控在京高校的招生规模，严禁增加现有在京高校的占地面积，逐步减少在京高等院校、职业院校的招生规模；另一方面禁止在北京市东城区、西城区批准设立新的综合性医疗机构。还要严格控制审批新设立或迁入北京的行政事业性机构，严禁企业总部新迁入北京，严格控制新增其他总部在城六区内集聚。此外，北京市还应根据国际大都市的人口调控经验，合理制订更加详细的人口规划，并完善流动人口登记制度，分别根据各城区的不同功能定位，制订差异化的人口调控计划，并对已疏解人口建立完善的疏解效果评估和回访调查机制，保障疏解工作的有效性，以实现人才筛选、流动人口控制的目的。

土地要素的疏解。土地要素的疏解也是非首都功能疏解的重要一环。土地的稀缺性导致了土地利用要素疏解的必要性。随着城市化进程的加快，建设用地总量增加，必然会占用大量的土地资源，导致土地资源短缺。土地要素疏解通过土地资源的节约集约利用，优化土地利用结构来实现。政府要加强对土地资源的宏观调整，牢牢"管住总量，严控增量，盘活存量"，严格落实土地用途管制制度，保证建设用地总量不突破；严格新项目建设审批，对于非必须建设项目，暂缓或者外迁建设；鼓励工业用地利用地上地下空间。对于老旧项目拆除，要做好价值评估，分析现有价值，对于有利用价值的项目进行改造再利用，对于失去利用价值的项目及时拆除，重新投入利用，实现土地利用的优化。

四、非首都功能疏解的方式方法

非首都功能疏解要做到疏堵结合，坚持管控总量、严控增量、疏解存量。

要严格根据北京市的自然资源承载力水平，科学合理制订好规划，明确水资源、环境的刚性约束指标，科学合理调整建设用地与产业布局，从源头上控制新增的非首都功能，城六区要做到"能不增则不增，能少增则少增"。北京的行政事业单位要率先垂范，率先启动非首都功能疏解工作。要抓紧制定北京市产业疏解目录，天津市与河北省制定产业承接目录，有序推动非首都功能的相关产业向津冀两地转移。

非首都功能疏解采取集中疏解与分散疏解相结合的方式。集中疏解需要统筹考虑区位、资源、环境、土地、交通、人口、经济发展水平等多方面要素，规划建设非首都功能集中承载地，如雄安新区、通州副中心等。重点疏解行政事业性单位，配套推动教育、医疗、文化等公共服务性单位疏解。沿京沪、京广、京九、京承、京张、京秦等铁路通道方向，结合既有线路站点，选择若干公共配套相对完善的中小城市或小城镇，建设"微中心"，发挥比较优势，承接非首都功能转移。分散疏解需要充分发挥市场机制的作用，加强政府引导和支撑，依托产业基础，重点建设"4+N"功能承载平台。以曹妃甸区、新机场临空经济区、张（家口）承（德）生态功能区、滨海新区等四个战略合作功能区为主体，加快产业合作和公共服务共建项目落地，推动区域内相关产业转型升级，引导企事业单位向三省市之外的地区转移。

第三节　京津冀产业协同发展的重点方向

规划引领打造世界级城市群。北京、天津两个超大城市的发展集聚了周边的大量资源，而辐射带动能力较弱，这进一步强化了河北省在京津冀发展中的弱势地位，导致河北省城市体量相对较小，综合实力较弱。北京与天津在发展中，将城市利益放在第一位，同质化竞争较为严重，长期的明争暗斗、恶性竞争形成区域之间的森严壁垒，忽略了区域整体利益，严重制约限制双方的共赢发展。这导致了京津冀发展的无序性与不平衡性。要实现京津冀地区的协同发展，打造世界级城市群，就必须通过规划手段，引领京津冀城市群的发展。要根据区域发展目标与城市各自的优势，合理确定城市发展方向，明确各自的主导产业，避免无序竞争。要充分发挥规划的"龙头"带动作用，合理调整城镇体系格局，优化区域人口和生产力布局，推进中心城市之间的高铁、铁路、公路网络建设，改进交通基础设施，完善道路交通体系，为京津冀城市群建设提供有力支撑，推进京津冀城市群早日建成世界级城市群。

明确功能定位实现错位发展。《京津冀协同发展规划纲要》对京津冀地区整体定位及三省市功能定位做出了明确说明。京津冀地区的整体定位是"以首都为核心的世界级城市群、区域整体协同发展改革引领区、全国创新驱动经济增长新引擎、生态修复环境改善示范区"的世界级城市群、区域整体协同发展改革引领区、全国创新驱动经济增长新引擎、生态修复环境改善示范区。北京市的城市定位为"全国政治中心、文化中心、国际交往中心、科技创新中心"。天津市的城市定位为"全国先进制造研发基地、北方国际航运核心区、金融创新运营示范区、改革开放先行区"。河北省的城市定位为"全国现代商贸物流重要基地、产业转型升级试验区、新型城镇化与城乡统筹示范区、京津冀生态环境支撑区"。三省市要根据《京津冀协同发展规划纲要》的功能定位，结合自身优势，发展特色产业，避免同质化竞争，实现产业链上下联动，三省市错位发展，最终实现京津冀地区的协同发展。

优化城市空间布局。城市在区域经济发展中发挥了增长极的作用，通过极化与扩散效应带动周边区域的发展。当前京津冀地区城市发展不均衡，北京、天津两市城市规模庞大、经济发展水平高，"虹吸效应"显著，而河北省城市综合实力相对较弱。推进京津冀协同发展，需要通过规划手段，既要解决北京的"大城市病"难题，又要对河北省环京津城市群发展予以支持。北京市通过疏解非首都功能、合理规划与定位各区发展方向、优化交通基础设施等方式解决"大城市病"难题；天津市要加快产业转型升级，加快滨海新区的开发开放，形成"双核结构"；河北省要在现有地级市的基础上培育可以与京津比肩的大城市，形成"反磁力中心"，截留原本流向京津的人口，并沿主要交通干道培育节点城市，做大城市规模，提升人口吸纳能力。京津冀地区通过合理调整城镇体系格局，优化区域人口和生产力布局，改进交通基础设施，完善路网体系建设，缩短城市的时空距离，形成大城市、中等城市、小城市相互支撑、协调发展的局面，最终实现《京津冀协同发展规划纲要》中明确的"以'一核、双城、三轴、四区、多节点'为骨架，以重要城市为支点，以战略性功能区平台为载体，以交通干线、生态廊道为纽带的网络型空间格局"。"一核"指首都北京，京津冀协同发展的首要任务是疏解北京的非首都功能。"双城"指北京、天津，要增强北京天津对周边地区的辐射带动作用。"三轴"指京津、京宝石、京唐秦三个产业发展带和城镇聚集轴。其中京津发展轴主要发展科技研发转化、现代服务业、高端制造业等主要产业，京保石发展轴主要发展先进制造业，京唐秦发展轴主要打造区域产业转型升级发展带和城镇发展聚集轴。"四区"是指中部核心功能区、东部滨海发展区、南部功能拓展区和西北部生态涵养区。其中，中部核心功能区主要包括北京市平原地区、天津市平原地区、河北省廊坊市和保定市平原地区，是要素资源集聚、产业层次高、创新能力强、引领京津冀协同发展的核心区域，要增强区域的辐射带动能力；东部滨海发展区包括天津市和河北省的沿海地区，对外开放优势明显，应该重点大发展具有比较优势的战略性新兴产业、先进制造业、生产性服务业；南部功能扩展区主要包括河北省石家庄市、邯郸市、衡水市和邢台市平原地区，是城乡统筹的重要示范区，重点发展农副产品、高新技术产业和科技成果产业化等；西北部生态涵养区主要包括北京市山区、天津市山区、河北省的张（家口）承（德）地区和其他山区，重点发挥生态屏障作用，涵养京津冀地区的水源，为区域提供绿色农产品。"多节点"是指发展河北省有增长潜力的区域中心城市和节点城市，打造河北省区域性增长极。重要的节点城市主要包括石家庄、唐山、保定、邯郸、张家口、廊坊、秦皇岛、承德、沧州、衡水、邢台等城市。

要增强节点城市的吸引力与带动作用，推动人口和产业往节点城市集聚，扩大节点城市的规模。

加速构建一体化综合交通体系。在新的一体化要求格局下，立足交通一体化先行，推进海陆空立体交通建设，加快实现交通互联互通。京津冀地区公路网密度为全国平均水平的2.1倍，高速公路路网密度为全国平均水平的3.3倍。区内还有8个通航运输机场、4个沿海港口。丰富的交通运输资源领先全国诸多地区。然而，作为全国路网密度最高、交通运输最繁忙的地区之一，也是最不均衡的地区之一。河北的高速公路密度仅为北京的1/2、天津的1/3。各种因为"断头路"和"一公里壁垒"而形成的交通"断崖"现象十分普遍。京津冀地区客流存在着严重不平衡。首都国际机场已趋近饱和，2013年吞吐量达8371.2万人次，货运170多万吨。天津机场拥有年吞吐量2500万人次的能力，但2014年实际仅有1000万人次。石家庄机场年吞吐量1800万人次能力，2014年实际仅511万人次。因此，要加快建成多种方式并举、网络布局完善、运输便捷高效、管理协调通畅的综合交通运输网络。加快实现海陆通道的有效对接，既要打通中西部腹地和东部环渤海通道，又要协调京津冀区域的公路、铁路、海港、空港的发展，完善京津冀交通动脉与纽带，实施基础设施共建共享，缩短三地之间的空间距离，实现优异交通资源的共赢共生，交通领域一体化发展。

加大环境治理和生态建设力度。京津冀地区将进一步加强生态环境保护力度，发挥重点治理工程带动作用，节约集约利用资源，扩大环境容量和生态空间，形成区域良好生态格局。一是建立生态保护规划协调机制。国家将制订京津冀整体生态环境保护规划；研究建立国家有关部门和地方政府共同参与的生态环境保护协调机制；将在生态环境保护建设基金、环境质量监测数据共享、区域污染预警、会商及应急联动等方面建立机制；二是将重点推进生态环境的联防共治。近期以大气污染防治为重点，特别是对区域内企业的脱硝治理工程，实施机动车燃油标准，新能源车的推广应用、区域联动执法等方面共同治理重点污染源。长远以扩大森林、河湖、湿地面积和改善能源结构为重点，大力推进山水林田湖海整体修复工程和重大能源项目建设，打造京津冀生态环境竞争优势。另外，在水资源管理、推进清洁能源利用、再生资源回收处理、建设区域生态走廊等方面也将展开广泛的区域合作。

加强产业对接与协作。京津冀协同发展要加快实施创新驱动发展战略，促进产业有序转移承接，推动产业结构调整优化升级，形成分工合理、优势互补、良性互动、集聚发展的区域产业发展新格局。一是建立合理的产业分工格局。北京市调整疏解非首都核心功能，重点发展金融信息、科技商务、文化创意等高端服务业；天津市发展航空航天、节能环保等战略性新兴产业；河北省积极培育新能源、新材料、高端装备制造等战略性新兴产业，改造提升传统制造业，加快发展服务业。二是加强产业链融合发展。北京侧重研发设计、销售服务，天津集中于高端制造、测试转化。河北省重点承接技术转移、配套生产环节。通过总部、制造基地、合作招商、共建园区等方式加强产业对接协作。三是加强产业转移承接平台建设。立足三省市功能定位和产业发展定位，围绕形成北京新"两翼"，构建和提升"4+N"产业合作格局，打造若干优势突出、特色鲜明、配套完善、承接能力强、发展潜力大的承接平台，增强河北雄安新区与北京副中心高端产业吸引力，集中打造曹妃甸协同发展示范区、北京新机场临空经济区、张（家口）承（德）生态功能区、天津滨海新区，发挥北京研发、天津转化、河北产业化的优势，合力打造一批高水平协同创新平台。四是推动产业精准转移与集聚承接。北京制定产业转移目录，重点转出高消耗产业、区域性物流基地、区域性专业市场等部分第三产业，部分医疗、教育、培训机构，部分行政、事业性服务机构以及总部经济等。河北、天津制定产业承接目录，明确各自的承接重点，以产业园区与产业基地为平台，积极承接北京产业转移。

推动协同发展的创新支撑。创新是推动京津冀协同发展的根本动力。京津冀地区经济实力雄厚、各类创新要素集聚、产业体系较为完备，具备推动协同创新的良好基础。第一，要提高创新能力。三地要立足各自的比较优势，实现合理分工，形成差异化的创新发展路径。要提高北京的原始创新能力、天津的研发转化能力、河北的成果应用推广能力。北京要尽快建成全国科技创新中心，积极整合区域优势资源，促进创新要素尖端化，打造技术创新总部集聚地。天津要优化创新环境，打造全国科技成果转化示范区、建成制造业研发转化基地、加快天津滨海国家自主创新示范区建设。要利用好制造业基础雄厚的优势，尽快补齐创新环境不佳的短板，优化产业结构，支持科研机构与中小微企业创新发展。河北省要提高经济发展水平，实现产业转型升级，建设科技成果应用与推广示范区。第二，要推进协同创新。构建京津冀产学研协同创新共同体。依托国家经济技术开发区，搭建科研机构、高等院校、企业、金融服务机构的协同创新平台。建立创新型人才合作交流平台，建立三地人才联合培养模式，整合三地教育资源，提高教学水平与学生素质，鼓励并支持人才开展国内与国际交流合作，建立国际交流机制。促进京津冀地区创新资源、创新成果、创新人才等创新要素自由流动，最大限度地激发区域的创新活力。

推动共享优质公共服务资源。《京津冀协同发展规划纲要》指出，"促进基本公共服务均等化是有序疏解北京非首都功能的重要前提和京津冀协同发展的本质要求"。并提出"到2020年，河北与京津的公共服务差距明显缩小，区域基本公共服务均等化明显提高，公共服务共建共享体制机制初步形成"的战略目标。第一，要推动基本公共服务的对接合作。提升重点地区教育承接能力，在保定、廊坊等地建设教育改革示范区，加大承接北京高校投入力度。通过共建高校、建立分校、共建特色学科等方式，探索建立"京津冀高等学校联盟"；建立区域医疗信息公共服务平台，实现区域医疗资源信息互通共享，鼓励在京医疗资源在天津、河北建设分院，并建立合作帮扶关系。

建立文化共建共享平台，整合区域文化资源，建立京津冀电子图书馆、电子博物馆，实现文化资源共享。第二，要推动重点领域公共服务政策和制度的衔接。打破教育制度壁垒，疏通教育政策衔接渠道。成立京津冀义务教育改革协调小组，统一小学和中学阶段的培养目标、培养方案、培养模式；制订义务教育阶段的师资水平提升计划，开展教师招聘和薪酬待遇等方面的制度创新，简化手续，实行绩效工资，减少京津优秀教师向河北省流动的成本。加快完善京津冀异地就医结算系统。扩大医疗结算定点机构，实现异地就医医疗费用直接结算；打破行政壁垒，落实养老保险跨区域转移政策，破解区域养老服务难题。

加大对贫困地区的支持力度。一直以来，京津冀地区经济发展处于不协调不平衡的状态。京津两地经济发展水平较高，河北省经济发展水平相对较低，且长期存在"环北京贫困带"。北京、天津处于后工业化时期，河北省处于工业化中期。要积极贯彻落实党中央精准扶贫、精准脱贫的政策方针，在实现北京、天津高质量发展的同时，也要加大对河北地区的支持与反哺力度，助力河北省经济发展水平的提升。建立跨区域生态环境补偿机制，加大对生态涵养区基础设施建设的支持力度。对张家口、承德地区采取生态扶贫的路子，坚持生态保护修复，大力发展生态旅游业。京津两地要加大对河北贫困地区的人力、资本支持。定期组织专业技术人员去河北贫困县进行技术指导，因地制宜制定脱贫方案。鼓励京津产业链往河北延伸，在河北建立科技成果推广基地，助推河北地区产业转型升级。同时河北地区也要增强脱贫的内生动力，主动淘汰与升级一批落后产业，积极对接北京，根据自身优势主动承接北京对口产业转移，高标准建设好雄安新区，改变以往在京津冀地区所处的弱势地位，促进京津冀地区的平衡与协同发展。

提高区域自然资源承载能力。任何一个城市的发展，都是以区域内的资源环境承载力为基础的。随着工业化与城镇化进程的加快，人口与产业大量集聚，使得京津冀地区生态环境系统异常脆弱，区域内的土地资源、水资源、能源资源都处于高负荷状态。京津冀地区要提高区域整体发展水平，实现区域的可持续发展，就必须强化自然资源承载力评估。一是要加快建立京津冀重点领域承载力预警系统。建立水资源承载力预警系统，重点监测河流水质、河流主要污染物、地下水资源量和可开采量、水资源可利用量等；建立土地资源承载力预警系统，对耕地资源、永久基本农田、生态红线、城市开发边界、矿山等统筹进行监测；建立环境承载力预警系统，重点监测电子垃圾、光化学污染物、微污染有机物等新型污染源。二是要提高资源利用效率，加速区域资源承载系统的修复。优化能源结构，改变以煤、石油为主的能源消费模式，扩大风能、太阳能、地热能、潮汐能等新能源和清洁能源的开发利用；优化土地资源配置，盘活存量土地资源，防止城市"摊大饼"式扩张。三是要建立区域联防联控合作机制与对话平台。按照"统一规划、严格标准、联合管理、改革创新、协同互助"原则，打破行政区划限制，建立一体化环境准入与退出机制、资源开发生态补偿机制和京津冀一体化生态保护体系；建立区域资源有偿使用交易市场和生态跨区域补偿机制，实现区域内生态服务市场化交易，为生态保护提供经济保障。

推动协同发展体制机制创新。当前，京津冀协同发展面临众多亟待解决的体制机制问题，如缺乏跨区域的财政补偿机制，导致生态涵养区经济发展落后；缺乏跨区域公共基础设施建设机制，导致"断头路"的存在等。要尽快建立区域协同发展体制机制，为京津冀协同发展提供制度保障。一是创新投融资机制。建立以京津冀共同发展基金为主体，大气污染治理基金、产业结构调整基金等专项基金为补充的基金项目体系。研究设立京津冀开发银行，贯彻京津冀协同发展顶层设计和规划蓝图，筹集和引导社会资金，以融资推动京津冀协同发展战略实施，为京津冀地区区域交通一体化、区域生态环境联防联治、生态涵养区经济发展项目提供资金支持。引导商业银行、保险等社会资本参与区域内大型跨界基础设施建设。二是改革现行财税体制。打破行政壁垒，建立京津冀地区统一的金融体系。通过财政补贴和税收政策调整，推动产业转型升级，征收大气污染税和机动车污染税，促进环境改善和绿色消费。三是健全社会设施建设及共享机制。中央要加大对河北贫困地区的支持力度，加大对农村基础设施建设的支持力度。建立公共服务互惠机制，推进京津冀区域内重大科研设施、优质教育资源相互开放和共建共享。

第六章　京津冀产业协同创新发展的
困境与模式创新

京津冀协同创新对建设世界级城市群、提升首都圈整体竞争力意义重大。目前的问题是中观层面的障碍较大，如何破除、减少协同创新障碍，是京津冀协同创新的关键。本章在分析京津冀协同创新落差、可行性基础上，归纳了京津冀协同创新面临的障碍，提出针对重点协同创新领域，构建集协同创新内容、协同创新载体、协同创新机制于一体的协同创新模式，可以化解、减少协同创新中的障碍。探索提出了技术创新攻关、科技成果转化、创新资源共享、创新政策协同等4类12种协同创新模式，加快构建形成京津冀协同创新共同体。

第一节　协同模式创新提出

一、问题的提出

创新的特质与功能决定了京津冀协同创新在京津冀协同发展中的重要作用。

（1）从创新特质看，单一的技术创新虽然有较大的风险，但从整体上而言创新具有放大效应、时滞效应，积极推进京津冀协同创新可以对产业协同发展、环境共同治理、交通一体化等产生正向推进效应，所以，京津冀协同创新在推进京津冀协同发展中处于重要地位。

（2）从发展目标看，京津冀区域的发展目标是以首都为核心的世界级城市群，提升京津冀区域创新能力是实现这一目标的基础支撑。经济合作与发展组织（OECD）报告中提出，中国过去几十年虽然是世界三大贸易国之一，中国高技术出口额占总出口的比重由1990年初的5%增长到2006年的31.2%，但88%来自外资企业，说明我国的产业竞争力缺乏创新支撑。要实现世界级城市群的目标，首先要将京津冀区域建设成为世界级的创新中心，而推进京津冀协同创新是必不可少的重要前提。

（3）从京津冀协同发展视角看,京津冀之间存在着巨大的经济落差、科技创新落差,缩小三者之间的差距是协同发展的重要任务之一,但最关键的是缩小创新能力的差距,这是每个区域可持续发展的前提条件。

（4）从区域创新资源优化配置视角看,协同创新既可以促进分工协作、优势互补,减少科技创新中的"点状化"低水平重复,实现科技资源市场化流动,将科技资源聚焦到重点和战略上,又可以消除行政壁垒,将原来分割的、隶属不同区域的科技创新资源无缝对接,减少很多重复性的公共性、基础性技术创新设施建设,产生明显的优化效应。

问题的关键是如何推进京津冀协同创新。在这方面专家的理解不一,实践层面也在积极探索。如果深入分析一下就会发现,京津冀协同创新中涉及三个层面:一是处于宏观层面的中央政府,是推动京津冀协同创新的重要力量,但不是协同创新的直接主体,其主要职能是战略规划,出台促进区域创新促进政策,以及重大决策的协调等。因为不是区域协同创新的直接主体,所以不涉及利益关系与利益冲突。二是处于微观层面的企业、高校、科研机构等创新主体以及人才等创新要素。在协同创新中有利益冲突,但在目前要素流动市场化程度较高的背景下,一般会通过市场机制来解决,所以协同创新的障碍较小,在现实中微观层面一直在进行着各种类型、各种模式的创新合作。笔者多次到与北京合作较多的保定、廊坊、唐山等地调研,发现绝大多数企业都与北京的高校、科研院所等有着密切的联系,形成了支撑其发展创新网络、营销网络。三是处于中观层面的京津冀三地政府,以及京津的区、县和河北省的设区市、县等,在协同创新推进中利益冲突最多、难度最大。因为京津冀协同创新涉及不同的市场主体,利益关系复杂,利益冲突也多,协同创新的障碍较大。所以,推进京津冀协同创新要消除的是中观层面的障碍。在这方面目前既没有将问题直接引向这一焦点,也没有梳理出共识性的模式。

二、研究进展

系统性协同创新的思想最早是由德国物理学家哈肯(Haken)20世纪70年代提出的。他认为,协同是在一定的外部能量流、物质流输入的条件下,在相互作用过程中形成"序参量",促使不同要素结合而自行演化,并在宏观尺度上不断发展为更为有序的结构。不同创新主体通过协同创新可以使复杂开放系统中大量子系统相互作用而产生整体效应或集体效应,这就是协同效应。随着协同理论在创新研究中的引入,我国一些学者从社会学、管理学、经济学等层面对协同创新进行尝试性研究。比较典型的是彭纪生对技术协同创新的内涵、协同度、协同创新模式以及协同架构所进行的系统研究。此后,学者们基于不同视角对协同创新进行探讨,包括创新要素全面协同、协同创新体系、协同创新内涵和机理等。

概括起来，协同创新的研究主要是从四个维度进行的：一是企业视角的协同创新研究，如徐向艺和徐英吉（2008）、郑刚等（2008）、陈元志（2012）、何郁冰（2012）等。二是产业视角的协同创新研究，顾菁和薛伟贤（2012）用数理的方法分析了高技术产业创新协同度，刘英基（2013，2014）运用社会网络方法讨论了产业高端化的协同创新主体互动机制问题。三是产学研视角的协同创新研究，王进富和兰岚（2013）运用博弈的方法，提出知识产权归属是企业选择产学研协同创新路径的重要依据。谢思全和汪明进（2014）以天津为例，分析了产学研协同创新问题。四是区域协同创新的视角的研究，陈丹宇（2009）从区域的层次运用协同学理论与方法对长三角地区（江苏、浙江、上海）的区域创新系统协同发展状况进行了研究，邢建军、李洋（2010）从区域知识资本的扩张路径视角比较系统地构建了创新网络要素间协同能力的测度框架，王卫东（2011）研究了长三角地区十六个城市的协同创新问题，杨继瑞等（2013）认为协同创新是协作各方以其资源共享或优势互补为前提的，提出了战略协同、知识协同与组织协同三位一体的、辩证统一的、关系协同创新理论模式。解学梅、刘丝雨（2013）综述了技术创新的演化轨迹和都市圈创新理论的发展脉络，重点从协同创新的阻止、协同要素构成、协同创新模式、协同程度测度、协同创新效应等方面探讨了其最新的研究动态和进展。

关于京津冀协同创新的研究是近几年才开始的。张淑莲等（2011）对津冀高新技术产业协同创新进行了研究。张亚明和刘海鸥（2014）从协同创新博弈观的思维逻辑出发，建立了基于同质创新政府与异质创新政府博弈模型，从协同共享理念、协同共享机制以及协同共享环境营造多个维度提出促进京津冀科技资源共享的对策建议。许爱萍（2014）从京津冀科技差异分析入手，研究了京津冀协同创新的思路、目标与路径。

三、需解决的问题

总结上述研究，针对推动京津冀协同创新，感到不足的是：其一，理论研究主题不聚焦。没有研究得出破解消除协同创新障碍的机制、模式等，甚至都没有对区域商协同创新遇到的障碍因素进行研究梳理，所以也就谈不上如何解决区域协同创新各方积极性不高、动力不足的问题等，只是零散性提出思路建议，没有系统性解决方案。其二，理论研究与现实需求存在偏差。区域协同创新是应用性较强的一个命题，研究的基点是从现实推进来研究分析，但相关研究只是从自己所熟悉的专业、领域、优势出发选题的，虽然与现实需求试图有机结合，但不是从现实需求的重点出发，而是在结合点、从自己所熟悉的领域选题，这样就出现了理论研究与现实需求的偏差，如在京津冀协同创新需求上，京津冀协同创新的目标是什么，因为没有明确目标的积极推进，有些盲目。又如，怎样根据不同的协同创新内容创新设计出不同的协同创新模式，使得协同创新各方由动力不足到有足够的内生动力等。所以，目前的相关研究难以满足现实需求，明显存在着实践先行、研究滞后的特点。从区域协同创新推进看，这恰恰是现实特别需要的。

第二节 京津冀协同创新进展与突出障碍

一、京津冀协同创新进展

京津冀协同创新进展要从两个维度来判断：一是京津冀协同创新的主要内容是否全面展开，二是京津冀协同创新内容进展到什么程度。以下根据搜集的京津冀三方的相关资料，对京津冀协同创新进展进行粗略研判。

（一）京津冀协同创新主要进展

自 2014 年 2 月 26 日习近平总书记提出京津冀协同发展战略以来，京津冀协同发展逐步展开。2015 年 4 月底，中共中央政治局审议通过《京津冀协同发展规划纲要》，提出了京津冀整体和京津冀三地各自的发展定位、布局思路和空间骨架，明确了以有序疏解北京非首都功能为京津冀协同发展战略的核心，以交通、生态环保、产业为率先突破的重点领域，提出促进基本公共服务均等化是推动京津冀协同发展不可或缺的重要内容，顶层设计初步完成。京津冀协同创新因其与产业等相关度高、影响大，在京津冀协同发展战略提出之后，就被纳入重点协同的内容。从京津冀协同创新现实来分析，根据协同创新本质内涵与各方需求可划分为 4 个方面，协同创新也从这 4 个方面有序展开。

1. 构建科技成果转化链条，推进科技成果孵化转化与产业化

这是基于京津冀区域垂直分工形成的创新分工，主要表现形式是科技成果转化。因为北京创新资源丰富，是全国的创新源，科技成果众多，同时京津冀经济落差、创新落差又较大，所以此类协同创新较多，也是京津冀协同创新、产业转移的重要形式。主要进展有：

一是搭建了一批科技成果转移转化平台。河北省与京津合作共建了一批各类园区。典型的主要有：京南国家科技成果转移转化试验区（G45）正在有序推进，河北省政府已制定了《河北·京南科技成果转化试验区建设推进方案》，将由科技部与京津冀

三省市采取"1+3"模式共建国家科技成果转移转化试验区；合作共建了中关村海淀园秦皇岛分园，已有千方科技、碧水源、瀚海智业等中关村高新技术企业落户，正在形成高新技术成果转移转化、高新技术产业发展的重要平台；清华大学的固安科技成果中试孵化基地已经建成，一批科技成果正在转化，一批高新技术企业正在培育壮大；廊坊永清与北京亦庄合作共建北京亦庄·永清高新技术产业开发区，开展跨区域全产业链合作，初步形成生物制药产业集群。从转化与创新中心看，中国科学院（以下简称中科院）在秦皇岛和唐山设立"中科院（秦皇岛）技术创新成果转化基地"和"中科院唐山高新技术研究与转化中心"；清华大学在廊坊设立清华研究院；天津大学在定州等三地设立转化中心；中关村在保定设立中关村创新中心等。

二是共建一批产业化基地。河北与京津合作共建了一批各类创新基地，典型的有：沧州高新区航天神舟太阳能光热产业园国际机器人研发生产等项目已经投产；廊坊开发区云存储产业园承接了国家多个部委的电子政务云平台、能源企业信息交互平台，以及百度、阿里巴巴等互联网企业的 IDC 中心；中关村在正定高新区共建集成电路产业微信基地；曹妃甸中关村高新技术产业基地有多家中关村企业落地。

三是转移了一批企业。比较典型的有：集高标准全自动立体化仓储中心、交易中心、电子商务中心、维修中心于一体的北京汽配项目落户河北香河；清华大学高端装备研究院、中航发集团航材院、中国科学院自动化所落户天津东丽区；沧州北京现代汽车产业基地已经建成，并正在健康发展，一批北京化学制药企业集体落户沧州渤海新区；北京大红门、动物园等批发市场迁移到河北环首都周边；中国航天科工知识产权成果转化基地、区域轨道科技研发中心及 M-TOD 一体化成果展示中心项目从北京转移到河北廊坊；北京市计算中心分中心项目落户河北黄骅；京津冀协同发展国家大学创新园落户天津武清区等。

2. 共建了一批重大技术攻关组织，开展了一批重大技术攻关

这是基于水平分工形成的创新联盟式组织。因为，在京津冀区域中河北省的经济规模较大，仅仅限定为垂直分工一种形式显然不符合现实。京津冀人口有 1 亿多，土地面积有 21.6 万平方公里，京津冀三地地区生产总值合计占全国比重约为 10%。仅从河北看，2018 年有 7556.30 万人，18.88 万平方公里土地，地区生产总值 36010.3 亿元，具有完善的产业体系，如果仅仅定位为科技成果转化与产业化，显然不能准确描述其客观现实。所以，在部分技术领域、部分产业存在水平分工，由京津冀协同进行产业技术攻关。目前已经推进的有：

一是联合共建了重点实验室、工程技术中心、企业技术中心、产业技术联盟、产业技术研究院等创新组织。在钢铁、抗生素、卫星导航、半导体照明、果品等产业领域，建立了产业技术联盟 26 家。如唐山高新区与中关村等单位合作成立了京津冀石墨烯产

业发展联盟；保定市集聚光伏、索具、涂料等地方优势，与京津企业合作建立了 5 个市级产业创新联盟；北京大学、北方技术交易市场、河北省科技成果转化服务中心等单位成立"京津冀技术转移协同创新联盟"。

二是联合进行重大技术攻关。京津冀三方签署了"6+1"和"4+1"框架合作协议，三地定期梳理区域重大科技需求，联合开展大气污染防治、粮食丰产、新能源、新材料等产业共性关键技术的攻关和创新成果转化应用，健全了协同创新机制。河北省引进京津科技资源，推进渤海粮仓科技示范工程、环首都现代农业科技示范带建设，组织京津冀的院校、科研单位开展协同现代农业技术攻关。

3. 共建了一批创新资源共享网络平台，开始进行科技创新资源共享

京津冀科技创新资源共建共享的协同，包括两类：一类是原有的科技资源在所有权不变条件下开放部分使用权，构建起创新资源共享网络；另一类是新建的科技创新基础设施，是共建共享。目前主要进展有：建立完善联通京津、贯通各市、覆盖河北省"三中心"（技术交易、技术转移、创业培训）、"两平台"（科技金融、科技资源共享），促进三地科技项目库、成果库、专家库、人才库等信息资源及大型仪器等创新资源共建共享。石家庄科技大市场将与京津创新平台实现全面对接，设立了京津技术市场服务窗口，加快北京和天津科技成果转化和技术转移。

4. 初步建立了创新政策协同，协同创新机制正在形成

一是建立了科技部和京津冀协同联动机制。围绕京津冀三地共同关注的促进政策、设立专项基金、建设科技园区基地、搭建科技创新服务平台、培育区域技术市场等重大问题，进行政策协同创新，正在形成"1+3"协同创新工作机制。

二是协同创新政策举措纷纷出台。河北研究出台了《河北省关于落实〈京津冀协同发展科技创新专项规划〉的实施意见》，提出了强化协同创新支撑、完善区域创新体系等 5 个方面 16 项具体任务。

三是共建转化基金。河北与科技部、京津科技部门采用"1+3"机制共同设立规模 10 亿元的"京津冀协同创新科技成果转化创业投资基金"确定注册在河北；建行河北省分行 390 亿贷款为清华固安中试基地、上海张江张家口高科技园区、中关村秦皇岛分园、白洋淀科技城的科技型小微企"输血"；巨鹿县与北京丝路财富投资基金管理有限公司成立了巨鹿新兴产业投资基金，支持新兴产业发展。河北省政府引导各市设立科技转化引导基金 7 个。

（二）京津冀协同进展程度

科技成果转化、产业技术创新、创新资源共建共享、创新政策协同等四个方面的推进强度和完成程度是有差异的，根据综合分析，初步得出如表 6-1 所示结论。

表 6-1　京津冀协同创新进展程度

协同创新内容	协同创新主要进展	进展程度
科技成果转化类	1. 建立了一批科技成果转移转化平台 2. 转化了一批科技成果和企业	中等
重大技术攻关类	1. 联合成立了一批技术攻关组织 2. 联合开展重大关键技术攻关	较低
科技创新资源共享类	1. 构建了一批科技资源共享平台 2. 科技资源共享正在谋划推进	较低
科技支持政策协同类	制定了相关科技促进协同创新政策	低

注：进展程度分五个等级：高、较高、中等、较低、低。

从表 6-1 中可以看出，京津冀协同创新中的四个方面，科技成果转化类为中上等，重大关键技术攻关为中等，而科技创新资源共享类和科技支持政策协同类都较低。综合评估，京津冀协同创新完成程度不高，接近 40%~50% 的完成率，主要是实质性协同进展不快。

二、京津冀协同创新存在的深层障碍

从多个维度综合判断，京津冀协同创新处于中等偏下水平，在 4 个方面有快有慢，短期内京津冀协同创新与产业转移成效明显，但从京津冀协同创新长期目标看，内生动力明显不足。

（一）存在问题

1. 宏观目标明确，但操作目标不清晰

《京津冀协同发展纲要》中明确了京津冀的定位，北京市的战略定位为"四个中心"——全国政治中心、文化中心、国际交往中心、科技创新中心。天津和河北定位都可简称为"一基地三区"：天津市为全国先进制造研发基地、北方国际航运核心区、金融创新运营示范区、改革开放先行区；河北省为全国现代商贸物流重要基地、产业转型升级试验区、新型城镇化与城乡统筹示范区、京津冀生态环境支撑区。但在具体推进中，要将总体目标细化到各个方面，需要明确多个方面、多个层面的目标，而这些目标并不清晰，所以在实际推进中容易出现两个问题：盲目或者徘徊不前。如京津冀协同创新的最终目标是什么？三地的产业定位与创新如何配合？京津冀区域创新体系如何构建、创新资源如何共享？在每个时间段达到什么目标？等等。这些都需要通过研究、规划来明确。因为京津冀协同创新的思路等是由现状及目标的路径选择，但因具体目标不清晰，所以协同创新实质性进展并不快。

2. 短期推进较快，但长期动力不足

协同创新是多个利益主体协调一致完成目标的过程，所以核心问题是利益关系。

短期内依靠行政力量、行政手段可以产生明显的成效，但长期内生动力既需要聚焦重点，又需要政府和市场的双重驱动力量。目前，通过行政力量来推进京津冀协同创新，进展较快的是对三方都有利，或者能够达成共识的事项，但涉及根本利益关系的事项还只停留在表面，所以京津冀协同创新并没有深层融合，实际上仍然是以我发展为主，还是从自己利益出发、从自己的"一亩三分地"来考虑，这是利益关系、政绩考核体系决定的。目前主要依靠行政力量来推动已显示出动力不足，在涉及创新产业的高端项目、资金、人才等方面仍然是竞争关系，需要制定针对性政策解决内生动力问题。

3. 产业简单平移较多，协同创新对转型升级功能还未显现

目前，产业转移已经有序展开，特别是北京非首都功能的产业已经向周边特别是河北转移了较多，初步疏解了北京的非首都功能。但存在的问题是，产业转移大多数只是简单的空间平移，没有谋划通过协同创新来实现转型升级。因为我国正处于产业转型升级阶段，不仅传统产业需要升级，一些新兴产业也正在升级。北京向外转移的产业大部分只是简单的空间平移，没有解决发展中的升级问题，所以转移后存在的矛盾并没有解决。例如，由北京转移到沧州的医药、汽车、商贸等产业，主要是简单地平移，没有系统研究如何在转移中升级。特别是批发市场的转移，在目前互联网平台的冲击下已经呈现困境，北京的动物园、大红门等批发市场只是平移到了河北，没有在转移过程中的升级，发展中的矛盾没有解决，转移的商户、承接方等也都不满意。

4. 行政壁垒依然存在，创新资源难以协同共享

原来京津冀三方都已经构建形成了自己的区域创新体系，显然过去以自己为目标的科技资源优化配置方案，在京津冀协同背景下必然存在着偏差，需要从京津冀大区域创新体系来调整与优化。目前创新资源仍然行政分割，流动重组与共建共享存在着行政壁垒，难以整体优化。特别是人才，理应根据需求市场化流动，这是人才优化配置的基础和决定性因素，但社保关系转续困难，还面临着户口、子女就学、收入落差、医疗保险、高房价等问题，市场化流动受阻。如何建立三地人才合作开放流动机制、实现三地人才流动的互通互融是目前亟待解决的问题。

（二）深层障碍

如果不存在协同创新障碍，在目前市场化程度较高的背景下，创新要素在京津冀区域之间是能够自由流动的，创新要素的流向、强度、分布等就是市场自由选择的结果。但为什么多年来没有发生大规模的创新要素由高到低的自然流动？显然是因为存在着流动障碍，因此也就改变了流向与强度。梳理协同创新障碍因素，以此为难点进行研究，寻找消除这些障碍因素，或者通过创新协同创新模式等突破这些障碍，推动京津冀的协同创新加速。

很多学者在研究知识转移或知识扩散的文献中，都自觉或不自觉应用沟通理论来建立自己的分析框架，或者从沟通的角度展开自己的研究。多个创新主体之间的协同关系，与知识流动具有相当的一致性，可以借鉴其分析框架。尤其在对影响知识转移的各类因素进行分析时，基本上都可以概括为被转移的知识、来源方、接收方、相关情境四个方面。从这一分析框架展开，可以将京津冀协同创新的深层障碍从四个维度进行归纳：创新资源提供者、创新资源接收者、提供者和接收者的关系、相关情境。因为京津冀协同创新的主体是复合型的，在协同创新上所谓的京津冀三方其实是指三方政府、企业、大学、科研机构、中介等，都是影响协同创新的主体。如果自主决策的话，企业、大学、科研机构、中介等是遵循市场规则的，所以，从中观层面视角看，主要障碍在于三地政府。目前，地方政府通过行政手段和给予土地、投资、税收等方面的优惠政策，吸纳创新资源流向本区域，但会尽力阻止创新要素外流，形成了事实上的创新要素流动障碍，甚至造成恶性竞争。

地方政府在协同创新中形成的障碍有深层原因：

（1）按地域分割的行政壁垒。由于目前的行政区域分割以及我国政府的强势地位，具有独立利益的地方政府对当地经济社会发展起到很大的引导甚至主导作用。由于对地方政府的业绩考核主要是经济发展，所以在发展资源包括创新资源流动方面会采取行政手段来吸引或阻止。

（2）"分灶吃饭"的财政体制。创新资源是高层次发展资源，它的流入流出直接关系到财政收入的多少，所以，在目前财政体制下，地方政府会阻止创新资源与要素的流出，而采取措施吸引创新资源，特别是高层次创新资源的流入。

（3）协同创新软硬环境。不同创新环境对创新影响较大，创新环境既包括专门人才、技术基础设施、教育培训、科技服务业等配套能力，促进创新的政策与体制，也包括通达能力、专业沙龙、相关论坛等。创新的软硬环境建设是政府的责任，更多的是由政府来主导建设完成的。

（4）独特的地域文化。独特的地域文化是一种吸引与阻碍创新交流流动、影响协同创新的重要因素。例如，苏州的刺绣给人带来能工巧匠的印象，在需要精度高、工艺性强的技术创新方面，显然会选择性强。某些地域创新意识强，既具有很强的敢于探索的精神，也容易吸引相似的创新人才。虽然地域文化等是多年形成的，但地方政府的强化可以推动其优化与升华。

（5）地域的影响力。不同的区位在市场竞争中的影响力是不同的，如将企业总部设在河北省，与设在北京会给人带来不同的印象，这与企业实力无关。

第三节　创新协同模式

协同创新模式要解决的是如何将多方的创新主体有效链接起来,形成利益共同体。比较理想的模式可以使得利益共同体的各方都朝着一个目标、具有内在动力地做同一件事。创新协同模式核心是根据协同创新重点内容,搭建协同创新载体与平台,构建协同创新推进机制。我们提出,针对重点内容构建不同的协同创新模式,通过构建集协同内容、协同载体、协同机制于一体的协同创新模式,可以化解协同创新中的障碍,加快构建形成京津冀协同创新共同体。

一、协同创新内容

从京津冀协同创新内容看,协同创新内容根据各方需求,基本可归纳为四类:

其一,技术创新协同类。包括传统产业升级需要技术联合创新,战略性新兴产业发展的技术瓶颈需要联合攻破,环境资源矛盾需要通过技术攻关化解等。从京津冀三方具体情况分析,河北省的产业技术需求、环境资源技术需求较多,而京津特别是北京在技术创新机构、人才、设备等方面有突出优势。

其二,科技成果转化类。京津特别是北京是中国的创新源,每年产生大量科技成果。按照一般规律,在北京周边进行孵化转化是技术创新规律使然。然而,北京科技成果大多数转化到了江苏、浙江、广东等地,形成了"孔雀东南飞"现象,说明在由京津到冀转化科技成果存在着明显的障碍因素。

其三,科技创新技术基础设施共建共享,包括京津冀区域的大型仪器设备共享、科技情报资源共享和创新人才共享等。科技创新资源其实是创新的基础设施,在京津冀这样一个具有经济学分析意义的大区域,从宏观上系统性建设这类创新基础设施是最经济的,但由于行政体制分割重复建设了大量的创新基础设施,甚至在京津冀内部也建设了一批功能相似的机构。进行创新资源的共建共享,可以在大的区域范围内优化配置创新资源,大大减少重复建设,节约资金。

其四,创新政策协同类。京津冀三地,包括各区、市、县,每年出台促进创新的政策,甚至在京津冀区域内形成了竞争关系,增加了政策成本。如果在创新政策上有效协同,就可以聚集政府力量支持前沿与关键技术创新,技术与新业态、新模式的组合创新等,就可以产生更大的创新收益。

二、协同创新模式

从理论与实际相结合角度出发，根据协同创新内容，可以构建多种类型协同创新模式。

（一）技术创新攻关类

1. 协同创新内容

根据经济社会发展对技术创新的紧迫需求，充分发挥京津冀各方优势，联合进行产业、环境资源、社会发展等领域的重大关键技术攻关。

2. 协同创新模式

模式一：技术创新战略联盟。是一种比较稳定的联合技术研发模式，组成方包括企业、大学、科研机构、科技中介等。从京津冀协同创新来看，可以通过大力发展连接京津冀、分工协作的技术创新联盟，充分发挥京津冀企业、科研机构、大学、科技中介等各自优势，形成紧密型的技术创新共同体，提升整个区域的技术创新能力。

模式二：技术创新平台。包括联合建立重点实验室、工程技术创新中心、企业技术创新中心、产业技术研究院、院士工作站等创新平台，联合的主体可以是大学、科研机构、大型企业、中介等。这种方式主要是针对破解产业发展中的技术瓶颈和共性技术，发挥各自的人才、产业、信息等优势，联合共建各类载体与平台，提升区域创新能力。

模式三：技术创新虚拟组织。这是一种较稳定的技术创新模式，一般由有技术需求的企业、产业集群、产业基地等发起成立，为了弥补自身技术创新能力不足，联合相关大学和研究机构，形成围绕自身产业发展技术需求、基于现代互联网的创新虚拟组织，而只是一种虚拟型组织，采取"有事就聚合，无事就散开"的方式。这种创新组织成本较低，但效率较高。

3. 推进机制

一是设立跨区域技术协同创新联系机构，如京津冀科技创新联席会议制度、重大科技攻关项目联合办公室等，对技术创新联盟、联合创新平台等运行中出现的问题、政府支持方向与政策等进行协商决策。二是设立京津冀协同创新专项资金，对正式建立并开展相应技术创新协同项目给予创新专项资金支持。

（二）科技成果转化类

1. 协同创新内容

主要针对京津科技创新资源丰富、知识创造力能力强、科技成果多的特点，充分利用环京津地区商务成本低的优势，通过科技成果在冀孵化、转化和产业化，形成北京研发、周边转化的创新链条，提高创新效率和创新产出效益。

2. 协同创新模式

模式一：中关村合作园。即与中关村联合建立科技园区。中关村海淀园秦皇岛分园2014年正式建立，重点承接了中关村高端制造、节能环保产业和人才转移，已有千方科技、碧水源、清控科创等一批中关村高新技术企业和机构落户。在河北、天津还可推进建设几个中关村合作园。主要优点是可以享受中关村创新优惠政策、建立创新资源流动机制等，通过其关联影响、扩散效应、示范效应，提高吸纳、承接北京创新资源的能力。

模式二：高端科技园区。新建或提升现有高新技术产业开发区成为承接首都的科技成果孵化、转化和产业化的高端科技园区。之所以定位为高端科技园区，是因为承接的是高端创新人才、科技成果等创新资源，而其对园区的创新生态环境敏感度很高，只有建成环境优美、设施齐备、服务完善、政策到位的科技园区，才能吸引、承载京津高端人才和科技成果到此孵化、转化和产业化。目前，河北的石家庄、保定、燕郊、承德、唐山等高新区就是这一模式。

模式三：科技大市场。科技交易市场是实现科技成果与市场需求有效对接、促进京津科技成果在冀转化的重要载体，通过与京津联合建立科技大市场，或在冀设立中关村技术交易中心分支机构，成为集"线上线下"融合发展的技术交易平台，推动"政产学研金介用"等各类科技成果主体的全面对接，实时交流，产生协同效应，进而提高科技成果转化效率。

模式四：科技企业孵化器与众创空间。包括依托高新区、大学科技园、行业领军企业、产业集群龙头企业等，与京津联合建立"创业苗圃+孵化器+加速器"新型科技企业孵化器；围绕产业需求和链条延伸创立各类具有鲜明行业特点和需求指向性的众创空间，吸引京津创新创业人才来冀创新创业；与京津知名众创空间对接，在紧邻京津交通便利地区联合建设一批环境优良、服务完善的众创空间。通过吸引京津各类创新人才到京津冀创新创业和科技成果孵化转化，是促进科技型中小企业、战略性新兴产业发展，以及带动就业岗位持续增加的重要途径。

3. 推进机制

一是建立分税体制，如中关村海淀园秦皇岛分园建立了"四四二"财税机制，即中关村海淀园、秦皇岛市和中关村海淀园秦皇岛分园按照"四四二"的比例享有税收权力，既照顾了双方利益，也为园区发展提供了资金保障。二是推进部分公共服务的一体化，包括工商注册、电信服务、子女教育等保留在京，以解决科技成果转化、产业转移中的后顾之忧。三是建立三方科技成果定时、定点对接发布制度，及时、高效推动科技成果转化与产业化。四是落实高层次人才创新创业优惠政策，制定更加有吸引力、针对性强的吸引在京高层次人才的政策。

（三）创新资源共享类

1. 协同创新内容

主要是科技创新技术基础设施共建共享，包括京津冀区域的大型仪器设备共享、科技情报资源共享和创新人才共享等。

2. 协同创新模式

模式一：建立京津冀大型仪器设备共享联盟。将联盟内的大型科学仪器由原来的"点对点"服务扩展到"点对面"，既可以提高现有大型仪器设备使用效率，增加收益，还可以提升对企业创新发展、产业集群提升的支撑能力。

模式二：建立京津冀科技情报资源共享联盟。京津冀大学、科研机构、企事业单位、中介服务机构众多，建立京津冀科技情报资源共享联盟，一方面，可以优化配置和提高原有科技情报资源的利用效率；另一方面，可以避免重复性购置，节约资金。

模式三：建立京津冀科技专家信息服务网。面向京津冀企业、市县，以服务技术创新需求为重点，建立统一的科技专家资源服务信息网络，优化配置京津冀区域人才资源，提升创新人才支撑区域创新发展的能力。

3. 推进机制

一是制定集公益性与市场化相结合的大型仪器设备、科技情报资源共享规则，形成稳定的服务于京津冀创新发展的统一网络化服务平台。二是成立由京津冀三方和涉及相关部门（包括科技、质监、食品安监、文化、宣传、出入境等）的联席会议，及时解决在大型仪器设备共享、新科技情报资源共享、创新人才流动中出现的重大问题。

（四）创新政策协同类

1. 协同创新内容

包括京津冀区域层面的科技创新促进政策与措施的协同，以及三方单独出台、但影响京津冀区域的政策与措施，目的是形成整个区域良好的、一体化创新环境，既避免恶性竞争，也减少政策资源浪费。

2. 协同创新模式

模式一：建立中央政府牵头的协同创新委员会。在国家京津冀协同发展领导小组下设立由国务院牵头、国家相关部门参与、京津冀三方参加的京津冀协同发展领导小组，及时解决区域协同创新中的重大问题，出台协同创新促进政策等。

模式二：建立区域联席会议制度。建立由京津冀三方主管科技的副省级领导任组长，京津冀三方科技部门主要领导任副组长，相关部门参与的协同创新联席会议，研究解决协同政策制定和执行中出现的问题。

3. 推进机制

一是设立京津冀协同创新专项资金，面向京津冀三地的大学、科研机构等组织招标，每年筛选确定一批协同创新重大项目或任务予以支持。京津冀三方可单独设立京津冀协同创新专项资金，支持京津冀协同创新项目。二是建立京津冀协同创新政策联动报告制度，三地出台的创新政策需要事先经过联席会议通气，以推动三地政策的协同性。三是建立三地高新技术企业、科技型中小企业、创新平台、科技成果等互认制度，促进创新资源的合理流动。

第四节　协同创新背景下创新发展路径选择

创新蕴藏着巨大潜力和发展能量，是引领发展的第一动力。面向 2035 年的宏伟愿景，在"十四五"即将到来之际，创新驱动发展的责任更加重大、任务更加繁重。站在新的发展起点上实施创新驱动发展战略，必须认真贯彻落实党的十八大、十九大和习近平同志系列重要讲话精神，直面创新驱动发展面临的突出矛盾，回应经济社会发展的创新需求，以新定位、新目标、新思路、新举措来深入实施创新驱动发展战略。本章以河北省为例，分析提出京津冀协同创新背景下，推动创新驱动发展的路径选择。

一、创新发展需求供给分析

发展战略是由现状及目标的路径选择。深入实施创新驱动发展战略，首先要分析"十四五"河北省科技创新需求，观察科技供给能力状况，在供给与需求对接中选择创新发展路径，明确要破解的突出矛盾与问题，这是新的五年深入实施创新驱动发展战略的基点。

（一）科技创新需求十分强烈

习近平总书记对科技创新重要作用做出了深刻诠释："之所以要把科技创新摆在这样突出的位置上，是因为这是加快转变经济发展方式、破解经济发展深层次矛盾和问题、增强经济发展内生动力和活力的根本措施。"站在新的发展节点上来分析，河北省发展对创新的需求比以往更多、更强，也更紧迫，要求科技创新供给侧加快优化提升。

1. 重大需求之一：提供驱动经济增长的主要动力

在工业化后期，由资源、劳动力、投资等驱动经济增长向创新驱动转变是发达国家经济增长的一般规律，如何尽快增强科技供给能力、提高科技进步贡献率是"十四五"时期面临的重大任务。自 20 世纪 90 年代以来，河北省经济增长主要依赖资源、低成本劳动力、投资等驱动经济增长，特别是多数年份投资对经济增长的贡献率超过50%。但经济进入新常态后，劳动力、资本等要素的贡献率逐年下降，特别是已经面临着投资效率边际递减"天花板"。面对"三驾马车"动力不足和区域竞争日趋加剧的新形势，迫切需要将经济增长动力转换到科技创新上来，包括适应以信息技术、人工智能、生物技术为代表的新一轮科技创新浪潮，依靠创新寻求弯道超车的新路径；加快科技成果孵化转化，激发高校、科研院所、企业的创新热情，形成创新创业新的动力源；推动商业模式创新和业态创新，依托新技术引领相关行业融合发展；加快以高新技术、先进适用技术改造提升传统产业，使之成为全省现代产业体系的重要组成。最终大幅提高科技进步贡献率，驱动经济增长进入持续、高质的新周期。

2. 重大需求之二：引领支撑产业转型升级

河北省的产业转型升级、主导产业培育壮大亟须科技创新引领。一般来说，产业生成和更替主要有两种：一是由于产业创新不足被其他新技术引领的产业替代；二是依靠技术创新转型升级步入新周期。不管哪类产业更替，创新在其中起着关键作用。从河北省来看，创新引领转型升级和主导产业壮大的需求更为紧迫：钢铁、装备制造、化工、建材、纺织等传统产业处于全球产业链低端，面临着环境污染、产能过剩等压力，亟须依靠科技创新由价值链"低端"向"高技术、高附加值"中高端迈进。同时，强化新技术、新产业的培育发展，不断壮大高新技术产业规模与水平，成功完成主导产业的更替与提升。这是"十三五"着重提出的重大任务，在"十四五"时期的任务更加艰巨，因为先进省市已经基本完成传统产业的转型升级，河北省到了转型升级的生死关头。

3. 重大需求之三：引导深度利用"三大机遇"

京津冀协同发展、雄安新区加快建设、张家口携手北京举办 2022 年冬奥会亟须以创新为导向。虽然京津冀协同发展涉及诸多方面，但科技创新的属性决定了京津冀协同创新在其中起着核心与带动作用，在新的五年如何以协同创新将京津冀协同发展引向深入、带动河北省更好更快地高质量发展，是科技创新面临的重大任务。包括深入推进京津冀协同创新，充分利用京津创新资源，破解长期困扰河北创新资源不足、创新能力低的问题；着力推动京津科技成果在河北孵化转化，打造京津研发、河北转化的科技成果转化链，不断壮大高新技术产业规模，提高高新技术产业增加值占 GDP 的比重；着力构建京津冀协同创新共同体，推动京津冀由松散、低效的区域合作向互联、协同、生态、开放的协同创新转变，为经济发展提供持续动力。雄安新区已经进入由规划到大规模建设阶段，建设雄安创新驱动发展引领区，发挥"窗口效应"，为创新发展提供典型示范并带动全省发展，急需科技创新发挥更大作用。在携手举办冬奥会中如何以科技为引领办好奥运会、如何将冬奥会的效应变成推动张家口经济发展的持续动力，都是科技创新要解决的问题。

4. 重大需求之四：破解经济发展与资源环境矛盾

长期以来，粗放式的经济增长模式使河北形成了严重的"生态赤字"，虽然近几年通过更加严厉的措施有了一定改观，但二者之间的矛盾并未有效缓解。科技创新是破解产业发展与环境资源矛盾的唯一途径，河北省在这方面的创新需求非常紧迫：传统优势产业改进生产工艺、发展绿色生产技术，消除高污染、高能耗、高排放的"三高"问题，需要通过科技创新来解决；推进企业生产流程重塑，形成与技术创新相匹配的管理创新、模式创新、业态创新等，以更少的资源投入、更少的排放生产更高水平的产品，需要推进以科技创新为核心的全面创新；加快降低空气污染、土地污染、水污染等一系列问题，营造碧水蓝天、人与自然和谐的良好生态，更离不开科技创新。

5. 重大需求之五：让科技创新创造美好生活

科技创新始终引导着人们的生产生活。从马车、蒸汽机、汽车到飞机、飞船，从电报、电话到移动互联，科技创新让世界更加精彩，让人们的生活更加美好。进入新常态以来，河北省城乡居民收入不断提高，促进了消费需求不断升级和人们对美好生活的追求，对享受科技创新成果更积极、更主动、更紧迫。主要是对新技术、新产品进入普通百姓生活提出了更多、更紧迫的要求，对智慧医疗、智慧交通、科普教育、绿色建筑等正在期盼，对"互联网＋"、人工智能等新模式、新技术推广乐享其中等，这是社会和谐、民生改善的重要内容，也是"十四五"时期科技创新面临的重大课题之一。

（二）科技供给能力明显不足

河北省是典型的资源型区域、重化产业基地，多年来的发展依靠资源、劳动力和投资，创新能力也一直不高。但自党的十八大以来，科技创新被摆到了重要位置，对科技创新的重视程度不断提高。特别是"十三五"以来，创新驱动发展深入人心，科技创新步入快车道。

第一，"十三五"时期是出台支持科技创新政策最多的时期。自2016年以来，密集出台了一批支持科技创新政策，与以往相比大幅增多。

第二，"十三五"时期是财政科技资金增长最快的时期。省级财政一般预算科技支出2015年为14.20亿元，到2018年达到33.13亿元，平均增速达到32.6%。研究与发展（Ｒ＆Ｄ）经费支出340.0亿元，占全省生产总值的1.14%。2018年，研究与发展（Ｒ＆Ｄ）经费支出340.0亿元，占全省生产总值的1.39%。

第三，"十三五"时期是创新主体增长最快的时期。2015年底，全省高新技术企业1251家、科技型中小企业12000家，到2018年底，高新技术企业达到5097家、科技型中小企业达到5.8万家。

第四，"十三五"时期是创新平台和载体扩张最快的时期。2015年，建设省级及以上企业技术中心481家、工程技术研究中心231家、重点实验室105家。2018年，全省省级及以上企业技术中心604家、技术创新中心（工程技术研究中心）428家、重点实验室158家。

第五，"十三五"时期是技术创新产出增长最快的时期。2015年，专利申请受理量44060件，授权量30130件，有效发明专利12279件。2018年，专利申请受理量83785件，授权量51894件，有效发明专利24939件。

第六，"十三五"时期是高新技术产业高速成长的时期。2015年，河北省全省高新技术产业增加值占规模以上工业增加值的15.7%。到2018年，全省高新技术产业增加值占规模以上工业增加值的19.7%。三年提高4个百分点。

虽然近几年科技创新发展较快，但与先进省市相比，与新时期发展的科技需求相比，还有较大差距。

1. 从驱动发展来看，创新体系不完善，引领支撑能力不强

（1）创新主体结合不紧。企业、大学、科研机构等创新主体结合不紧密，有限的科技资源挖掘利用不足。表现在：三者的发展目标偏差较大，企业更加注重达到产业化程度、能够快速转化的科技成果的研发，科研机构注重原创、中试验环节的科技成果较多，而大学更注重基础研究、能够带来论文发表的科技成果，所以三者的偏差在现实中形成了开始合作紧密、中间会发生分离的现象。

（2）创新驱动发展乏力。一个区域的创新体系是为本区域经济社会发展服务的，起着引领与支撑作用。河北省有限的创新资源并未完全配置在主导产业、重点领域上，创新驱动发展能力不足。突出表现是，在步入工业化中后期阶段后，经济增长动力减弱，主要经济指标在全国的排名出现逐步下滑的态势。

2000年至2018年，河北省GDP从第6位下降到第9位；人均GDP从第11位下降到第21位；城镇居民人均可支配收入从第15位下降到第22位，2018年回升至第20位，农村居民人均可支配收入从第10位下降到第14位，2018年又回升至第12位；一般公共预算收入从第8位下降到第10位，人均财政收入从第18位下降到第23位；区域创新能力从第14位下降到第23位，2018年回升至第19位。主要经济指标的下降，其实是新阶段经济增长动力滞后造成的，创新能力不高、创新驱动发展能力不强，必然会反映到经济增长指标上。

2. 从区域定位来看，创新资源聚焦不够，没有形成创新特色

从全国来看，河北省是创新资源稀缺的区域，特别是在京津冀区域中更加突出。但同时还存在配置不聚焦、特色不突出问题。从京津冀区域协同创新来看，北京是全球重要的科技创新中心，也是以原始创新、高端创新为主的城市，天津以工程化、成果转化为重点定位，而河北省重点是科技成果转化与产业化。总体上看，这样定位是科学的，所以，河北省的科技创新定位是打造全国重要的产业技术创新中心。但在创新发展中，这一定位并没有明确与一贯执行，造成河北省一直不能全力聚焦产业技术创新，产业技术创新的优势也没有形成，对未来发展影响深远。

3. 从创新氛围来看，政策亮点不够，创新环境缺少优势

一是高层次人才政策吸引力不强。在全国 30 个省市区中，河北省创新创业环境并没有显示出明显优势，在大力吸引高层次创新人才政策鼓励下，反而没有遏制住高层次人才总体上外流趋势。二是科技创新支持政策亮点不多。最近几年是河北省出台科技创新支持政策最多的时期，但与先进省市相比，在重点政策突破、财政支持力度上，还有一定差距。三是公共服务整体水平还有待提升。高层次创新资源对城市公共服务敏感度高，流动性也很强。河北省紧邻京津的区位形成了与京津在公共服务方面的尴尬局面：加大了政策支持力度，但在教育、医疗、信息等公共服务方面存在巨大落差，反而被京津吸走。四是科技服务业发展滞后。特别是科技金融、中介服务等不能满足创新创业需求，直接影响了创新资源的聚集与能力的提升。

（三）科技供需偏差下面临突出矛盾

近几年创新发展的成绩是突出的，但面对中央要求、全省转型升级、创新发展重大任务，深层矛盾越来越凸显，成为制约创新发展的重大障碍。通过调查研究发现，深入实施创新驱动发展战略面临着四大突出矛盾：

第一个矛盾：实施创新驱动发展战略全省上下齐心协力、全力推进，与部分同志创新意识不强、能力不强、方法不多的矛盾。

创新驱动发展是党的十八大确定的重大战略，河北省委、省政府对深入实施创新驱动发展战略做出了部署。一个重大战略的实施，既需要各级各部门的高度重视与精心谋划，也需要每个企业、科研院所甚至每个人参与并作出自己的贡献，是一项需要全省上下齐心协力、全力推进的重大工程。但在调查中发现，部分部门、部分同志对创新内涵理解不深，对世界创新发展趋势、特点及对我们的影响研究较少，自觉利用创新来破解矛盾和问题的能力不强、方法不多，许多创新工作推进不够得力，一些政策出现"中梗阻"现象，延缓了创新发展速度。

第二个矛盾：创新驱动发展需要丰富的创新资源和较强的区域创新能力引领支撑，与河北省创新资源相对较少、自主创新能力较低的矛盾。

创新驱动发展的前提是拥有较丰富的创新资源和较强的创新能力，这已被发达国家和先进省市经验所证实。但河北省有限的创新资源、较低的创新能力，满足不了创新发展对科技创新的巨大需求。中央驻冀科研开发机构只有 18 家，双一流大学一所没有，这样的布局既满足不了全省的创新需求，又直接影响了国家创新要素在河北的投入，也难以吸引高层次创新人才和团队、相关高新技术企业聚集。近年来，虽然采取了多种措施，但创新能力依然在全国中下游水平徘徊，难以支撑引领发展需要。

第三个矛盾：加快提升创新能力需要强力投入，与财政调控能力较低、企业研发能力不足的矛盾。

创新能力快速提升必须有强大的科技投入作为保障。虽然河北省近几年 R & D 投入不断增加、R & D 投入强度不断提高，但仍未达到全国平均水平。2018 年，全省 R & D 经费投入强度为 1.43%，与全国平均水平（2.18%）相差 0.75 个百分点。国内创新能力处于第一梯队的北京、上海、天津、广东、江苏和浙江，其 R & D 经费投入强度 2016 年均超过 2.4%。但河北省财政支付能力较弱，2018 年河北省人均 GDP 约为 4.738 万元人民币，约为同期全国平均的 73.4%。按美元算，2018 年河北省 GDP 约为 5442 亿美元，人均 GDP 约为 7160 美元，排在全国第 20 位左右，在短期内大幅提高财政科技投入是难度很大的任务。企业是 R & D 投入的主体，但河北省规模以上工业企业 R & D 经费占主营业务收入比重仅 0.7% 左右，在全国名列第 25 位以后，与东部其他主要省份差距较大，与发达国家企业 R & D 投入占销售收入 3%—5% 的比重差距更大。国际上一个定性研究结论显示：研发经费支出占销售收入的比例小于 1%，企业难以生存；2% 可以勉强维持；5% 以上才有竞争力。显然，企业研发能力难以形成国际竞争力。

第四个矛盾：创新发展需要有完善的创新创业体制机制，与科技体制改革"牵一发而动全身"、难以深层突破的矛盾。

完善的机制是激发创新活力的基础条件，深化科技体制机制改革是优化配置创新资源、提高创新能力既重要而又成本低、见效快的途径。从调研分析看，河北省科技体制改革与支持创新的政策涉及面广、影响大，涉及科技、发改、财政、工信、人社、教育等多个部门，大学、科研院所、企业等多类主体，涵盖模式创新、组织创新、管理创新等多个类型，是一个系统工程。单项突进难以快速展开，而全面推进又需假以时日，成为实施创新驱动发展战略的重要障碍。

二、创新驱动发展比较分析

从国家层面、区域（园区）层面，对创新驱动发展进行比较，总结对河北省实施创新驱动发展战略的启示。

（一）创新型国家创新发展比较

创新型国家是指那些将科技创新作为基本战略，以技术创新为经济社会发展核心驱动力的国家。目前，世界上公认的创新型国家有 20 个左右，如美国、日本、芬兰、韩国等。这些国家的共同特征是创新综合指数明显高于其他国家，科技进步贡献率在70% 以上，研发投入占 GDP 的比例一般在 2% 以上，对外技术依存度指标一般在 30%以下。此外，这些国家所获得的三方专利数（美国、欧洲和日本授权的专利）占世界数量的绝大多数。比较这些国家都有以下共同特征：

1. 国家制定实施科技创新战略，并根据形势变化不断优化

美国在第二次世界大战前采取了学习、追赶、自立的科技创新战略。第二次世界大战以后，采取了科技创新领先战略，引领世界几十年。近些年来，面对不断追赶的其他国家，特别是根据技术发展趋势，不断调整、优化创新战略，始终站在科技发展前列。

日本的科技创新战略随着形势和本国发展阶段不断演变与优化的。在经济、科技基础薄弱时期，选择了技术引进、消化、吸收的追赶战略。但随着科技发展呈现出多极化、多样化、多层次的态势，单靠技术引进策略已无法满足自身发展需求时，日本及时调整了科技发展的策略，强调基础研究的重要性，培育自主创新，并加强了"产学研"和国际交流合作，为日本科技创新带来了新的发展动力。从明治维新时期的技术引进到"技术立国"战略，再到注重基础研究和独创性自主技术开发的"科学技术创新立国"战略，日本科技创新战略和政策与其当时的经济、社会发展阶段不断适应，表现出鲜明的阶段性特征，且呈现出国际化与本土化相结合、整体把握与重点突破相结合、技术追赶与自主创新相结合的特点。在战略中一个重点是整体把握与重点突破相结合，运用政策工具推动和引导重点领域的优先发展。全面开花显然不适合后进国家实现追赶。战后初期，日本确立了"倾斜式发展"战略，优先发展了煤炭、钢铁、电力、造船等工业基础领域，同时积极引进机械、电子、化纤、石油化工为主的新兴工业。在"科学技术创新立国"阶段，日本自身显示与科技发展趋势紧密结合，提出了产业结构由资本密集型产业向知识密集型产业发展，重点发展领域逐渐转向电子信息技术、航天技术、生物技术等高新技术的战略和政策，保证了国家的竞争力。

2. 政府采取多种方式支持科技创新，形成了多元化的支持科技创新投资机制

美国将公共投入与私人投入相配合，形成多种模式的支持方式。一方面，国家经济和技术发展的前景让私营企业乐观地估计到投资研发会获得利润，因此私营企业大力投资高技术研发，R & D 经费相应地大幅增长；另一方面，国防部、国家航空航天局、能源部等在国家战略上和国防重要领域持续投资，促进了重要领域的进展。在不同的领域，公共和私人投资情况不同。在制药、化工领域，私营企业的资助占所有资助的一半。在电子和通信领域，资金主要来源于实力雄厚的私营企业和大规模的国防资助。公共和私人投资两者形成了良性互动：政府资助那些无法马上进行商业化的研究，私营企业会很好地权衡风险与回报并进行商业化研究；政府通过相关政策支持（如政府采购），确保企业发展为企业持续创新提供了条件。所以形成了多元化的投资机制。不仅在整个国家层面形成了公共（政府）资助和私人资助（企业、私人基金会、大学和风险资本等）的混合机制，协同支持整个科技创新链条上的活动，而且在政府层面形成多个部门和机构支持科技发展的机制，有利于激励源头创新，开辟新的战略研究方向。

3. 不断提高科技投入强度，培育创新引领型企业

新兴工业化国家韩国较为典型。随着经济实力的不断增强，韩国在科研经费上的投入也在不断增加。近年来，韩国政府和民间对科技投入不断增加，从2007年的336.84亿美元增加到2016年的598.19亿美元，年平均增长率为9.30%，占GDP的比重也从2007年的3.00%增长到2016年4.24%。

同时培育形成一批创新引领型企业。三星、LG和现代汽车集团是典型代表。以三星集团为例，其2016年研发费用已超过130亿美元，在世界范围内仅次于德国大众汽车集团。三星集团下属的三星综合技术院是韩国企业研究院的典型代表，目前主要在计算与智能、通信与网络、嵌入式系统解决方案、显示器、半导体、微系统、能源与环境、生命与健康和高级材料等9个领域进行了大量前沿研究和开发工作。企业也在创新型国家中起着更加重要的作用。韩国企业投入的研发经费约占韩国全部研发经费的75%，该比重超过了美国、德国等西方发达国家。

4. 营造有竞争力的良好创新环境，吸引和重视世界一流人才

典型代表是美国。美国一是坚持自由探索和自主的科学精神。自由探索和自主性原则是指科学家对自己工作的判断和免于受其他社会因素控制，这一精神和原则是科学界的共识，并得到政府和工业界的认同。二是激励创新的文化环境。美国文化鼓励个人创造性、承担风险和容忍失败等，这些因素有利于激励科学技术中的创新。不论是支持颠覆性创新的高级研究计划署，还是孕育创新型企业发展的硅谷，都体现了创新文化对科学技术突破性发展的重要意义。

人才是创新的核心要素。美国始终以优渥的条件吸引包括欧盟、俄罗斯、印度等世界各地的科技人才，成为高端人才聚集地，在美国科技创新领先战略中既起着最重要的作用，也是美国成为世界科技强国的关键因素。作为新兴工业化国家，韩国政府历来重视对科技人才的培养，先后制订了理工科人才培养与支持基本计划、女性科技人员培养与支持基本计划、环保技术人才培养计划、IT人才培养中长期规划等人才发展中长期政策与计划，以扩大理工科专业人才队伍。韩国在2010年实施了"未来基础

科学核心领军人才计划"，这个计划的主要目的是积极发掘在基础科学领域拥有潜力的优秀硕博人才，围绕物理、化学、生物、数学等基础科学领域，支持创造性的个人研究，培养未来基础科学核心领军人才。

5. 促进产学研紧密结合，形成人才在产学研中的良性流动

美国形成了人才在大学、企业、研究机构中流动机制。政府资助大学研究，培养新一代青年科技人员进入企业或者创业，同时，大学里的科研人员受聘于企业或创办企业。在这种发展过程中，大学研究、工业研究和产品发展之间存在着丰富的思想和人员的流动，推动着技术不断向前发展。硅谷是这方面的典型，斯坦福大学与硅谷的互动成就了世界著名科技园区的辉煌。

（二）区域创新路径比较

从区域创新或科技园区成功的因素来分析，美国的硅谷、日本的筑波、韩国的大田、瑞典的基斯塔、印度的班加罗尔，以及我国台湾地区的新竹、北京市的中关村，人们耳熟能详，因为这些成功的园区与城市是成功的典范。这里重点对早期成功典范硅谷、后发形成的新竹、国内典型中关村为主，进行深入分析。

1. 以创新驱动为目标并持续坚持

国际上的大多数科技园区是政府主导成立的，设立之初都有明确的目标。国内外科技园区的发展经验告诉我们，以创新驱动发展为目标并持续发力，是科技园区、城市成功的一个重要因素。

比较典型的是我国台湾的新竹科技园，当初设立就是为了通过创新驱动推动台湾的产业转型升级和新兴产业发展。1970 年以前台湾经济主要依靠加工出口，每年创造大约 100 多亿美元的进出口值。但 20 世纪 70 年代两次能源危机使得台湾劳动力和能源原材料成本大幅上扬，原有产业难以为继。1976 年，台湾依照硅谷模式谋划成立了新竹科技园，通过科技创新驱动发展促进了新兴产业发展，推动了产业转型升级。

北京中关村设立之初就是为了推动高新技术产业发展。1988 年，国务院批准成立北京市新技术产业开发试验区，2009 年国务院批复同意建设中关村国家自主创新示范区，多年来中关村始终坚持创新驱动的目标，目前已成为全球有重要影响力和竞争力的科技园区。

2. 建立稳定而互动的创新源

国内外成功的开发区都有与之紧密联系的创新源，这也表明，建立稳定而匹配的创新源，对开发区来讲至关重要。美国的硅谷是最成功的开发区之一，斯坦福大学坐落其中，成为硅谷最直接、最强劲的创新源。据统计，与斯坦福大学有关的企业（斯坦福的师生和校友创办的企业）的产值就占硅谷产值的 50%~60%。斯坦福大学对师生创业有着积极的态度,师生创业已成为一种常态。另外,硅谷企业家到斯坦福大学培训,并咨询企业创新发展中的问题而在互动中解决,这是一个明显特点。

我国的台湾新竹科技园有3个创新源:一是海外留学人员。在新竹科技园中有113家企业是"海归"建立的,其中不少人就直接来自美国的硅谷,他们的研发能力、管理能力都很强,能够使企业在一个较高的台阶上起步。二是当地的众多高校。这些高校为园区发展提供了不可或缺的创新人才和科研支持。三是台湾工业技术研究院。在创新研发、人才培育、专利转让、衍生公司、育成企业等方面,该院发挥了举足轻重的作用。自成立以来,培育超过140家企业CEO、244家公司,累计专利超过2万件。中关村更是依托清华、北大、北航、人大、北理工等名校,以中国科学院为主的国家级科研院所,以及大量"海归"人员,形成了稳定而又高端的创新源。

3. 通过市场选择主导产业并构建生态圈

国内外成功的科技园区,其主导产业发展有两个突出特点:其一,主导产业是经过多年市场化选择与培育形成的,而不是园区设立之初设定的,并且会随着时间不断演变优化。其二,构建形成了以主导产业为核心、相关产业配套、具有完整产业链条的产业生态圈。

硅谷的主导产业就是在不断创新中变化的。20世纪60年代主导产业是半导体,70年代是微处理器,80年代是软件,而90年代后则是互联网,目前是互联网、大数据、人工智能、生物医药等。主导产业在不断创新中优化,是硅谷的一个重要特点。硅谷的另一个重要特点是,企业的专业化程度很高,企业间具有良好的互补关系,形成了良性互动的产业生态圈,聚集着惠普、思科、英特尔等一批世界著名的电子信息领域的巨头。中关村则形成了以互联网、移动互联网和新一代移动通信、卫星应用为主导的现代产业体系,超大规模数据仓库、分布式存储和计算、基于人工智能的大数据分析等技术已达到国际先进水平,聚集着联想、百度、搜狐、新浪、网易、小米等知名企业。台湾新竹成立之初设定了多个主导产业,但经过市场化选择,集成电路成为第一主导产业,并且形成了包括集成电路材料与设备供应、设计研发、光罩、晶片制造、封装测试、设备材料等产业链条完整的产业生态圈,聚集了一批包括联华、台积电等集成电路行业的世界知名企业。

4. 针对需求营造创新创业生态环境

国内外成功的科技园区,都以客户需求为导向建立或形成了良好的创新创业环境,为持续吸引创新要素提供了基础条件:一是完善的基础设施;二是顺畅高效的政府服务;三是完善的创新创业服务体系;四是有针对性的政府支持政策。

硅谷是创新创业的圣地,有着世界上最完备的风险投资机制,聚集了上千家风险投资公司和2000多家中介服务机构,以斯坦福大学为代表的大学和众多科研院所与充裕的风险投资相结合，造就了硅谷的持续辉煌。

台湾新竹科技园的创新创业环境很完善，在技术基础设施方面，建立了通关自动化、电子收付款、公文电子邮递、水资源管理、视频会议、远程教学、全球资讯网等基础设施体系。在政府公共服务方面，按照"厂商服务，区内完成"的原则，在园区内设有整套服务机构，厂商所需办理的手续都可在园区内完成。在创新创业服务体系方面，新竹科技园提供了包括从企划、投资到消防救灾和安全防护等服务，还有国际水平的标准厂房、公寓、娱乐中心等。在创新创业政策方面，新竹科技园提供的税收优惠达到保税区的水平，在技术创新开发方面的资助额最高可达每项计划所需经费的一半。

中关村的创新创业服务更有针对性。如孵化服务，除传统的科技孵化器外，北京还培育了联想之星、创新工场、车库咖啡、36氪、云基地、天使汇、创客空间、清华 X-Lab 等一批创新型孵化器，它们不仅为创新创业者提供了聚集交流的空间，还按需提供个性化的创业增值服务。又如支持政策，中关村先后推出包括"1+6"系列先行先试改革政策在内的多项支持创新创业的政策，已经成为全国政策创新的典范。

三、创新驱动发展路径选择

河北省"十四五"实施创新驱动发展战略的基本命题是：在创新资源匮乏、创新能力不高区域如何实现创新驱动发展。这既是实施创新驱动发展战略的基本命题，也是全省"十四五"国民经济和社会发展面临的重大命题。根据前述分析，结合河北特质与发展目标，研究提出面向 2035 年的"十四五"时期实施创新驱动发展的战略定位、战略目标、战略思路。

（一）战略定位

在新的发展阶段，河北省要对科技创新进行精准定位。经过梳理分析，提出新时期科技创新总体定位。

1. 全国创新功能定位

河北省在全国，特别是京津冀区域的创新功能定位：

其一，全国重要的产业技术创新中心。河北省是制造业大省，打造制造业大省，显然要有产业技术引领支撑。在京津冀甚至全国层面，河北省要聚焦产业技术，特别是优势产业技术创新，打造全国重要的产业技术创新中心。

其二，科技成果孵化转化基地。河北省紧邻京津，有吸纳、承接京津特别是北京科技成果转移转化的便利条件，以科技成果孵化转化基地为重要定位，可以聚焦目标，加快京津科技成果在冀孵化转化，做优做强河北省的高新技术产业。

其三，产业转型升级示范区。经过改革开放 40 多年的发展，河北省形成了以冶金、装备制造、化工、建材、纺织等为优势的重化工业体系，加快传统优势产业转型升级，既是路径依赖条件下的必然选择，也是使传统优势产业成为现代产业体系的重要路径。

2. 全省科技创新职责定位

在全省经济社会发展中的科技创新职责定位：提升区域创新能力，驱动经济社会发展，营造创新生态，这是科技创新的职能与责任。

其一，提升区域创新能力。这是科技创新的职责，是科技创新的应有之义，也是创新驱动发展的前提基础。包括加大科技投入力度、聚集创新资源、建设创新平台、构建创新服务体系、强化产学研合作等。

其二，驱动经济社会发展。这是科技创新的责任与义务，是科技创新的目的所在。包括建立产业技术创新体系、加快科技成果转移转化，推进以科技创新为核心的全面创新，最后提升经济增长的科技进步贡献率。

其三，营造创新创业生态。这既是科技创新的基础与氛围，也是政府提供的、能够获得竞争优势的公共产品。包括较高的区域开放程度和市场程度、日益优化的创新创业环境、对区域内外的创新资源有较强的吸引力和凝聚力。通过科技政策创新、深化科技体制改革、中介服务体系构建、创新平台提升、公共服务完善、自然生态改观等措施，营造全国一流的创新创业生态。

（二）战略目标

到 2025 年，河北省主要战略目标如下：

1. 科技创新成为经济增长主要动力

科技进步贡献率达到 65%，建成创新型河北。

2. 区域创新能力大幅提升

河北省区域创新能力达到全国中上水平，达到第 15 位。R＆D 投入占 GDP 比重达到 2.0%。

3. 创新驱动发展成效显著

高新技术产业增加值年均增长率达到 15%，占规模以上工业增加值的比重达到 25%。

4. 创新主体明显增多

高新技术企业数量达到 1 万家，进入科技部统计的科技型中小企业达到 1.5 万家。

5. 创新平台载体明显提高

高新区进入全国 50 强的达到 4 家。国家级各类平台（重点实验室、工程技术中心、企业技术创新中心等）数量达到 50 家左右。争创 1 家以上国家技术创新中心。

（三）战略思路

根据国际创新发展一般规律与趋势，结合河北省特点和战略目标，提出创新发展战略思路。

1. 突出河北定位，在聚焦重点上发力

根据京津冀协同发展定位、河北特点，围绕全国重要的产业技术创新中心、科技成果孵化转化基地、产业转型升级示范区的定位，将全省的创新资源与发展要素向重点聚集，政策向重点聚焦，力争形成创新发展新优势。

2. 突出关键要素，在核心资源上突破

充分发挥高层次创新资源和要素的牵引、聚集、融合、升华的重要带动作用，重点支持创新资源中的领军人才与团队，产学研新型研发机构中的关键单位，产业链条、创新集群、产业生态圈中的核心企业，突破创新发展的瓶颈。

3. 突出极化效应，在创新极上打造优势

充分发挥雄安新区、省会、沿海创新极的引领带动作用；充分发挥大型企业、高新区、创新型城市在聚集创新资源、构建创新平台、提升创新能力的重要作用，形成以点带面、整体提升的发展格局。

4. 突出开放协同，在科技合作中提升能力

以多种模式加快推进京津冀协同创新共同体建设，弥补河北省创新资源不足。以河北省关键产业技术突破为重点，聚焦产业技术发展前沿，与国内外相关研发机构与大学开展针对性科技合作。

5. 突出科学可行，在关键指标上施策

全面提升区域创新能力各项指标，进行分类施策。对研发投入等基础性而又影响大的指标，举全省之力，通过财政投入带动全社会投入等实现重大突破；对硬性而难以快速提升的指标，要稳步持续提升；对弹性大而又努力程度高的指标，力争得到高分。

四、创新驱动发展战略任务

根据现实场景、发展现状、战略定位与战略目标，提出实施创新驱动发展战略、建设创新型河北面临的战略任务。

（一）大幅提升区域创新能力

提升区域创新能力是一项综合性工程，要在关键指标、关键领域、关键环节上发力，大幅度提高创新能力，尽快达到全国平均水平。

1. 培育壮大创新源头

一是海外归国高层次人才，这是近几年河北省高层次人才来源的重要途径。要根据全省产业需求、创新需求，加大对海外人才到冀创新创业的力度，成为高端人才来源的重要源头。二是以京津人才为主的省外人才。既可吸引到河北省，也包括有效利用。特别是坚持不为所有但为所用原则，在创新平台上充分利用京津高端人才来提升我省能力。三是本省人才的提升与有效利用。特别是在激活上下功夫，这是河北省提升创新能力的重要手段与途径。

2. 加大关键领域科技投入

重点解决两个问题：政府如何强力投入，政府在哪些领域、环节、区域投入能够最大限度带动全省研发投入。一是持续加大政府财政科技投入力度，力争用 5 年时间使财政科技投入占 GDP 比重达到 3%。根据《2018 年中国统计年鉴》数据，河北省2017 年财政科技投入占财政支出比重为 1.04%，比全国平均水平低 1.52 个百分点，略高于内蒙古、黑龙江、西藏、青海、新疆、甘肃、海南、云南等省份，排名全国第 23 位。与北京为 5.3%、广东为 5.48%、上海为 5.17% 差距很大，比江苏、浙江、安徽等省超过 4%，差距较大。2012 年以来，河北省科技支出在财政支出比重变化趋势是波动中略有下降的，从 2012 年到 2017 年分别为 1.09%、1.13%、1.09%、0.81%、1.21%、1.04%。可见，与先进省市相比，河北省财政科技投入规模明显不足，现有的财政支出结构与创新型河北建设的战略目标明显不匹配。二是研究明确财政科技投入结构，将财政投入优化配置到重点领域、环节、区域，提高财政科技创新资金的使用效率与效益。统筹安排财政科技资金，重点支持重大科技专项、重点研发计划、新型研发机构培育、重大创新平台建设、高新技术企业和科技型中小企业培育等。三是研究制定提高财政科技投入带动全社会研发投入增加的办法，重点是如何与市县联动、与企业联动。四是完善科技投入金融支持政策，通过税收减免、第三方担保、补助金等措施，积极引导企业、个人、金融机构增大科技投入。强化普惠性后补助支持，引导企业建立研发准备金制度。

3. 培养壮大创新发展主体

与先进省市相比，河北省创新型企业（高新技术企业、科技型中小企业等）数量少、占比低，采取多种途径、多种办法增多创新主体，做大创新主体，争取培育形成更多的"独角兽"企业、"瞪羚"企业，带动全省的创新能力提升。

4. 构建科技成果转移转化链条

重点解决由"基础研究—技术研发—小试中试—孵化及商业化—产业集群"链条中的断链问题。建立基础研究、应用基础研究、技术研发环节的市场导向机制，围绕企业需求、产业需求、市场需求，开发具有应用前景的新技术，同时围绕技术熟化过程中的小试、中试等环节加强政府支持力度，破解技术成熟度低的转化瓶颈。着力推进产学研紧密合作，鼓励高校和科研院所建立技术转移机构，发展各类新型研发机构，形成产学研紧密合作的创新共同体，促进创新能力的提升。

5. 争创国家技术创新中心

国家技术创新中心是以产业前沿引领技术和关键共性技术研发与应用为核心，加强应用基础研究，协同推进现代工程技术和颠覆性技术创新，打造创新资源集聚、组织运行开放、治理结构多元的综合性产业技术创新平台。目标是形成满足产业创新重大需求、具有国际影响力和竞争力的国家技术创新网络，攻克转化一批产业前沿和共性关键技术，培育具有国际影响力的行业领军企业，带动一批科技型中小企业成长壮大，催生一批发展潜力大、带动作用强的创新型产业集群，推动若干重点产业进入全球价值链中高端。目前已经批准了国家信息光电子创新中心、国家先进计算产业创新中心、国家高速列车技术创新中心、国家新能源汽车技术创新中心、国家机器人创新中心等。河北省是制造业大省，在一些产业上形成了优势。要利用国家推进国家技术创新中心建设的机遇，争创国家技术创新中心。

（二）深入推进京津冀协同创新

重点解决推进京津冀协同创新深化中的难点问题。一是针对具体目标不清晰问题，细化京津冀协同创新推进目标。建议根据京津冀区域特点和建设首都经济圈的战略目标，研究确定京津冀协同创新共同体的目标，在此基础上细化协同创新重点方面的具体目标。包括科技成果转化类、重大技术攻关类、科技创新资源共享类、协同创新政策与机制类等，有目的地加快推进。二是解决内生动力不足问题，强化行政与市场双重驱动力量。在协同创新推进中，利益冲突最多、难度最大，所以要将政策破解问题的点聚焦到形成行政力量与市场力量的双驱动的动力结构，包括健全京津冀协同创新推进组织机构。在目前形成的"1+3"协同创新机制的基础上，进一步强化中央政府在推进京津协同创新的权威，及时解决区域协同创新中的重大问题；充分利用政策工具推动协同创新，并充分发挥市场机制来推进。三是提升创新平台载体能级，包括各类高新区、开发区，科技企业孵化器、众创空间等。特别是加快雄安新区建设，推进京南科技成果转化示范区建设，使京津科技成果在冀转化比例大幅提升。四是积极推进公共服务一体化，包括工商注册、电信服务、子女教育等，以解决科技成果转化、产业转移中的后顾之忧。五是探索京津冀协同创新模式。通过模式创新能够解决利益冲突，可以在现有利益格局下使得各方都朝着一个目标、具有内在动力地做同一件事。主要是在税收、政绩考核等方面进行探索。五是推进各类创新平台的实质性融合。推进创新资源由部分功能开放向全面开放转变，最终形成京津冀创新资源统一开放平台。

（三）构建创新驱动型现代产业体系

"十四五"时期，正处于第四次工业革命来临之时，以创新引领新兴产业生成更加重要，这也是实施创新驱动发展战略的关键任务。从新兴产业生成路径来看，主要有以下几个方面：一是由新技术催生而来，如目前的大数据、人工智能、物联网、新材料、新能源、生物医药等产业就是如此。二是由新技术渗透和应用而来，特别是互联网的应用形成了新模式、新业态，如各类平台经济、共享经济、文化创意产业等。三是由传统重化工业升级而来，主要是根据市场需求变化，强化以应用为导向的工艺、产品、组织、服务等实用创新而来。四是由新需求引导而来，发掘人们的潜在需求，创造新产品，形成新的产业。五是由产业分工深化而来，包括部门、产品、零部件、工艺和服务专业化等。六是由新领域扩展或新资源开发而来，如海洋产业正在形成了一系列海洋新兴产业。七是由三次产业融合提升而来，分为产业渗透、产业交叉和产业重组三类。八是由家族企业、小微企业持续提升而来，小微企业属于"小而美的产业"，如特色食品店、特色手工业、传统家族企业等。

根据新产业生成路径与河北省现状，加快以创新促进产业升级的步伐。

第一，适应产业特点，分类培育壮大。新兴产业领域很宽，而每个产业生成和发展特点各异，要根据产业特点采取不同的发展思路。①战略性新兴产业，采取倒T字形战略。目前，新兴产业竞争态势与创新能力等基础条件决定了河北省新兴产业培育壮大不可能全面开花，要坚持有限目标，聚集重点，集中发力。但在发展初期，不要设置门槛，在吸引、审批、用地保障、能源提供等方面积极促进，充分利用市场机制，促进其发展。发展到一定程度，再选择潜力大、创新能力强的领军企业重点支持，积极促进其成为全国的独角兽企业。②科技成果转化类产业，主要任务是提升载体平台能级，强化吸纳、聚集，壮大高新技术产业规模与层次。③传统优势产业提升类。产业特点是在工艺、生产过程、产品等方面与现代产业有一定差距，要积极推进工艺创新、组织创新、产品创新、服务创新等实用创新，重振传统产业优势。④广域竞争类服务业。例如，文化娱乐、旅游休闲、工业设计、信息服务、研发设计等，产业与消费流动性强，竞争激烈。河北省的策略是聚焦有限目标，加大支持力度，在几个小产业上突破，占领市场竞争高点，带动相关产业发展。⑤地域类或半地域类产业，如现代物流、养老服务、教育等产业，具有半地域垄断性，策略是提高品质，积极适应消费需求，刺激与扩大消费。⑥新领域、新能源类。这是河北省产业发展的新增长点，有着巨大的市场空间和发展潜力。创新策略是超前研究谋划，加快新领域扩展与新能源开发，迅速扩大产业规模。

第二，发展新型产业组织，引领产业优化提升。新型产业组织包括产业链、战略联盟、先进产业集群、产业生态圈等，既是现代产业发展的重要特征，也是多主体形成竞合关系的重要载体。通过构建现代产业组织来协调各方利益关系，将碎片化的优势产业环节有机融合起来，形成现代产业链、产业生态圈等。通过新型产业组织将政府产业政策有效传递到企业，既可以成为市场调控、政府调控之外经济调节的"第三只手"，也是企业内调节与企业外调节相结合的一种方式。

第三，政府支持新兴产业创新发展方式方法。产业政策重点支持带动力强的产业环节，包括研发（含众创平台）、设计、工艺创新、营销平台搭建等环节，促进产业向产业链高端创新发展。同时，充分发挥政府产业支持资金的引导作用，以政府资金带动企业和社会投入，增强投资的乘数效应，提高产业政策的引导力和影响力。

（四）提升创新极聚集辐射能级

河北省特殊的地理地貌，造成了创新资源的分散化、碎片化，这是我省构建创新体系的重要影响因素。在新时期，要根据新形势、新机遇，重点打造雄安新区、省会、沿海三个科技创新中心，带动全省创新发展。

1. 打造雄安全球重要创新中心

一是充分发挥雄安新区优势，加快聚集各类人才。充分利用第三个国家级新区优势，加大雄安新区发展愿景、各类发展规划、重大项目建设的宣传与推介力度，让世人广知雄安发展的潜力与人才增值潜力，吸引想创新创业、能够创新创业的人才到雄安创新创业。二是建立以应用技术研究、转移转化为主要为目标的研发机构与大学。以斯坦福大学、中国台湾应用技术研究院等为标杆，建立相类似大学与科研机构，以应用技术研发和科技成果转化为主要目标，积极推进科技创新与产业发展的良性互动。争创国家科学中心和国家技术创新中心。三是引进知名风险投资机构，建立发达的风险投资市场，吸引和利用风险投资家为创新提供创新人际网络、介绍潜在客户、参与公司治理等增值服务。同时，鼓励金融机构探索投资与信用贷款相结合的投贷联动模式、认股期权贷款模式、供应链融资、中长期创业贷款等适应科技型企业的金融产品与服务。四是引进与建立一批法律、会计、导师网络、孵化等科技服务机构，形成完善的创新服务体系，为创新创业提供高品质、低成本、精细化服务。五是建设一批国家级创新创业平台与载体，包括国家重点实验室、工程技术研究中心、高新技术产业开发区和科技企业孵化器、众创空间，为创新创业提供高端平台。

2. 打造省会产业技术创新中心

石家庄聚集着全省四分之一到二分之一的创新资源，也是全省产业技术创新机构、创新人才密集的城市，在创新驱动战略实施中占有重要地位。要根据构建现代产业体系需求，充分利用省会创新资源多、创新能力强的优势，构建省会创新圈层，打造面向全球、服务全省的产业技术创新中心。积极谋划、争创1家国家技术创新中心。

3. 打造沿海海洋产业创新中心

沿海地区是河北省未来重要的增长极，在临港产业、海洋经济发展上有自然优势，也形成了一定的创新基础。从未来看，湾区是世界范围内的重要增长极。国际一流湾区如纽约湾区、旧金山湾区、东京湾区等，以开放性、创新性、宜居性和国际化为其最重要特征，具有开放的经济结构、高效的资源配置能力、强大的集聚外溢功能和发达的国际交往网络，发挥着引领创新、聚集辐射的核心功能，已成为带动全球经济发展的重要增长极和引领技术变革的领头羊。环渤海也是一个潜力巨大的湾区，要超前谋划，以科技创新为导向，强化以临港产业技术、海洋产业技术创新为重点，打造形成重要的海洋产业创新中心，带动河北省海洋产业、港口经济等快速发展。

（五）打造有竞争力的创新创业生态

营商环境包括影响企业活动的社会要素、经济要素、政治要素和法律要素等，是企业赖以生存和发展的土壤，代表着一个地方的软实力和竞争力。事实证明，大力优化营商环境，能有效吸纳、聚集更多的高端发展要素，加快提高区域创新能力并驱动产业发展。近几年，河北省在强化营造良好营商环境，取得了明显成效。"十四五"要着眼区域竞争新趋势、环境建设新需求，着力打造营商环境新优势。

一是打造适应高层次人才发展需求的高品质服务环境，包括进一步落地落实国家和河北省出台的鼓励科技人员创新创业的有关政策，使好的政策产生好的效果；努力提供更加优质的公共服务，特别是优质的教育、医疗服务等吸引高层次人才的手段。

二是瞄准引培壮大创新型企业需求，完善服务创新型企业发展的专业技术服务体系，包括完善科技金融、成果转化、培训等科技服务体系，并充分利用中关村在风险投资、技术服务、信息服务等方面的优势，强化与中关村建立科技创新服务协同体系，提高创新服务水平。

三是着眼促进创新创业，整合相关政策并强化落实。特别是针对政策落实中的"中梗阻"问题，健全政策制定、任务分解、协调推动、科学评估、反馈完善、整改提升的长效机制，确保创新政策有效落实。

四是着眼满足人民美好生活需要，营造便民利民、规范有序的消费环境。包括依法严厉打击制售假冒伪劣商品、网络诈骗等严重危害消费者合法权益的行为，让消费者放心消费、舒心消费；适应服务消费快速发展趋势，完善旅游、娱乐、休闲、美容、健身等行业规则，提供更多高质量的有效供给；加快健全社会信用制度，尤其要加快建立信用监督和失信惩戒制度，降低交易成本，提高信誉水平。这些都是吸引创新资源和市场主体、提升聚集能力的重要因素。

五、推进战略实施重大举措

（一）树立创新意识，倡导终身学习

深化对创新驱动内涵、本质特征、构成要素、功能作用、发展模式、运行机制等的认识，将创新理念、创新意识变成破解问题和矛盾的自觉行为。

一是积极倡导创新文化。通过媒体宣传、培训讲座、政策解读等，以及倡导自我学习，开展推进创新驱动发展战略的宣传，加大对创新文化、创新政策、创新人才、创新主体、创新成果的宣传力度，提高全社会树立创新驱动发展意识。

二是提升领导干部以创新解决矛盾和问题的能力。特别是对相关领导、主管部门等进行重点培训，在党校、单位学习中大幅增添创新驱动发展学习内容，提高领导干部以创新破解矛盾和解决问题的能力。

三是注重创新考核。完善对各市、县（区）科技进步监测体系，将重点目标任务分解到各市和省有关部门，按年度进行监测考核。形成重视科技创新、重视以创新引领发展的氛围和工作方式。

（二）提高政策强度，创新支持方式

河北省已经密集出台了许多好的政策支持创新发展，在未来主要是强化创新政策理念4个转变：

一是由根据财力来支持科技创新向以先进省份水平为标杆提高财政支持科技创新强度转变。通过多种方式，聚集财政资源，在"十四五"时期使财政科技投入占财政支出比重达到全国平均水平。

二是由支持单一环节向支持创新链条与产业生态圈转变。要进行顶层设计，谋划一批现代产业链条与产业生态圈并予以强力支持，形成由技术到产品、企业、业态、商业模式等系统性创新的现代产业组织，使政府支持创新产生更大的效益。

三是由简单分割式支持向不同发展阶段确定的支持强度转变。河北省要重点在科技成果转化、产业技术创新等阶段提高强度，形成产业技术创新的新优势。

四是由单一部门分散支持向多个相关部门协同支持转变。建议各相关部门建立起协同支持的沟通机制，从整体上谋划支持全面创新的政策、措施等，形成支持创新合力。

（三）深化体制改革，完善创新机制

近几年，深化改革已经取得重要成效，未来主要是在影响创新驱动发展的重点方面深化探索：一是探索科技创新的新机制。重点在科研项目立项、科研经费分配使用、高端人才绿色通道、非共识创新、外籍科学家领衔重大科研项目等方面进行改革探索，

激发创新创业活力。二是探索促进产学研合作、科技成果转移转化新机制，重点解决产学研合作目标冲突、利益（税收、财政收入等）分享等问题，加速以京津成果为主的国内外科技成果向冀转移转化，包括重大科技项目联合攻关等。三是探索以科技创新为核心的全面创新机制。英国学者布莱基说过："组织得好的石头能成为建筑，组织得好的社会规则能成为宪法，组织得好的词汇能成为漂亮的文章，组织得好的想象和激情能成为优美的诗篇，组织得好的事实能成为科学。"推进以科技创新为核心的全面创新，主要途径就是组合创新，形成乘数效应。对河北省来讲，在重视技术创新基础上，要同时重视业态创新、模式创新、产业组织创新、营销平台创新等，形成创新的组合效应。四是探索公共服务均等化新机制。主要是建立与京津在教育、医疗、文化等公共服务能力方面均等化体制，营造河北省的吸纳创新人才、聚集人才的环境。

（四）强化政策落实，构建协同机制

着力打造集政策制定—政策执行—政策评估—政策优化—改革深化于一体的政策推进链。通过政策推进链的建设，克服创新政策研究、制定与落实过程中的难点和阻点。一是强化部门联动，推动政策落实。明晰政策归口部门和协同部门，优化政策流程，精简审批环节，打通厅局间电子政务的"绿色通道"，建立贯通各厅局业务接口的"一站式"服务平台，使政策执行全过程透明、简便、快捷、高效。二是加强政策评估，理顺重点难点。积极引入第三方评价机构参与科技创新政策绩效评价，并根据绩效评价结果及时对政策采取修订、完善、取消、延续等措施，不断提高政策实施的有效性。三是以政策创新推动体制机制改革。紧扣实际，建立有河北特点的创新政策支持体系，以良好的政策知晓度、精准度与执行度，推动创新发展。

第七章 雄安新区—京津冀产业协同发展的战略引擎

雄安新区是京津冀协同发展的国家级平台。设立河北雄安新区，是千年大计、国家大事。习近平总书记明确提出，"建设绿色生态宜居新城区、创新驱动发展引领区、协调发展示范区、开放发展先行区，努力打造贯彻落实新发展理念的创新发展示范区"。创新驱动引领区是中央赋予雄安新区的重要定位，这是新形势、新阶段、新经济发展的要求，也是雄安新区快速发展、持续发展的必然选择。雄安新区作为国家级创新驱动发展示范区，如何在一张白纸上画出美好图画、在新时期实现创新发展，是当前亟待解决的重大课题。

第一节 创新驱动发展引领区内涵与重大意义

一、创新驱动发展引领区内涵

将雄安新区建设成创新驱动发展引领区，是中央的要求，有着丰富的内涵。建设创新驱动发展引领区，意味着雄安新区在建设、发展中，创新成为主要动力，也是引领发展的第一动力。所以，雄安新区的发展必然要以创新引领发展、引领相关区域发展并为其他区域创新发展提供示范。其多重意义主要体现在以下几个方面：

（一）探索雄安创新驱动发展模式

目前，我国经济发展进入高质量发展阶段，经济增长率由改革开放40多年来的年均增长10%左右，进入到6%~7%左右的区间。从工业化发展阶段看，已经进入工业化后期，预计从目前至2030年，经济增长率将步入5%以内的平稳增长区间。这表明两点：一是我国的经济增长已经由高速增长转向中速增长，推动经济转型升级、提高经济增长质量是今后一个时期的主要任务。二是推动经济增长的动力不再主要依靠投资和要素驱动，而是进入创新驱动发展阶段。显然，在这种新形势、新阶段下，建设国家级新区，特别是建设创新驱动发展引领区，简单套用原有的依靠投资拉动、粗放扩张模式已经不现实，走创新驱动发展之路，既是转型升级的要求，也是雄安新区持续快速发展、未来在国际上富有竞争力的必然选择。所以，将建设、发展壮大的主要驱动力锁定在创新上，积极探索创新驱动发展的路径与模式，是雄安新区建设发展的重大任务。

（二）带动相关区域创新发展

外溢性、时滞性是创新的重要特征之一。通过创新资源的聚集、创新活动的增强、创新主体的壮大，以及科技成果的转化和产业化，在雄安新区持续快速发展的同时，持续带动、辐射带动周边区域发展，进而促进京津冀区域经济社会发展。将雄安新区建成创新驱动发展引领区，一方面，能够通过相互响应，支撑北京成为国际知名的全球性科技创新中心；另一方面，能够辐射带动河北省乃至京津冀整个区域的发展，特别是在消除京津冀地区发展差距、促进经济转型升级方面有着重大意义。

（三）为其他区域发展提供示范

自党中央提出实施创新驱动发展战略、建设创新型国家以来，全国各地积极探索创新驱动发展的路径与模式，也出现了多种类型的创新驱动发展的典型。雄安新区具有特殊性，这是继深圳经济特区和上海浦东新区之后又一具有全国意义的新区，它几乎是一张白纸，因其紧临首都北京，在高质量发展阶段探索创新驱动发展引领区，对有力、有序、有效疏解北京非首都功能，深入推进京津冀协同发展，打造贯彻落实新发展理念的创新发展示范区，具有重大现实意义和深远历史意义。规划建设雄安新区，探索的是城市创新发展的路径与模式，对推进新型城镇化、创新型城市建设，以及其他区域如何实现创新驱动发展、如何聚集创新资源等，都可以提供示范。

二、建设创新驱动发展引领区的多重意义

创新是引领发展的第一动力。尤其是在经济发展进入新常态背景下，实现经济转型升级、推动高质量发展必须依靠创新。将雄安新区建成创新驱动发展引领区，是新阶段、新形势的必然要求，是深入推进京津冀协同发展的需要，也是雄安新区自身发展的需要。

（一）是加快建设雄安新区的必然选择

在工业化初期，以劳动力、土地、资本等要素投入为主来推动新区建设有其一定的必然性。改革开放以来，包括深圳在内的城市在发展初始阶段都是采用这种模式。

但是，目前已经步入工业化后期，市场需求结构、竞争环境等都发生了重大转变，传统要素驱动经济增长模式的生存空间越来越小。也就是说，以劳动力、土地、资本等要素投入为主推动新区发展的模式难以为继，加之当前经济发展与环境资源之间的矛盾越来越突出，资源、人口、环境等发展要素制约越来越明显，只有将创新驱动作为主要动力，才能突破各种制约，打造竞争新优势。

（二）是建设世界级城市群的重要举措

以创新引领与支撑都市圈持续发展为世界级主要经济圈的重要特征之一。从目前世界城市竞争力排名较高的纽约、伦敦、巴黎等来看，这些城市无一不是创新引领的典范。同时，这些国际大都市有一个共同特征，就是在城市区域或周边布局以创新为特色的城区或卫星城市。京津冀协同发展的战略目标是打造世界级城市群，规划建设雄安新区是这一战略的重要组成部分，而雄安新区从定位、发展路径看，都具备大都市圈创新城市的条件。将雄安新区建设成全国创新发展的新引擎、创新驱动发展引领区，是建设以首都为核心的世界级城市群的必然选择。

（三）是充分发挥雄安新区优势的可行之路

北京是创新资源密集区，拥有丰富的优质高等教育、科技创新资源和高端人才。雄安新区最重要的定位、最主要的目的是打造北京非首都功能疏解集中承载地，必然会承接部分科研机构、高校、科技中介等创新机构的转移，注定会成为创新资源密集区、创新成果生产区、高端高新产业聚集区。同时，将雄安新区作为我国未来发展大棋局中一枚关键棋子，是继深圳经济特区、上海浦东新区之后又一具有全国意义的新区，必然会吸引国内外创新资源、高端产业聚集。这些都使雄安新区具备了发展成为创新驱动引领区的基础和条件。

三、雄安创新驱动发展面临的重大任务

（一）树立创新驱动发展思维，加快战略研究与顶层设计

思路决定出路，树立创新驱动发展思维十分关键。一是加强学习、研究与宣传，深化对创新驱动内涵、本质特征、构成要素、功能作用、发展模式、运行机制的认识，培养、训练以创新破解深层矛盾和问题的意识、技巧，将创新理念、创新意识变成破解问题和减少矛盾的自觉的行为。二是将创新驱动发展摆在雄安新区发展的重要位置，将创新驱动发展作为主体战略并持续进行。三是摆正创新在五大理念中的位置，正确处理好创新、协调、绿色、开放、共享的关系，在贯彻落实五大发展理念过程中，利用协调、绿色、开放、共享的理念促进创新驱动发展。四是加快创新发展相关研究，

编制创新发展引领区规划，对创新驱动发展进行顶层设计，明确创新驱动发展引领区的总体目标、坚持原则、建设思路、战略任务、针对性政策、体制机制等。

（二）与创新源建立稳定联系，构建有特色现代产业体系

主导产业的形成发展与创新源紧密相关。所以，著名的创新城区主导产业是随着创新源的创新能力、创新方向来演进的。对雄安来讲，与创新源建立紧密联系并构建起现代创新型产业组织是其主要任务。

1. 采取多种措施，建立起稳定而紧密的创新源，形成支撑、引领新发展的创新体系

一是加快推进、积极承接北京转移的大院大所和高等院校，采取直接转移、建立分支机构、联合建立研发与转化平台等多种形式，尽快聚集优质创新资源，同时成立雄安产业技术研究院等针对雄安产业发展的专业研发机构，提升雄安新区的自主创新能力。二是与北京大院大所、高等院校建立起稳定联系，主要是在雄安新区产业发展的关键技术领域，建立紧密联结院士、高层次人才和团队的产学研合作组织。三是借鉴新竹、班加罗尔等吸引美国高级人才回流（又称"大脑水渠"）做法，积极吸引全世界的高层次人才到雄安创新发展。

2. 针对三类创新源，发展多业型产业组织，构建起雄安新区现代产业体系

一是针对北京创新源，构建集创新链、产业链于一体的多种类型复合链条，将北京的创新优势变成雄安创新发展的动力。二是针对海外高层次人才回流现象，构建多种新型创新组织，以多种形式充分利用高层次海外人才。三是针对雄安本地聚集的创新资源，借鉴硅谷、中关村、新竹等经验，构建形成以创新型核心企业、协作配套企业、科研机构、大学、金融、中介组成的产业生态圈。

（三）充分发挥政府与市场作用，形成创新驱动发展合力

从政府作用来看，目前主要经济体的科技城区的政府作用有三种基本类型：第一种类型是硅谷的市场主导型体制，政府主要起着市场监管、平等竞争、制订市场规划等职能，没有政府的指令和行政干预。第二种类型是筑波的政府主导型，筑波的科学城是由政府规划建设的，强调科学研究，产学研之间没有紧密的联系与反馈，一切由政府包办，计划行事。第三种类型是新竹的市场与政府相结合体制。台湾当局将重点放在完善基础设施和服务体系等环境上，技术创新、产业发展等都由市场来调节。

从雄安的特殊性来看，要按照党的十八届三中全会精神，处理好政府和市场之间的关系，使市场在资源配置中起决定性作用，并更好发挥政府作用。雄安新区政府的主要职能是营造良好环境、完善基础设施、建立服务体系、制定市场规则等。总的原则是在公正、公平条件下，能够运用市场机制的要通过市场机制来解决，政府的调节应在充分尊重市场规律基础上。这就要求我们，一是要树立市场意识，提高运用市场

规则来解决矛盾和问题的能力；二是将政府作用与市场功能有机结合起来，形成破解问题的合力。

（四）以客户需求为导向，打造一流良好创新生态

雄安新区是在一张白纸上绘制美好图画，吸引聚集创新资源最为关键的，而前提是营造良好的营商环境。创新驱动发展的核心资源是对创新生态需求多、敏感度高的高层次创新人才，所以要研究人才需求，有针对性地营造良好环境。主要有：一是打造公园化的绿色生态、宜居新城区。雄安新区已经明确提出要绘制蓝绿交织、水城共融的画卷，蓝绿空间要占 70% 以上的空间。关键在于怎样将这一目标与要求落实到每个环节、每个角落。二是集成、落实创新创业政策，并研究出台有针对性的新政策。国家近几年密集出台了一批支持创新创业政策，先进地区也积累了很多经验，应将这些政策梳理集成，在此基础上针对雄安的特殊性，探索出台创新创业高地的政策。三是建设政府公共服务改革的示范区。建立政府单一窗口办公、企业落户园区所有手续便捷的政府行政审批服务体系，成为全国行政审批手续精减、服务能力提升的示范区。同时，近期要加快同步规划建设高档社区，将教育培训、公共福利、医疗保健、高级公寓、娱乐中心、金融服务等同步建设，形成支撑雄安新区发展的公共服务支撑系统。四是在雄安新区建设伊始，就要积极谋划、适时申请国家保税区等特殊监管区，以吸引更多的创新创业人才和企业到雄安发展。

第二节　世界其他经济体创新城区发展比较

近几十年来，世界主要经济体出现了一批以创新为主要动力的园区，大部分成为以创新驱动发展的城市或城区。比较这些创新驱动发展的典型，探讨其成功的经验，对雄安新区创新驱动发展有重要参考、借鉴价值。

一、美国硅谷

（一）硅谷的成立

硅谷位于加利福尼亚州，旧金山湾以南。当时，此地还没有民用高科技企业，虽然这里有好的大学，但是学生们毕业之后却选择到东海岸去工作。斯坦福大学的特曼教授发现了这一点，于是他在学校里选择了一块很大的空地用于不动产发展，成立了斯坦福研究院，并制定了一些措施来鼓励学生们在当地"创业投资"。在特曼教授指

导下，他的两个学生威廉·休利特和大正·帕卡德在一间车库里凭着538美元建立了惠普公司。后来斯坦福工业园区吸引了通用电气、柯达、旗舰、惠普、沃金斯·庄臣、IBM等大批公司。园区将兴建的厂房、实验室、办公楼低价租给这些高科技公司，把大学的技术转让给这些公司，硅谷由此步入发展之路。

（二）发展历程

1. 起步阶段

20世纪40年代初—60年代末，是硅谷的崛起和初步发展阶段。当时微电子业还未真正崛起，然而为军事服务的半导体、大型计算机和仪器仪表等的生产和制造发展较快，成为该地区经济发展的支柱之一。冷战期间，美国联邦政府向具有科研潜力的大学、研究机构拨款，为硅谷生产微机奠定了基础。这个阶段，硅谷的发展模式是政府扶植下的"学术—工业综合体"。

2. 快速扩张阶段

20世纪70年代初—80年代末，是硅谷快速扩张阶段。1971年微处理器的发明使生产微机成为可能，也使硅谷、整个美国进入微电子时代。1978年，硅谷50家最大的电子公司总销售额高达884亿美元，占当年国内生产总值的4%左右。

3. 高潮阶段

20世纪80年代—90年代中期，是硅谷由低潮重新走向高潮的时期。由于硅谷自身发展的不完善、美国政府政策的调整以及日本等国的挑战等原因，硅谷一度处于短暂的低潮时期。20世纪90年代初软件业的崛起很快使硅谷度过了危机。硅谷的软件业大多数是在1980—1984年间建立的，如ASK、数字研究公司、维斯公司等，但它们的大发展时期则是在20世纪90年代初。硅谷在这一时期越来越成为一个设计和发明的知识中心。

4. 网络发展阶段

20世纪90年代中期到现在，硅谷大规模进入网络时代。网络时代又带来了软件业的昌盛，这是软件业和网络业同时大发展时期，硅谷再次抓住了信息产业发展的契机，稳固了其在信息产业链条顶端的位置。

目前，硅谷已成为全球高技术产业发展的风向标。2016年，硅谷新增就业岗位4.6万个，工作岗位总数接近160万，在人工智能、自动驾驶、深度学习、区块链、虚拟和增强现实、锂电池、肿瘤免疫治疗、新药研发、大健康等前沿科技领域继续引领新技术、新产品和新服务的开发与应用，推动了新一轮的创新和产业发展浪潮。

（三）主要特点

1. 以市场力量为主导

政府主要职责是提供自由的创新环境和健全的法律环境。这些政策和法律主要包括：建立知识产权保护和专利制度；制定法律允许大学、研究机构、非营利机构和小企业拥有利用联邦资助发明的知识产权，推进产学合作；随时根据产业发展和科学研究的需要不断修改移民法案，以吸引移植各类高科技人才；通过税收制度推进风险投资增长，激励企业创新；通过建立庞大的技术转让机构网络，使科研成果尽快进入市场等。

2. 拥有创新能力强大的创新源

硅谷有著名的斯坦福大学、加州（伯克利）大学等和其他几十所专业院校，知识和技术的密集度居美国之首。这些高校特别注重新理论、新工艺、新结构的研究与开发，积极与企业组成各种专业化的新型联合体，共同研究新技术、开发新产品，使得学校和企业共同受益，形成"双赢"局面。高校内的许多研究合同来自企业，研究成果可以非常及时地按合同规定转让给企业，有效地形成物质生产力，并转化为具有竞争力的商品。

3. 拥有丰富的高层次创新型人才

硅谷堪称全世界的人才高地，拥有40多位诺贝尔奖奖金获得者，上千名科学院和工程院院士，20多万名来自世界各地的优秀工程师，7000多名博士，占加州博士总数的1/6，而加州是美国受过高等教育密度最大的州。美国积极吸纳高学历、高科技人才移民，逐步集中了世界最先进的人才和最尖端的技术，为硅谷不断输入新的人才、成果和创意。

4. 建立成熟的风险投资机制

硅谷有敢冒风险的创业精神，集中了一批既懂业务又富经验的风险投资家。其中成熟的高新技术股票和证券市场是不可缺少的条件，著名的纳斯达克就是美国为风险投资所量身定做的证券交易市场。有赖于成熟的风险投资机制，不仅为高科技企业提供资金支持，还帮助企业进行流动资金的融资运作，帮助组织和改造企业的管理团队和治理结构，为企业的经营进行咨询服务和指导，这些可能比资金支持更有价值。

5. 形成有利于创新的游戏规则

新产品、新服务、新市场和新企业模式的熔炉以及有风险投资家、银行家、律师、猎头公司、会计师、咨询专家等商业化专业服务，且税收优惠政策比较连贯、透明，经营环境相对比较稳定。在硬件环境上拥有高质量的生活条件，良好的基础设施。文化理念上形成鼓励冒险、容忍失败的氛围。

6.形成了完善的专业化服务体系

硅谷的服务型企业数量庞大，门类齐全，大致归为以下四类：金融服务类行业、中介服务类行业、商业服务类行业、生活服务类行业。硅谷人有了新概念、新设计思想，不需自己劳心费力，服务型企业便可以在 1~2 周做出商品化的样机，并且提供全套的生产工艺、质量检测和成本核算资料，大大缩短了将梦想变为现实的周期。

二、日本筑波科学城

（一）筑波科学城设立

日本筑波科学城是日本政府在 20 世纪 60 年代为实现"技术立国"目标而建立的科学工业园区。设立筑波科学城的原因有二：一是当时日本区域发展极不平衡。人口、智力资源集中在东京等极少数的几个城市，1920 年东京市区的人口就达到 217 万。日本全国近 80% 的公司和实验室、70% 的科学家和 60% 的大学教授都集中在东京和大阪地区。东京一地就有日本制成品几乎一半的货运量，更为密集的高技术工厂以及占日本一半以上的研究和开发部门。二是日本基础理论研究较为薄弱。为追赶欧美，日本采取了一条由模仿创新走向自主创新的技术创新之路，但其忽视基础研究的行为导致出现技术萧条。日本有技术水平优势的产业多集中在老牌制造业，新兴产业缺乏竞争力。日本为了实现从"贸易立国"向"技术立国"、从"最佳模仿者"向"创造者"的转型，设想建立一个全国性科研中心来进行基础研究，筑波科学城便应运而生。

（二）发展历程

第一阶段从 1963 年到 20 世纪 80 年代，是基础建设期。这一阶段日本内阁通过了建设筑波大学城的决议，明确了城市的基本性质、功能、建设方针和措施，购买了大量的城市建设土地，制定了《筑波研究学园都市建设法》，到 1980 年完成了 43 个国家教育研究机构的转移和设施建设。这一阶段大学城城市发展目标过于偏重科技研发，造成其功能不完善，知名度低。

20 世纪 80 年代为第二阶段，是大学城的进一步完善期。80 年代中期，日本通过《研究交流促进法》以改善学术交流环境。1985 年召开了筑波世界博览会，主题为"人类居住与科技"，主会场选择在筑波大学城。为保证博览会顺利进行，日本投入大量资金加快了筑波大学城的开发建设，投入的资金主要用于会场建设、环境整治和基础设施建设，提高国际知名度，形成综合、完善的高教科研新城，并带动周围地区的发展。

20 世纪 90 年代以后为第三阶段。这一时期日本通过了《科学技术基本法》《科学技术基本计划》《教育改革纲要》《促进大学技术研究成果向民营企业转让的相关法律》等法规，进一步改善学术交流环境、促进产学研一体化和科研协作以及科研成果转化机制。同时启动了轨道交通、高速公路等交通网络建设。大型的国际会议交流中心、外国研究员宿舍等相继落成，以科技为核心，包括文化、教育、国际交流、管理、交通、商业等的复合功能得到开发，巩固了将筑波大学城作为地区中心城市和世界性科技基地的地位。

（三）发展特点

1. 政府主导

筑波的形成和发展完全依靠政府的指令，政府为筑波科学城创建了易于创新的制度环境和基础条件。政府的作用：一是强化规划，体现政府意图。与其他国家或地区的科技园区相比，日本政府在筑波科学城的各个方面介入得多，干预得比较深，从设计、建设、行政区划和政策，都体现了政府的意图。二是国家投入巨资。截至 1990 年3 月为止，日本政府及有关部门共向筑波科学城投入约 10.67 亿美元的巨资，主要用于道路和信息网络等基础设施的建设，形成了沟通筑波科学城与东京等地区的道路网。三是通过立法提升筑波科学城的创新能力。1970 年颁布实施了《筑波科学新城发展法》。为了鼓励私人公司进驻，1987 年 12 月颁布和实施了《研究交流促进法》。这项法律允许私人企业使用国家研究院所的设施，并可促进国家研究院所与不少企业之间的人才交流和专利共享。这一法律实施后，约有 200 家私人研究机构迅速入驻筑波科学城。

2. 智力资源相对密集

筑波科学城兴建时，周围地区智力资源缺乏。日本政府采取了特殊的措施，从东京及其他地区搬迁科研单位和大学进入筑波科学城，或在此新建科研机构和大学，努力使筑波科学城成为国家级研究中心。搬迁时间从 1968 年到 1980 年，43 个国家级研究开发机构和大学全部在筑波科学城投入运行。20 世纪 80 年代末，日本 30% 的国家研究机构及其 40% 的研究人员都聚集在筑波科学城，国家研究机构全部预算的一半投资在这里。它所开展的课题项目研究几乎涉及所有的高精尖科技领域，成为一个产、学、研、住一体化的国际性科学城，成为公认的亚洲最大的综合性科技园区。

3. 创新以大企业为核心

筑波科技城不像美国硅谷那样有大批蜂拥而来的中小型高技术企业，它像日本其他地区一样形成了以大企业、大公司（母企业）为顶点，中坚企业（一般为子企业）为骨干，众多小企业为基础的"垂直型"的企业群体结构。企业与中小企业既相互竞争又相互依存，并且从直接竞争走向合作竞争，逐步成为命运共同体。

4. 私人公司发挥了重要作用

1987 年，通过的《研究交流促进法》，鼓励兴办私人公司，尤其是私人研究机构，允许私人公司使用国家研究院所的研究设施等，加速了科技成果的转化和扩散，最大限度地利用筑波科学城巨大的知识资源，实现知识和信息资源的共享。

三、台湾新竹工业园

（一）成立目的

自 20 世纪 60 年代中期开始，台湾经济主要依靠加工出口业，当时共有三个重点加工出口区，均以大力吸引外国公司投资、增加就业机会和赚取外汇为主要目标，每年创造出 100 多亿美元的进出口值。20 世纪 70 年代中期的两次全球能源危机让台湾面临劳动力和能源原材料成本大幅上扬、原有产业难以为继的局面，产业向高新技术产业方向调整成为必然。台湾当局 1976 年依照美国硅谷模式谋划成立新竹科技园，并于 1980 年正式挂牌。自 1980 年成立新竹科技园取得初步成功后，台湾将科技园区作为促进产业升级与区域发展的工具，延续新竹园区成功的经验，于 1996 年和 2003 年分别设立南部科技园和中部科技园，建构了由点、线、面组成的西部高科技走廊，驱动上、中、下游产业的发展。

（二）发展历程

新竹科学工业园发展大致经过了三个时期：早期筹划、早期开发与建设、快速扩张与建设，在长达 25 年的建设中，新竹园区逐步走向成熟。

1. 筹划阶段

新竹科学工业园区的筹划期是从提出园区构思到园区正式建立，时间为 1976—1980 年底，历时 4 年。台湾新竹科学工业园区自从建立之日起就确立了自己的"高科技化""学院化""社区化""国际化"的建设方针。园区管理者紧随当时世界高科技发展的大潮，结合本地实际情况选定了具有极大战略意义和发展前景的六大高科技产业，即集成电路（IC）、计算机及外围、通信、光电、精密仪器、生物技术产业，形成了以集成电路和电脑为支柱的产业配置格局；"学院化"即以园区附近的大学和研究院所为依托提高自身的研发能力，走一条产学研相结合的道路；"社区化"即科技园区的建设要始终体现优雅、洁净、美观、实用的原则，使园区内工作生活舒适、清净、方便；"国际化"即园区的规划和建设始终遵循国际标准和国际惯例，加强国际的交流与合作。

2. 开发与建设阶段

园区早期的开发和建设时间为 1981 年到 1990 年，在此期间，新竹科学工业园区模仿美国硅谷，形成了园区建设的主体框架。第一，在园区的主体构架的设计和建设上，不仅重视生产空间"量"的扩张，还重视以生产、生活、生态一体化为建构，致力于花园式的研发、生产与生活空间的塑造。第二，在园区研发能力的建设上，园区与美国硅谷建立了多元的互动关系，首先从美国大量地引进人才、技术、项目，从人才、技术、项目方面促进园区"质"的提升。台湾工业技术研究院（以下简称工研院）就是这一系列引进活动中的一个突出的例子。工研院的技术团队主要是来自硅谷的华裔工程师，这些人才从美国留学返回，带回了硅谷的技术与经验。工研院不但是园区技术转移的重镇，而且是新竹与硅谷联系、合作的桥梁，从工研院成立到20世纪80年代末，它已有1000多名员工离开工研院，进入产业界，成为园区产业界的领导和中间阶层。像园区的联电、台积电等台湾一流的IC厂家就是依赖美国的英特尔、AMD英特尔等公司的代工（OEM）订单而成长起来的。

3. 快速扩张阶段

园区的快速扩张期时间为1991年至今。这期间新竹科学工业园区快速扩张。20世纪90年代以来，园区的建设实际是处于以扩张求调整、以调整求升级、以升级求发展的快速发展时期。随着园区的快速发展和扩张，很快就暴露了园区早期规划的问题，园区及时采取了措施，进行第四期扩建计划，着手兴建"竹南基地"和"铜锣基地"，并在公共设施、创新基础设施、信息通信设施上进行了完善。

（三）发展特点

1. 当局持续支持

一是注入了大量的资金，截至1998年底，共投入145亿新台币用于软、硬件建设。二是政策的制定为园区的发展提供了充分的条件。金融政策的制定为中小企业发展提供了不可多得的资金支持，人才政策既吸引了本地人才，也吸引了大量留学人员回家乡创业，对新竹园区的发展起到了巨大的促进作用。当局的企业优惠政策为企业入驻园区起步及以后发展提供了良好空间。《科技园区设置条例》等一系列法规和文件，规定了一系列鼓励和刺激高技术投资和创新的优惠政策，在优惠政策上与保税区无异。三是组织管理与协调。台湾当局成立了园区管理局，主要职责是提供园区厂商整体服务和园区的维修工作，服务项目包括企划、投资服务、劳工行政、工商服务、工程、公共福利、医疗保健、环境和安全消防等。四是研发技术支持，当局通过非营利性的工业技术研究院从海外引进技术，并对技术进行消化吸收，再向企业转移。

2. 定位明确

新竹园区创新领域重点突出，通过降低交易成本促进发展。通过土地取得、税收、资金、人力资本等方面的优惠措施，让高科技领域的技术转移或生产风险和成本最大可能地降低。在土地取得方面，科学园区内的高科技厂商能够以更合理的成本与条件获得生产用地，在行政手续方面，厂商在科学园区内投资设厂所需的一切行政手续均可一次性获得。在产业方面，新竹园区成立之初，就为园区选定了极具战略意义和发展前景的电子信息产业。新竹科技园区对入园企业把关严格，要求必须是高技术企业，具有较强创新能力，既符合其产业政策，又能配合区域经济的发展和培养本土高技术人才，并且不造成环境污染。

3. 构建创新源头

新竹科技园区拥有台湾电子技术研究院、台湾清华大学、台湾交通大学、台湾中华工学院等众多的大学和研究机构，附近地区还有台湾中央大学、台湾中原大学、台湾中山科学研究院等。这些大学和研究机构是创新网络中的创新源与人才源，向科技园区提供先进的科研成果和优秀的技术人才。智力资源在创新活动中发挥了重要的作用，尤其是在电子信息产业的发展过程中，设在新竹科技园区内的台湾工业技术研究院起到了核心的作用。

4. 创新策略新颖

新竹园区从本岛土地、科技资源等实际情况出发，制定了以技术引进、生产配套为起点、逐步走向自主创新的创新策略，并取得很大的成功。新竹在配套起步、引进外资和技术方面有三个明显特点：一是避开与美日竞争，适应新的国际分工模式，将高技术产业纳入跨国公司的国际生产线，成为跨国公司中一道或几道生产工序的专业加工部门，或成为跨国公司中生产某种零部件以及相关配套产品的一个环节。由于一开始就将自己融入世界高技术产业经济体系之中，进而与国际技术集团合作，逐步形成了"你中有我、我中有你"的局面，使得新竹产业发展起点很高。二是引进的外来企业之间关联度高，推动了创新活动的不断深入。台湾新竹引进的外来企业有不少是由美国和其他西方国家回来的华人青年知识分子创办的。据统计，截至1996年底，海外留学回岛人员达2536人，在新竹科技园区共创立公司82家，占园区公司的40%。这些人在美国就是同学、朋友和亲戚，相约在一起回来创业发展，因而在企业产品的选择上往往形成互补共生的上下游产品关系，其产品是以其他企业生产的零部件或者其零部件，以及来自本园区中试制出来的高技术产品，彼此之间的利益相关性巨大。由于引进企业之间形成了创新链和利益链，因而能够经受国际市场的冲击。三是外来企业中有不少企业实实在在地对园区乃至台湾全岛进行着相当数量的技术转让，加上台湾当局每年花巨资购买外国公司的专利，有力地提高了新竹园区产品或产业的技术层次。为了鼓励园区厂商进行研究开发新产品，园区管理局每年评选创新产品奖，并提供"科技园区创新技术研究发展计划"和"研究开发关键零组件及产品计划"。

5. 培育创新文化

新竹科学工业园区因为与美国密切的联系而把硅谷精华的文化带回岛内运用从而促进了园区的成功，而中国的传统文化对新竹园区影响也很大。这些导入岛内的文化不仅从园区内公司的组织结构、公司自身文化影响着新竹园区，还从对创业者及员工的影响而影响着新竹园区。传统文化对新竹的影响是巨大的，中国人总有一种"树高千尺，落叶归根”的观念。持有这种观念的留学生回到新竹园区创业不仅为新竹带来了硅谷的文化，还为新竹带来了信息技术和资金、管理经验，支持了新竹园区的发展。

四、韩国大德科学城

（一）成立目的

大德科学城筹建于 1973 年，是韩国政府从"贸易立国"转向"科技立国"发展战略的一部分。20 世纪 60 年代，在引进外国资本和先进技术的过程中，韩国经济取得快速发展。进入 20 世纪 70 年代，发达国家实行严格的技术保护，韩国经济发展受限。为了落实"科技立国"的战略，于 1973 年 12 月制订出大德研究园区建设计划，设想把科技力量集中于大德研究园地，从事尖端技术研究，逐步使之成为高新技术密集的城市。1974 年 3 月，大德研究园区破土动工。当时主要有三个目的：一是建立新的科研和教育基地，促进科学与教育事业的发展。二是实施区域均衡发展战略，带动中部落后地区的发展。韩国的科研和教育部门以及高新技术产业大多集中于其首都圈，全国 R & D 经费大部分投入这一地区。与此相比，韩国中部腹地发展较慢，基本上是农业区，科学教育及工业很不发达。建设大德科学城就是要将一些科研和教育机构迁出首尔，既减轻首都圈继续发展的压力，又吸引民营企业和私立科技机构向中部腹地发展，实现全国的均衡发展战略，带动中部地区的经济发展。三是发挥"集聚效应"，提高科研和教育的水平。通过建设科学城，改善专业人员工作和生活条件，提高科研和教育的水平，激发创新精神和活力。

（二）发展历程

大德科学城的具体建设工程于 1974 年开始，分为西城的开发建设与东城的开发建设，经历了三个阶段：

（1）1973—1997 年，园区规划建设阶段，注重基础研究、人才培养。这一阶段科技园区以教育科研为主并与产业开发并重，吸引大企业研发机构入驻园区，推动大学、研究机构与大企业的产学研合作。

（1）1997—2004 年，促进研发成果市场转化、新技术产业化。1997 年金融危机爆发前，大德园区内以公共研发机构、大学为主的创新力量偏重基础研究与人才培养，技术溢出与衍生企业相对较少。

（3）2005 年之后，支持创新创业、构建世界级创新集群。2005 年 11 月，大德创新城的行政隶属关系由以往的科技部变为知识经济部，标志着大德运营的重点从追求基础科学技术产出转向追求经济产出，其具体目标是促进研究成果转化、支持企业产品上市、增强国家经济竞争力。因此，大德创新城形成了独具特色的"创新—研究与产业化开发"模式。从 2005 年起，韩国政府对大德进行了大刀阔斧的改革，同时制定了一系列支持创业的政策，包括对创业型企业的重点支持。从 2005 年到 2012 年，支持创新创业企业发展的扶持性资金高达 1000 亿韩元。根据韩国《外商直接投资促进法》，建立了完善的外商直接投资支持系统，并强调创新与学术界的关系，强调通过产学研合作产生的协同效应，把大德建成一流人才的孵化器等。

（三）发展特点

一是政府提供政策支持，强化企业集聚能力。二是大学、研究机构和服务平台一体化发展。大德科技城是研究机构和大学的集聚地，集科研、生产和科技人才培养于一体，注重发挥科技城的技术辐射功能。科技城设立 4 所大学和 49 个科研机构。其中包括三星、乐喜、金星等大企业集团的研究所，形成了官民共同研究开发的局面。在科学城内，有 4000 名博士从事研究开发和产品商业化。其中技术商业化孵化器和风险资本发挥了很重要的作用。三是建立吸引高层次人才的平台。20 世纪 70 年代，韩国建立了韩国科学院，各理工科大学和研究生院掀起了培养和造就优秀科技人才的热潮。同一时期创建的大德研究城，则吸引并容纳了大量科研人员，仅国外归来的博士就有两千多名，被誉为韩国"科学技术的麦加"和韩国的硅谷，成为名副其实的科学研究基地。自海外回归的韩裔科技人才，对韩国科技发展有相当大的贡献，如带动韩国半导体工业发展的就是一位韩裔美国人，他在 1974 年成立了韩国半导体公司，一年后这家公司被三星买下，使三星顺利掌握了半导体设计与生产的先进经验，为三星成为全球主要半导体生产者奠定了基础。四是国际合作研究的对外网络联结。大德研究开发特区另一大特点是它的国际化，包括主动在国外设立研究机构，吸引外国在韩国建立研究机构。新的研究进展认为韩国大德科学城的成功，在于根据自己的实际，形成的政府推动和市场拉动，发挥了行动者聚集、行为主体的交流、平台建设之间的交互作用，引致了创新主体创新能力增强和集群竞争力的提高。

五、印度班加罗尔科技园

（一）成立目的

20 世纪 80 年代中期，印度已出现个人电脑，由于政府对硬件征收过高的关税，使得硬件生产停滞不前，软件编写便一枝独秀，印度的程序员几乎都成为"编写精确、完美代码的专家"。这时，美国公司纷纷到班加罗尔寻找人才，他们发现了"巨大的精通英语的人才库"，印度人开始大量进入美国硅谷。同时，那些立足本土的印度人常常结束在美国硅谷的工作后，向少数印度公司出售软件和提供服务，由此走上了创业之路。20 世纪 90 年代，印度政策发生了重大的变化，开始降低外国商品的关税，吸引外国公司进入。一个软件科技园就像一个软件出口加工区，有可靠的电力供应、通信设备和高速卫星连接，给予出口导向型软件公司 5 年的特别免税优惠。1990年，印度电子部批准成立了 3 个软件科技园：班加罗尔（Bangalore）、布巴内斯凡尔（Bubaneshuar）和浦那（Puna），被称为"IT 金三角"。1991 年，在班加罗尔正式建立了全国第一个计算机软件技术园区——班加罗尔软件产业科技园。

（二）发展历程

1. 封闭条件下的程序员输出阶段（20 世纪 80 年代中期之前）

20 世纪 80 年代以前，印度政府奉行内向型的经济发展战略，实行基于进口替代的自给自足型产业模式，印度的软件及服务外包产业发展处于政府高度管制的框架之下，致使通过调制解调器下载软件、数据传输以及跨洋协作等这些可以将印度与外部世界连接起来的行为变得极为昂贵。在上述条件制约下，班加罗尔的软件商选择将拥有高超技术的程序员派往国外进行现场工作，接受客户直接向他们分配任务，或者加入客户的团队进行程序开发。相比直接出口程序，外派程序员可以规避在国内的高运营成本并提高工作效率。在此阶段，印度软件出口并非程序的出口，而是印度头脑最聪明的软件工程师的出口。

2. 政府支持下的软件业初创阶段（1984 年—20 世纪 90 年代初期）

1984 年和 1986 年，印度政府连续颁布两项涉及电子、软件、通信等新兴产业政策，大幅降低硬件及软件进口关税，鼓励各种形式的软件出口并允许外资进入。1985 年，美国德州仪器公司率先在班加罗尔设立海外研发中心，随后摩托罗拉、惠普、北电等跨国巨头相继进驻，客观上为班加罗尔本地软件服务商的创立提供了滋生发育的土壤。1990 年，印度政府开始实施"软件技术园区计划"，为印度软件业集群式发展提供空间上的保障与支持。班加罗尔软件园是其中建立最早、规模最大的一个。

3. 外资主导下的研发集聚阶段（20 世纪 90 年代初期—2000 年）

20 世纪 90 年代初期，在示范效应带动下，跨国公司入驻班加罗尔的势头与规模大幅攀升。受益于信息与通信技术的高速发展，研发要素空间流动约束性大幅降低而掀起的研发全球化浪潮更是强化了班加罗尔研发集聚的态势。在此阶段，跨国公司以平均每月 5 家的频率涌入软件园，其中不乏太阳微系统、思科、IBM、英特尔等全球顶尖的软件及计算机公司。在外资吸引下，本地软件商也大量集聚，到 2000 年，在班加罗尔注册的信息技术企业总数达到 782 家。

4. 外包驱动下的研发服务兴起阶段（2000 年至今）

进入 21 世纪以来，跨国研发投资的注入出现新的特征。跨国公司在班加罗尔修建的研发中心不但比在其他国家和地区的研发中心规模大，而且从事的工作也更为重要，越来越多的中心从最初为母国同类机构提供支持转向当前的受命研发整体产品。在此过程中，班加罗尔既培养了众多具有国际水准的研发人才，同时也为本地软件服务商提供了大量的研发外包合同。仅在十多年前，班加罗尔的软件公司还只限于从事低层次的系统维护、编码编程工作，而现如今，他们已经能够承接软件研发、系统综合等高端研发外包项目。"千年虫问题"的顺利解决，也证明了印度公司有能力承担服务外包领域价值链中的高附加值部分。最新的趋势是，班加罗尔的研发服务突破了原有软件研发的范畴，拓展至硬件设计、汽车与飞机核心部件研发、新药开发等多重领域，班加罗尔已从"软件外包之都"成功转型为"研发服务之都"。经过20多年的摸索和发展，班加罗尔园区注册运营的企业中65%以上为跨国公司，微软、英特尔、IBM、通用电器、朗讯科技等全球多家500强企业均在园区设有离岸软件研发中心。班加罗尔已有高科技企业5000多家、软件企业1400多家。全球500强中就有160多家企业由印度供应其全球营运点所使用的软件。全球软件开发评级CMM（capability maturity model）的最高等级是五级，印度拥有58家，其中的33家就坐落在班加罗尔。

（三）发展特点

班加罗尔的主要特点：一是政府强有力的扶持。在班加罗尔科技园的发展过程中，印度政府和卡纳塔克邦政府起了举足轻重的助推作用。为了扶持班加罗尔科技园的发展，印度政府对班加罗尔投入了大量高技术人才和资金，还通过外资政策、工程师培训计划为班加罗尔提供良好的政策环境。为了扶持园区企业发展，政府成立了专门的中介服务机构，如印度国家软件和服务公司协会、电子与计算机软件出口促进会等。另外，政府还制定了一系列倾斜性政策，扶持企业发展，如为软件企业免除软硬件进口关税、2010年前免除公司所得税、允许设立100%外资独资公司、给予出口导向型软件企业五年特别免税优惠等。二是产学研密切结合。班加罗尔是印度大专院校和科研院所密集的地区，园区及周围聚集了7所理工院校，这些院校以计算机专业为主，集中了292所高等专科学校和高等职业学校，28所国家和一级的科研机构，同时企业内部和政府认可的其他科研机构还有100多家。为了促进产、学、研密切结合，一方面，鼓励企业兴办研发机构，2004年初，美国通用公司在班加罗尔投资2100万美元，建立了该公司在海外的第一个研发中心；另一方面，鼓励大专院校、科研院所的教学、科研人员到园区兼职或创业。这种双向互动促进了班加罗尔的科技研发优势迅速转化为产业优势和经济优势。三是大力培养和引进人才。信息技术产业是典型的智力密集型产业，班加罗尔地区拥有8万多高素质的信息技术专门人才，从20世纪60年代以来，大学毕业后到美国留学、工作或移民的印度人累计有40多万人。四是相对完善的法律制度保障。1998年5月，瓦杰帕伊总理明确提出："要把印度建成为一个名副其实的信息技术超级大国。"为了保护科研人员的合法权益，调动其研发、创新的积极性，印度政府十分注重对软件和电子商务领域的知识产权保护，严厉打击盗版活动，维护研发者权益。五是广泛的国际交流与合作。班加罗尔十分重视与全球知名大公司的合作，分别与美国、中国、日本等国家的一些企业和研发机构建立了合作关系，与微软、IBM、英特尔等大型企业建立了多个合作项目。班加罗尔成为外国投资者的乐园，目前几乎所有的世界著名软件公司在班加罗尔都有分公司或合作伙伴。六是发达的投融资体系。班加罗尔汇集了各类金融机构，如班加罗尔证券交易所、印度出口信贷担保公司、印度进出口银行、印度工业发展银行、卡纳塔克邦小型企业发展公司等。同时，班加罗尔大力吸引跨国风险投资，如硅谷风险投资公司、印美跨国专业风险投资公司在班加罗尔得到了快速发展。七是良好的自然环境和地理位置。班加罗尔自然环境优美，气候宜人，绿化覆盖率达40%，交通便利，有航班、铁路、高速公路与印度其他城市乃至世界主要城市相联系。

第三节　世界其他经济体创新城区发展的一般特征

从世界主要经济体主要创新城区发展历程可以看出，创新城区基本沿着科技园区—创新城区—创新城市的路径发展的。从美国的硅谷、日本的筑波、印度的班加罗尔、台湾的新竹等发展经验，可以得出创新城区发展的一般经验，这对建设雄安创新驱动发展引领区有重要参考价值。

一、以创新驱动为目标并持续发力

除了美国硅谷，日本筑波、韩国大德、印度班加罗尔等国外大多数创新城区是政府主导成立的，设立之初都有明确的目标并持续发力。台湾新竹的设立就是为推动台湾产业转型升级。1970年以前，台湾经济主要依靠加工出口，但20世纪70年代两次能源危机使得劳动力和能源成本大幅上扬，原有产业难以为继，1976年台湾依照硅谷模式建立新竹科技园。韩国大德科技园是为提升科技创新能力、推动高新技术产业发展，韩国政府在科技园区的不同发展阶段给予支持。这是这些科技创新城市（城区）成为全球有重要影响力的创新之地的重要因素。

二、构建起稳定而关系紧密的创新源

世界主要经济体成功的创新园区都有与之紧密联系的创新源。硅谷是最成功的科技园区之一，斯坦福大学坐落其中，成为硅谷最直接、最强劲的创新源。据统计，与斯坦福大学有关的企业产值就占硅谷产值的 50%~60%。我国台湾新竹园有稳定而紧密的三个创新源：一是海外留学人员。在新竹科技园中有 113 家企业是海归建立的，其中不少人就直接来自美国的硅谷，他们的研发能力、管理能力都很强，能够使园区发展在一个较高台阶上起步。二是紧邻包括台湾的清华、交通大学等在内的当地众多高校。这些高校为科技园区发展提供了不可或缺的创新人才和科研支持。三是台湾工业技术研究院。在创新研发、人才培育、专利转让、衍生公司、育成企业等方面，该院发挥了举足轻重的作用，培育超过 140 家企业 CEO、244 家公司，累计专利超过 2 万件。这充分表明，建立稳定而相匹配的创新源，对创新驱动发展来讲至关重要。

三、市场化选择主导产业并构建产业生态圈

创新城区的主导产业发展中都有两个突出特点：其一，主导产业是经过多年市场化选择与培育形成的，而不是设立之初设定的，并且主导产业会随着发展不断演变优化。其二，构建形成以主导产业为核心、相关产业配套的产业生态圈。例如，硅谷的主导产业就是在不断创新中优化的。20 世纪 60 年代主导产业是半导体，70 年代是微处理器，80 年代是软件，而 90 年代后则是互联网。硅谷的另一个重要特点是，企业间具有良好的互补关系，形成了良性互动的产业生态圈，聚集着惠普、思科、英特尔等一批世界著名的电子信息领域的巨头。台湾新竹成立之初设定了多个主导产业，但经过市场化选择，集成电路成为第一主导产业，并形成包括集成电路材料与设备供应、设计研发、光罩、晶片制造、封装测试、设备材料等产业链条完整的产业生态圈，聚集了一批包括联华、台积电等世界知名企业。班加罗尔早在成立之初就制定了适合本国本地的软件产业战略，而最初定位是以外包和加工出口为主，后来逐渐向高附加值环节转移的战略。

四、针对需求营造创新创业生态环境

以客户需求为导向建立或形成了良好的创新创业环境，为持续吸引创新要素提供良好条件是这些创新园区的重要特征。硅谷有着世界上最完备的风险投资机制，聚集了上千家风险投资公司和 2000 多家中介服务机构，造就了硅谷的持续辉煌。台湾新竹科技园的创新创业环境很完善，在技术基础设施方面，建立了通关自动化、电子收付款、公文电子邮递、水资源管理、视频会议、远程教学、全球资讯网等基础设施体系。在政府公共服务方面，提出"厂商服务，区内完成"的理念，厂商所需办理的手续都可在科技园区内完成。在创新创业服务体系方面，既提供了包括从企划、投资到消防救灾和安全防护等服务，还有国际水平的标准厂房、公寓、娱乐中心等。在创新创业

政策方面，提供的税收优惠达到保税区的水平，在技术创新开发方面的资助额最高可达每项计划所需经费的一半。

五、主导产业在竞争中形成

国家竞争优势（或区域竞争优势）往往表现在某一特定产业上，并会在地理区位上形成群聚现象。世界上成功的科技园区都形成了在国际上具有影响的产业集群，通过持续创新形成良性增长机制。

从新竹科技园来看，建区之初就确定了电子计算机及外围设备、精密仪器机械、生物工程、集成电路、通信光电等具有十分广阔前景的六大高科技领域。其发展经过了三个阶段：第一期，以引进发展技术密集型工业所需的整套技术、科技人员及管理经验为主；第二期，以扩展在国际市场的竞争力为目标，使新科技园本身具有设计、制造能力，引导高校与科研单位对高技术产业发展需要的项目进行重点突破，加速科技成果的产业化；第三期，以带动、促进企业家踊跃投资高新技术产业为目标。

经过多年培育发展，集成电路成为新竹科技园的主导产业，在国际的影响力不断提升。2013年，新竹科技园有企业507家，营业额11125亿元新台币，其中集成电路营业额达到7746亿新台币，占69.6%。集成电路多项产品位居世界前茅，产值占全球比重达到8.05%，为台湾产业的升级做出了巨大贡献，新竹科技园被称为"会下金蛋的母鸡"。新竹科技园聚集着一批集成电路行业的世界知名企业，包括联华、台积电、知源、思源、联发科、中德、联测、精材、复盛、台湾高科等，形成了由集成电路材料与设备供应、设计研发、光罩、晶片制造、封装测试、设备材料等产业链条完整的产业集群。新竹科技园集成电路产业的发展经过了1966年的萌芽阶段、1980年出现整合产业链的联华电子、1987年台积电成立，到1990年以后其他国家厂商才云集新竹科技园。所以，新竹科技园的主导产业是在竞争中发展壮大的。

第四节　建设雄安创新驱动发展引领区的思路

一、雄安新区的特殊性

借鉴世界主要经济体科技园区、创新城市的经验，既要遵循一般规律，也要充分考虑雄安新区的特殊性。这是雄安新区创新可行之路。

（一）功能定位的差异

中央设立雄安新区，重要任务之一是疏解北京的非首都功能，是非首都功能的集中承载地。换句话说，非首都功能的机构有一部分要搬迁到雄安新区，成为雄安新区的重要组成部分。如何将集中承载功能与创新驱动发展要素融合集成，是建设雄安新区需要解决的重大课题，这与世界主要经济体许多创新园区和创新城市不同。

（二）技术场景的变迁

筑波、新竹等科技园都是在 1970 年以后发展起来的，班加罗尔虽然晚些，但也是在属于工业 2.0 时代或 3.0 时代建设发展的。在步入 21 世纪后，现代互联网技术发展迅猛，人工智能、物联网、大数据等正在颠覆着经济社会形态，这是雄安新区创新驱动发展的技术场景。雄安既要借鉴先发创新城市的经验，也要充分研判新技术、新场景对创新驱动发展的重大影响，在二者的结合中选择、确定科学可行的创新驱动发展之路。

（三）创新破解的矛盾与问题不同

世界主要经济体的创新园区主要是科技创新和培育壮大高新技术产业，而雄安新区创新破解的矛盾和问题要复杂。主要有：一是环境资源与产业发展，尤其是传统产业转型升级的矛盾，特别是在高新技术产业规模并不大、传统产业仍是财政收入主体的条件下，这一矛盾更加突出。二是在互联网技术条件下创新驱动发展路径与模式，这与传统技术场景差异很大。探索互联网场景下技术创新、产业发展的有效路径是雄安新区创新驱动发展示范的重要课题。三是如何将非首都功能集中承载地功能与创新驱动发展功能有机融合起来，在城市规划、空间布局、产业发展、要素配置等方面进行优化，是雄安新区创新发展的一个特点。

（四）政府调控方式不同

政府调控创新发展的程度有很大差异。硅谷科技园是市场化形成的，政府调控手段少、力度小，也正因为如此，硅谷发展中遇到了扩张受阻、生活成本高等问题。筑波科学城主要是日本政府通过计划发展起来的，所以存在着活力不足问题。新竹科技园发展中政府更多的是提供服务，是通过激活市场活力来促进其快速发展的，这也是公认的一种可行方式。雄安新区的创新发展涉及政治、经济、社会、环境等改革开放的很多方面，在政府调控的程度、调控方式方法等方面差异较大，特别是在房地产、环境资源治理、金融、体制改革、对外开放等方面，需要政府发挥更大的作用，这与世界经济体创新园区的差异较大。

二、雄安新区建设创新驱动引领区的思路

根据创新驱动发展的规律、世界经济体创新城区发展经验、雄安新区的特殊性，提出构建雄安创新驱动发展引领区的总体设想。

（一）一个定位、三重内涵

一个定位：创新驱动发展引领区，构建集科技研发、科技成果转化、产业化于一体的综合型创新城区，创设全国重要、世界知名的科技创新中心。

三重内涵：其一，探索创新驱动发展模式。雄安新区的建设发展，简单套用原有的依靠投资拉动、粗放扩张模式已经不现实，在"新常态"背景下走创新驱动发展之路，积极探索创新驱动发展的路径与模式，是雄安新区建设发展的应有之义。其二，带动相关区域发展。创新的重要特征之一是具有外溢性，通过雄安新区创新资源聚集、创新活动增强、创新主体壮大，一方面在承接北京非首都功能中作为首都发展的一个创新功能区，支撑北京成为国际著名的科技创新中心；另一方面，通过雄安新区创新地位的提升带动、促进京津冀整个区域的发展，特别是在消除京津冀地区差距、促进转型升级方面有着重大意义。其三，提供创新驱动发展示范。雄安新区是继深圳经济特区和上海浦东新区之后又一具有全国意义的新区，是在一张白纸上开发建设的，探索的是城市创新发展规划、建设的路径与模式，可以在创新驱动建设发展、聚集创新资源、高端高新产业发展、绿色发展等方面提供典型示范。

（二）一个体系、三大创新源

一个创新体系：构建起"官产学研金"介紧密协作，创新源、创新成果转移转化、产业化无缝连接，支撑引领雄安新区发展的城市创新体系。

三大创新源：一是雄安本地聚集的创新资源。主要是北京转移到雄安新区的科研机构与大学，同时不但包括从其他地区吸引来的创新资源，还包括雄安新成立的大学与科研院所。二是北京的创新资源。北京所拥有全国最密集、最高端的创新资源，是雄安最直接、最强大的创新支撑。随着高速、便捷交通体系一小时交通圈的逐步形成，北京与雄安之间必然会形成联系紧密、活跃度很高的创新成果转化链条。三是海归高端创新人才。在新的发展环境下，中国不但成为全球发展的重要增长极之一，也正在吸引一大批创新人才回国创新创业，因为雄安新区的特殊性，加之不断完善的便捷交通、良好生态、优质服务体系和优惠政策等，将吸引一批海归到雄安新区，这是创新的一支重要力量。

（三）一类产业、多种业态

一类产业：即高端高新产业。国家对雄安新区的定位是高端高新产业，这是雄安新区选择、培育主导产业的总体定位。具体的主导产业要通过不断优化替代，形成在国际产业分工体系中市场占有率高、竞争优势突出的特色产业。

多种业态：从产业构成上看，包括绿色农业、高端高新技术产业、现代服务业，各产业充分发挥其功能作用，与城市布局、城市发展有机融合、相得益彰。其中绿色农业：布局在城市周边甚至城区，充分发挥观光休闲、绿色产品、城市绿肺等功能，与城市规划建设相宜。高端高新技术产业：布局在园区，既是经济发展、财政收入、创新焦点、竞争力的集中体现，也是主导产业的主体。现代服务业：包括信息服务、金融、文化创意、健康、现代物流等产业。这些产业本身既具有辐射功能，又是环境资源友好产业，还是雄安未来主导产业的重要组成；既在提供财政收入、就业岗位方面发挥着重要作用，也是创新创业生态的重要组成部分。

（四）一类企业、多种形态

从市场主体类型看，雄安新区的企业是科技含量高、附加价值高的创新型企业。主要包括高新技术企业、科技型中小企业和高端服务业等。

从产业组织形态看，有单体企业、产业链条、产业集群、产业生态圈等。单体企业主要是高新技术企业和科技型中小企业，产业链条、产业集群、产业生态圈则是以创新能力高、发展潜力大、竞争力强的知名企业为核心形成的新型产业组织。

（五）一流创新生态、四类创新平台

一流创新生态：建设形成环境优美、基础设施完善、服务体系完备、支持政策精准、吸纳创新要素能力强大的创新创业生态。

四类创新平台：一是建成一批重点实验室、工程技术研究中心、企业技术中心等实体性创新组织，既在知识创造、打造创新源头上形成优势学科，又在工程化、成果中试环节上提升能力。二是建成一批国家级创新基地、产业化基地，成为国内一流的高新技术孵化转化基地。三是建成一批高新技术园区，成为在国际上有一定影响的高新技术产业聚集基地。四是建成一批科技企业孵化器和众创空间，促进科技型中小企业源源不断生成壮大。

第五节 在协调推进中深化京津冀协同创新

推进京津冀协同创新，触及层面多，涉及面广，既有持续推进、不断深入的内容，也有相关领域的协调推进，特别需要各个方面、各个层级、各个领域配合。本节就深化雄安新区创新驱动发展引领区建设、在京津冀协同创新中加快传统产业升级、深入推进京津冀产业协同、利用京津推动制造业和服务业深度融合、推进京津冀全面创新改革、在协同创新中培育新兴产业、推动数字经济和实体经济深度融合等内容进行探讨。

一、深化雄安创新驱动发展引领区建设

2017年，中央设立雄安新区，经过科学规划和反复论证，目前进入大规模建设阶段。创新驱动发展引领区是雄安新区的主要定位，如何加快构建、引领发展是一项重大而艰巨的任务，面临着吸引聚集创新资源、提升创新能力、创新驱动产业发展、构建创新型体制机制、营造低成本创新创业生态等难点。建议采取有针对性措施，充分发挥雄安独特优势，加快新型技术基础设施建设，打造完善创新创业平台，构建有雄安特色的创新体系，探索适应科技创新机制。

（一）雄安打造创新驱动发展引领区的难点

雄安新区定位为建设绿色生态宜居新城区、创新驱动发展引领区、协调发展示范区、开放发展先行区，最终成为贯彻落实新发展理念的创新发展示范区。所以，创新驱动发展引领区是雄安新区的重要定位与发展壮大的核心动力，要探索创新驱动发展路径与模式，可以提供典型示范并带动相关区域创新发展。目前，雄安新区建设刚刚起步，建设创新驱动发展引领区面临着一系列难点。

难点之一：如何增强吸引能力，快速聚集创新资源

吸引、聚集科技创新资源是雄安新区创新发展的重要前提和基础，吸引速度和聚集规模直接关系到创新驱动发展功能实现与示范带动能力。重点：一是吸引聚集一批与雄安发展相适应的高层次人才，特别是领军人才和创新团队，这对建设全球有重要影响的科技创新中心非常关键。二是吸引聚集一批科技研发机构、大学，这既是聚集创新人才的最佳途径，也是创新能力的核心载体。三是吸引聚集一批科技创新服务机构，包括科技金融、科技企业孵化器、众创空间等科技中介服务机构。

难点在于：目前有吸引力的是雄安新区发展的宏伟蓝图，而创新配套能力、公共

服务水平等至少需要 3~5 年时间才能初具规模，直接影响吸引高端人才的教育、卫生等公共服务。所以，在吸引力并不强的条件下吸引创新资源难度较大。

难点之二：优化配置创新资源，增强驱动产业发展能力

创新资源聚集到一定规模，甚至在聚集过程中，就应当超前谋划科技创新布局与优化配置，构建有雄安特色的城市创新体系。纵观世界范围的科技园区、创新城市和创新中心，无不构建形成了有自己特色和独特优势的创新体系。

难点在于：其一，甄别特别是吸引稀缺度很高但对雄安影响重大的创新资源，是一件难度高、操作性强的任务。一般在开始建设时容易盲目招商引资，"捡到篮子里的都是菜"，造成需求与供给对接偏差，特别是将分散、沙滩化的创新资源优化配置起来，筛选、精选的难度更大。其二，目前科技迅猛发展，新技术、新产业不断涌现，不确定性因素很多，制定创新战略需要不断进行修订与完善，聚焦目标、精准选择、顶层设计、规划管理、操作实施起来难度很大。其三，科技创新能力转化成产业发展能力，需要具备一定的环境与体制条件，需要二者之间的良性互动，这些都需要探索。

难点之三：构建良好公共服务，营造低成本创新生态

完善的公共服务、良好的营商环境既是吸引聚集创新资源、激发创新创业活力的重要条件，也是雄安新区发展的重大任务之一。完善的基础设施既包括完善的交通、供电、供水、自然生态等硬基础设施，也包括 5G、物联网、大数据等新型技术基础设施，还包括较低的创新创业成本、浓厚的创新创业文化等。

难点在于：一是生态环境的修复与重构就是一件复杂、持续的艰巨任务。可喜的是雄安新区规划纲要明确形成"一淀、三带、九片、多廊"的生态空间结构，"千年林"建设、污染治理正在稳步推进并显现成效，而建立形成良好自然生态仍是艰巨任务。二是全世界每个创新城市、科技园区都在以良好的环境来吸引创新要素，甚至出现了人才大战，纷纷以优厚条件吸引高端人才，在此背景下建设优于其他城市的创新创业生态难度很大。三是我国经济已经处于高成本时代，吸引聚集创新资源、提高创新能力，面临着高成本投入、低成本运营压力。其中探索建立多主体供给、多渠道保障、租购并举的住房制度和房地产市场及平稳健康发展长效机制就是一项艰巨任务。

难点之四：建立创新型体制机制，构建协同创新网络

雄安新区是创新驱动发展示范区，在深化科技体制机制改革、创新发展方面要先行先试，探索全面创新改革的经验。一是建立政府有效引导、市场起基础性作用的创新机制。特别是在创新资源配置、政府支持科技创新方式、科研项目管理、新经济服务监管等方面要做出探索和创新。二是建立面向需求、紧密连接的协同创新机制。尽管雄安新区未来可能聚集较大规模的创新资源，但北京必然还是雄安创新发展的重要创新源，同时需要利用其他地区和海外的创新资源。

难点在于：一是全国都在深化体制机制改革，改革的潜力在不断释放，雄安新区如何选择、推进创新改革的内容并推进改革，是难度很大的任务。二是雄安要建立与国际创新中心接轨的体制机制，但如何在适应国际创新规则基础上构建有雄安特色、能够聚集国际创新资源的体制机制，是一项创新度高的课题。

（二）世界主要经济体创新城市和科技园区的经验借鉴

世界主要经济体建设与雄安新区定位相似的有科技创新中心、创新城市、科技园区等形态，不管其类型如何，其本质特征是创新资源丰富、创新能力高，创新是发展的核心动力。从世界主要经济体科技创新中心、创新城市、科技园区来看，解决发展中的难点问题都有其经验。

1. 如何聚集创新资源

如何吸纳聚集创新资源与建立稳定创新源头？世界主要经济体的创新城市与科技园区主要发挥政府和市场两种力量。一是政府主导力量。大多数科技园区是政府规划形成的，所以在聚集创新资源阶段政府起着主导作用。如日本的筑波、韩国的大德等，这是科技园区初期的重要力量。二是市场力量。一般政府力量在短期内有效，但持续聚集和创新要依靠市场力量。硅谷是发挥充分市场力量的典型，明确的目标、灵活的机制、紧临斯坦福大学等优势，吸纳了全球创新资源。

深圳城市创新资源聚集是另外一种类型——政府与市场力量的有效组合。一方面政府高度重视并持续创新，出台了一系列促进创新创业的政策，这是深圳创新资源丰富、创新能力强大的重要前提；另一方面，深圳率先推进市场化、国际化改革，是中国城市改革开放的代表，为创新发展提供了良好土壤，也培育了华为、腾讯、中兴等一批知名企业，成为世界知名创新型城市。

2. 如何提升驱动产业发展能力

将吸引聚集的碎片化创新资源优化配置，形成支撑主导产业发展的区域创新体系，是成功科技园区、创新城市的共同特征。从世界主要经济体经验来看，其做法主要有以下几点：

一是都构建形成了稳定、多样化的创新源，引领、支撑产业可持续发展，使主导产业始终能够站在产业发展前沿和高端。从硅谷来看，斯坦福大学既是其起源的关键因素，也是硅谷多年来引领电子信息、互联网发展的最强劲的创新源。据统计，与斯坦福大学有关的企业的产值就占硅谷产值的 50%~60%。台湾新竹科技园有台湾工业技术研究院、留学归国人员、台湾交通大学等高校三个创新源。其中在新竹科技园中有113 家企业是海归建立的，在新竹科技园发展初期作用甚大。台湾工业技术研究院，在创新研发、人才培育、专利转让、衍生公司、育成企业等方面发挥了举足轻重的作用，成立以来培育超过 140 家企业 CEO、244 家公司。

二是主导产业在创新演进中优化形成。如美国硅谷、台湾新竹、印度班加罗尔坚持多年一个方向，按照产业发展趋势而演进，经过多年培育发展形成了优势突出、迭代发展的主导产业。最典型的是硅谷，虽然一开始并没有设定主导产业，但其发展是随着技术创新和产业发展趋势不断变化。20世纪60年代主导产业是半导体，70年代是微处理器，80年代是软件，90年代后则是互联网，目前的主导产业是计算机和通信硬件制造、半导体和半导体设备制造、电子部件制造、软件、生物制药、创意创新服务业等。

三是构建形成了以主导产业为核心、相关产业配套、各专业协作的产业生态圈。产业生态圈是产业集群的升级版，突出特点是形成了良好的自我发展机制。硅谷的企业专业化程度很高，企业间具有良好的互补关系，形成了良性互动的产业生态圈，聚集着惠普、思科、英特尔等一批世界著名的电子信息领域的巨头。中关村则形成了以互联网、移动互联网和新一代移动通信、卫星应用为主导的现代产业体系，超大规模数据仓库、分布式存储和计算、基于人工智能的大数据分析等技术已达到国际先进水平，聚集着联想、百度、搜狐、新浪、网易、小米等知名企业和发达的科技服务体系。

3. 如何营造良好创新创业生态

营造良好创新生态是每个科技园区和创新型城市的共同特征。一是都选择环境优美区域建立园区，或者重视生态环境建设。因为创新人才对自然生态的敏感度高，所以，大多数科技园区都将环境优美、风景宜人作为其建设重要目标之一。二是完善的基础设施，既包括城市基础设施、技术基础设施，还包括教育、医疗、文化娱乐等公共服务设施。特别是在建立初期，一般都规划建设吸引高科技人才的高水平教育、医疗等设施。台湾新竹科技园在建园之初就成立国际化中小学，作为吸引高层次人才的重要条件。三是完善的科技创新服务体系，尤其是风险投资。特别是硅谷，完善的风险投资、科技中介服务是其能够在全球吸引创新人才、创新成果辈出的重要因素。

4. 如何建立适宜创新的体制机制

在世界主要经济体来看，一般市场化运营的科技园区较多，都建立起了适应科技创新的机制，特别是人才利用与激励机制，这是硅谷等科技园吸引全球高端人才聚集的重要条件。二是形成了创新创业市场化遴选机制。在完善的市场条件下，创新创业是否适应需求、适应发展趋势，及时被市场检验，能够激发创新创业热情和促进要素流动优化重组。三是"产学研介"合作机制，从大学教授到创新创业家没有障碍，完全可以自由选择并实现转换。大学、科研机构、企业、金融、中介等在创新创业方面能够形成目标一致、专业化协作机制，这是创新创业迸发的重要基础。

深圳成为世界知名的创新型城市，关键有着良好的法治化、市场化环境，这是率先改革、深化改革的结果。自2008年以来，深圳制定出台了全国首部国家创新型城市总体规划，率先发布促进科技创新的地方性法规，先后出台自主创新"33条"、创新驱动发展"1+10"文件，建立鼓励创新的容错机制，形成覆盖自主创新体系全过程的政策链，让想法、资源、资本、人才、信息等创新要素高效重组并转化成为创新价值。

（三）攻破难点的若干建议

1.充分发挥雄安新区优势，加快聚集各类人才和其他创新资源

雄安新区自设立以来，具备了明显优势。一是雄安是中央设立的，是继深圳、浦东之后的第三个国家级新区，本身就预示着具有巨大的发展潜力和美好前景，这是吸引创新型人才的重要因素。二是明确提出是高质量发展的典范，增强了创新型人才对未来创新之城、宜居之城的预期。三是雄安新区是中国步入新时代改革开放先行区，必然在科技创新体制率先进行探索，建立更加适应科技创新需求，这是吸引、聚集创新要素的重要条件。建议加大雄安新区发展愿景、发展规划、重大项目建设的宣传与推介力度，让世人广知雄安发展的潜力与人才增值潜力，吸引想创新创业、能够创新创业的人才。

2.从影响环境的关键因素、敏感环节、细微之处入手，打造知名的"创新绿洲"

营商环境是伴随创新创业活动全过程的各种周围境况和条件的总和。因为最后都会反映到创新创业耗费上，营商环境实质上是创新创业全过程的外部交易成本。营商环境如此重要，所以国内外科技园区、创新城市无不采取措施，以营造出完善、高效、优于其他地区的创新创业环境。

从雄安新区来看，树立了"雄安质量第一"的理念，在城市基础设施、公共服务、自然生态等方面必然按照国际一流标准建设。构建差异化、有优势的营商环境，要重视以下几点：其一，注重5G、人工智能、工业互联网、物联网定义等新型基础设施建设，这既是创新创业的重要基础，也是新建城市的优势。其二，利用新建特点，研究制定长期保持较低商务成本优势措施，重点解决住房、商业地产、教育、医疗服务等成本上升较快问题，在我国已进入高成本时代创建低成本运营洼地。其三，重视关键环节、敏感环节的建设与监测，及时完善处置，使雄安新区成为良好营商环境的代名词。

3.以创新驱动发展为目标，构建多元化、以应用技术创新为重点的稳定创新源

雄安新区定位为高端高新技术产业，只有建立稳定的创新源，持续创新，才能实现新产业生成、迭代与提升。一是构建多元化创新源。建议以雄安本地聚集为主成为主要技术供给；与北京建立紧密而稳定的协同创新关系，成为雄安创新发展的重要创新源；以海外和国内其他区域为创新源之一。最后形成多元化的创新源头，引领支撑雄安创新发展。二是建立以应用技术研究、转移转化为主要为目标的研发机构与大学。以斯坦福大学、我国台湾地区应用技术研究院等为标杆，建立相类似大学与科研机构，以应用技术研发和科技成果转化为主要目标，在全球范围内吸纳创新人才和团队，积极推进科技创新与产业发展的互动。

4. 搭建高水平创新平台，引进知名创新服务机构，消除创新创业瓶颈

雄安要打造创新驱动发展引领区，拥有发达的风险投资市场、优质的创新服务中介、高水平的创新载体和平台是重要条件。建议雄安同步构建创新服务体系和高水平创新平台。一是引进知名风险投资机构，建立发达的风险投资市场，吸引和利用风险投资家为创新提供创新人际网络、介绍潜在客户、参与公司治理等增值服务。同时，鼓励金融机构探索投资与信用贷款结合的投贷联动模式、认股期权贷款模式、供应链融资、中长期创业贷款等适应科技型企业的金融产品与服务。二是引进与建立一批法律、会计、导师网络、孵化等科技服务机构，形成完善的创新服务体系，为创新创业提供高品质、低成本、精细化服务。三是建设一批国家级创新创业平台与载体，包括国家重点实验室、工程技术研究中心、高新技术产业开发区和科技企业孵化器、众创空间，为创新创业提供高端平台。

5. 优选新技术、超前培育优势产业生态圈，塑造难以复制的竞争优势

产业生态圈是产业集群的升级版，突出特点是形成了良好的自我发展机制。世界主要经济体成功的科技园区都构建形成了以主导产业为核心、相关产业配套专业化协作的产业生态圈，形成了难以复制的独特优势。雄安新区产业发展要充分借鉴经验，适应产业发展新趋势，从一开始就谋划培育构建以雄安新区为主的产业生态圈，既包括分工协作的产业链条，也包括科技金融、科技中介等现代服务业。

6. 探索科技和产业发展新体制、新机制，构建高效配置创新资源制度优势

雄安新区是贯彻落实新发展理念的创新发展示范区，既承载着探索改革开放新体制、新体制的重任，也是建立后发优势的重要途径。建议如下：第一，探索科技创新新机制。重点在科研项目立项、科研经费分配使用、高端人才绿色通道、非共识创新、外籍科学家领衔重大科研项目等方面进行改革探索，激发创新创业活力。第二，探索促进产学研合作、科技成果转移转化新机制，重点解决产学研合作目标冲突、利益(税收、财政收入等)分享等问题，加速北京成果向雄安的转移转化、重大科技项目联合攻关等。第三，探索公共服务均等化体制。主要是建立与北京在教育、医疗、文化等公共服务能力方面均等化体制，增强雄安新区的吸纳聚集能力。

二、在京津冀协同中加快传统产业升级

2008 年全球金融危机之后德国经济一枝独秀，继续保持了良好的发展态势与国际竞争力，其秘密在于其制造业的强大竞争力，特别是中低技术产业（即我们现在所谓

的传统产业）表现更佳。德国传统产业升级的经验是，不盲目转向新兴产业，而是根据市场需求强化以应用为导向的工艺、产品、组织、服务等实用创新，使传统产业成为现代经济的重要组成部分，从而继续保持了较高的国际市场竞争力。德国经济发展经验对河北省有重要启示：传统产业也有稳定而持续的市场，通过针对需求的持续创新既能保持其较高市场竞争力，也能生成一批高新技术产业，应当高度重视并强化支持，在推动京津冀协同创新中引领支撑河北省传统优势产业快速升级。

（一）德国传统产业升级特点

1.非研发型创新是竞争力重要来源

在德国，研发型创新是指的新技术研发，非研发型创新是指针对原有产品的工艺、组织、产品、服务等创新，其在德国产业不断升级中起着重要作用。

其一，从德国来看，低技术产业、中技术产业和高技术产业都存在较高比例的非研发型创新企业和非研发密集型企业。

在国际惯例中，将制造业按照研发投入占销售额的比重分为三类：一是高技术产业，是指研发投入占销售额的比重超过7%的产业。二是中技术产业，是指研发投入占销售额的比重在2.5%~7%之间的产业。三是低技术产业，是指研发投入占销售额的比重低于2.5%的产业，钢铁、建材、采矿、传统机械制造等属于此类。德国各技术层次的企业都存在着占比例较高的中低技术研发企业，其中低、中、高技术产业中占比分别达到67%、41%、26%，所以，进行非研发类创新是德国产业升级的重要途径。

其二，德国的传统产业通过非研发型创新保持了较高的国际竞争力。一般认为，到了工业化后期，传统产业升级主要是瞄准新技术、前沿技术展开，而德国保持高竞争力并非一般人认为的仅通过新技术研发来实现，而是在原产品基础上的工艺、产品、组织、服务等创新，因此保持了很高的国际竞争力。截至目前，德国中低技术产业（传统产业）的工业增加值占制造业整体的比重仍达到40%，是德国现代产业体系的重要构成。

2.针对性创新成为传统产业升级法宝

传统产业如何创新？德国企业调查显示，认为产品和工艺质量是最重要的竞争因素占比达到74%；第二位的竞争因素是产品和工艺的柔性，达到60%，即产品和工艺适应客户人性化需求的能力。其他因素包括短时间交付（47%）、不同产品变体的选择范围（31%）、企业和品牌形象（30%）、制造成本（27%），只有10%的受访者认为新技术新产品是最重要的竞争因素。所以，德国企业均重视非研发型创新，通过卓越的产品质量、高度的灵活性、提供多样化产品方式等，已然形成了拥有竞争优势的差异化战略。德国企业将非研发型创新称为节俭创新，既指那些简单、高效而且目标性很强的创新，还包括降低技术要求、将复杂程度降低等适应性创新。

3. 根据产业发展目标建立适宜的创新导向

德国的中低技术产业创新重点是围绕原有产品进行工艺创新、产品创新、组织创新、服务创新以及混合创新等。

（1）工艺创新。工艺创新在德国被称为"工艺专业化战略"或"技术工艺专家战略"，特别是在高度自动化生产方式下生产标准化产品的企业使用较多，如食品、家具、橡胶、塑料等产业。即使企业没有研发能力，也可以通过设备供应商来完成。一般在购买新设备时供应商负责提供相应的技术服务，企业充分利用机会将新技术整合到现有工艺过程中，实现工艺的不断创新，以降低成本、提高效率来确保其竞争力。

（2）组织创新。组织创新具有非物质的特点，很难被竞争对手模仿，是建立竞争优势的重要因素，在中低技术企业被认为具有较高的优先级。例如，根据市场需求结构变化调整、优化企业生产流程、组织结构，适应市场需求，提高生产过程的柔性与及时性，根据现代物流特点对企业供应链进行及时优化等。

（3）产品创新。德国中低技术产业的产品创新有特定范围，通常限于持续性地对已有产品进一步开发与提升，既包括在材料、功能、质量等方面逐步改善，也包括在产品外观时尚性、产品功能上的升级，从而与不断变化的客户需求保持一致。德国称这种创新战略为"逐步的产品开发"，相应的企业被称为"低创新性制造商"。

（4）服务创新。虽然提供技术服务更多的是高技术产业，但中低技术产业的企业同样重视服务创新，并将服务创新称为"客户导向战略"。据调查结果显示，60%的低技术企业开展与客户关于相关技术、市场信息、营销信息等方面的合作，这些信息对企业的工艺、组织创新很重要。

（5）混合创新。对上述各类创新混合进行即混合创新。中低技术企业进行混合创新的比例较高，有40%以上的企业进行了混合创新或复合创新。企业将来自包括客户在内的外部信息进行分析管理，形成"分布式知识库"，在此基础上针对客户需求和产业发展趋势，从整体上设计进行工艺、组织、产品等各类创新的融合。

4. 产学研结合是产业创新最重要的形式

中低技术企业创新如何组织，根据调查数据列出的比例可以看出：一是总体上产学研结合创新模式占比很高，无论是高技术产业还是中低技术产业，采用产学研合作方式进行创新是其最重要的做法。二是组织创新以内部完成为主，这与企业组织、生产过程、管理模式等无关，与企业熟悉度有关。

（二）启示与建议

目前，河北省传统产业转型升级面临着多重压力：欧美国家握有高新技术产业的先发优势对河北省形成的压力，东南亚、印度等后发国家的低成本优势压力，先进省市抢占先机加快了转型升级速度，以及产业发展与环境资源冲突带来的压力等。传统产业升级的重要性与升级艰难的矛盾始终困扰着河北省，德国经验给河北省传统优势产业重振辉煌提供了可行思路。

1. 提高认识，重视并支持传统产业创新

河北省是传统产业大省，多年的发展形成了一定优势，加快传统产业转型升级意义重大。要摒弃传统产业过时说、关停说、无出路说，学习德国传统产业根据市场需求强化以应用为导向实用创新的经验，在支持高新技术产业、战略性新兴产业发展的同时，加大对传统产业创新发展的支持力度，制定以适应市场需求、强化应用创新为主要内容的传统产业升级战略，继续保持、扩大这些产业来之不易的发展优势，使不断升级的传统产业成为河北省现代化经济体系的重要组成。

2. 强化调控，明确支持产业的政策重点

从德国做法看，推进传统产业创新与升级，把握两个导向：推进工艺创新、组织创新、产品创新、服务创新，以及在此基础上的混合创新；根据不同产业确定差异化的传统产业升级路线。建议如下：一是聚合政策资源。整合目前的技术创新政策、技术改造政策、高新技术产业政策，制定出适合传统产业升级的支持政策，增强政策聚焦度。二是根据不同产业明确差异化的升级思路，如在连续性流水线生产的企业重视工艺创新和柔性化的组织创新，而专业化分工协作集团或产业链密切的企业，可以学习德国的核心企业带动创新战略。这方面我国的三一重工做法很好。三一重工有着近两万家零部件配套协作供应商，80% 为中小企业，普遍研发能力较弱。在三一重工产业链带动下，通过改善材料、质量、功能、工艺等，降低成本、提高品质，有力支撑三一重工成为世界级企业，同时带动这些中小企业竞争力不断提升。

3. 借力京津，大力推进产学研合作

从德国来看，除组织创新主要依赖企业内部外，在工艺创新、产品创新、服务创新等方面，与企业外的大学、科研机构、中介组织、产业链上下游企业有效合作是最重要的形式。当前，河北省在推进产学研合作方面虽然力度很大，也取得了很大成效，但调查显示参与产学研合作的各主体内生动力仍然不足。进一步推动产学研合作，要从深化改革、政策支持等方面入手，充分利用京津创新资源、优质大学、科研机构，将增强省内外大学、科研机构、企业内生动力作为重点，在目标任务设定、业绩考核、职称评聘等方面给予更加制度化、可操作的支持措施，提高主导、参与产学研合作的科研人员、企业管理者的积极性，让一批人主动参与、积极参与产学研合作，并在产学研合作中能够名利双收。

三、深入推进京津冀产业协同

自推进京津冀协同发展以来，已取得了明显成效。目前到了破除协同障碍、深入推进阶段。正如 2019 年 1 月 18 日习近平总书记在京津冀协同发展座谈会上指出的："过去的 5 年，京津冀协同发展总体上处于谋思路、打基础、寻突破的阶段，当前和今后一个时期进入到滚石上山、爬坡过坎、攻坚克难的关键阶段，需要下更大气力推进工作。"京津冀产业协同中包含协同创新，或者说协同创新是产业协同的重点。从总体上把握、推进京津冀产业协同，是协同创新的应有之义。目前，京津冀产业协同推向深入的主要障碍是目标不清晰、利益协调难度大、内生动力不足、公共服务分散化等，推进京津冀产业协同的深化应由此展开。

（一）深化区域分工：由产业分工向产业链分工转变

近年来的京津冀产业协同主要是产业空间上的转移，疏解了一批属于非首都功能、已经不宜在首都发展的产业。例如，北京现代第四工厂项目在沧州建设投产，北京—沧州渤海新区生物医药园吸引 80 余个北京生物医药项目落户，曹妃甸示范区累计签署北京项目 130 余个等。从服务业看，北京大红门、天意、动物园等批发市场搬迁到北京周边的河北省，北京企业有些也落户天津。但从总体上看，近年来的京津冀产业协同主要是产业平移，属于产业分工或产业内分工的调整与优化，协同效应远未发挥。未来深化京津冀产业协同重点要由产业间分工、产业内分工向产业链分工转变。这是因为：一方面，属于产业间分工的企业这几年已经基本转移完成，且有进一步转型升级的任务；另一方面，京津冀产业急需充分发挥比较优势，构建京津冀现代产业体系，只有根据京津冀差异来进行产业链分工，才能实现这一目标。

推进京津冀产业协同由产业分工向产业链分工的转变，主要思路是：

第一，细化产业协同目标。深化京津冀产业协同，首先要瞄准构建京津冀现代化经济体系这个大目标，充分发挥京津冀各自优势，形成优势互补、专业化分工协作的现代产业体系。在操作上要根据京津冀协同发展纲要对京津冀三方的总体定位，制定推进京津冀产业协同的分步目标和详细目标，并按照目标对两市一省承担的责任、任务进行分解，分步推进与量化考核。

第二，构建多样化产业链条。虽然产业链分工可以全球化布局，但因为交通、商务、创新、管理等方面因素的影响，近距离布局产业链仍是主要形式。所以，根据比较优势在京津冀区域内构建一批产业链条意义重大。北京拥有丰富的科技创新资源，所以提出了"北京研发、河北转化"这种产业链模式。从总体上而言是合理的，但仅从河北来看，似乎有些简单化，没有考虑区域分工的复杂性。河北省是一个拥有 7500 万人、

18.8万平方公里、产业体系比较齐全的区域，在一些产业上拥有创新优势，在产业链条构建上应有一定比例的河北研发、京津参与的类型。

第三，增强传统产业升级技术供给。目前，在京津冀存在着一定比例的传统产业，从德国经验看，传统产业也有稳定而持续的市场，通过针对需求的应用性创新既能保持其较高的国际竞争力，也能生成一批高新技术产业。深化京津冀产业协同，要将传统产业升级作为重点之一，解决传统产业升级的技术缺位问题，以工艺、产品、组织、服务等实用创新为内容，构建京津冀传统产业技术创新链条，加快传统产业升级，使其成为京津冀现代产业体系的重要组成部分。

（二）创新协同模式：由利益冲突向利益共享转变

在京津冀产业协同中最大的障碍是利益协调。从现实来看，京津冀协同发展虽然包括交通、产业、环境、科技、公共服务等多个领域、多个方面，但由于产业协同与GDP、财政收入、税收、工资收入等经济指标的高度相关，产业协同成为京津冀协同发展的难点。在目前财政体制下，突破的思路是创新产业协同模式，将产业协同中利益冲突转变成利益共享。主要思路是：

其一，探索共建共享的产业发展载体。适应现有体制下对利益分享的需求，探索开发区（包括高新技术产业开发区和经济技术开发区）、科技企业孵化器、众创空间、新型研发机构的建设与管理模式，核心是如何共建、共享，给予开发建设各主体在税收、收益、股权等分成比例或其他利益诉求，形成产业发展载体建设、产业转移、科技成果转移转化、高新技术产业发展的合力。秦皇岛中关村科技园区、保定中关村创新中心、天津滨海中关村科技园、宝坻京津中关村科技城、天津未来科技城京津合作示范区等在这方面进行了探索。应当创造条件积极推进，包括对已有产业发展载体进行共建共享模式的重构，这是深化产业协同的重要平台。

其二，构建京津冀现代产业组织。通过构建现代产业组织来协调各方利益关系。现代产业组织的形态主要有企业集团、战略联盟、产业链条、产业生态圈等。通过构建现代产业组织来调节区域间关系，有两个方面的好处：一是现代产业组织调节属于市场化行为，能够形成市场化的稳定协同机制，既比行政性推动更有效，也可持续。二是通过现代产业组织来调控也是一种发展趋势。目前在经济调控方面，除了市场调控、政府调控，现代产业组织也成为经济调节的"第三只手"。例如，产业集团中的核心企业，产业链中的上游企业，产业联盟中的主导企业（或单位），都具有一定的分配资源、组织专业化生产、塑造品牌与开拓市场等功能。加快构建京津冀现代产业组织，借此来优化配置资源、组织专业化生产，可以将分散的三方企业、产业紧密联结起来，形成基于比较优势、专业化分工协作的京津冀现代产业体系，引领世界级首都城市群发展。

（三）完善动力机制：由外在推动向增强内生动力转变

京津冀产业协同动力显然来自市场和政府，虽然二者的作用方式、内在机理不同，但殊途同归，都可成为推动京津冀产业协同的动力。之前，京津冀产业协同主要依靠行政推动，在宏观上，短期内动力较强，但现实已经显现长期动力不足，直接影响到产业协同的深化和对现实问题的破解。在深入推进京津冀产业协同的新阶段，增强产业协同动力的思路是遵循市场机制优先、政府有效引导原则，瞄准外生动力内生化做文章，将政府政策、措施转变成京津冀产业协同主体的内生动力。主要思路是：

第一，充分发挥市场机制作用。市场机制在区域协同发展中既是最直接、最有效的动力，协同成本也较低，应当优先利用。可以将京津冀产业协同中的目标、任务等进行分类，分解出市场机制调解与政府政策调解，制定针对性强的措施，形成市场调节与政府调节的有效组合。另外，也建议各级政府部门通过提高利用市场规则、市场方法来破解产业协同中矛盾和问题的能力，并在市场调节基础上增强政府利用规划、政策、措施等引导京津冀产业协同深化的能力。

第二，推动外生动力内生化。政府制定的支持京津冀产业协同政策，落脚点是促进产业协同各主体积极参与到产业协同中。然而，行政力量推动具有阶段性、外生性特征，最佳组合是将行政力量和市场力量有效组合起来，形成很强的内生动力，让产业协同主体主动协同并在协同中得到利益。所以，要以增强产业协同各主体内生动力为导向来设计支持政策，行政力量就会变成强劲的协同主体的内生动力，形成推动京津冀产业协同的合力。

第三，完善顺畅的行政推动机制。2014年国务院成立京津冀协同发展领导小组，京津冀之间建立京津冀协同发展联席会制度。今后重点是将国家层面、省市间协同机构由虚变实，将涉及协同发展的宏观问题、重大问题列入议事日程并及时解决，这样就从宏观上将京津冀协同发展中的障碍得以及时消除，为京津冀产业协同营造良好体制环境。

（四）完善公共服务：由简单链接到深度融合转变

产业公共服务平台是企业转型升级、创新创业的重要支撑，也是京津冀产业协同的重要内容之一，对促进京津冀产业转型升级至关重要。公共服务平台的服务范围最初是以研发、设计、试验、生产加工、产品检测等技术服务为主，逐步扩展到信息、咨询、培训、管理提升、市场开拓等综合服务，为企业特别是中小企业提供全程"交钥匙"服务。目前，产业公共服务平台协同作为京津冀产业协同的重要内容，主要停留在签订协同协议、建立网络连接、实现一般性共享等方面，而深层的协同——资源优化配置基础上的共建共享还有较大距离。从本质上讲，产业公共服务平台具有规模经济特征，初始投资较大但边际投入并不高。所以，深度融合对产业协同各方来讲都会带来利益。深化产业公共服务平台协同的思路是：

第一，统筹谋划资源配置。在现有产业公共服务平台协同基础上进行优化提升，将分散的资金统筹使用，将分散的信息化建设、技术服务设施建设、网络平台建设、图书情报建设等统筹规划，既可节省资金，又可以实现深度使用。

第二，积极促进公共服务均等化。借助京津冀产业协同之机，加快缩小区域间产业服务平台水平差距，促进京津冀之间产业公共服务整体能力与水平的提升，增强京津冀区域吸引产业发展要素的整体能力。

第三，统筹建设新型基础设施。针对京津冀现代化经济体系的构建，建设适应新时代要求的新型基础设施。重点是在5G、人工智能、工业互联网、物联网等方面统筹谋划，共建共享，增强京津冀现代产业发展的创新能力和市场竞争力。

四、利用京津推动制造业和服务业深度融合

在由传统农业社会向现代工业社会转变的过程中，一般要经过多次产业转型升级，在中等收入阶段大多数国家会遇到升级障碍，只有少数国家能够顺利实现。之所以难以通过中等收入阶段，是因为在这一阶段依靠的不再是一般资源、低成本劳动力和一般意义上的资金，而是产业创新能力。从顺利通过中等收入陷阱的国家经验看，都有一个共同特点：推动制造业与生产服务业的深度融合，构建起了服务型制造体系。这也给河北省一个重要启示：利用京津冀协同创新，推动河北省先进制造业与现代服务业深度融合，既是京津冀协同发展的一项重要内容，也是河北省产业竞争力提升的重要途径。

（一）深度融合意义：适应大势，现实急需

制造业与服务业融合，也称"制造业服务化"或者"服务型制造"。推进先进制造业与现代服务业深度融合，对加快转型升级、推进高质量发展意义重大。

1. 是推进工业化进程、加快产业转型升级的需要

在由传统农业社会向现代工业社会转变的工业化过程中，要经过三次大的产业扩张或升级：第一次是工业化初期的轻纺工业快速扩张，因为有广阔的市场和低成本劳动力，一般都能顺利实现；第二次是由轻纺工业向重化工业升级，因重化工业是重资产、有机构成较高的产业，需要大量投资与先进设备，一般通过引进发达国家资金、设备等实现，许多国家能够实现；第三次是由重化工业向高技术产业、现代服务业转型升级，大多数国家遇到障碍，只有少数国家能够顺利实现。之所以第三次产业升级较难，

是因为第三次是产业创新能力的大幅提升。按照中国社科院专家评价，我国整体已经进入工业化后期，河北省处于工业化后期的前半阶段，推动制造业与生产服务业的深度融合，顺利实现产业升级是河北省目前面临的重大任务。

2. 是适应产业发展新趋势、提升国际竞争力的需要

当前，新一轮科技革命和产业变革正处于重要的交汇期，以数字化、网络化、智能化为标志的信息技术革命既深刻改变着当今世界，也在重新定义着产业，改变着产业形态。制造业与服务业的传统边界日益模糊，随着服务与制造相互融合趋势的加强，服务环节在先进制造业价值链中的作用越来越大，促进了传统制造模式开始逐渐向制造与服务相融合的新型制造模式转变。在当今美国制造业中，与服务融合型企业占总数的58%，芬兰、马来西亚、荷兰、比利时这一比例分别是51%、45%、40%、37%，而我国仅占2.2%。在全球500强企业中有两成跨国制造企业的服务收入超过总收入的50%。一些著名的制造企业通过向服务转型，实现了业务规模和效益的大幅增长。IBM从典型制造企业成功转型为"为客户提供解决方案"的信息技术服务公司，GE公司来自服务的收入更是高达63.2%。我国制造业处于价值链低端的重要原因是在产品中的服务内容过少，而实现由"中国制造"向"中国创造"跃升的途径只有加快推进先进制造业与现代服务业的深度融合。

3. 是充分利用京津创新优势、提升河北传统产业竞争力的需要

改革开放40多年来，河北省依靠自然资源、低成本要素供给、庞大市场需求等，发展形成了钢铁、建材、化工等重化产业体系，比较优势在于产业门类全、产能大、价格低，能够以较高效率为全球市场提供价廉物美的产品。然而，制造业"起飞的翅膀"中缺少现代服务业"聪明的头脑"的支撑，所以核心竞争力和创新能力仍然较弱，在国际产业价值链中处在中低端。提升的途径显然是提升产业技术水平、产品附加值，其中最为关键的是利用京津创新资源丰富、创新能力排名全国前列的优势，积极推进河北省的先进制造业与现代服务业深度融合，从而延续、利用制造环节优势，带动产业链中的研发设计、工艺提升、营销服务等发展，将制造业优势建立在较高的服务价值基础之上。

4. 是适应新技术场景变化、加快产业组织变革的需要

在互联网场景下，产业形态会发生大的变化，虽然连锁企业在传统场景下很难扩大规模、统一管理，但在互联网技术场景下就可容易地实现时时监控与综合管理。随着信息技术的深入发展，以需求为导向的产业组织模式发展迅速，产品生命周期管理、个性化定制、提供综合解决方案等成为竞争的焦点。只有将先进制造技术、现代服务业深度融合，才能构建起适应新技术场景下的现代产业组织与产业体系，才能抢抓新技术机遇，应对其带来的挑战。

（二）深度融合思路：延伸、提升，渗透、创新

推进先进制造业与现代服务业深度融合，主要围绕产业链条延伸、每个环节的拉伸与增强、创新新产业环节等来展开，关键是借力京津延伸优势、增强优势，其目的是推动产业向产业链高端移动，提升河北省的产业国际竞争力。

1. 延伸

由制造环节向研发设计和营销服务两端延伸形成产业链条，由单一环节的优势扩展形成整个链条优势。路径：一是由制造环节向前延伸，加强创意、工业设计、技术研发、成果转化等环节，提高产业、产品的技术含量。二是由制造环节向后延伸，加强检测、营销、服务以及废旧产品回收利用等环节，提高产品附加值与利润源。三是打造形成基于制造环节优势的全产业链条。

2. 提升

在单一产业环节不断提升中推进先进制造业与现代服务业深度融合。仅就制造环节而言，可以通过两个方面的服务化来提升制造产品的品质与竞争力。一是通过工艺改进、技术改造、品质精细化等不断提升产品品质，降低制造过程的能耗和产品成本。这些都是基于制造环节提升为目的的措施，虽然没有沿着产业链向前、向后延伸，但可以通过制造环节的服务性活动，保持、提升制造业竞争力。德国制造业中40%以上比重属于的传统产业领域，属于研发投入比较低的行业，通过制造业与服务业深度融合增强了产品质量与竞争力，这也是德国制造业保持高品质的重要途径之一。二是通过产品品牌塑造与维护、形象提升与传播等，不断提升单一产品的美誉度、满意度，保持较高的市场竞争力。

3. 渗透

用新技术、新理念、新管理方法等渗透到市场调查、产品设计与研发、生产制造、销售、售后服务、产品报废回收等生命周期全过程，推进先进制造业与现代服务业在广度与深度上融合，提升每个环节的现代化水平与竞争。目前，对产业影响最大的是现代信息技术带来的颠覆性影响，从横向看是全领域、全环节的，甚至颠覆了制造环节的计划流程、工艺技术方向；从纵向看，对每个环节影响是深刻的，就原材料供应看，通过供应链构建减少了企业内部库存，增强了及时性、精准性。

4. 创新

在创新中推进先进制造业与现代服务业深度融合，创造出新的产品、新的业态。目前，通过信息技术、互联网与制造业的结合，创新出了许多提供综合解决方案的企业。烟台持久钟表集团有限公司搭建了"钟联网"系统，将销往世界各地的时钟通过网络联在一起，不仅可以远程控制统一校时、统一监控，出现问题还能及时发出提醒。有

了这个全生命周期服务系统，持久钟表从单一的钟表制造商转型为时间同步服务解决方案提供商，服务型收入分别占当年营业收入的30.2%、34.7%和35%，不仅增加了收入，也大大提高了竞争力。

（三）深度融合举措：突出重点，创新驱动

1. 创新产业深度融合模式

为了促进先进制造业和现代服务业深度融合、发展服务型制造，工信部等部门联合下发了《发展服务型制造专项行动指南》，提出重点支持创新设计、定制化服务、供应链管理、网络化协同制造、服务外包、智能服务、金融支持服务、信息增值服务、系统解决方案、全生命周期管理等10种服务型制造典型模式。华为的整体解决方案、上海电气的总集成总承包模式、海尔的服务型平台、深圳怡亚通的全程供应链整合服务创新等，已经在引领中国制造业向服务型制造转型。河北省要按照要求，推进融合模式创新，加快先进制造业与现代服务业的深度融合进程。

2. 发展深度融合产业组织载体

产业链条、新型产业集群、产业生态圈等既是现代产业组织发展形态，也是先进服务业与现代服务业深度融合的重要载体。从产业链、产业生态发展来看，小米通信技术有限公司最为典型。该公司从"产品＋服务"模式转型为"智能产品＋信息增值服务＋生态链服务"模式，围绕核心产品智能手机持续做品类扩展，共投资了100家生态链公司，推出了小米盒子、小米电视、小米路由器等200多款新产品，实现了智能硬件制造向智能硬件生态服务商转型。2017年，小米生态链实现营收200亿元，小米物联网平台联网设备达8600万台，为全球最多。河北省要以具有优势的先进制造业企业、开发区为基础，增强产业间联系，打造一批先进制造业和现代服务业深度融合的产业链条、先进产业集群和产业生态圈。

3. 增强制造业与服务业之间的匹配度

制造业与服务业的深度融合，需要二者之间相适应、相匹配，才能形成融合发展的良性机制。产业发展水平决定了与之相匹配产业的层次，不同水平、不同层次的产业会有不同的需求。一般来说，如果制造业主要是以劳动密集型、资源加工型产业为主，对服务业的需求也就是传统的运输仓储、批发零售服务、广告宣传、营销服务等一般性、普适性的服务业需求。如果是技术水平高、品牌影响力大的先进制造企业，与之相适应的则是技术研发、工业设计、信息服务、环境监测等专业性、创新性、定制性较高的服务。所以，目前河北省推进制造业与服务业深度融合还面临着另外一个重大任务，即积极有效推动制造业高新化，提升制造业技术含量和附加值，以增强先进制造业和现代服务业之间的匹配度。

4. 推进以科技创新为核心的全面创新

现代服务业是以现代科学技术特别是信息网络技术为主要支撑，建立在新的商业模式、服务方式和管理方法基础上的服务产业。推进先进制造业与现代服务业深度融合，显然，创新既是主线，也是主要途径。其实，以先进制造业优势为基础向前、向后延伸，或者单一环节的提升，都是以科技创新为核心的全面创新过程。所以，要深刻理解以科技创新为核心全面创新的内涵，围绕提升先进制造业的竞争力针对性创新、持续创新，提升制造业中的技术含量、知识含量、创新含量，是二者深度融合的有效抓手。

5. 加快更新观念、提高认识

认识不到位、思路不清、公共服务不到位、政策支持力度不够等问题，既制约着现代服务业发展，也制约着推进先进制造业与现代服务业的深度融合。要加强对现代产业知识、科技知识的学习、培训，消除重生产、轻服务的观念，树立产业融合发展的意识，构建产业一体化发展的产业政策体系，消除服务业和制造业之间在税收、金融、科技、要素价格之间的政策差异，降低交易成本，促进先进制造业和现代服务业的深度融合，尽快提高河北省制造业中服务收入的比重，实现其制造业强省目标。

五、推进京津冀全面创新改革

为深入实施创新驱动发展战略，2015 年 5 月，党中央、国务院确定在京津冀、上海、广东（珠三角）、安徽（合芜蚌）、四川（成德绵）、湖北武汉、陕西西安、辽宁沈阳等 8 个区域开展全面创新改革试验，推进相关改革举措先行先试，着力破除制约创新发展的体制机制障碍。石保廊（石家庄、保定、廊坊三市，下同）全面创新改革实验是京津冀区域全面创新改革的一部分，经过第一轮三年的探索，完成了创新改革实验任务，目前正面临着深化探索的第二轮的探索。建议新一轮全面创新改革要围绕推进京津冀协同发展展开，突破协同发展中的堵点、痛点，将京津冀协同发展引向深入。

（一）主要成效与存在问题

1. 探索完成了一批改革试验任务

按照京津冀和石保廊全面创新改革试验实施方案，总共赋予河北省 37 项改革试验任务，其中京津冀方案改革任务 18 项，石保廊方案改革任务 19 项，扣除两个方案中内容基本一致的 5 项任务，国家总计授权河北自主探索的改革试验举措共 32 项。经评估，28 项改革任务已经基本完成，"限额内可兑换"外汇改革试点等 3 项任务已经申请国家并同意予以撤销，"股权市场跨地区合作经营"正在积极推进。河北省探索实施的三项改革经验列入全国第一批复制推广名单，两项改革试点入选《全面创新改革试验百佳案例》，这些改革经验为国家全面创新改革试验做出了"河北贡献"。

2. 全面创新改革取得重要成效

在破解京津冀区域创新发展方面，全面创新改革取得了明显成效。共同构建了京津冀区域协同办税平台，积极推进资质互认、征管互助和信息互通、失信纳税人三地同等监管，纳税人办理跨省迁移手续和涉税业务更加便捷；区域创新政策统筹，在全国率先出台高新技术企业跨区域整体搬迁资质认定实施细则；标准化协同步伐加快，审批发布交通、环保、安全生产、产业协同等方面京津冀地方标准 41 项；共同签订专业技术任职资格三地互认协议，制定科研人员双向流动实施细则，京津事业单位技术人员来冀创业氛围更加浓厚，通道更加顺畅，政策更有保障。同时，在推进国家改革创新政策落实、落地方面，及时研究出台相关政策，分步推进落实，取得了较大成效。

3. 推进中存在明显差距

从总体上看，河北省全面创新改革仍处于探索实施阶段，成效也是部分领域、初步的成果，与全面创新改革试验区的使命相比，与河北省急需破解的体制机制障碍相比，还有一定差距。一是聚焦重点领域、重点环节不够，特别是京津冀协同发展中的体制机制障碍需要突破。二是全面创新改革试验是一个复杂的系统工程，需要各地区、各部门协调合作，而在推进中部门（地方）间协调不够，有的改革政策牵头部门虽然制订了整体方案，但责任部门的配套政策没有及时跟进，削弱了政策效果。三是政策落实不到位。河北省全面创新改革政策文件出台的数量之多、力度之大前所未有，但在落实中细化不够，有许多很有含金量的政策没有发挥应有作用。四是先行改革堵点多，实现重点突破难度较大。一些重大创新改革政策的突破受制于现有相关法律法规，"先行先试"与"重大改革于法有据"存在时间上的矛盾，少数部门为避免承担责任出现顾虑甚至不配合现象，导致"大门敞开，小门不开"问题。

（二）新一轮全面创新改革思路

1. 用足用好全面创新改革政策

全面创新改革是党中央、国务院的重大战略部署，通过开展全面创新改革试验，着力破除制约创新发展的体制机制障碍。当前创新发展中面临的最大矛盾和问题，主要是体制机制方面的障碍。国家将河北省石保廊作为试验区给河北省提供了重要政策机遇，要用足用好，着力研究制订好第二轮全面创新改革方案，瞄准堵点，突出重点，着力破除创新发展中的体制机制障碍。

2. 深度利用河北省三大机遇

目前，河北省面临着独特的雄安新区规划建设、北京携手张家口筹办冬奥会、深入推进京津冀协同发展三大机遇，利用得好将成为河北省加快发展的强劲动力。深度利用三大机遇面临着一系列体制机制障碍，如雄安新区如何突破现有体制机制束缚建设世界一流创新驱动发展引领区？京津冀协同发展中的利益关系如何协调才能产生内生动力将协同发展推向深入？张家口建立什么样的产业体系才能将协办奥运效应持续发展？这些都可在新一轮全面创新改革中探索。

3. 瞄准区域协同发展障碍

京津冀全面创新改革是全国创新改革试验区中的唯一一个以区域为试验范围的，试验的重点也应当是区域创新发展中的障碍与矛盾，这是石保廊全面创新改革的重点。特别是在京津冀协同发展步入深化阶段后，京津冀协同发展中的深层矛盾、体制机制障碍更加凸显。河北省要以第二轮全面创新改革为契机，以调整京津冀协同发展中利益关系为重点，探索建立起京津冀协同发展不断深化的体制机制。

4. 增强创新改革综合效应

围绕创新改革，国家和河北省陆续出台了一系列支持政策，这些政策正在实施与落实中。第二轮石保廊全面创新改革试验，要与已经出台的国家、省级推进改革创新政策相协调，在突出综合利用创新改革政策中破除体制机制的难点、痛点、堵点上下功夫，增大创新改革政策的乘数效应。

（三）第二轮全面创新改革的重点

在目前财政体制框架下，京津冀各方对与主要经济指标相关的协同内容比较关注，重点是科技创新与产业协同等方面，这是新一轮全面创新改革探索的重点。

1. 科技成果转化模式创新

（1）拟解决问题。北京研发、河北转化虽然是科技成果转化的主要模式，但在实践中遇到障碍：一是在宏观层面，科技成果在河北转化更符合经济规律，但涉及北京与河北税收、财政收入、GDP等考核指标，降低了京津科技成果转化到河北的积极性。二是在企业层面，科技成果转移转化到河北涉及教育、医疗、通信等公共服务对接问题，因河北省公共服务水平较低而影响到京津企业的积极性。

（2）探索内容。近几年，京津冀在园区共建共享方面已经进行了探索，但一般是一事一议、粗线条的制定框架。随着京津冀协同发展的深化，遇到的此类问题较多，建议构建形成规范的协同制度。探索内容是根据科技成果类别细化协同模式，对GDP、财政收入、税收，以及相应的由京津转化到冀的科技成果企业的公共服务进行制度设计，建立起京津冀科技成果转化协同机制，由一对一谈判到制度规范，使相关内容更加精细化与稳定。

2. 新型产业组织构建运营

（1）拟解决问题。近年来，产业组织呈现新变化、新形态，一些新型产业组织发展迅速，特别是产业链条、新型产业集群、新型开发机构、产业生态圈等形态，既是现代产业组织发展趋势，也是京津冀协同发展深化的重要载体，还是市场调控、政府调控之外的"第三只手"。加快构建京津冀现代产业组织，借此来优化配置资源、组织专业化生产、提升整体竞争力，可以将分散的三方企业、产业紧密联结起来，形成基于比较优势、专业化分工协作的京津冀现代产业体系。主要障碍是：其一，重形式而轻运行。在国家政策推动下建立了一些产业链条、创新联盟、新型研发机构等现代产业组织，而一些协议是为了争取国家和省市政策支持，实际上既没有深度融合，运行也不规范。其二，已建立的产业组织各成员考核目标（或发展目标）不聚焦，特别是大学和国有科研机构考核目标与企业目标存在着明显偏离，影响新型产业组织运营。

（2）探索内容。一是完善大学、科研机构考核目标。包括将增加跨区域、跨行业合作作为重要考核目标。同时，提高科研人员职称评聘中建立新型研发机构、科技成果转化的权重。二是研究出台适合跨区域建立新型研发机构、产业链条、产业生态圈等现代产业组织的实施细则，突破各机构间的创新"孤岛"和壁垒。

3. 完善信息网络平台共享机制

（1）拟解决问题。产业公共服务平台是京津冀协同创新、产业转型升级、创新创业的重要支撑。公共服务平台包括技术服务平台（研发、设计、试验、生产加工、产品检测、知识产权、专利等）、信息服务平台（图书、情报、查新等）等。产业公共服务平台协同的意义在于：一是形成规模经济。产业公共服务平台具有规模经济特征，初始投资较大但边际投入并不高，在更大区域内协同可以产生显著的社会效应。二是可以节约资金，形成专业化分工协作的服务体系。从京津冀协同现状看，产业公共服务协同很多还停留在签订协同协议、建立网络连接、实现一般性共享等层次上，距深层次协同——公共服务资源在京津区域范围优化配置、深度共建共享还有较大差距。

（2）探索内容。推动产业公共服务平台由简单链接到深度融合转变，探索的重点：一是试验统筹谋划京津冀产业服务平台资源配置，将分散的资金统筹使用，发挥资源的最大效应。二是积极促进产业公共服务均等化。借助京津冀产业协同发展之机，加快缩小京津冀区域间产业公共服务平台差距，增强京津冀区域吸引产业发展要素的整体能力。三是统筹建设新型基础设施。重点是在5G、人工智能、工业互联网、物联网等方面统筹谋划，围绕建设现代化经济体系，构建适应高质量发展要求的京津冀区域新型基础设施。

4. 高层次人才充分利用

（1）拟解决问题。高层次人才是创新的核心资源，在推进高质量发展阶段十分关键。与京津相比，河北省高层次人才缺乏，直接影响到转型升级。推进京津冀人才协同遇到的障碍：一是专业人才在京津冀间跨区域技术服务得不到单位的肯定，直接影响其积极性。二是高层次人才跨区域技术服务收入报销遇到制度障碍。目前对体制内科研人员各类科技课题经费使用管理较严，不尽符合科研规律。特别是规定劳务费只能发给参与项目的研究生、博士后、聘用研究人员、科研辅助人员等，课题组成员不可以拿任何劳务费。事实上科研项目虽然主要由课题组成员完成，但其没有相应的报酬。这些规定没有充分考虑和尊重科研人员的知识创造的价值，直接会影响科研人员积极性。

（2）探索内容。一是加快落实鼓励实科技成果转化政策，与发表论文、讲课等目标并列，在高校设立科技成果转化为企业提供技术服务的考核目标，作为年度考核、职称评聘的重要依据，激励培育一批以应用研究、科技成果转化的专家学者。二是扩大落实中共中央办公厅、国务院办公厅印发的《关于实行以增加知识价值为导向分配政策的若干意见》试点范围，在石保廊全面推开。主要是推进财政科研经费（包括跨区域取得的财政科研经费）、以市场委托方式取得的横向科研经费项目列支项目组成员劳务费试点改革。让科研经费体现科研骨干或科研主体的智力劳动成本，激发科研人员积极性与主动性。

5. 争创国家级改革创新单项试验区

（1）拟解决问题。雄安新区经过谋划步入建设阶段，一批高新区、经开区也正处于转型提升阶段，建议选择将雄安新区、石家庄高新区、衡水高新区等作为试点，根据园区特点和创新发展需求，进行全面创新改革单项试验，再进行推广，促进河北省各类园区的高质量发展。

（2）探索内容。雄安新区定位为全球重要的创新中心，重点探索雄安新区在承接北京非首都功能、聚集创新资源、建设创新载体、培育壮大创新型企业、营造创新环境等方面遇到的障碍。石家庄高新区重点争创国家生物医药改革创新试验区，探索成立省级区域伦理委员会、医疗器械 MAH 跨省协作新模式、建设符合 GCP 资质的临床试验机构、建立临床资源平台与交易中心等。衡水高新区围绕探索破解"中科院+"模式运营中遇到的障碍因素，开展全面创新改革试验等。

六、在协同创新中培育新兴产业

在国际竞争、区域竞争不断加剧的新形势下，一个区域如何选择新兴产业、并培育壮大成为主导产业、支柱产业，比任何时候更加重要。就河北省来讲，目前正处于新兴产业生成发展的重要时期，在加快推进京津冀协同创新中，明确新兴产业生成规律，增强选择、培育、壮大新兴产业的精准性，十分重要而关键。

（一）新兴产业生成的一般路径

世界主要经济体已经完成了工业化，形成了体系完备、竞争力强的现代产业体系。

根据世界主要经济体经验和目前产业发展趋势，总结出新兴产业的来源主要有以下途径：

1. 由新技术催生而来

人类工业化历史显示，科技创新始终引领着产业发展方向，技术进步是产业变革和演化的核心力量。目前新技术、新产业、新模式不断涌现，成为新兴产业生成的重要途径。由新技术催生的新兴产业分为两类：

第一类，新技术经转化与产业化而生成新兴产业。例如，目前的大数据、人工智能、物联网等产业，就是由信息技术不断创新而催生的。新材料、新能源、生物医药等产业也是如此。这类产业一是技术含量高，发展迅速，成为成长性高、技术含量高、竞争力高的三高产业。

第二类，技术创新与产业发展一般有相对应的科研机构、高等院校作为创新源来支撑。例如，硅谷的斯坦福大学，韩国大德国家布局的研发机构，台湾新竹的台湾产业技术研究院，中关村的清华、北大、中国科学院、北理工等。

2. 由新技术渗透和应用而来

特别是互联网的应用形成了新模式、新业态。例如，各类平台经济、共享经济、文化创意等。其实，这些产业原本存在，经济信息技术的深度应用，使得服务业创新成为以新业态、新模式为特征的新兴产业。特别是平台类产业，解决了原来零售业供给与需求对接效率低、供需结构存在偏差等问题，满足了需求及时性、个性化、高效率等要求，成为适应现代经济的新兴产业。淘宝、京东、携程等平台企业就是典型。

3. 由传统重化工业升级而来

不管是工业化过程中，还是完成工业化后，重化工业始终有着稳定的市场，也是一个国家重要的基础性产业。经过高新技术改造升级，传统重化工业仍然可以成为与现代经济相适应、有优势的产业。德国、韩国、日本等重化工业都占有一定比重，在国际上有很强的竞争力。

4. 由新需求引导而来

虽然新兴产业兴起与发展壮大有多种因素，但需求始终是引导新兴产业兴起的主导力量。需求既引导着新兴产业发展方向，需求结构也直接决定了新兴产业的产业结构。需求引导新兴产业的形成有两种类型：一类是对原有商品与服务的持续改进，形成新产品、新服务，如数码照相机像素的不断提高，燃油汽车油耗、动力、平衡等性能的改善。另一类是发掘出了人们的潜在需求，创造新产品来满足。例如，目前发展日盛的泛娱乐、大健康产业，许多小产业都是新产生的，但由于有潜在需求，一旦被激发就会形成市场巨大、高成长性的新兴产业。特别是文化产业，属于精神消费类产品，具有潜力大、高成长、高附加值、少污染甚至无污染的突出特征，通过设计、创新适应人们需求的精神产品，可以生成推动经济增长的重要新兴产业。

5. 由产业分工深化而来

工业化从低级到高级演进过程，也是专业化分工深化的过程。到了工业化后期，分工愈来愈细化，专业化程度越来越高，目前已呈现世界范围内分工协作的格局。分工深化的直接结果是生成新的产业。从世界主要经济体看，分工深化包括部门和行业专业化、产品专业化、零部件专业化、工艺专业化和辅助、服务生产专业化。目前，服务生产专业化加快，成为分工深化的重要内容，也生成了一批新的产业。例如，现代物流、工业设计、研发、工艺、环境治理等。特别是工业设计、环境治理、研发等，促成了一批新兴产业。这种分化一类是本企业将生产服务独立出来成立新的企业，另一类是将生产服务业外包，促进生产服务业发展。

6. 由新领域扩展、新资源开发而来

随着科技进步和对自然界认识的深入，新领域不断扩展、新资源不断被开发，兴起一批新兴产业。例如，现代金融产业，与传统金融相比，对经济的渗透程度、对产业的影响力都大大增强，成为引领、支撑社会发展的新兴产业。随着其功能的扩展，互联网金融、金融创新在强化，占 GDP 的比重也在不断提升。

海洋产业是一种正在被深度挖掘的新资源。随着海洋技术不断进步，人类对海洋的开发、利用和保护活动正在不断深入，开发范围不断扩大，形成了一系列海洋新兴产业，如海水养殖、海洋油气开采、海洋娱乐和旅游、海水淡化和海水综合利用、海洋能利用、海洋药物开发、海洋空间新型利用、深海采矿等。

7. 由三次产业融合提升而来

产业融合是指不同产业或同一产业不同行业相互渗透、相互交叉，最终融合为一体、成为新产业的发展过程。产业融合可分为产业渗透、产业交叉和产业重组三类。目前，产业融合已经不仅仅是作为一种发展趋势来进行讨论，而是产业发展的现实选择，特别是推进先进制造业与现代服务业深度融合，成为当前工作的重点。产业融合的主要方式有三种：一是高新技术向传统产业渗透融合并形成新产业，如生物芯片、纳米电子、农业高新技术化、机械仿生、光机电一体化、机械电子等。二是产业间的延伸融合。通过产业间的互补和延伸，实现产业间的融合，这种融合更多地表现为服务业向第一、第二产业延伸和渗透，金融、法律、管理、培训、研发、设计、客户服务、技术创新、贮存、运输、批发、广告等服务在第二产业中的比重和作用日趋加大。三是产业内部的重组融合，如第一产业内部的种植业、养殖业、畜牧业等子产业之间，通过生物链重新整合，形成生态农业等新型产业形态。

8. 由家族企业、小微企业持续提升而来

在现代产业体系中，一些产业主要是以小微企业存在的，属于"小而美的产业"。例如，传统食品、特色食品店、特色手工业、传统家族企业等。又如，日本东京的一

个小吃店，持续经营了 30 多年，虽然没有扩大规模，但坚持经营，成为现代产业体系下的一个组成部分。

9. 其他途径

还有诸如直接吸引新兴产业而来的、从原有新兴产业中分化而来的等其他生成情形。

（二）河北省选择培育壮大的思路

1. 根据不同产业，明确定位与策略

目前，河北省正处于谋划"十四五"以及更长远的规划，新兴产业发展面临着重新定位。这是因为：一是科技革命和产业变革迅猛，新技术、新产业、新模式层出不穷，在这种变化中如何选择新兴产业，是一个不断完善的动态过程。二是京津冀产业协同向纵深推进，要求在产业定位特别是战略性新兴产业的发展定位要更加清晰，如何精准定位、分工协作、互动发展十分重要。建议按照产业类型进行定位，并采取相对应策略。

（1）京津研发、河北转化类。因为北京和天津科技资源丰富、创新能力强，所以科技成果持续涌现，吸引科技成果在冀转移转化，仍然是河北省新兴产业培育壮大的主要方向。

发展策略：积极提升科技成果转移转化平台层次和服务水平，吸引京津及其他区域的科技成果转移转化。

（2）河北为主、京津协同类。河北省地域广阔、产业体系完备，经过多年发展，在一些产业领域已经具有了突出优势，可以培育形成以我为主、京津协同的新兴产业链或产业集群。例如，石家庄高新区的生物制药产业，实际在全国排名已进入前 5 名，形成研发、孵化、转化、制造、营销、金融等完整产业链，可以与京津共同提升竞争力。在新能源、激光等一些产业领域也是如此。

发展策略：明确"以我为主"的定位，加大支持力度，积极吸纳其他区域企业加入，并"以我为主"带动相关产业发展。

（3）广域竞争类新兴产业。目前在先进制造业中几乎都是跨区域、跨国界竞争的，现代服务业中也有相当部分是跨区域竞争的，如泛娱乐产业、大健康产业等，竞争的获得靠的是核心能力。

发展策略：聚集有限目标，吸纳聚集核心要素，加快提升产业核心能力，不断培育一批体现河北水平、竞争力强的知名企业。

（4）地域性新兴产业类。这类产业主要满足本省及周边区域市场需求，如现代农业、现代养老产业、城市周边旅游景点等。

发展策略：超前谋划，高质量推进，刺激和满足省内与周边区域市场需求，不断增大新兴产业规模。

2. 适应产业特点，分类培育壮大

新兴产业领域很宽，而每个产业生成和发展特点各异，要根据产业特点采取不同的发展思路。

（1）科技催生类的产业。产业特点是以技术创新为先导，要有很强的科技创新能力支撑，或者转移转化其他区域的科技成果。

发展策略：积极推进京津以及其他区域高新技术成果的转移转化，扩大高新技术企业规模与水平；聚焦河北省有条件新兴重点产业领域技术协同研发，引领河北省优势新兴产业发展；强化新技术应用与渗透，特别是信息技术、互联网等应用，催生以应用新技术为主的新模式、新业态。

（2）传统优势产业提升类。产业特点是在工艺、生产过程、产品等方面与现代产业有一定差距，需要通过以技术创新为核心的全面创新来解决并升级成为现代产业。

发展策略：一是重视传统产业升级。河北省是传统产业大省，多年的发展形成了一定优势，要摒弃传统产业过时说、关停说、无出路说，加大对装备制造、钢铁、化工、建材等传统优势产业创新发展的支持力度。二是学习德国传统产业升级做法，积极推进工艺创新、组织创新、产品创新、服务创新等实用创新，将优势充分发挥出来。三是根据不同产业明确差异化的升级思路，如利用连续性流水线生产的企业，要重视工艺创新和柔性化的组织创新。专业化分工协作集团或产业链密切的企业，采取核心企业带动创新战略。四是传统家族企业与传统手工业，属于小而美的产业，如家庭特色产业、部分县域特色产业、以手工为主的产业等，也是现代产业体系中的组成部分，河北省的策略是积极为此类企业发展提供金融、产业服务、市场营销等，促其保持竞争力。

（3）现代服务业类。现代服务有突出的产业特点，要根据其特点采取针对性策略，加快现代服务业发展。第一，广域竞争类服务业，如文化娱乐、旅游休闲、工业设计、信息服务、研发设计等，产业与消费流动性强，竞争激烈。河北省的策略：聚焦有限目标，加大支持力度，在几个小产业上突破，占领市场竞争高地，带动相关产业发展。第二，地域类或半地域类产业，如现代物流、养老服务、教育等产业，具有半地域垄断性，策略是提高品质，积极适应消费需求，刺激与扩大消费。第三，生产服务业类，其特点是与制造业融合能够产生更大的作用。策略是加快现代服务业与先进制造业的融合，在融合中提升竞争力。

（4）新领域、新能源类。这是河北省产业发展的新增长点，有着巨大的市场空间和发展潜力。河北省的策略是超前研究谋划，学习与借鉴世界主要经济体与先进省市的经验，加快新领域扩展与新能源开发，迅速扩大产业规模。

3. 坚持有限目标，聚焦发展重点

目前，新兴产业竞争态势与河北省创新能力等基础条件，决定了河北省新兴产业培育壮大不可能全面开花。在京津冀协同发展中，要坚持明确定位，有限目标，聚集重点，集中发力。

（1）采取倒T字形产业政策。充分利用市场机制广领域发展，政府有限目标支持。对新兴领域的产业，不设置门槛，在吸引、审批、用地保障、能源提供等方面积极促进，充分利用市场机制，促进其发展。待发展到一定程度，选择潜力大、创新能力强的领军企业重点支持，积极促进河北省企业成为全国的独角兽企业。

（2）创新政府支持新兴产业发展方式方法。一是精准选择产业政策支持新兴产业的环节。重点支持研发（含众创平台）、设计、工艺创新、营销平台搭建等环节，促进产业创新发展。二是增强政策产业支持资金的乘数效应。充分发挥政府产业支持资金的引导作用，以政府资金带动企业和社会投入，增强投资乘数，提高产业政策的引导力和影响力。

4. 发展新型产业组织，引领优化提升

新型产业组织包括产业链、战略联盟、先进产业集群、产业生态圈等，既是现代产业发展的重要特征，也是多主体形成竞合关系的重要载体。通过构建现代产业组织来协调各方利益关系，将碎片化的优势产业环节有机融合起来。另外，这也是产业政策传递到企业的最佳载体。目前在宏观经济调控方面，除了市场调控、政府调控，现代产业组织已经成为经济调节的"第三只手"。例如，产业集团中的核心企业，产业链中的上游企业，产业联盟中的主导企业（或单位），都具有一定的分配资源、引领技术创新、组织专业化生产、塑造品牌与开拓市场等功能。目前要利用京津冀协同发展机遇，构建一批京津冀区域现代产业组织，成为河北新兴产业生成壮大的重要载体。

强化对新型产业组织的支持。重点支持产业链中高端产品与企业，降低对高新技术产业领域的低端产品与企业支持力度。采取延链、补链、强链等措施，打造完整的产业生态圈。根据专业化优势，支持组建技术创新联盟、技术创新共同体等，优化创新资源、加速技术创新步伐。明确支持重点，支持新型产业组织中的主导企业或主导单位，带动产业创新能力、市场竞争力的提升。

七、推动数字经济和实体经济深度融合

习近平总书记在致电 2019 中国国际数字经济博览会时强调，"当今世界，科技革命和产业变革日新月异，数字经济蓬勃发展，深刻改变着人类生产生活方式，对各国经济社会发展、全球治理体系、人类文明进程影响深远"。积极发展数字经济、推动

数字经济和实体经济深度融合，有利于经济实现质量变革、效率变革、动力变革，是适应创新发展趋势、提升国际竞争力、推进高质量发展的必然选择。

（一）充分认识推动数字经济和实体经济融合的战略意义

G20 杭州峰会发布的《二十国集团数字经济发展与合作倡议》提出，数字经济是指以使用数字化的知识和信息作为关键生产要素、以现代信息网络作为重要载体、以信息通信技术的有效使用作为效率提升和经济结构优化的重要推动力的一系列经济活动。数字经济正在深入渗透到经济社会生活中，深刻改变着人类生产和生活方式。积极推动数字经济和实体经济深度融合，有着重大现实意义和战略意义。

（1）数据已成为新时期驱动经济增长的关键要素，推动数字经济与实体经济融合，是迎接智能时代到来、积极发展战略性新兴产业的必然选择。经济增长是依靠要素驱动的。在农业经济时代，土地、劳动力是生产力发展的关键要素；在工业经济时代，劳动力、资本、技术是三大核心要素；进入数字经济时代，除了一般要素，数字不仅成为发展要素，而且是关键生产要素。大数据与云计算的融合推动了物联网的迅速发展，实现了人与人、人与物、物与物的互联互通，导致数据量呈现爆发式增长。庞大的数据量及其处理和应用需求催生了"大数据概念"，数据日益成为重要的战略资源，是"未来的新石油"，是"陆权、海权、空权之外的另一种国家核心资产"。数据甚至被认为已经超过石油的价值，成为数字经济中的"货币"。在大数据和互联网融合发展的催生下，以人工智能为核心，包括信息、新材料、高端装备、生物医药等战略性新兴产业蓬勃发展，第四次工业革命已经到来。对我们而言，推动数字经济和实体经济深度融合，既可以生成、壮大战略性新兴产业，也可以促进人工智能的形成发展，还可以为经济增长提供重要驱动力量。

（2）大数据是现代技术的基础设施，推动数字经济与实体经济融合，是提高区域创新能力、构建现代产业体系的重要前提。在工业经济时代，经济活动架构在以"铁公机"（铁路、公路和机场等）为代表的物理基础设施之上。数字技术出现后，网络和云计算成为必要的信息基础设施。随着数字经济的发展，数字基础设施的概念更广泛，既包括信息基础设施，也包括对物理基础设施的数字化改造。2019 年的中央经济工作会议将 5G、人工智能、工业互联网、物联网定义为"新型基础设施建设"，并将基础设施列为 2019 年重点工作任务之一。大数据是更基础性的技术设施，是智能时代的最重要的技术基础设施。推动数字经济与实体经济深度融合，可以夯实创新的基础，使创新驱动发展的方向更明、更高效，为现代产业特别是人工智能发展提供更精准的海量数据，为现代产业体系形成提供重要技术支撑。同时，通过数字经济可以极大地降低社会交易成本，提高资源优化配置效率，提高产品、企业、产业附加值，也为落后国家或地区后来居上、实现超越性发展提供技术基础。

（3）大数据技术可以将需求与供给无缝对接起来，推进数字经济与实体经济深度融合，可以使供给侧结构性改革方向更明、效率更高、成本更低。数字经济的特质决定了其对传统产业转型升级的特殊作用。数字经济是人类通过大数据（数字化的知识与信息）的识别—选择—过滤—存储—使用而形成发展的，而互联网的快速发展、大数据技术的不断创新、5G 技术的广泛应用，都使得数字经济对传统产业转型升级的作用不断提升。利用大数据技术能够完成复杂精细的生产流程，细化产业分工，促进制造业由自动化升级为智能化、集约化。数字经济能够重构传统制造业体系，使大数据技术融入产品研发、加工制造、售后服务等各环节，从而能大幅提高创新效率，降低创新成本，提高生产线的灵活性与适应能力以及完善售后服务。通过数据分析，不但可以掌握客户需求特点与需求结构，寻求潜在客户和消费市场，不断创新产品、商业模式，还可诱发新消费需求。通过推进数字经济和实体经济融合，可以推进技术扩散和转换，带动上下游企业生产效率提高，甚至生产组织方式变革，提高价值链和产业链的能级。

（4）为公民提供良好公共服务是政府的基本职责，推动数字经济和实体经济深度融合，可以促进政府提供公共服务体系更完善、产品更精准。数字经济是打造新型政府服务体系的重要组成，政府可以利用大数据赋予的能力和契机，全面提高工作效能。一是通过相关数字产业发展，为公民提供更加完善的公共服务产业体系。例如，在"放管服"改革中正在逐步实现"进一扇门办全部事、进一张网办全省事"，使民生服务更加便利化。二是通过大数据可以提升服务水平。相关部门可以从大数据的分析中得出其背后隐藏的特点、规律，从而迅速找出问题的关键所在，提升政府服务和治理的精准性。三是通过大数据产业和数字经济发展，增强政府的预测能力和调控能力。例如，随着我国人口老龄化趋势的显现，对医疗、养老、保健等服务的需求日益增多，通过数字经济发展，使得满足消费者的个性化需求以及老龄化社会对医疗、养老和社会服务的需求旺盛。对一些社会风险的监管也因为数字产业发展变得更加精准和有效。各国聚焦数字经济发展，在促进数字产业发展的同时，积极推动公共治理、居民就业、教育医疗等各领域的数字经济与实体经济深度融合，以促进政府作用更好的发挥。

（二）创新推动数字经济与实体经济深度融合的思路

目前，我国数字经济发展方兴未艾，到 2020 年我国数字经济对 GDP 的贡献已达到 35%，数字经济规模突破 32 万亿元，我国已全面进入数字经济时代。贵州成为创新资源匮乏区域数字经济发展的典范。根据相关统计资料，2014 年至 2017 年，贵州省规模以上电子信息制造业增加值年均增长 38.2%，网络零售交易额年均增长 35.9%，软件业务收入年均增长 38.2%，贵州省 20% 的经济增长是由大数据发展带动的。随着贵州大数据的发展，华为、高通、微软等世界知名企业落户贵州，腾讯、阿里巴巴等全国大数据、互联网领军企业扎根发展。

目前数字经济与实体经济融合上还存在以下问题：一是从工业上看，在市场营销、财务管理、库存和采购管理、行政管理等方面结合业务应用超过50%，而研发、生产等核心环节的融合度明显不足。二是在农业领域，大数据应用还处于起步阶段，特别是在信息资源建设和信息技术应用方面不能适应人民的需求，通过融合推动质量追溯管控的能力不足。三是在服务业领域，基于大数据的精准营销和服务模式创新水平并不高，利用大数据进行服务模式创新的比例较低。加快数字经济与实体经济深度融合，主要从以下几个方面展开：

1. 适应趋势

数字经济的本质是信息化，对信息技术和信息化的投入，是数字经济的重要动力。数字经济的主要趋势是：一是速度成为关键竞争要素，要求区域、企业来建设自身的"数字神经"平台提高核心能力。二是跨界、跨企业合作成为必然选择，信息技术手段特别是互联网技术极大地降低了合作沟通的信息成本，使得广泛的、低成本的合作成为可能。三是行业断层、价值链重构和供应链管理是融合的重要途径，主动或被动地利用数字化手段以对应价值链重构是普遍选择。四是使大规模量身定制成为可能，要求以极低的成本收集、分析不同客户的资料和需求，通过灵活、柔性的生产系统提高敏捷反应能力。只有在把握和适应数字经济趋势基础上加快发展，才能不走弯路。

2. 突出重点

正如一个区域要根据比较优势进行产业选择一样，在数字经济和实体经济深度融合上也要进行选择与聚焦。一是突出重点企业，增强融合发展的带动性。特别是大数据核心企业（数据采集存储、数据加工处理、数据交易流通等）、对数据管理极为依赖的企业（如金融公司等）、大数据应用潜力大的企业（如电信、医疗、教育等行业）和数字驱动型的企业（如利用数据采集和分析来改善运营效率和决策水平的航空、百货、能源、汽车等）。二是突出融合效应大的业务环节。目前在应用层企业较多，但在基础架构、证析层企业较少，而应用层融合属于表层融合，带动力小而又存在"低水平重复"。所以要多层发力，特别是在证析层、应用层结合上下功夫。三是突出形成产业生态圈的集群。数字产业生态圈包括核心企业、大学和研发机构、科技金融等中介服务，既是一个能够良性循环、互动提升的综合体，也是数字经济和实体经济融合的重要形态。

3. 创新模式

目前，实体经济分工深化、产业类型多，在推进数字经济和实体经济深度融合中要根据产业特质创新融合模式。在这方面已经探索出许多融合模式，包括产业链再造模式、精准营销模式、共享经济模式、智慧交通、智能家居模式等。通过大数据技术的深度应用，掌握客户精准的需求，优化制造流程适应需求，为客户提供综合解决方案。例如，青岛红领集团以两化融合为基础，与互联网技术深度融合，探索流程再造、组织再造、自动化改造，将个性化需求与制造系统融合形成数字模型，由计算机完成打版，随后分解成一道道独立工序，构建了智能制造体系，已经从简单的规模量产模式转变为更加聚焦消费者的 C2M（顾客对工厂）模式。滴滴出行、百度地图、小米家居、菜鸟网络、京东金融等都创新出有效的融合模式，为河北省提供了典范。

最具代表性的是雪浪小镇。依托成熟的物联网产业聚集区的区位优势，雪浪小镇与无锡及周边制造企业在数字化升级方面深度合作，帮助企业从完全的制造业企业向服务型企业转型。小镇创新性地打造了"1+N"智能制造生态圈，即重点建设好雪浪云这一个跨行业、跨地域的"一站式"工业互联网平台，衍生建设 N 个垂直型工业互联网平台。通过"1+N"智能制造生态圈，提高了智能制造网络平台搭建、解决方案集成与大数据分析、运维、咨询等全产业链的服务能力。

4. 有效协同

数字经济涉及领域广、竞争激烈，一个区域或企业不可能都"以自我"为主，要增强协同意识，在充分发挥专业化分工协作的基础上形成融合力。一是增强区域间协同。例如，在京津冀区域中，河北省可以充分利用北京大数据技术成果多、数字经济发达、独角兽企业多、高端人才丰富等优势，结合河北省制造业、农业协同推进。二是增强企业间的协同，构建多种类型的数字经济与实体经济融合的产业技术联盟，在互动提升中推进深化。三是增强部门间的协同，密切大数据技术创新、数字经济发展与应用、财政支持等联动，形成政府支持的合力。

（三）采取有效措施推动数字经济和实体经济深度融合

1. 超前谋划，做好顶层设计

数字经济是一项全新的发展模式，是一项创新性很强的探索，具有较高的风险和不确定性，既是一种赶超机遇，也是一种转型挑战。所以要做好顶层设计，通过战略研究、专项规划、相关政策等，协调部门间、区域间协同，有效引导和推动数字经济与实体经济融合。

重点要解决的问题：一是在整合收集各部门、各层级数据信息方面做好顶层设计，消除部门、层级壁垒，降低协调成本与交易费用。二是在数字经济创新方面做好顶层设计，聚焦重点，鼓励产学研紧密结合，形成发展合力和优势带动效应。三是在针对性政策方面做好顶层设计，出台个性化强、能破解问题的政策措施。

2. 多途径学习，增强数字意识

理念决定行动。大力推动数字经济和实体经济深度融合，首先是理念的更新、意

识的增强。欧洲国家在互联网时代的反应滞后就是一个反面典型。要通过多种途径传播数字经济知识和数字意识，将其植入人们的理念中，特别是增强只有将通过数字经济和实体经济的深度融合，才能真正培育壮大主导产业，才能加快树立产业转型升级的理念，逐步形成积极推进大数据产业发展和与实体深度融合的自觉行动。

3. 理清思路，完善新型基础设施

5G、人工智能、工业互联网、物联网在内的"新型基础设施建设"不仅是今年工作重点，而且包括高速宽带网络、互联网协议地址、域名等新型的信息基础设施，还包括了传统基础设施的数字化提升，这是发展数字经济、推动其与实体经济深度融合的重要前提。目前在基础设施、新型基础设施建设上存在的"多龙治水"、规划系统性不强、政策落地难等现象，是下一步工作需要解决的重点。

4. 市场化推进，政府有效引导

产业发展，特别是新兴产业发展，需要政府引导与支持。政府的作用主要是在顶层设计、制订规划和出台针对性政策上。更重要的是发挥市场要素配置中的决定性作用。因为数字经济的发展和与实体经济融合，主要是在微观层面进行，包括大数据的搜集整理、分析增值、生产流程再造、平台搭建、模式创新等，都需要创新型人才和企业按照市场规律、规则来完成。所以，如何充分发挥市场作用，以市场的方式方法来积极推动数字经济和实体经济的融合是当前政府面临的重大任务。

5. 强化培养引进，聚集专业人才

发展数字经济和推动与实体经济融合，需要大量复合型专业人才支撑，目前既有总量矛盾，也有结构性矛盾。建议加快大数据专业人才的培育、引进和有效利用。特别强调两个方面的人才：一是处于决策层相关领导数字经济知识水平的提升，这是一个区域数字经济发展和与实体经济深度融合的重要前提。二是应用层专业人才的聚集。包括高端专业人才和技能人才。特别是新工业人，是指制造业从业者能用算法武装自己的大脑，时刻将制造业场景、制造业轨道作为思考问题的准绳，善于应用企业"工厂大脑"中的数据和计算能力来解决问题，这是培养和聚集的重点。

第八章　加快滨海新区建设，推进京津冀产业协同发展

第一节　滨海新区在协同发展中的思路、原则、目标、功能定位和作用

　　未来两年，将是京津冀协同发展具体落实和加快推进的阶段，也是天津滨海新区借助五大战略机遇，实现三步走战略，完成经济转型，建设繁荣宜居智慧的现代化滨海城市的关键时期。经过十几年发展，滨海新区已成为我国经济总量最大、制造业集聚，政策优势明显的新区。天津滨海新区的未来发展，应充分考虑滨海新区发展的阶段性特征及京津冀协同发展的态势，在更大地域、更广范围配置资源，突破发展瓶颈，形成支撑发展的"新动力"。

一、新时期滨海新区发展的阶段特征

　　随着背景、环境及比较优势的变化，滨海新区未来在发展目标、发展路径上将会从单一目标向复合目标转变，呈现出以下阶段性特征：

　　产业集聚与功能辐射相叠加。滨海新区的产业发展，总体上处在集聚阶段，建立起具有自身特色的产业体系，形成了一定的经济总量。进入新时期，滨海新区进入一个集聚与扩散同步进行的阶段，一方面继续集聚与新区功能定位和发展需求相适应的产业；另一方面，在金融、航运、创新等服务功能对区域的辐射、在区域的扩散也将开始显现。

　　产业升级与产业转移相同步。滨海新区前十几年的发展阶段正处于我国经济高速发展的时期，国家在滨海新区布局和投放了若干重大项目，新区经济总量初具规模。未来宏观背景环境变化，新区将从做大总量向转型提质转变，一方面，要加速产业的

转型升级，发展高端产业；另外一方面要消化和转移"第一个十年"引进的一些低端产业。在这个过程中，需要加强区域合作，既需要从北京市引入一些高端要素，也需要向河北省转移一些一般性产业功能。

做强产业和做优城市相并重。滨海新区总体上专注产业发展，在产业总量和质量上取得了很好的进展，与此同时，城市功能滞后于产业发展的问题逐步显现。未来的滨海新区，随着产业结构的高端化，对城市功能的要求将进一步提高，迫切需要做强产业和做优城市并重，走产城融合的路子，需要在城市功能、公共服务、市政设施等方面进行完善，从而增强对高端人才、创新要素、核心企业的吸引和服务能力。

发挥优势与补齐短板相补充。当前，外部政策环境发生了很大变化，国家发展战略正从沿海往内地转移，京津冀地区的战略布局也发生了较大改变，雄安新区的设立，使滨海新区已不是京津冀地区政策最优的新区。在机遇与挑战并存的今天，滨海新区要实现更好的发展，必须充分考虑自身优势，做足特色，大力发展高端制造、港口经济与金融创新，与雄安新区形成产业联动和错位发展。同时，需要改善投资环境，继续简政放权，激发市场活力，营造良好的创新环境，实施人才新政，留住人才，补齐民营资本不活跃、产业结构偏重的短板。

探索经验与复制推广相结合。滨海新区的"第一个十年"在统筹城乡、国际贸易、金融租赁、行政审批等领域进行了积极探索，取得了一些经验，未来，在我国全面深化改革的大背景下，滨海新区也要主动作为，对可复制推广的成熟经验，要推进这些经验在雄安新区、京津冀、环渤海乃至全国范围内的复制推广；对尚不成熟的经验，要进一步加大探索力度。

二、总体思路

深入学习贯彻习近平新时代中国特色社会主义思想和党的十九大精神，全面落实《京津冀协同发展规划纲要》《天津市贯彻落实＜京津冀协同发展规划纲要＞实施方案（2015—2020）》，借助京津冀协同发展、共建"一带一路"建设和自由贸易试验区建设战略叠加的历史机遇，紧紧围绕国家战略，坚持问题导向、改革体制、抢抓机遇，主动作为；坚持优势互补、合作共赢、双城联动、协同发展；坚持增创优势、分类施策、上下联动、苦练内功。进一步解放思想，先行先试，以合作促改革、促发展、促转型，以实施交通一体化为首要基础，以政策制度一体化为制度保障，着力推动综合配套改革的体制机制创新，着力推动五大承接载体的建设，着力推动交通基础设施互联互通，着力推动港口服务功能的提升，着力推动生态环境联防联控。以合作共赢为理念，构建公共服务共建共享、社会事务共同治理、生态环境联防联控、合作机制运行高效的发展格局，加快创建繁荣宜居智慧的现代化海滨城市，不断提高滨海新区在区域协同发展中的服务辐射能力，助力京津冀地区早日成为具有全球影响力的世界级城市群。

滨海新区在推进京津冀协同发展中，应充分发挥自由贸易试验区的体制优势、自主创新示范区的政策优势、海空两港的区位交通优势、先进制造研发转化基地的产业优势和高端商务设备齐全的配套优势，按照现代产业分工要求、坚持区域优势互补原则、遵循合作共赢理念，以京津冀城市群建设为载体，以优化区域分工和产业布局为重点、以资源要素空间统筹规划利用为主线、以构建长效体制机制为抓手，以承接北京非首都功能疏解为重中之重，以支持雄安新区建设、谋求合作共赢为着眼点，从广度和深度上加快滨海新区开发开放。

三、基本原则

坚持主动作为，高位对接。全区上下必须高度重视，统一思想，主动出击，合力推进，找准着力点，高层次、多领域、多角度对接北京市和河北省的行政、人才、金融、产业、商贸、物流、信息、科教文卫等资源。

坚持增创优势，注重实效。充分发挥新区改革、对外开放、港口航运、先进制造和研发转化、地处京津发展轴和沿海发展带交汇点等方面的优势，主动融入京津冀经济圈，增加提升产业总量，改善社会发展环境，积极服务国家区域发展战略大局。

坚持分类施策，以点带面。要统筹兼顾，精心梳理，找准对接点，优化切入点，积极稳妥，循序渐进，探索合力推进的路径，坚持重点突破与整体推进相结合，坚持专项对接与区域融合发展相结合，坚持优先发展与建立长效机制相结合。

坚持上下联动，形成合力。以开发区为主要载体，政府部门强化引导，各街镇积极参与，提高全区各方面参与和支持协同发展体系建设的积极性，积极争取国家有关部门的大力支持，努力形成上下联动、共同推进对接京津冀的强大合力。

坚持改革引领，创新驱动。加大改革力度，加快建立有利于北京非首都功能疏解、推动京津冀协同发展的体制机制。强化创新驱动，以科技创新为核心，整合区域创新资源，建立健全区域创新体系，打造京津冀协同创新共同体先导区。

坚持整体谋划，分步实施。立足新区发展全局，加强整体设计，谋划承接非首都功能，落实区域布局战略。明确实现总体目标和重大任务的时间表、路线图，研究制订科学的实施方案，分阶段、有步骤地加以引进。

坚持统筹推进，试点先行。有序对接协同发展的推进步骤和重点工作。发挥开发区载体作用和新区改革创新优势，在重点领域的难点问题和体制机制障碍方面，先行开展试点，率先取得突破。

坚持市场主导，政府引导。强化航运、金融、大宗商品等要素市场功能，促进生产要素在更大范围内自由流动和优化配置。进一步加大简政放权力度，切实转变政府职能，发挥好统筹协调、规划引导和政策保障作用。

四、总体目标

按照国家的整体战略布局，全面融入和实施京津冀协同发展重大国家战略，以改革为抓手，破解制约发展的体制机制问题，优化资源配置，激发全社会发展活力。依托首都科研资源，进一步推动先进制造业研发和转化基地建设；提升港口服务功能，进一步推动国际航运与物流中心建设；借助产业集聚优势，进一步推动金融创新基地建设；推进生态体系共建，进一步推动宜居生态新城区建设；创新对外开放模式，进一步推动对外开放门户建设，加快实现国家对滨海新区的功能定位，为落实国家战略做出贡献。

中期目标：承接非首都功能取得重大突破。聚焦八大产业，承接十类机构，瞄准大项目好项目，用好自贸试验区品牌，实现带动和承接首都人口与产业疏解。到2020年累计承接首都项目超过1100个，协议投资总额超过3000亿。项目效益和带动作用明显。累计完成产值1000亿元，实现税收230亿。承接北京人口疏解15万人，其中80%以上具备本科以上学历。服务辐射能力显著增强。到2020年，国际航运功能显著提升，区域性交通枢纽地位进一步巩固和加强。天津港集装箱年吞吐量突破1700万标箱，游轮年停靠180艘次，客流量100万人次，更好地服务雄安新区建设与京津冀协同发展。研发转化功能显著提升，研发转化服务链条日趋完善，R&D经费占GDP比例3.5%以上，国家级高新技术企业2500家，拥有专利数5万件。金融服务功能显著提升，各类金融机构加快集聚，金融业增加值达到900亿元，融资租赁公司注册总资本突破5000亿元，京津冀协同发展基金和产业结构调整基金作用明显，累计带动社会资本超过2000亿元。

区域内部协同成效明显。开发区的带动作用显著增强，开发区、街镇定位明确、功能互补、措施一体的发展格局基本形成，实现集成集约集聚发展。到2020年，开发区主导产业更加明确，优势产业和新兴行业快速聚集，生产总值占全区比重的80%左右。城区功能型、产城融合型、特色农业型街镇各具特色、竞相发展。

区域发展环境明显改善。土地一级开发配套建设取得重大进展，高标准配置水电气热等设施和标准化厂房。在条件成熟的地区设立与经济发展水平相适应的海关特殊监管区或保税监管场所。教育、医疗等公共服务水平进一步提升，新区企业与京津冀高校广泛开展教育、科研与成果转化方面的合作，建立双向转诊和检验结果互认制度。生态环境保护和大气污染取得实质性进展，居民生活环境明显改善。

远期目标：到2030年，建成具有国际影响力的北方经济中心。

五、京津冀协同发展视角下天津滨海新区的功能定位

按照国家的整体布局和新区推进京津协同发展的总体思路,结合实际,选择重点区域和领域,有序推进各项工作。在 2020 年以前,依托港口和空间载体优势,借助改革先行先试试验田的示范效应,主动与雄安新区谋求合作,发挥港口运输对雄安新区建设的支持作用,主动为北京市和河北省提供便捷的出海通道,积极承接北京市先进制造业和生产性服务业的转移、承接北京科技成果的转化,借助首都丰富的社会服务资源助推新区社会发展的总体质量和水平,成为京津冀三地要素交汇、产业融合、互动创新的空间载体和实践平台,从而实现建设我国北方对外开放门户、改革示范区、高水平现代制造业和研发转化基地中心、北方国际航运中心和国际物流中心、金融创新运营中心核心区、国家自主创新示范区、北方对外开放门户,逐步成为经济繁荣、社会和谐、环境优美的现代化海滨城市。

六、滨海新区在推动京津冀协同发展战略中的作用

发挥综改创新区先行先试的示范作用。充分发挥新区在涉外经济体制改革、行政管理体制改革、金融改革、土地管理制度改革、社会管理体制创新等领域先行先试的创新优势,甘做改革的试验田,带动京津冀地区部分改革创新工作。

发挥国际航运和物流中心的集散作用。充分发挥天津港口岸服务功能完善、对外交流合作活跃的区位优势,通过扩建港口,扩建直通腹地的输港交通干线,提升京津冀大物流通道,积极推动建立天津市空港与北京市、河北省口岸通关联动机制,为京冀打造便利化的贸易环境、便捷的对外通道。

发挥制造与研发转化基地的承接作用。充分发挥新区先进制造业、生产性服务业聚集和快速发展的优势,主动对接北京科技成果的转化,积极为北京市产业扩散和新技术产业化提供空间载体,以解决北京市当前存在的功能混杂、交通拥堵、人口环境压力增大等现实问题。

发挥金融创新和运营中心的辐射作用。充分发挥新区在金融创新产品和运营中心服务实体经济发展的比较优势,与中央部委、一行三会和周边地区加强融资租赁、意愿结汇、利率市场化、人民币项目可兑换、人民币跨境支付等重点金融改革领域合作,进一步促进京津冀区域实体经济发展。

发挥自贸区开放经济体系的引领作用。充分发挥新区在建立开放经济体系所积累的经验优势,积极争取自贸区试点,以此强化天津市相对其他经济中心城市的差异性优势,打造开放经济新天地,服务京津冀地区协同发展,使京津冀区域在国家新一轮开发开放中抢占先机。

发挥新区可复制与可推广的引导作用。充分发挥滨海新区在改革开放、自贸区建设、金融科技创新等新区建设方面的优势，进一步探索发展的经验，总结相关教训，积极对接雄安新区和其他国家级新区，主动提供新区发展的经验和教训，为雄安新区及其他新区建设提供可复制可推广的经验指导。

七、滨海新区融入京津冀协同发展的具体路径

滨海新区作为京津冀地区的一部分，融入京津冀协同发展，需要新区积极作为，树立大局观念，既要站在新区角度求发展，实现自身高质量发展，早日建成繁荣宜居智慧的现代化海滨城市，又要站在天津市角度求发展，借助滨海新区优势，激发天津市的发展活力，还要站在京津冀角度求发展，积极与京、冀谋求合作，促进区域一体化发展。

一方面，需要滨海新区主动与天津市其他区县、北京市和河北省对接，谋求经济、社会、生态等领域的合作，促进区域一体化发展。积极对接北京，承接北京市非首都功能转移，促进自身产业转型升级；积极与河北谋求合作，支持雄安新区建设，将新区建设可复制可推广的宝贵经验向雄安新区推广，实现与雄安新区差异化共赢发展；将产业链往河北省延伸，合作建设内陆无水港，带动河北地区的发展；积极对接天津市，将市区的部分工业企业迁至滨海新区，将市区打造成天津市的政治中心，将滨海新区打造成天津市的经济中心，同时与其他区县加强合作，利用滨海新区的自贸区政策优势、独特的港口优势与雄厚的工业基础，带动整个天津市经济发展与转型升级。另一方面，需要滨海新区充分利用自身的区位优势、政策优势、资源优势、经济优势、产业集群优势，抓住"一带一路"建设、自由贸易试验区建设、京津冀协同发展的战略机遇叠加期，尽快补齐滨海新区在产业结构、基础设施、发展动能等方面的短板，落实五大发展理念，为滨海新区发展注入新的活力，实现新区高质量的发展，争做京津冀协同发展的排头兵与领航者，助力京津冀早日成为具有世界影响力的城市群。

第二节　滨海新区融入协同发展的重点领域

一、加强区域产业协作，推进先进制造业基地建设

强化滨海新区先进制造业、研发转化、科技成果产业化基地作用，充分发挥滨海新区金融创新先行先试优势，充分利用北京市科技创新策源地资源和河北省丰富的要

素资源，促进科技资源开放共享，提高协同创新能力，理顺产业发展链条，实现产业发展互补，形成北京研发、天津转化、河北产业化的区域产业发展格局。

制造业重点领域的对接。一是传统产业。依托北京的科技研发优势，加强与北京在石油化工、轻工纺织、现代冶金等传统产业领域合作，提升传统产业的生产工艺流程，加快产业提档升级，主动引导不适合新区发展定位的部分产业向河北省转移，延伸产业链。航空航天。重点发展"三机一箭一星一站"，积极发展航天器、飞行器、航空发动机等相关设备，形成覆盖研发、生产、服务、运营多领域的航空航天产业，打造世界级航空航天产业基地，推动京津冀航空航天产业基地建设。装备制造。强化与周边顺义、石家庄、曹妃甸等装备生产基地的合作，重点在交通运输、石化、数控机床和工程机械等领域进行突破，逐步向河北省延伸汽车产业链，积极发展一批成套设备，提升系统集成能力，打造国家级高端装备制造业基地。二是电子信息。推进中国科学院—高新区共建电子信息技术产业园、北大和新区共建新一代信息技术研究院。加强与京冀在网络安全和新一代信息技术方面的合作，重点突破云计算、物联网、移动通信等领域，打造国家级网络安全和新一代信息技术基地。三是生物医药。建设京津冀生物医药产业化示范区和国家生物医药国际创新园，鼓励新区生物医药企业与京冀地区企业开展多种形式合作，重点强化新型疫苗、抗体、诊断试剂、化学新药和中药等领域研发和产业化，打造国家级生物医药产业基地。四是新能源与新材料。鼓励构建多领域、多形式的新能源、新材料京津冀产业联盟。重点提升核能、地热能和生物质能技术研发，打造国家级新能源产业基地。发展新型功能材料、先进结构材料、复合材料等领域，搭建国家级新材料产业基地。

促进优势产业集群发展。要积极借鉴德国工业4.0经验，利用北京资源密集、科技含量高的优势，积极承接高新技术产业，并推动两地高新技术产业合作。推动新一代信息技术在产品设计、研发、生产和市场营销中的应用，促进大数据、云计算、物联网等新兴电子信息技术与各类智能终端和产业有机结合，提升制造业的智能化、高端化、网络化、集聚化、融合化、低碳化。重点围绕新一代信息技术、汽车装备制造、航空航天、生物医药、新能源、新材料、石油化工、粮油轻纺等八大优势产业，以开发区和特色街镇为承接平台，以龙头企业和互补链项目为重点，吸引北京等地高端制造向新区转移，构建上下游衔接的产业链条，打造具有竞争优势的产业集群，加快发展南港石化、空港航空航天、临港高端装备制造等一批重大产业基地。同时，与沧州、唐山等地在石化、冶金等领域搞好项目配套和上下游衔接，加快区域协同，促进共同发展。

生产性服务业重点领域的对接。随着北京功能定位的转变，制造业企业大量外迁，直接为制造业提供服务保障的生产性服务行业必将随之外移。滨海新区应提前谋划，在承接制造业转移的同时，发挥新区在高端服务业领域研发、设计、产品营销等方面的优势，在高端服务业和特色旅游业上做好对接工作。高端服务业。主动承接北京转移的服务业，重点发展跨境电子商务、互联网和民营金融、文化创意、网络游戏、会展经济、健康养老、消费购物、餐饮休闲及文化娱乐等领域，优化新区产业结构，建设中国北方国际名品展示和高端消费中心。特色旅游业。加快旅游市场主体和客源互动融合，联手开发特色旅游精品线路。开发邮轮、游艇、低空飞行、海洋康体等旅游新产品，继续深入开展"乘高铁，游京津"活动。开展"智慧旅游"项目合作，推广应用京津冀旅游"一卡通"业务。同时积极创造条件，吸引国内外500强企业的地区总部和央企二级总部入驻新区，提升新区商务环境和服务能力。

推进都市型现代农业发展。发挥新区科技、人才优势，参与共同开发有地方特色的优质农产品原料基地，创立特色农产品品牌，带动周边区域农业现代化进程。推进沿海都市型现代农业先行区建设，与京冀联合重点发展现代渔业、高效种植业、生态循环农业、农产品加工物流业和休闲观光农业，提升农业现代化水平。健全完善动植物防疫和农产品质量安全等农业综合服务体系。瞄准北京、天津等毗邻城市对生态农产品的需求，通过农业产业化"龙头企业＋农户＋基地"的模式，做精做强滨海新区的生态农业，大力发展休闲农业、体验农业（渔业）、观光农业等与旅游业融合的新业态，促进农业与旅游业融合发展。

加快品牌产业园区建设。品牌园区建设能够为滨海新区的发展带来持续动力，要大力支持品牌园区建设，提高品牌园区的带动效应。加快建设滨海—中关村科技园，打造协同创新载体。落实《共建天津滨海—中关村科技园工作方案（2016—2018）》，设立中关村产业园区发展基金，完善管理架构与联席会议制度，叠加中关村和滨海新区各类优惠政策，开展跨区域利益共享机制创新试点，引导北京高新技术企业、高端人才、科研机构、金融服务平台等创新要素向园区集聚。推进中欧先进制造产业园建设，打造先进制造国际合作载体。重点发展高端装备、智能制造产业，设立中欧合作产业基金，积极筹办中欧合作论坛活动，诚邀欧洲先进制企业到新区考察洽谈，推动中欧合作与项目引进。通过产业园区建设，加强国内外合作，增强滨海新区的创新力与吸引力，进而提升京津冀地区的活力与影响力。

推动海洋经济示范区核心区建设。提升南港石化产业基地，打造石化产业发展载体。重点吸引北京的涉海机构落户新区，发展海水淡化、海洋资源综合利用和功能食品、工程材料、科技服务、信息等新兴产业，提升海洋油气、矿产开采与深加工产业的聚集能力，推进化"两化"搬迁、中石化天津LNG等项目尽快投产。强化与河北唐山、沧州合作，实现资源有效对接要素优势互补，打造国家级海洋经济产业基地。

二、加强港口领域合作，促进国际航运和物流中心建设

推动港口建设。推动港口基础设施建设。吸引京津冀企业参与天津港口建设，共同推进天津港集装箱、矿石、原油、煤炭、LNG 等大型专业化码头建设，重点加快东疆第二港岛、散货物流中心搬迁、南港 30 万吨级深水航道等工程的建设，提升港口能级。增强辐射能力。加快西南环线扩能改造，南港铁路、进港三线、大北环铁路等港口铁路集疏运体系建设，打通新区与西北地区的铁路连接。扩大在京冀地区无水港范围，推动大通关政策一体化，加快推广内陆物流网络和线上无水港平台应用。

建设智慧港口。在经济全球化与社会信息化的今天，天津港要实现转型升级与持续发展，就必须加快信息化建设。一是要利用好大数据提升天津港的运营效率，及时存储与获取大陆桥运输、口岸联运、海铁联运等所产生的数据信息，并与其他港口实现信息共享和快速传输。二是要加快天津港电子商务平台建设，优化陆路港货物交易中心、天津港物流公共信息服务平台与电子口岸平台功能。三是要不断引进新技术研发与更新天津港管理信息系统，利用云计算、物联网、传感网等先进技术，优化港口管理流程，提升信息管理水平，创新管理模式，全面实现自动化、智能化，尽快将天津港打造成全球知名的智慧港口。

依托东疆、保税等海关特殊监管区域，大力发展国际商品交易和集散市场。突出自身特色，力争在船舶登记、航运税收、离岸金融、租赁业务等方面取得新突破，实现港口功能的完善与提升。加强京津区域物流信息一体化建设，推进两地电子口岸互通互联，以"物流中国"为支撑逐步实现京津冀综合物流信息公共平台共建共享。

构建优势互补的协同合作体系。津冀港口群虽然各有优势，在功能定位上各有侧重，但由于历史现实诸多因素限制，导致港口群缺乏统一规划、职能分工不明确、设施重复建设、港口恶性竞争等问题严重，要充分发挥天津港的优势，与河北省三大港口强化合作，避免劣性竞争。天津港需要立足比较优势，根据腹地所生成货源的不同，优化分工定位，打破同质竞争，加强港口资源的共享共用，最终实现港口间优势互补，构建真正意义上的津冀港口群。例如，天津港可以舍弃人工港口具有劣势的大宗散货和油品化工运输业务，专注于掌握核心技术的集装箱业务。河北省充分利用天然深水良港属性发展煤炭、原油、矿石、杂货等大宗干散货和油化工运输等业务，将集装箱业务让渡给天津港，通过合理分工与差异化的发展路径，弱化港口之间的同质性与可替代性，谋求津冀港口更大范围、更宽领域的合作共赢，推动形成特色鲜明、功能互补、各有侧重、错位发展的良性互动发展格局。

打造国际航空物流中心。加快空港转型，加强机场建设与合作，打造国际航空物流中心，为新旧动能转换做足准备。

推进机场扩建。加快推进机场二期扩建、地铁 Z2 线工程、京津城际铁路机场延伸线工程建设，推动第二跑道实现商业运营，形成"双区、双跑道、双候机楼"运营格局。新开和加密一批航线航班，加强拓展国际航线，提升综合服务保障功能。促进机场合作。支持保税区空港物流园建设，构建全货运骨干航线网络，强化航空货运业发展。加快在北京市和河北省设置和建设城市候机楼，扩大服务范围。发挥纽型机场和航空港作用，与石家庄机场共同分担首都机场客货运压力。

健全相关要素市场。发挥和借助天津北方国际大港优势和强大的服务平台，以海空两港为依托，以较强的出口导向和国际营销网络为优势，借助旅游业强大的汇集力和辐射力，抓住北京非首都功能疏解的契机，加快建设区域性、国际化的物流贸易中心。积极配合和推进天津滨海新区与河北及环渤海其他省市在土地、供水、电力、煤炭、LNG 等资源能源方面的合作，建立长期、稳定的合作机制，提高京津冀和环渤海地区资源能源的利用效率，增强滨海新区可持续发展能力。

三、加强金融领域合作，促进金融创新基地建设

金融机构体系。争取北京的银行业金融机构在中心商务区、东疆保税港区等区域设立滨海分行，保险、证券、信托等设立分支机构、营业部和资产管理部，金融租赁、商业保理、离岸金融、互联网金融和民营金融等创新型机构设立总部。吸引数据、清算、银行卡、研发等金融运营中心落户新区。

金融业务体系。借用首都金融资源，加快建设国家租赁业创新示范区，扩大业务品种和规模，创建全国飞机、船舶、海工租赁中心，吸引北京的大型央企在区内设立融资租赁公司，与京冀合作开展战略性新兴产业大型设备融资租赁。培育互联网金融，商业保理等新兴业态，争取民营银行牌照落户新区。扩大意愿结汇和跨境人民币试点范围，简化直接投资外汇登记手续，促进京冀地区企业和个人跨境直接投资便利化。建立与完善股权、碳排放、金融资产等多个创新型交易市场，保持股权投资企业及其管理机构数量在全国的领先地位。

金融市场体系。鼓励与京冀两地产权交易所、金融资产交易所、环境交易所、新三板等专业交易平台开展合作，进一步发挥天津股权交易所、海商品交易所辐射带动作用，吸引更多的京冀企业挂牌。加快金融市场化机制建设，积极打造京津冀地区的产权登记、资讯、行情、结构化数据、金融模型、交易等多功能金融信息综合服务平台。

金融服务体系。加快天津金融信息腹地建设，积极推进产业链延展，实现金融服务及其平台的布局优化。加快金融后台服务中心建设，形成后台和前台相互呼应的局面。加快教育医疗卫生等生活配套服务建设，推进户籍制度改革，吸引北京地区高端金融人才落户新区。落实"金改 30 条"等创新政策，推进跨国融资便利化。建设国家租赁

创新示范区，设立中国金融租赁资产登记流转平台，开展租赁资产登记、公示、结算流转等试点。聚焦各类金融机构，发展普惠金融、科技金融、绿色金融。

金融监管体系。制定完善股权投资基金、融资租赁、交易场所等具体行业的监管办法。探索建立统一的监管信息共享平台，促进监管信息的归集、互通、交换和共享，为联合监管和协同服务提供信息技术支撑，为京津冀地区企业提供便利服务。在小额贷款公司、融资担保公司、商业保理公司准入，以及纳入碳排放权交易和发行企业债券中，引入信用评级、信用承诺等制度。

建设服务腹地实体经济的金融运营中心。依托腹地实体经济需求，推动产业资本和金融资本有效融合，发挥金融对产业结构调整的促进作用。进一步集聚各类金融机构、提升服务功能、防范金融风险，构建与北方经济中心和滨海新区开发开放相适应的现代金融服务体系和金融创新运营中心。要积极争取国家丝路基金在天津自贸区设立运营机构，促使滨海新区成为国家丝路基金的重要运营中心，进一步扩大滨海新区金融创新运营中心的影响力。

四、加强科技领域合作，促进研发转化基地建设

打造京津科技新干线、建设京津创新共同体。利用国家自主创新示范区的政策优势，推动三地协同创新。瞄准中关村科技企业，不断深入推动科技招商，吸引聚集科技创新资源。继续加强与大院大所的合作，推进滨海新区企业与中国科学院院所产学研合作。以创新平台建设为载体，推进高校创新成果在滨海新区转化、产业化。积极推动"北京大学（滨海）新一代信息技术研究院""中关村高科技产业滨海转移发展基地"和"中科院（天津）电子信息产业园"等科技信息平台的建设。围绕新能源汽车、物联网和云计算等重点领域，实施一批跨区域重大技术试验示范项目。在政府采购活动中，优先支持区内认定的重大技术装备试验示范项目的自主创新产品、技术和服务，鼓励新产品、新技术产业化应用和普及推广。

为北京高新技术产业化提供承接载体。承接发展高端制造、生物医药、高端信息、新能源新材料等高技术成果产业化，把滨海新区建成产业特色突出、聚集效应明显、创业环境良好的研发转化基地。广泛吸引国内外，特别是北京市的科技创新资源，充分发挥行业领军企业、创业投资机构等社会力量的作用，发展创客空间、创业咖啡、创新工场等新型孵化器，构建一批低成本、便利化、全要素、开放式的众创空间。推动京津冀科研院所推动狠抓"一区三园"研发转化基地建设，即龙湖研发机构聚集区，主要依托高新区，以未来科技城为基础，打造研发总部和人才聚集区。空港科技园，依托空港经济区，承接发展航空航天、新材料领域。开发区科技园，依托开发区，承接发展新能源和高端数字装备制造业。中心服务园，依托中心商务区，承接发展高端

服务业和央企二级总部。推动京津冀科研院所、重点实验室、工程（技术研究中心）建立科研服务联盟，重点对接京津两地 100 多家开放实验室向双创企业开放。

促进信息化和工业化深度融合。充分利用大数据、物联网、移动互联等新一代信息技术，改造提升传统产业，推进三网融合，促进信息消费。强化具有自主知识产权的各类软件开发，建设国家级软件产业示范基地。加快服务外包园区建设，扩大知识密集型服务产品出口。大力推进省部、省院产学研合作，支持省市、各市和企业之间开展科技合作与技术联合攻关。

建设京津科技合作共享机制。合作机制。建立与北京高等院校、科研院所的合作机制，鼓励与新区企业联合共建工程中心、工程实验室和技术中心等创新平台，共建跨区域科研用创新实体，针对关键项目、核心技术开展联合攻关。合作平台。提升国家超算中心、国际生物医药联合研究院、天津大学滨海工业研究院研发转化能力，为北京和河北科技创新提供平台支撑。支持中关村各类新兴产业组织以资本输出、品牌输出、服务输出等方式与新区对接。

完善创新环境。强化财政扶持力度，推动中关村政策向滨海延伸。完善知识产权中心功能，促进知识产权转移和转化实施。建立京津冀科技金融合作平台，发展创业投资，完善担保体系，引导社会资本投入。加快硬件设施开发，合作建设未来科技城。营造良好的创新氛围，吸引各类京冀科技机构落户新区。

实施高等教育发展水平提升工程。优化高等教育布局结构，大力培养高层次人才。积极引进急需的创新科研团队和科技领军人才，鼓励与国外机构合作设立海外人才工作站，实现海外引才引智常态化。建立中等职业技术教育、高等职业技术教育、应用技术型本科教育、技术型专业硕士教育的完整链条，完善现代职业技术教育体系；推动职业技术院校和技工学校与企业合作，建设集约化职业教育、技工教育培训基地，大力培养技能型人才。

促进人才合理流动和高效配置。创新人才激励机制，加快人力资源职业能力开发评价体系建设，建设国家职业能力开发评价示范基地；建立健全以政府奖励为导向、用人单位和社会力量奖励为主体的人才奖励制度，加快落实"海河英才计划"，推进实施"鲲鹏计划"等人才新政，健全落户人才居住、教育、医疗等社会保障，真正让人才"引得进，留得住"；探索人才资本产权激励办法，简化人才流动办理手续，促进人才合理高效配置。

五、加强社会领域合作，促进社会公平和谐

开展多种形式教育合作。高等教育。加强京津冀高等教育资源共享，共建高校重点学科和品牌特色专业，互相开放重点实验室、精品课程，开展大学生学科竞赛，为

京冀高校在新区设立分校创造条件。职业教育。与京冀开展职业教育合作，继续推动职业教育机构联合招生、跨区域合作办学，培养和引进数量充足、技术合格的职业技能型人才，满足新区优势产业发展对职业技能型人才需求。基础教育。采取与京冀名校共建、校际合作联盟、建设专家工作站和教育实验基地等多种方式，辐射、带动、提升新区学校发展。探索政府购买服务的方式发展民办学前教育，吸引京津冀优质幼教集团落户新区。建立京津校长、教师和管理干部交流挂职机制。合作共建高校重点学科和品牌特色专业，互相开放重点实验室、精品课程等优质教育资源，合作开展大学生学科竞赛。加强京津大学科技园的交流与合作，推动京津职业教育机构跨区域合作办学，为北京高校在新区设立分校创造条件。

积极承接北京医疗机构疏解转移。合作机制。通过合作办医、建设临床试验基地等形式，深化与京津冀知名医疗卫生机构合作，借助北京优质卫生资源大力培养卫生专业技术骨干人才，积极引进优秀人才，不断提升新区医疗水平。推进执业医师多点执业制度，建立区域内双向转诊和检查结果互认制度。争取北京大学医学部在新区建立研究生院和临床学院，推广北京大学医学部与天津第五中心医院的合作经验，为北京和滨海新区医疗机构合作创造制度保障。引进机构。积极引进北京医疗机构参与滨海新区健康产业园的建设。引进京津冀知名民营医疗机构落户新区，支持社会资本举办非营利医院，重点发展高端医疗服务和特色医疗服务。吸引中国医学科学院、中医科学院、军事医学院等机构到新区建设分院。参与建立京津冀传染病快速预警系统和防控体系。重点加强艾滋病、结核病等重大传染性疾病、出生缺陷疾病以及地方病、职业病的联合预防和控制。增强京津冀各城市在传染病理论研究、科技攻关、人才交流、平台建设、应急管理等方面的合作与交流。

加强文化领域的对接。对接载体建设。积极申请国家对外贸易文化基地，促进京津冀文化出口。发挥生态城国家动漫产业综合示范园、立体影视基地等旗舰项目的带动作用，吸引北京初创型文化创意企业落户，打造文化创意精品研发制作基地。加强与北京创业支持机构合作，协助初创型文化企业开拓京津冀市场。服务体系建设。利用北京的文化资源汇聚优势，围绕文化创意产业，创建以版权交易为核心的文化产业服务体系，打造京津冀版权资源共享体系，加速文化资产在京津冀地区的流通。积极为全区文化创意和文化园区搭建文化创意产业综合服务平台，吸引更多京冀企业来滨海新区创业投资。丰富业余文化生活。加强与首都文化艺术界的交流合作，吸引首都文艺团体来新区进行高水平、多场次演出，在新区营造一流的文化艺术氛围，丰富广大群众业余文化生活。

加强社会保障领域的对接。建立相互包容的社会保障制度。积极参与探索完善京津冀区域社会保险转移接续、医疗保险异地就医结算、公积金异地互贷等制度，参与推进区域内基本社保制度规则的对接。逐步实行政策互惠、资证互认、信息互通，创造有利于人才等要素自由流动的社会保障政策环境。率先尝试开展社会保障适应流动性改革试验，为区域提供经验。积极参与建立京津冀三地医保目录、报销标准、结算体系等方面设立相应互联接口的制度和技术安排。参与共同实施养老保险跨区域转移政策。积极探索养老保险在京津冀内跨区域转移时，对社会统筹部分制定统一的标准，并统一养老保险异地转移接续的办理手续，方便劳务人员的转移、续存及退休后的支取。

建立有针对性的就业政策。针对北京和河北人力资源的情况，研究出台差异化的就业政策，鼓励新区企事业单位吸纳周边地区的不同层次和不同领域的人才，从就业形势会商、职业介绍、提供政策咨询、信息共享等方面入手，探索京津冀统一、开放、有序的人力资源市场建设，加强失业保险管理以及就业帮扶机制合作模式研究，探索与京冀建立新的就业协作机制。针对大学生创业和转型企业职工建立相关信息服务平台，免费提供服务资讯和职业技能培训，为大学生创业就业和传统行业企业员工再就业提供政策与技术支持。

六、加强生态领域合作，促进生态宜居海滨城市建设

推进滨海新区大气环境治理工作。积极配合京津冀协同发展大气环境治理统筹规划工作，以控煤、控尘、控车、控污和控新建项目为重点，实施经济结构调整、能源结构调整、规划布局优化、污染源综合治理等措施，大力改善新区大气环境，提升新区大气环境质量。

加强海湾水域治理和周边水系流域环境综合防治。按照国务院发布的《水污染防治行动计划》（简称"水十条"）、《华北平原地下水污染防治工作方案》和《京津冀区域协同发展生态环境保护规划》，以节水、水污染防治和水生态修复为重点，加快偿还水生态欠账，着力改善水环境质量。加强津冀海域治理合作，切实加强海洋环境生态监控，逐步实现海全海域协调治理、入海河流整体流域协调治理。建立与完善环海定期休渔制度，保护渔业资源。

加快海洋和河流治理工程建设。引进涉海机构。积极争取将北京海洋石油、海洋管理、海洋交通、海洋工程相关企业整体或部分迁移至海洋监测监视管理基地和海洋高新区，进一步促进海洋和河流治理工程建设。推进清水河道行动项目。完善管网路由规划、改造、建设工作，推动企业完成搬迁、治理各项任务。

建立生态环境联防联控机制。根据国务院印发的《大气污染防治行动计划》《京津冀及周边地区落实大气污染防治行动计划实施细则》和《京津冀区域协同发展生态环境保护规划》，结合自身大气环境状况和京津冀大气污染防治合作的要求，以控制

污染物排放总量和防治 PM2.5 污染为重点，积极与京冀建立环保和生态建设合作机制，以大气资源环境质量改善、水环境综合治理和重点生态工程建设为切入点，协同做好水资源配置、水源涵养等工作，加强滦河水源治理，不断改善区域生态环境。建立生态环境保护规划协调机制，合力实现空气监测、环境整治、环保数据等方面的资源共享，共同推进区域污染天气预警、会商及应急联动。

共同构建生态网络。滨海新区要加强对各类自然保护区的规范建设和管理，推动由数量增加向质量提升转变，严格划定"生态红线"。实施平原造林、河流湿地生态恢复、河道整治、海岸带保护等生态工程，加快京津塘高速、津滨高速、天津大道等主干道绿化，构建以京津冀生态廊道为骨架、生态园区为基础、城市公园和郊野公园为重点的生态网络。推进郊野公园、路网水系绿色廊道以及示范小城镇和示范工业园区绿化工作，加快建设独流减河郊野公园、北三河郊野公园、官港郊野公园等大型郊野公园，提升塘沽森林公园、紫云公园、汉沽滨河公园和大港人民公园的绿化水平，开展海河、蓟运河等河道沿岸绿化提升和景观改造。

七、加强开放领域合作，促进改革开放先行区建设

加快开放观念转变。坐拥区位优势的滨海新区因开放而生，应开放而兴，更要把开放作为促转型、促发展的重要法宝。滨海新区将改革开放先行区建设放在落实京津冀协同发展战略实践的重要位置，以开放促发展，促转型。要进一步提高改革开放先行区建设在"一基地三区"整体建设中的重要地位，进一步加快形成开放型经济新体制，使滨海新区能够更好地服务京津冀，更好地服务"一带一路"建设。

创建对内对外开放新体制。习近平总书记提出："要以扩大开放促进深化改革，以深化改革促进扩大开放，为经济发展注入新动力、增添新活力、扩展新空间。"这就要求滨海新区把改革开放先行区的作用作为体制机制协同的主要发力点，围绕京津冀发展的重点领域与关键环节开展先试先行，努力形成可复制可推广的改革成果，向京津冀地区复制推广，为京津冀经济发展注入新动力。建立滨海新区与京津冀区域协同发展之间的双向互动机制。依托改革开放先行区的政策平台积极促进京津冀协同发展，以京津冀协同发展为改革开放先行区提供有力市场支撑，不断深入推进管理体制、贸易便利化、投资便利化等方面的制度创新，向京冀地区延伸和复制创新政策，为区域发展带来更多更大扩散效应。

加快建设自由贸易试验区。积极推进投资管理体制改革、贸易转型升级和发展方式转变、金融领域开放创新、监管模式创新。探索建立与国际接轨的制度模式，在税收、法律、投资准入和提升金融及航运功能等方面率先进行突破。完善京津冀海关区域通

关一体化改革，支持京冀两地在自由贸易试验区建设专属物流园区，构筑服务区域发展的先行区。在自贸区搭建服务贸易公共服务平台、服务贸易促进平台，完善法律、咨询、融资等专业服务体系，健全与跨境电子商务相适应的海关监管、检验检疫、退税、跨境支付、物流等支撑系统，支持北京市、河北省在自贸区注册企业，建立自由贸易账户，开展国际贸易，扩宽跨境贸易循环流通渠道。

积极融入"一带一路"建设，发挥港口优势。滨海新区要充分发挥海上门户的作用，融入国家"一带一路"建设。以港口为起点，以大陆为桥梁，发展海铁联运，打造新亚欧大陆桥"桥头堡"。海铁联运的货物经过天津，向北经二连浩特经过蒙古国，经满洲里到达俄罗斯，向西经阿拉山口抵达中亚。滨海新区要加快无水港建设的步伐，积极向中亚和欧洲地区扩展，构建沿大陆桥亚欧大陆无水港体系，并建立国际联运协调机制，扶持规模大、能力强的重点企业，培育市场主体，大力扩展路桥运输市场，提高天津港的物流服务能力，扩大服务范围，打造国际化的"一带一路"服务品牌。开展区域内与国际港口合作，发展河北港口、荷兰鹿特丹港为重点合作伙伴，将天津港打造成国际交通纽。提升航空交通纽能级。扩展天津机场区域资源，挖掘航空和运输市场潜力，加密干支线航班。延伸机场服务，加快推进航空物流区建设，建立有效的合作平台，提升航空物流基础设施建设，增强服务辐射能力，打造空中丝绸之路。完善陆上交通网络。构建高效便捷的铁路运输网络，为天津港提供强有力的集疏运支撑。例如，畅通"津新欧""津蒙俄"运输通道，建成津滨城际铁路、津保铁路、京津城际延长线等铁路建设，完善京津冀1小时通勤圈建设。进一步加大高速公路建设力度，增加路网密度，实现港城交通分流，疏解主干道压力。

加快投资与服务贸易便利化综合改革创新，提高审批效率。完善行政审批局的运行机制，加快实现集中审批、一口受理。建立覆盖全区的协同监管、协同执法机制，变事前审批为事中服务、事后监管，推进由审批制向备案制过渡，为京津冀企业落户新区提供更便捷通道。放宽市场准入。按照准入前国民待遇和负面清单管理的要求，梳理实体经济和高端制造业企业开放诉求，瞄准高端服务业发展方向，逐步制定并完善相关的意见、方案和实施细则，设定好滨海新区版的负面清单。实现通关一体化。建设区域通关中心，在现有体制不变的情况下，配合有关部门，通过机制创新，将原先各自独立的通关管理体系，通过信息网络互联互通，形成区域联动的通关中心。创新监管模式。按照"一线放开，二线管住"的原则，根据不同货物状态实行分类监管模式，逐步实现基于诚信评价的货物抽检制度，建立各海关特殊监管区之间的便捷通道，提升信息化水平，构建高效的通关环境。

全面提升对外开放水平，促进外贸转型升级。培育壮大外贸主体，吸引大型跨国公司、央企来自贸区发展对外贸易。大力发展高端商品贸易，扶持自主品牌和自主知识产权产品出口，扩大先进技术、关键零部件、国内短缺资源进口，鼓励文化、科技、教育、通信、建筑等新兴服务贸易，支持服务外包向价值链高端延伸。提高利用外资水平。引导外商投资方向，鼓励外资更多投向现代服务、战略性新兴产业、先进制造业。吸引著名跨国公司总部及其研发中心、运营中心、采购中心、结算中心等落户，引导企业总部合理布局。与京冀合力打造区域招商平台，联合举办招商引资活动，推进区域产业集群招商和配套招商。

扩大区域合作，提升区域服务功能。发展船舶管理、海事服务、资格认证等配套服务，形成区域性航运、船舶、大宗商品交易市场。逐步推进自贸区政策向京冀的无水港延伸，探索开放服务贸易领域，推动贸易转型升级。提升对外投资水平。通过资金和技术换取发展空间，为天津企业、产业成长提供便利。加强能源、先进制造业、现代服务业等产业领域的对外投资，积极推进冶金、轻工、建材、纺织等技术成熟、国际市场需求大的行业向河北省和海外市场转移，实现本土化生产和服务出口，开拓海外市场。

推进改革开放先行区扩展区建设。以自贸区为载体，推进金融创新先试先行区的拓展工作，把和平区解放北路现代金融城、河西区友谊路金融街纳入天津自贸区拓展区，对接京津冀区域的重要地区，促进天津自贸区向天津以外的地区复制推广。此外，还要充分利用"一带一路"建设的契机，将天津自贸区向"一带一路"的重点口岸延伸，争取建设内蒙古呼和浩特和满洲里、新疆的霍尔果斯和阿拉山口成为天津自贸区的辐射区，进一步扩大天津自贸区的辐射范围，充分利用天津自贸区建设，激发京津冀地区的发展活力，扩大整个京津冀地区的影响力。

八、推进交通基础设施互联互通，打通新区对外交通通道

打通新区对外通道。以交通设施一体化为协同发展的首要基础，推动京津第二高铁、京港高速公路建设，构筑北京直通中新天津生态城、滨海旅游区和东疆保税港区的快速通道。全力推进蓟港快铁项目，力争向平谷延伸，与北京市郊铁路S3支线相接。规划建设津冀沿海快速公路，打通津冀港口快速连接通道。加快工程进度，确保京津城际延伸线和机场引入线按时完工。增加天津港直通西部、西北部区域的铁路货运通道，建设南港到石家庄货运铁路，增强港口辐射带动作用。

推进公共交通票制一体化。积极参与推动在京津冀城际轨道交通、城市轨道交通及城市公共交通实施统一储值卡票制，发行京津冀公共交通一卡通储值卡，在京津冀各城市公交、出租、城市轨道交通及城际轨道交通范围内实现一卡通用。并相应在京津冀城际轨道交通和新区轨道交通车站自动检票机上及公交、出租车上安装能识别"一卡通"储值卡的读卡器，实现自动检票进出站及刷卡乘车功能。

支持城际公交发展。申请适度放开城际公交运营的有关政策、法规限制，完善一体化运营协调机制，推进公共交通资源共享，重点在南北向与唐山和沧州方面。统筹

规划线路布设，协调安排运营合作与服务监管，定期协调对运营线路进行优化调整，在三省市城际公交运营整体规划方案框架下编制年度实施计划。

推进运输市场统一规范管理。消除地域管理壁垒，力争实现三省道路运输管理政策一体化，重点在客运、货运和法规上突破。一是推进道路客运管理一体化。共同建立长途汽车联网售票系统，为旅客出行提供便捷服务。二是推进道路货运管理一体化。加强监管措施和规范的衔接、统一，提高危险品运输监管水平，确保运输生产安全。实现集装箱运输管理一体化，使集装箱在出入各地区港口及主要道路上享受到与本地车辆同一政策。三是推进建立统一的运输管理法规。促进三省市道路运输在行政管理和监督处罚上逐步形成统一的标准尺度。

发展绿色循环低碳交通。新区要积极推动京津冀地区绿色循环低碳交通体系建设，推动京津冀地区建立全面覆盖、联动发展的交通安全保障体系，推动区域内资源共享，通道共用。滨海新区要加大新能源汽车的推广力度，提高新能源汽车、提前报废机动车的补助标准。鼓励市民绿色出行，倡导"一公里以内步行，三公里以内骑行，五公里以内公交"，为京津冀地区绿色循环低碳交通发展做好表率。

九、明确承接功能载体，打造各具特色的承接平台

将以产业、港口、金融、科技、社会、生态、开放、交通等八大领域为重点，加强与京冀合作，促进京津冀协同发展，并以现有各开发区为主要载体，重点打造承接首都功能疏解的五大平台。五大开发区总面积近千平方公里，是新区实现高质量发展的主载体，同时是新区承接北京非首都功能转移的主要承接功能载体。经开区、保税区、高新区重点。

实现第二三产业融合发展，东疆保税区、中新生态城重点发展第三产业。

1. 经开区

规划面积444平方公里。经开区要做好高质量发展规划，破解影响高质量发展的问题，全力推动动力变革，抓住以"互联网革命"为标志的新一轮技术革命和产业革命带来的新机遇，努力发展"新经济"。重点承接智能制造、汽车制造、电子信息、石油化工、金融服务、总部经济、医药健康和其他服务业，推动汽车制造、电子信息、石油化工、金融服务、总部经济集聚发展。

2. 保税区

规划面积308平方公里。重点承接航空制造、智能装备、生物技术、口岸贸易、金融服务、海水淡化与综合利用、粮油食品等产业，推动航空制造、智能装备、海水淡化与综合利用、粮油食品等产业集聚发展。其中空港区域将突出发展临空型高端制

造业和高端服务业，强化民用航空产业支柱地位，临港区域将突出发展海洋装备制造业和临港服务业，推进制造业转型升级，做强以海洋工程为核心的装备制造业。海港区域将发挥功能优势，建设国际物流贸易高地，培育新型国际贸易业态。

3. 高新区

规划面积99平方公里。高新区将紧紧围绕"三六一"战略部署和繁荣宜居智慧的现代化海滨城市的目标，聚焦新能源、新能源汽车、新一代信息技术等战略性新兴产业，重点打造五大项目体系，构建起一批能够占据全球分工中高端的产业链条。重点承接新能源与新能源汽车、新一代信息技术、航天产业、生命健康、文化创意和未来技术等产业，推动新能源与新能源汽车、新一代信息技术集聚发展。

4. 东疆保税区

规划面积42.6平方公里。东疆保税区把握好港口这一先天资源，真正将区位资源转变成区域发展的竞争优势。重点承接融资租赁、国际贸易、航运物流、文化旅游产业，推动融资租赁和国际贸易集聚发展。

5. 中新生态城

规划面积148平方公里。中新生态城努力打造"创新示范之城""繁荣活力之城""生态宜居之城""智慧高效之城""幸福和谐之城"。重点承接文化创意、旅游健康、智能产业，推动文化创意、旅游健康产业集聚发展。

十、加强区域合作，打造京津冀区域合作高地

1. 对接天津，激发经济发展新活力

滨海新区是天津市的出海口，是天津市经济发展的动力、引擎，是新的经济增长点。近年来，滨海新区GDP总量对天津市GDP的贡献率一直保持在60%以上。滨海新区要充分利用自身的各种优势，积极对接天津各区县，带动各区县发展，真正在全市经济发展、社会改革等多个领域发挥龙头示范作用。

利用自贸区优势，辐射带动整个天津市的发展。依托天津自贸区扩大金融对外开放的优势，滨海新区吸引了国内外大量金融和投资机构入驻，同时新区进一步推进投融资汇兑便利化、利率市场化、资本项目限额内可兑换等，将为整个天津市提供多样化的金融服务。此外，还要将天津市有条件的地区纳入自贸区拓展区范围，利用自贸区的政策优势，降低商务费用与成本，加速资金流动与周转，带动天津市经济发展，将自贸区优势政策向周边地区复制推广，增强天津市的辐射带动作用和在区域影响力。

加强与市区合作，促进联动发展。应尽快将市区的工业向资源优势明显的新区转移，市区集中发展现代服务业，建设传承天津历史文化的核心区和高品质的宜居生态区，

同时加强市区与新区在医疗、教育等方面的合作，新区要加快产业结构转型升级，实现市区与新区的资金、人才、技术等生产要素的流动，最终实现市区与新区的联动发展。

2. 对接北京，服务于北京内涵式发展

北京既是我国的首都，也是京津冀地区的核心城市。在京津冀协同发展战略实施之前，京津两地竞争多于合作，使得天津发展的外部性资源很大程度上被北京挤占。天津市尤其是滨海新区要抓住京津冀协同发展、"一带一路"建设的契机，充分发挥自己的制造业优势、港口优势、自贸区优势，主动对接北京，服务北京非首都功能转移，同时借机发展优势产业，实现自身产业转型升级，发挥在京津冀地区不可替代的作用。

将天津港打造成为北京的便捷出海通道。合作实施京津两地货物出口便捷通关政策，天津市支持北京朝阳口岸外移至通州马驹桥物流基地，支持北京平谷国际陆港实施海关卡口联网工程、"口岸直放"等"港区联动"政策，实现港口手续、码头场地、装卸作业"三优先"，提高港口效率与服务水平，提升京冀集装箱业务量在天津港的份额。

积极承接北京非首都功能转移。积极主动承接北京产业转移，抓紧根据新区现有的产业基础和发展定位，积极制定产业承接目录。积极与国家发改委、工信部、商务部、"一行三会"建立联系，打通政策信息高速路。加大与央企的对接力度，全力抓好央企招商，与国资委监管的 101 家央企加强对话，建立定期交流机制。对接北京中心城区资源，推动社会产业合作，吸引教育、医疗、养老产业落户新区。借力行业协会、商会，积极扩展项目信息渠道，聘请中国贸促会、中国产学研合作促进会等相关机构的专家为招商顾问，与中国电子商务协会、中国冷链联盟、仓储协会、水产协会等行业协会保持密切联系，利用其在行业内的影响力，共赢互利完善产业上下游配套。

3. 对接河北，实现互利共赢

河北省在京津冀地区一直处于劣势地位，经济发展不如人意。一方面由于河北省长期在京津冀关系中处于"输出"地位，输出能源、原材料、工业半成品、农畜产品、生态资源，而缺乏规范化的补偿渠道；另一方面，河北省综合性的海陆交通枢纽不足。滨海新区具有特殊的区位条件，是环渤海经济带和京津冀区域的交汇点，是京津冀沿海区域的中心，同时是京津冀沿海湾区发展的重点，滨海新区要积极贯彻落实国家政策，充分利用区位优势，牢固树立"一盘棋"思想，加强与河北省尤其是海沿线秦皇岛、唐山、沧州市的合作，努力实现双赢。

产业协同发展。与河北省唐山市、沧州市开展区域合作，打造"一体两翼"经济发展隆起带。与唐山市曹妃甸区、沧州市海新区共建合作示范区，打造"产业协同、机制创新、政策灵活、利益共享"的京津冀协同发展示范区先行区。优化天津港、唐山港、沧州黄骅港集装箱运输软硬件资源，实现港口之间集装箱资源统筹、航线共享，合力推进津冀两地集装箱运输迈上更高水平。促进产业链向河北省延伸，积极推进滨

海新区石油化工、现代物流、装备制造、汽车整车及零部件等相关产业优先向河北省梯度转移，带动河北省制造业迈上新台阶。

优惠政策复制推广。向河北推广天津自贸区的优势政策，与河北省联合申报将黄驿港综合保税区作为天津自贸区的延伸，享受优惠政策。在石家庄、张家口、保定、邢台、邯郸、衡水、胜芳、丰润等地建立内地无水港。吸引津冀地区货源集聚，构建津冀地区内陆物流网络。

4. 对接雄安新区，实现互动发展

雄安新区的设立，对滨海新区来说既是机遇又是挑战，在这样的背景下，滨海新区更是要主动出击，积极作为，谋求与雄安新区合作的先机，借助新区发展十几年所积累的政策优势、经济优势以及独特的港口区位优势，主动对接雄安新区，支持雄安新区建设，最终实现滨海新区与雄安新区差异化、互动性、互补式发展，为京津冀地区注入活力，助推京津冀早日建成世界级城市群。

交通互联，打造雄安新区对外联系通道。一是海上交通支持。雄安新区深处内陆，没有出海口，又被赋予了"扩大全方位对外开放，打造扩大开放新高地和对外合作新平台的任务"。天津港既是距离雄安新区最近的港口，又是我国北方第一大港，具备支持雄安新区开发开放的天然优势。滨海新区要积极推进国际航运、游轮经济等服务业发展，构建以港口物流为中心的产业链，实现港口多元综合发展。积极探索在雄安新区设置无水港，发挥对雄安新区建设的港口交通运输支持作用。二是陆上交通互联。加快建设雄安新区以城市轨道为主的城市道路系统，推动津宝、津石、津承铁路天津滨海新区部分建设，加快建设京台、唐廊、京秦、滨石、塘承高速路滨海新区路段建设，加速完成京滨城际建设，打造滨海新区与雄安新区便捷高效的复合交通网络。

产业互动，形成优势互补的产业发展格局。滨海新区要主动将自己的优势制造业产业链条往雄安新区延伸，既有力支持雄安新区先进制造业集聚发展，也借此机会，形成与雄安新区产业的协同联动发展。一是推动运载火箭，大型航天器、卫星空间站、无人机等航空航天产业、智能制造、服务型机器人产业、信息技术、生命医药等高新技术产业对接雄安新区科技新城建设。二是统筹滨海新区海水淡化水资源配置，构建向雄安新区的输送管道，发展以电厂冷却为主的跨区域循环经济链。

金融互利，推动融资租赁项目的合作推广。融资租赁对实体经济发展以及城市基础设施建设都有着一定的带动作用。滨海新区要发挥融资租赁的规模优势，将滨海新区金融创新运营示范区在雄安新区"带土移植"，支持金融机构、企业、人才"组团式"参与雄安新区产业研发与城市建设。在京津冀产业协同发展基金的基础上，设立滨雄融资租赁产业基金，并推动建立跨区域融资租赁和金融租赁资产登记流转平台，满足河北雄安新区建设投资需求，增强河北雄安新区融资租赁服务实体经济的能力。

创新互惠，建设创新驱动发展利益共同体。与雄安新区联合打造滨海—雄安创新平台，构建产业信息集成平台与数据共享中心，共建科研、教育、技术转化与产业孵化等功能集成的产业基地，实现滨海新区与雄安新区内资源要素共享、人才有序流动的创新发展格局，形成滨海新区与雄安新区技术异地协同化生产等新的合作模式，减少两区的区际交易成本，发挥 1+1>2 的协同创新效应，促进两新区高质量发展。

生态共建，建设绿色发展示范区。一直以来，滨海新区高度重视生态环境建设和环境保护工作，全面推进宜居生态海滨城市建设，取得了突出的成绩。2017 年，滨海新区大力建设绿色生态屏障，新建提升街心公园 5 个、植树造林 1.1 万亩，制订北大港湿地自然保护区规划，建立种养殖业退出补偿机制，生态补水 7800 万立方米，新增有水湿地 27 平方公里。滨海新区中新生态城作为世界上第一个国家间合作开发的生态城市，已成为建设绿色生态示范区的样板。中新生态城秉持"绿色、低碳、生态、宜居"的建设理念，积极探索适合我国国情的生态城市规划建设方法，已经就绿色建筑标准体系、适宜技术等绿色城市的建设等方面形成了一整套的方法和标准，为生态理论创新、节能环保技术使用等城市可持续发展提供了样板。雄安新区按照高标准建设绿色宜居生态型新城，滨海新区可以加强与雄安新区的合作，推广中新生态城的建设经验，为雄安新区生态建设提供管理、技术、政策等方面的参考，与雄安新区共建绿色示范区。

第三节　滨海新区抓住机遇谋求自身发展的重点方向

滨海新区经过多年发展，虽已取得巨大的成就，但还存在诸多问题，滨海新区面对多重战略机遇叠加期与经济发展的种种挑战，只有克服自身短板，努力练好内家功，才能更好地服务京津冀协同发展的大局。

一、提升承接总部经济的实力

京津冀协同发展当下对滨海新区最重要的机遇就是北京非首都功能产业转移，新区要充分利用好已有的产业和城市配套基础，牢牢把握雄安新区建设的空窗期，聚焦总部经济的需求，从政策、设施、环境等方面营造企业发展的良好空间，吸引总部经济来滨海新区落户，带动新区产业实现转型升级。

以于家堡和响螺湾为重点，完善交通体系。于家堡和响螺湾高楼林立，楼宇密集，现有许多已建成的空置写字楼，从于家堡到北京，高铁只需半个小时，成为央企总部落户滨海新区的最佳位置。滨海新区要提前谋划，为央企总部落户滨海新区预留好空间。要率先考虑交通问题，对外增从于家堡到北京的高铁车次，对内优化于家堡和响螺湾轨道交通体系，加快地铁线路的修建，优化现有公路的道路结构，解决好随迁员工上下班问题。

以自贸区政策为引领，扩大开放程度。坐拥区位优势的滨海新区因开放而生，应开放而兴，更要把开放作为促转型、促发展的重要法宝。新区要利用好自贸区的优势政策，深化扩展投资和贸易自由化便利化改革，推进企业投资项目审批智能化、高效化、便捷化，全面实现外商投资准入前国民待遇加负面清单管理模式，有序放宽市场准入，争取支持大宗商品现货市场开展提单交易、预售交易和信用证结算等试点，研究推进期现联动发展，吸引总部经济到滨海新区落户。

以良好的商务环境为依托，吸引企业落户。重点围绕企业需求，完善商务环境，吸引企业总部来新区落户，带动新区完善现代化产业体系。研究建立与国际接轨的营商环境指标体系，综合世界银行营商环境指标、中国民营企业营商环境等指标体系，拟定符合新区特色，体现新区繁荣宜居智慧的现代化海滨城市建设导向的可量化、可考核指标。建设诚信型服务政府，打造企业需求指向、政策体系联动、配套措施完备的地方治理格局。

以完善社会服务为保障，打造人才高地。人才，尤其是青壮年人才，决定了一个城市的发展是否有活力。要考虑企业的需求，更要考虑员工的需求，争取在引进企业的同时，吸引企业原有的技术和管理人才。要在教育、医疗、住房等领域，优化社会服务，配合人才新政，为人才营造温馨舒适的生活环境，真正做得到"引得进，留得住"。大力吸引专业性医疗、教育机构来新区落户，在规划编制时，将已经达成或即将达成协议的新引进企业需求考虑在内，合理为学校、医院等服务机构预留空间。通过为特殊人才提供购房补贴、增设蓝白领公寓并提高配套设施的质量，解决新引进人才和随迁员工的住房问题。

二、构建现代化产业体系

1. 巩固优势产业，引领产业转型升级

壮大优势产业。主导产业对区域发展起着决定性作用，影响整个区域的产业格局，只有充分利用区域的产业基础和既有优势，做强主导产业，才能更好地促进区域的发展，在更大范围内发挥区域的辐射力与影响力。港口是城市群与区域发展的核心战略资源，滨海新区应充分利用天津港这一独特优势，以国际航运、邮轮经济等产业为抓手，重点发展具有比较优势的海洋工程及装备制造业，创新发展港口服务业，促进港口转型

升级。依托滨海新区现有的高端制造产业体系，重点支持汽车制造，铁路、船舶、航空装备制造，医药设备制造等高端装备制造产业。培育创新能力强、带动作用大的集群龙头企业，支持"瞪羚企业""独角兽企业"，促进大型企业向"生产型＋服务型"企业的转变，提高高技术装备制造业的集聚度，按照"项目集中园区、产业集群发展、资源集约利用、功能集成建设"的思路，以引进大项目、好项目为重点，发挥招商队伍的主力军作用，盯紧世界 500 强、国内 500 强、央企及上市公司，盯紧"珠三角""长三角"、北京等重点区域，开展一对一、点对点精准招商，确保项目引进的成功率 [26]。促进产业布局的合理化，沿空港经济区、高新区、开发区、保税区、临港经济区、东疆保税区一线打造制造业发展主轴，使高端制造业产业结构向"高端化、高质化、高新化、集群化"的方向发展。

调整产业结构。滨海新区的产业结构调整：一是要依托已有优势企业和高端产业，做大做强高端优势产业，增强企业核心竞争力，影响和带动其他相关产业，同时增强金融政策的规划引导，促进科技成果转化、产业技术创新、高端人才集聚，带动区域产业转型升级。二是要充分发挥自贸区的虹吸效应，吸引优质企业进入自贸区，促进总部经济的发展，促进金融创新，充分发挥制度创新和政策优惠的优势，完善融资租赁市场，大力发展第三产业，在发展传统服务业的同时，积极探索金融监管、产品和服务创新，大力发展现代服务业，逐步调整优化滨海新区的三次产业结构。

2. 发展集聚经济、开放经济、智能经济

为贯彻落实党的十九大精神，加快创建繁荣宜居智慧的现代化海滨城市，滨海新区应主动贯彻新发展理念，主动适应经济从高速增长转向高质量发展阶段的要求，按照区委和区政府的指示，着力发展集聚经济、开放经济、智能经济三大经济，优化经济结构、转换增长动力，不断增强区域经济的创新力和竞争力。

发展集聚经济。2013 年，习近平总书记在天津视察时强调，要以滨海新区为龙头，积极调整优化产业结构，加快转变经济发展方式，推动产业集成集约集群发展。要积极贯彻落实习近平总书记的重要指示，在更大范围、更宽领域、更高层次上集聚产业、人才、技术、创新等高端要素。一是要提升现有园区。园区是推动经济跨越发展的重要载体，要紧紧围绕产业向园区集中、特色产业园区集聚发展的思路，依托好现有园区和开发区，坚持规模化、集约化原则，整合、优化、提升新区现有各类产业园区和开发区。依据资源、生态、产业环境等综合因素合理确定园区和开发区定位，完善基础设施，优化企业间生产协作流程，使之成为产业集聚的有效载体。二是要创新项目机制。积极做好项目引入前期工作，加强产业链和价值链研究，借助京津冀协同发展、共建"一带一路"，以及全球产业结构调整契机，促进一批综合效益好、对区域经济带动能力强的产业项目落地，引导新区企业按照产业链上、下游延伸，带动一批配套

项目，进一步提升新区产业集聚空间。三是要以产业为基础推动人才集聚。鼓励猎头服务，支持新区企业集体外出招聘。大力建设白领公寓，并在周边建设生活配套设施。支持各类企业人才在新区创业和生活，并推动产业区和生活区配套。

发展开放经济。滨海新区要利用京津冀协同发展、"一带一路"建设、自贸区建设的战略机遇叠加期，坚持更大范围更宽领域更高层次的开放，不断提高贸易便利化、投资自由化、金融国际化水平。高水平打造自贸试验区升级版，实施新一轮自贸区改革开放方案，积极探索建设自由贸易港，加快完善金融创新、国际贸易、国际航运等服务功能。一是推动区域产业协作。发挥先进制造研发基地优势，加强与北京、河北的对接合作，坚持"短链建链、缺链补链"，贯通产业上下游，完善产业配套，建设先进技术、创新要素、高端产业的承接地和聚集地。以滨海—中关村科技园为重点，积极对接北京创新资源和科技成果，加快建设一批以市场为主导的承接载体。主动向河北延伸产业链条，发展飞地经济，共建产业园区，实现产业一体，联动发展。二是积极融入"一带一路"建设。实施更加积极主动的开放带动战略，坚持引进来与走出去并举，加快构建开放型经济新体制。深化与共建国家务实合作，打造多式联运跨境交通走廊，推动产品、品牌、技术、产能走出去，提高经贸合作区建设水平，积极培育新型外贸业态。探索通过协同研发、人才技术引进、项目孵化培育、平台共建等多种形式扩大合作关系，构建开放式创新的制造业发展格局。三是鼓励开展境外投资业务。大力推行对外投资便利化，鼓励企业利用跨境双向人民币资金池、并购基金等金融试点改革政策，扩大海外销售和投资并购业务。加快埃及苏伊士经贸合作区和印尼聚龙工业区和泰国俊安工业园等项目的建设，支持符合条件的企业采取自建、与渠道商合作等方式建立海外营销中心、维修服务网点等海外营销体系。四是将中欧先进制造产业园作为先进制造研发基地建设的重要载体。学习借鉴欧洲先进技术、先进标准体系和先进制造理念，加强与"德国工业4.0"的对接，加快建设以临港经济区为核心，中德高端装备、中德汽车制造、中欧航空制造区、中欧新一代信息技术和中欧生物医药为协作区的中欧先进制造产业园，重点发展高端装备、汽车制造、航空制造、新一代信息技术、生物医药和生产性服务业产业集群，积极推动与中欧之间的经贸合作、技术研发、成果转化和友好交流等，加大招商力度重点引进带动性强的欧洲龙头项目，构建先进制造业产业链条，形成产业聚集，推动制造业智能化发展，不断扩大园区凝聚力和影响力。

发展智能经济。以加快新一代信息技术与制造业深度融合为主线，以推进智能制造和突破关键核心技术为主攻方向，充分发挥海河产业基金引导作用，打造研发制造能力强大、产业链占据高端、辐射带动作用显著的先进制造研发基地。一是创新智能制造发展模式。建立智能制造生产能力共享利用模式，在重点产业集聚区建设柔性化生产的"智能制造共性工厂"，鼓励金融机构对智能制造企业开展全产业链金融服务，搭建智能制造中小微企业孵化平台。二是发挥创新平台的作用。发挥好北京大学、清华大学、中国科学院、浙江大学等重要科研平台的作用，围绕新区优势产业发展和科技成果产业化需求，面向全球组织创新要素，在智能制造、高端装备、大数据应用推广、新药创新等方面形成一批在国内外有较大影响的创新资源，促进科技成果加快聚集转化。三是培育一批拥有自主核心技术的创新产品。围绕先进制造领域，实施一批重大科技创新基础工程和战略项目，在智能制造、人工智能、生命科学、高端装备等领域攻克一批共性关键技术，加快形成一批战略性技术和产品，培育一批有国际影响力的知名自主品牌。四是建设智能制造支撑体系，推动信息技术服务产业发展。加大智能软硬件技术研发支持力度；发展基于互联网的个性化定制、众包设计、云制造等新型制造模式；建设高质量的工业云服务和工业大数据平台；推进疏解资源开放共享，发展大数据产业；加强互联网、物联网、云计算、车联网等新技术应用，发展分享经济。五是重视职业教育的发展。坚持"经科教联动、产学研结合、校所企共赢"的理念，为解决新区制造业发展的人才短板，进一步加大与海河教育园合作力度，大力开展适应智能制造的技能培训，配合培养支撑先进制造研发基地发展的高素质产业技术工人。

3. 增强自主创新能力，提高企业竞争力

加大企业研发投入力度。研发经费占地区生产总值的比重已成为衡量地区发展环境的重要指标。2016年，滨海新区研发经费占地区生产总值的比例仅为2.7%，低于多数可比城市。科研经费投入量与创新驱动能力呈正相关，而创新是经济发展的第一驱动力，因此有必要尽快加大科研经费投入，营造支持企业创新发展的良好环境。一方面需要政府在预算中留足专项款，并下拨到基层单位，做好监督工作，防止贪污挪用；另一方面，企业作为创新主体，需要注意增加产品研发经费中投入的比例，依靠科技进步掌握市场的主动权。

构建产学研多元主体协同创新模式。一是强化企业创新地位，培育和发展一批创新型企业，加大对企业研发的投入，支持企业建立研发机构，推动建立企业主导的技术创新联盟，充分调动企业的创新积极性。二是推动高校、研究机构、企业间的实验室、研发设备仪器、标准检测机构等的开放共享，提高资源使用的效率，鼓励支持高端科研型人才到区内企业兼职，鼓励区内高端创业和管理人才到研究院所交叉任职，提升创新效率。

加强创新平台建设。在航空航天、新能源、新材料、信息技术、节能环保、海洋产业、生物医药等领域，重点建设一批国家认定的企业研究中心、实验室、监测中心等国际级研发创新平台。重点支持自带平台、自建平台的高端人才来津创办科技型企业、实验室或其他平台，并提供一定的科研经费支持和人才基金保障。积极引导滨海新区的科研院所、大型企业、科研平台等创新平台将基础设施、科研成果、创投资金等向创新创业者开放。

4. 加快现代服务业的发展

第三产业比重偏低，是滨海新区产业发展的短板，要构建现代化产业体系，就必须以生产性服务业为突破口，推进高端制造与服务业的融合发展，向产业的研发设计和市场营销要效益，不断推进航运物流、金融创新、旅游会展等现代服务产业的发展。

推进金融业与实体经济的良性互动。围绕服务实体经济，明确金融服务业的发展目标与战略重点，通过金融创新助力制造业的优势产能走出去。鼓励产业与金融资本相融合，使金融业发展与制造业发展相辅相成，相互促进，改变以往二者之间资源掠夺、相互挤压的竞争态势。支持各类大型工业企业设立、控股或参股银行、保险、证券、融资租赁等金融机构，引导更多区内大型企业设立销售中心、财务中心、结算中心和资金调拨中心等功能性机构。充分挖掘和培育不同产业与服务业之间的网络外部性及集聚效应，制定服务业与实体经济发展的协调机制。

依托优势，因地制宜发展特色服务业。各开发区、街镇要依托各自的特点，将优势服务业做大做强，培育拉动经济发展的新引擎。第一，要依托海空两港优势，大力发展航运物流业。一方面提高物流业的服务能力。建立由空港、码头、铁路货运站、公路枢纽站系统和货运通道网络、配送道路网络体系等方面构成的物流运输平台。提高企业信息管理水平，建立合理高效的信息平台，实现物流网络的动态最优化；引入先进的物流技术手段，提高效率与准确度。另一方面要开拓物流市场，定位新的客户群体。通过提供优质服务与制定优惠政策，吸引一批跨国物流企业，提高滨海新区物流服务的国际化、专业化水平，提高新区物流业的影响力和辐射力。第二，各街镇也要根据各自的资源禀赋，发展特色旅游业。例如，向阳街利用洋货市场充分发展旅游、餐饮等服务业；大沽街利用特色农产品优势，大力发展农家乐活动，将"草莓采摘节""葡萄文化节"等特色农产品采摘活动打造成知名品牌。

5. 振兴民营经济

加大扶持力度。推动体制机制改革，加快发展本土产业，振兴民营经济，加速转型升级，释放市场活力，缓冲公共资源优势被稀释的影响。释放民营企业规模、数量、实力上的发展空间，实行无差别的财税、土地优惠，贷款风险补偿，技能人才培训等政策，营造富有活力、多元、开放和宽松的社会氛围。加快构建"清""亲"型政企合作关系，对政府应付的各种款项，根据付款计划按时付结，减轻企业债务负担。培育扶持一批创新能力强、规模经营好、带领带动作用强的集群龙头企业，充分发挥龙头骨干企业的产业辐射、科技创新、信息扩散的示范引领作用，支持更多民营企业走改造提升、专精特新、转型升级的发展之路。

改善融资环境。一是加大对金融科技的应用力度。提高大数据、区块链等金融科技的应用能力，着力解决民营企业在融资过程中面临的道德风险、逆向选择等信息不对称问题，鼓励商业银行与金融科技公司开展合作，利用大数据挖掘技术，及时对企业进行风险评估，快速、高效对民营企业需求做出响应。二是加快建立政府、企业、行业协会、商业银行的常态化合作机制。积极开展政企银对接活动，为民营企业提供多元金融支持。三是尽快建立民营企业贷款风险分担补偿机制，在银行、担保机构和民营企业之间合理分散信贷风险，解决企业融资难题。四是构建多层次的金融市场体系，根据金融机构类型设立不同的考核监管体系，支持银行创新民营企业融资业务，严厉打击各种金融违法行为，整顿金融秩序，保持金融业态稳定。

6. 整合区域资源，打造新区产业服务平台

探索建立大数据经济运行监测平台。建立滨海新区数据融合中心，共享财政、税务、发改等各政府部门数据；建立滨海新区经济运行监测平台，精准监测滨海新区产业和企业发展情况，实现宏观经济监测的自流程化和风险智慧预警，加强政府对关键资源的掌控运用能力，增强经济运行工作的可预见性、针对性，为政府决策提供从宏观到微观的多层次服务，助力新区更好地完成产业转型升级，实现高质量发展。

建设企业信用平台。以国家建设中小企业信用示范点为契机，基于区内企业拥有较好的信用建设基础，建立包括人、企业、组织在内的滨海新区城市信用服务平台，改变以往信用管理存在的"信息孤岛"，实现更大范围的信息资源共享，为人才创业、企业发展建立"信用底账"，并结合信用平台建设出台相关的标准，明确信用采集方式及管理权限，推动企业建立风险防控体系，规范数据信息管理，提高数据信息的科学性。

三、促进街镇错位发展

党的十九大报告指出：实施区域协调发展战略。以城市群为主体构建大中小城市和小城镇协调发展的城镇格局。滨海新区在融入京津冀协同发展中，在不断强化开发区主力军作用的同时，要重视街镇的发展，根据滨海新区的总体发展布局，结合各街镇的发展现状，因地制宜，推进新区内的十九个街镇朝着以资源保护为前提，合理优化村庄布局，集约利用土地资源，有效配置公共设施的方向发展，最终形成城乡互动、优势互补的发展格局。建设城区功能型街镇，打造综合服务中心。对与城区完全重合的街镇，如泰达街、新河街、新北街、塘沽街、汉沽街、大港街、杭州道街，这些街道商贸比较发达，居民多，人流量大，应逐渐剥离街镇的经济职能，实现以社会管理为主要功能，重点发展休闲娱乐、文化创意、健康养老等服务业，增强城区的服务功能。

建设产城融合型街镇，打造特色产业园区。对大沽街、北塘街、胡家园街、新城镇、古林镇、海滨街、中塘镇、太平镇、寨上街、杨家泊街等街镇制造业初具规模，具备

一定的产业基础，产业发展空间较大，要积极推动产业转型升级，提升产业发展水平，建设特色产业园区，推进产城融合发展。

建设特色农业型街镇，打造富饶美丽乡村。对距离城区较远，有一定农渔业特色的街镇，如茶淀街、小王庄镇等，重点发展葡萄种植、海珍品养殖、高效设施农业等，开发农产品深加工和采摘、体验、观光等休闲旅游业，实现农产品"接二连三"发展。

四、健全协同发展机制

完善协同发展机制，推进"一核两翼"、新区与开发区、开发区与街镇、港产城四个方面协同发展，实现新区内部各领域协同发展。

1. "一核两翼"协同

明确空间发展布局。核心区重点发展现代服务业，提升市容环境品质，打造河海环抱、功能完善的现代化新城。北翼重点发展绿色产业，完善绿色组团，打造城景共融、生活功能完善的生态新城。南翼重点发展特色优势产业，构建生态良好、产城互嵌的宜居新城。

强化核心区与两翼对接。完善公共服务功能，推动核心区资源向两翼延伸，布局一批带动力强的大项目，增强两翼对产业、人口的吸引力，实现功能互补、共同发展。

推进服务设施互通共享。探索推行"市民一卡通"服务，实现公共设施、文化场馆等互联互通、共享使用。推进各旅游景区合作，探索"旅游通票"，提升对游客的吸引力和深度服务。围绕产业、居住和公共服务布局，优化跨区域公共交通。

2. 新区和开发区协同

政策协同机制。科学合理规范现行招商政策，探索建立无差别化、统一的招商政策和产业政策，实现项目特别是服务业项目落地只受区位、产业链等因素影响，避免内部过度竞争、整体利益严重受损。

招商协同机制。加强开发区间的招商合作，探索整合各开发区市外、国外招商机构，实现"出去一把抓、回来再分家"。探索招商引资信息共享机制，建设招商信息平台，实现各开发区、各街镇共享招商信息。探索建立招商项目利益分成机制，对某个开发区、街镇招商项目落地其他区域的情况，视项目类型、产业、投资等，按一定比例进行利税分成和统计指标共享。

促进产业集聚发展机制。探索建立新区产业指导目录，明确各开发区、各街镇重点发展产业，特别是集聚发展的产业。实施"正面清单"管理，鼓励和引导各开发区、街镇按照产业定位合理布局、集聚发展。统筹产业布局和园区建设，实现产业集聚区、特色商业区、专业园区协同联动。围绕龙头项目和领军企业，推动产业横向拓展、纵向延伸。

创新协同机制。加强科技创新体系对接，围绕重点领域，共建共享一批产业技术服务平台、仪器设备共享平台，提升和新建一批跨区域、跨行业产业技术创新联盟，联合开展关键技术攻关和人才培养。

3. 开发区与街镇协同

促进开发区与街镇协同发展。引导开发区与街镇融合发展，在招商引资、服务平台、技术创新等方面，探索建立"优势互融互补、成果共创共享"机制，实现资源共享、互惠互利、共同发展。对于城区融合型和产城功能型街镇，逐步探索取消街镇经济职能，进一步下放社会管理和公共服务职能，回归社会管理服务本位。

4. 港产城协同

深入推进港产城协同发展。推进港城协同，持续提升港口能级，优化港区功能，加快完善集疏运体系。推进产城协同，推动优化产业开发布局、完善基础设施、提升服务功能、发展配套产业，实现以产兴城、以城带产。

五、打造经济门户形象

培育软实力。一座城市的文化与精神是城市魅力的集中体现，历史悠久的文化名城通过传承与发扬，构建了城市的文化精神内核，新兴崛起的都会新城，则在发展和创新中，不断释放属于新时代的文化精神内涵。塘沽、汉沽、大港三个原有行政区历史悠久，奠定了滨海新区的历史底蕴；开发开放的旅游景点与文化场所，如极地海洋公园、东疆游轮母港、滨海新区文化中心等，则赋予滨海新区新的时代气息。要充分利用好滨海新区的塘沽、汉沽和大港三个原有行政区历史悠久的文化底蕴和开发开放新城的特性，加大舆论宣传力度，培育特色历史和现代旅游景点。着力发展具有滨海特色的海洋文化、创业文化和工业文化三种文化，在原有传统文化基础上，探索符合新时代特征的新的文化内涵，如在创业文化的基础上突出新动能的创业。

打造文化品牌。要鼓励发展文化创意产业，打造滨海新区文化品牌，提升新区影响力。建设好滨海新区高新区北方文化创意产业基地，进而将其打造成滨海新区乃至天津市的文化创意产业中心；发挥国家动漫园和国家 3D 影视创意产业园的影响力，发展更多以工业设计和软件服务为支撑的高科技文化创意产业。

提高企业的宣传力度。鼓励企业通过微信、微博、门户网站等现代信息技术手段，对企业品牌、经营理念、产品营销、竞争优势等内容进行宣传，提升滨海新区企业的知名度与影响力，吸引更多的人才来滨海新区就业发展。政府应积极予以支持，定期组织互联网技术培训，提升企业运用新媒体的能力。

六、强化高端人才引进

人才是区域发展的第一资源，人力资源能够为区域发展提供不竭动力。近来，我国二三线城市纷纷向人才抛出"橄榄枝"，努力筑巢引凤，"抢人大战"进入白热化状态。滨海新区经过十几年的发展，一栋栋高楼拔地而起，基础设施逐步完善，但是人气仍然不足。针对滨海新区人力资源中存在的人才需求矛盾，应尽快采取行之有效措施，加快构建滨海新区人才高地。加快落实天津市"海河人才计划"，对标新区产业发展的人才需求，制定更加包容灵活的人才新政，加速推进新区人才"鲲鹏计划"的实施，吸引海内外人才到新区发展。

健全人才保障机制。虽然滨海新区在产业、基础设施以及房价上较北京周边城市具有比较优势，但生活服务配套的完善仍然是人才集聚中迫切需要解决的问题。新区不仅要引进人才，更要留住人才，要健全人才发展的保障机制，让人才切实能够在滨海新区落户生根。根据滨海新区的人口承载能力，灵活制定与天津市市区不同的户籍政策，完善交通基础设施建设，优化区内现有公路交通，疏解拥堵路段，加密并延长市区到新区、北京到新区的轨道交通线路，加快实现优质产业、教育、医疗的配套，推动产城融合，完成从产业园区综合体，向提供完善生产和生活服务的城市转型。牢固树立以人为本的发展理念，通过塘沽、汉沽、大港旧城区升级改造，进一步完善设施，为市民提供良好的人居环境。

加大人力资源开发力度。人力资源开发的实质是对价值和资源的分配，政府和企业要积极购买培训服务，加强职业培训基础能力建设，优选建设一批公共实训基地。引进国内一流高等院校、著名研究机构设置分校，加强与高校、科研院所、行业组织和具备条件的企业之间的合作。建设引进和培育精英人才的联合培训平台，加快推广职业培训保管管理模式，开发应用培训数字资源培训，建立线上线下结合的远程职业培训体系。创新人力资源开发培养模式，完善职业介绍网络，构建京津冀人力资源信息共享与服务对接平台，促进人才资源共享和跨区域交流，全面提升人才保障水平。

第四节 滨海新区融入协同发展的保障措施

一、加强协同发展的组织保障

成立由区主要领导任组长、分管副区长任副组长，各开发区、相关部门共同参加的推进滨海新区京津冀协同发展领导小组，统一协调相关工作，并开展京津冀协同发展的总体研究，从顶层做前瞻性设计，聘请外脑，深化研究，形成专题研究报告。

各开发区成立区域内推进滨海新区京津冀协同发展工作办公室，并与新区工作办公室对接，推动各开发区发挥对接的主战场作用，按照自身功能定位和产业发展重点抓紧制定对接北京非首都核心功能的政策措施，加快引进大项目、好项目。

二、建立一套对京招商政策

强化财税支持。明确各开发区发展重点，坚持滨海新区一套对京政策，进一步细化税收优惠政策（特别是个人所得税优惠政策），针对特定产业转移承接园区，制定两地税收分享办法。

强化资金支持。设立产业转移与园区建设引导基金，扶持年轻人创业，视转入企业情况，对入区企业在租房、购房等方面给予补贴；对引进航空航天、生物医药、重型装备、新能源新材料等重点产业领域领军型企业给予专项补贴。

不断优化完善人才引进政策。对引进的高端人才提供个性化保姆服务。通过专业机构追踪高端人才动态，建立首都高端人才名录库。进一步开拓海外引智引才渠道，延伸各开发区招才引智的触角，通过设立海外人才联络处，大力引进海外高层次人才，为新区各项事业的发展提供智力支持和人才保障。协助解决好引进人才配偶就业、子女入学等相关问题。

三、建立一套完善高效的合作交流机制

确立多层次的合作框架。依托天津市与北京市签署的《关于加强经济与社会发展合作协议》、滨海新区与海淀区、中关村签订的合作协议，支持各开发区与北京市相关区县、大院大所建立"区区合作""区所合作"机制；推动中心商务区与金融街、北京 CBD 等重点开发区域签订合作协议，推动保税区与中关村签订区域合作协议。

强化驻京专门机构职能。加强滨海新区人民政府驻京办事处力量，发挥开发区与北京资源联系的桥梁和纽带作用，全面对接首都资源，为各开发区对口北京提供联络和招商服务。

四、搭建一系列产业承接平台

发挥开发区的主动性，在高新区、保税区、中心商务区选定特定区域或特定楼宇，分别作为与中关村、北京 CBD 的对接载体，命名为"京津新区高新技术创新发展基

地"、"京津总部经济发展基地"、"京津金融产业创新发展基地"，承接中关村、北京CBD 产业和北京金融产业转移。

五、建立一支对外招商队伍

充分发挥滨海新区招商团队和驻区企业的作用，明确任务，明确责任，对转移项目盯紧、盯死，千方百计创造条件促进项目落地。一是要"走出去"。经常组织有迁入可能的北京企业召开推介会或座谈会，了解企业需求，介绍相关的政策、服务等情况；二是要"请进来"。邀请有迁入意向的企业到滨海新区实地考察，现场解疑释惑；三是要"推出去"。借助有影响力的媒体加强宣传，大力推介滨海新区，在首都形成人人知道滨海新区、人人想来滨海新区的局面。

六、促进生产要素的自由流动

发挥市场在资源配置中的决定性作用，打破制度瓶颈，加强区域间资金、技术、劳动力等要素的自由流动。合作开发分质供水、智能电网、节能改造等项目，降低生产要素使用成本。统一技术、人才交易等要素市场，规范产权交易市场、碳排放权交易市场，通过加快配套物流基础设施建设，提高物流管理信息化水平，降低企业综合物流成本。为京津冀生产要素的合理流动、地域分工的合理布局提供了保障。

七、推进政策制度一体化

以政策制度一体化为制度保障，在区域内产业转移、行业协调、产品协作、港口合作与联合开发等方面，制定促进协同发展的政策。在促进区域生态建设和环境治理上，制定有利于生态协调发展的环境政策。在社会领域，探索建立统一的医疗、卫生、教育等公共政策；加大财政领域合作交流力度，制定互利共赢的财政政策；加强滨海与其他地区仲裁机构对接，研究建立一体化的争端解决机制，为协同发展提供制度支持。

八、推动市场体系一体化

以市场体系一体化为协同发展的根本条件，在一体化制度政策的基础上，实行统一的市场准入，借鉴上海自贸区经验，在三地建立"负面清单"制度，明确在"负面清单"外的领域，各类市场主体可依法进入、平等竞争。改革商事登记制度，实施更为便利的登记管理，形成互信、互认、共管的格局，推动京津冀间金融、技术、产权交易、人力资源和信息市场的一体化，破除限制资本、技术、产权、人才、劳动力等生产要素自由流动和优化配置的各种体制机制障碍。

九、加强宣传策划签约

加强媒体宣传。开展一系列京津冀对接宣传活动，多渠道多形式对外宣传新区，强化周边地区企业对新区的认知度，积极引导京冀企业与新区企业开展合作。建立健全京津冀协同发战略内涵，重大意义、重点工作的正面宣传和政策解读，合理引导社会预期，避免舆论炒作和误导。策划项目签约。从各开发区选取影响力大、带动面广、示范效应强的京津冀对接项目，组织项目签约活动，邀请国家部委、市领导出席，与各大媒体紧密合作，营造宣传声势。广泛听取社会各界的意见和建议，充分调动广大群众的积极性、主动性和创造性，努力营造社会各界合理推进京津冀协同发展的良好氛围。

十、收集信息督促落实

定期收集汇总各开发区和区有关部门京津冀协同发展的工作基础、进展情况，以及按照自身区域规划、功能定位、职责分工制定的对接政策措施，并督促落实。及时将收集的信息进行归纳总结，形成简报，向市、区领导报告工作进展情况。

第九章　京津冀产业协同发展的法治保障

第一节　以法治保障京津冀协同发展

2013 年 8 月，习近平总书记在北戴河主持会议时提出，要推动京津冀协同发展。2015 年 4 月 30 日，中共中央政治局审议通过了《京津冀协同发展规划纲要》（以下简称《纲要》）。《纲要》不仅明确了京津冀三地的城市功能定位，而且对推进《纲要》贯彻落实制定了具体的时间表、路线图和任务清单。至此，京津冀协同发展重大国家战略已完成顶层设计。2015 年 7 月 10 日至 11 日，中共北京市委十一届七次全会召开，会议表决通过了《中共北京市委北京市人民政府关于贯彻〈京津冀协同发展规划纲要〉的意见》。2015 年 7 月 13 日至 14 日，中共天津市委十届七次全体会议召开，会议审议通过了《天津市贯彻落实〈京津冀协同发展规划纲要〉实施方案》。2015 年 7 月 14 日至 15 日，中共河北省委八届十一次全体（扩大）会议在石家庄举行，会议审议通过了《中共河北省委河北省人民政府关于贯彻落实〈京津冀协同发展规划纲要〉的实施意见》。随着京津冀三地分别根据《纲要》完成了本地相关部署，对《纲要》及相关实施方案的贯彻落实，便成为下一步工作的重点。

一、京津冀协同发展的两种模式

目前，京津冀协同发展重大国家战略的实施主要依靠的是政策引导模式。所谓政策引导模式，是指主要依靠从上到下的各种政策和行政命令推动实现发展目的的治理模式。该模式具有四个特征：一是内部规范，行动的依据是自上而下的各种政策性文件，这些政策性文件的规范对象主要是各级政府及其工作人员；二是任务导向，各级政府均在文件中规定一定时期内应当实现的治理及发展任务；三是行政命令，政策的落实必须依靠强有力的行政命令；四是考核约束，通过对各级政府及相关人员的工作考核，保障和监督政策的执行。

长期以来，无论中央还是地方，政策引导模式都是我们完成治理任务的主要模式。上述《纲要》及京津冀各省市的相关实施方案，均是政策引导模式的具体体现。

政策引导模式具有启动迅速、实施便捷、修改灵活等优点，能够推动京津冀协同发展重大国家战略迅速开展。与此同时，在政策引导模式具有持续性较差、强制力不足等缺点。例如，在政策引导模式下，《纲要》及相关实施方案只能就京津冀协同发展的目标、任务、原则、方法、步骤等进行规定，既无法有效保证《纲要》在较长时间内的贯彻执行，也不能针对具体行为进行及时有效的制裁。这就迫切需要借助法治的力量，变革京津冀协同发展模式，从政策引导模式上升为法治保障模式。所谓法治保障模式，是指主要依靠法律规范和法的强制力实现发展目的的治理模式。该模式有四个特征：一是外部规范，法律规范的适用对象是所有社会主体，既包括各级政府及其工作人员，又包括各类行政相对人；二是行为导向，法律规范的设计目的是直接鼓励或者禁止各类社会主体的具体行为；三是责任法定，对每类违法行为都规定了应当承担的法律责任；四是强制执行，用法律的强制性保证立法目的的实现。在推动京津冀协同发展实践中，法治保障模式的作用还有待进一步发挥。

两种模式相比较，由于法治保障模式依靠法律的强制性，能够有效实现法律的预防与约束功能。因此，在京津冀协同发展模式的选择上，应当先以政策引导模式为基础，当政策引导模式积累了足够前期经验的时候，再及时将政策引导模式上升为法治保障模式，用法治思维和法治方式保障京津冀协同发展重大国家战略的最终实现。

二、京津冀协同发展的法治难题

京津冀协同发展面临的法治难题，突出表现为区域法治理念和实践的双重缺位。区域法治是伴随着区域经济一体化发展必然出现的法治形态。区域法治理念主张用法治思维和法治方式实现区域治理和区域发展。区域法治实践是在区域法治理念指导下的区域治理活动。

目前，从上到下高度重视京津冀协同发展重大国家战略，各级政府均从机构设置、人员编制、经费使用、政策协调上全力保障京津冀协同发展重大国家战略的贯彻落实。但是，由于对区域法治认识得不到位，导致京津冀区域治理实践中出现的许多深层次矛盾和问题只能暂时搁置，未能依法有效解决。突出表现为以下两点：

第一，区域规划法治建设不到位。虽然《纲要》已经从顶层设计上解决了京津冀协同发展的规划部署问题，但是这种解决方式仍然缺乏法律的回应和支撑。目前，在规划法治层面，仅有的一部法律是《中华人民共和国城乡规划法》。该法对城乡规划编制及实施的规定，均以传统的行政区划为基础，没有对跨省域的区域发展问题及区域规划问题进行明确规范，不能有效满足京津冀协同发展法治实践的需要。

第二，区域利益协调机制欠缺。京津冀协同发展，在根本上是对以往利益格局的重塑。当京津冀三地政府之间在利益分配问题上出现冲突时，应当如何协调？依据什么进行协调？至少目前还没有明确的法律依据。有分析指出，京津冀协同发展难以推进的根源在于目前的财税体制，如果目前"分灶吃饭"的财税体制不调整，区域合作就难以持续。据媒体报道，首钢和唐钢共同出资兴建的曹妃甸基地，在税收收缴上，最终经协调采取了由两省市根据出资比例收缴税收的策略，实属现行财税法框架下的无奈之举。

三、加强京津冀区域法治建设的具体路径

京津冀协同发展，不仅意味着产业协同、规划协同，还意味着法治协同。目前，由于区域法治理念及实践的缺位，导致京津冀三地的法治发展状况极具不平衡性，在地方立法、行政执法以及司法领域均有表现。京津冀三地应当着力加强区域法治建设，构建区域法治协调机制，为京津冀经济与社会的一体化发展提供良好的法治环境。

第一，加强京津冀城市功能定位的立法保障。《纲要》已对京津冀三地的城市功能定位予以明确：北京市为全国政治中心、文化中心、国际交往中心和科技创新中心；天津市为全国先进制造研发基地、北方国际航运核心区、金融创新运营示范区和改革先行示范区；河北省为全国现代商贸物流重要基地、产业转型升级试验区、新型城镇化与城乡统筹示范区、京津冀生态环境支撑区。今后，京津冀三地的地方立法工作，均应围绕京津冀三地的城市功能定位进行，要服务于京津冀协同发展重大国家战略。凡是与京津冀城市功能定位和协同发展战略不符的法律法规，均应及时予以修订。据报道，河北省为支持京津冀协同发展战略已经废止 7 部、修订 11 部地方性法规，北京市、天津市也在计划清理相关地方性法规。上述做法值得称赞，但是还应指出，仅仅废止和修订相关地方性法规还远远不够，立法机关需要将《纲要》对京津冀三地城市功能定位的规定，上升到立法的层面加以保障。在国家法律尚未有统一规范的情况下，京津冀三地的地方立法机关可以先行以地方性法规的形式，专门对《纲要》确定的城市功能定位提供地方立法保障。

第二，"软硬"并举，探索完善京津冀区域法治体系。京津冀区域法治体系，既包括传统的"硬"法体系，如三地的地方性法规、地方政府规章等，又包括新兴的"软"法体系，如区域立法规划、区域立法备忘录等。"软"法虽然在强制力、执行力等法效力方面比不上"硬"法，但是因其天然的灵活多样、可协调性强等特性，在区域间

事务处理、国家间事务处理等领域，发挥着重要作用。京津冀三地立法机关和行政机关，应当重视区域"软"法在推动京津冀协同发展中的重要作用，有意识地建立京津冀区域"软"法体系，不断完善京津冀区域"软"法制度，探索形成一套既遵循国家法治建设的基本框架和路径，又糅合三地地方法治的独特实践与经验的京津冀区域法治体系。

第三，依法有序疏解非首都功能。北京作为新中国的首都，长期以来承载了过多的城市功能，导致产业高度集聚、人口极速膨胀、资源开发过度。北京在成为中国特大型城市的同时，患上了严重的"城市病"：交通拥堵、空气污染、人均资源严重不足。为将北京建设成为国际一流的和谐宜居之都，《纲要》提出，要有序疏解北京非首都功能。何为非首都功能？对此，北京市发改委主任卢彦解释为："凡是不符合首都城市战略定位的功能都可以认为是非首都功能。"结合上述"四个中心"的北京城市功能定位，凡是与建设政治中心、文化中心、国际交往中心、科技创新中心不符的，都是非首都功能。对非首都功能的有序疏解，迫切需要通过法律进行规范。一要通过立法明确非首都功能疏解的目标与任务；二要通过立法对从事非首都功能疏解工作的部门进行授权，规定这些部门在非首都功能疏解工作中的权力边界、权力行使方式以及应当遵循的程序规范等；三是要充分保障被疏解群体的权利，注意在疏解工作中认真对待被疏解群体反映的意见和建议，通过适当的经济补偿、费用补贴等方式保障被疏解群体的经济利益不受损失。

第四，加强重点领域执法，实现京津冀区域行政执法的统一和高效。"徒法不足以自行"。京津冀要真正实现协同发展，必须要加强执法建设，以重点领域执法为突破口，带动实现区域执法一体化。《纲要》指出，京津冀协同发展，要在交通一体化、生态环境保护、产业升级转移等重点领域率先取得突破。上述交通、环境、产业三个领域是当前迫切需要加强执法建设的重点领域。对此，需要统一京津冀三地在交通、环境等领域的执法主体、执法标准、执法程序和执法方式，避免执法中的地方保护主义。仅以执法标准为例，对道路超载行为和环境污染行为的处罚，京津冀三地要统一处罚标准，避免同一违法行为在三地遭遇不同的处罚措施，避免造成客观上纵容违法行为向处罚较轻地区集聚的后果。北京市交通信息中心副主任陈智宏提出，对超限和超载，不能河北一个标准，北京是另一个标准。此外，针对三地行政执法中遇到的冲突与障碍，还应当探索构建合适的执法协调机制，及时妥善地解决三地执法中遇到的矛盾和问题。

第五，重视多方合作治理，依法推动京津冀区域善治格局的建立。京津冀协同发展，就法治层面而言是一个系统工程，既牵扯到区域立法、区域执法与区域司法问题，又牵扯到中央与地方关系的协调问题，还牵扯到政府与市场、政府与社会关系的法治化等问题，必须通盘考虑，整体推进。

当前，需要将京津冀协同发展纳入合作治理的大环境，推动京津冀区域治理模式的变革，将"命令—服从"的封闭式行政管理模式变革为"合作—共赢"的开放式合作治理模式，同时，要在京津冀基础设施投资等重点领域探索实现政府与社会资本的合作，引导社会资本依法参与京津冀区域经济建设，力促早日实现京津冀协同发展重大国家战略。

第二节　京津冀区域立法协同发展

2015 年 3 月，《中华人民共和国立法法》（以下简称《立法法》）经过修正，赋予所有设区的市均享有地方立法权。《立法法》第 72 条第 2 款规定："设区的市的人民代表大会及其常务委员会根据本市的具体情况和实际需要，在不同宪法、法律、行政法规和本省、自治区的地方性法规相抵触的前提下，可以对城乡建设与管理、环境保护、历史文化保护等方面的事项制定地方性法规，法律对设区的市制定地方性法规的事项另有规定的，从其规定。设区的市的地方性法规须报省、自治区的人民代表大会常务委员会批准后施行。省、自治区的人民代表大会常务委员会对报请批准的地方性法规，应当对其合法性进行审查，同宪法、法律、行政法规和本省、自治区的地方性法规不抵触的，应当在四个月内予以批准。"该条第 4 款规定："除省、自治区的人民政府所在地的市，经济特区所在地的市和国务院已经批准的较大的市以外，其他设区的市开始制定地方性法规的具体步骤和时间，由省、自治区的人民代表大会常务委员会综合考虑本省、自治区所辖的设区的市的人口数量、地域面积、经济社会发展情况以及立法需求、立法能力等因素确定，并报全国人民代表大会常务委员会和国务院备案。"该条第 6 款规定："省、自治区的人民政府所在地的市，经济特区所在地的市和国务院已经批准的较大的市已经制定的地方性法规，涉及本条第二款规定事项范围以外的，继续有效。"在《立法法》修改之前，河北省享有地方立法权的城市只有石家庄、唐山、邯郸 3 个设区的市。《立法法》修改之后，北京市、天津市以及河北省辖区范围内的 11 个设区市，均可享有《立法法》赋予的地方立法权。当然，根据《立法法》第 72 条第 4 款，河北省的 11 个设区市，并不是一下子全部都可以实施地方立法权。河北省人大常委会先后两次分批对辖区内除石家庄、唐山、邯郸外的其他 8 个设区市启动地方立法权。2015 年 5 月，河北省人大常委会制定《依法赋予设区的市立法权实施办法》，提出"坚持成熟一个赋权一个"的原则；明确设区的市要获得地方立法权必须具备的条件，包括依法设置立法机构、至少具有 3 人以上的专业人员、有立法专项经费保障等；规定了申报、考核、评估等有关程序。2015 年 7 月，河北省人大常委会会议确定保定、邢台、廊坊、秦皇岛四个市为第一批开始制定地方性法规的设区的市。2016 年 3 月，河北省人大常委会会议审议通过，张家口、承德、沧州、衡水四个市成为河北省第二批被赋予立法权的设区的市。至此，河北省总计 11 个设区市均已经实际享有地方立法权。京津冀地区享有地方立法权的城市已经扩大到 13 个。随着京津冀区域享有地方立法权城市数量的增加，以及京津冀协同发展实践不断向纵深推进，京津冀区域间的立法协同问题越来越受到重视。笔者认为，区域立法要协调发展，首先，必须要有相同或者近似的立法价值取向；其次，要在立法规划、立法计划以及立法选项等立法技术问题上进行沟通与协调；最后，要在立法的重点领域与关键环节问题上达成一致。下面将逐一进行分析。

一、京津冀三地立法价值取向协同：京津冀区域法治协调的基础

地方立法的价值取向是地方立法的基本问题。进行地方立法工作，首先必须具备正确的立法价值取向。探讨地方立法的价值取向问题，不仅具有重要的法学理论意义，而且具有深远的实践意义。

（一）地方立法的价值取向问题概述

通说认为，所谓地方立法是指特定的地方国家机关依据宪法、法律和行政法规的规定，结合本行政区域内的具体情况和实际需要，依照法定的权限和程序，制定、修改、废止效力及于本行政区域的规范性法律文件的活动。根据地方立法主体的不同，可以将地方立法分为广义说与狭义说两种。广义说认为，地方立法包括地方国家权力机关的立法和地方国家行政机关的立法两方面，即地方立法的类型包括地方性法规和地方规章两类。狭义说认为，地方立法仅仅是指地方国家权力机关的立法活动，即地方立法的类型仅指地方性法规一类。在本章中，对地方立法采用狭义说，即作为本章研究对象的地方立法仅指地方国家权力机关对地方性法规的制定、修改与废止。

1. 地方立法的价值取向概念及内涵

价值是"主客体之间的一种依存关系"，意味着客体对主体需要的满足。价值取向则带有更多的主观性色彩，意味着主体在众多价值之间的选择和取舍。

地方立法的价值取向是指地方国家权力机关在地方性法规的制定、修改与废止活动中必须遵守的价值准则。准确理解这一概念，需要注意以下两个方面的问题。第一，地方立法的价值取向应被地方国家权力机关高度认同并严格遵守。第二，地方立法的价值取向必须始终贯穿地方性法规制定、修改与废止活动的始终。

对地方立法的价值取向应当从两个维度来看待。第一，地方立法属于立法之一种，

因此可以从一般立法的维度来看地方立法。在一般立法的维度上，地方立法在价值取向上要符合立法的一般标准，以民主、科学、公平等为价值取向。第二，地方立法属于地方性的立法活动，因此应当站在地方层面看待地方立法。在地方的维度上，地方立法在价值取向上要具有鲜明的地方特色，要符合地方的具体情况和实际需要。

地方立法的价值取向问题是一个复杂的系统工程，由一系列的原则与标准构成，其调整范围涉及社会关系的方方面面。具体来说，地方国家权力机关通过地方性法规的方式对社会关系进行调整时需要处理好地方立法自主性与国家法治统一性之间的关系、地方立法对行政权力的维护与对公民权利的保护之间的关系，需要协调好地方立法与党的领导的关系、地方立法与地方行政的关系、地方立法与地方司法的关系等。另外，在这个复杂的系统中，地方立法还需要保持自己的地方特色。地方立法的地方特色需要密切结合具体的经济、政治、文化环境来理解。地方特色，既不同于全国，又不同于外国。地理位置、自然条件、经济发展、政治环境、文化传统、社会阶层分布等都是在确定地方立法的价值取向时需要考虑的内容。

2. 地方立法的价值取向意义

第一，地方立法的价值取向关系到地方立法的立项问题。研究地方立法的价值取向有利于准确定位当前地方立法的立项范围，即哪些问题适合由地方性法规来调整，哪些问题在地方立法的日程安排中居于优先地位。例如，如果将环境治理与保护作为今后一段时期地方立法的价值取向，则预示着近年内与环境保护有关的地方立法立项会更加顺利，就会出台一系列与环境保护有关的地方性法规，相比之下，其他内容的地方立法则应该会放慢脚步。

第二，地方立法的价值取向关系到地方立法的立法方式和立法手段的选择问题。地方立法的价值取向为地方立法采用何种方式和手段提供了原则与标准。不同的价值取向会在地方立法过程中指引地方国家权力机关采用完全不同的立法方式和立法手段。例如，如果完全以民主性作为地方立法的价值取向，则在地方立法过程中会更多地考虑公众参与的程度、信息公开的程度以及公众更容易接受的方式等问题；相反，如果完全以效率性作为地方立法的价值取向，则会在立法过程中更多地考虑维护行政机关管理的便利以及如何更有利于维持秩序等问题。

第三，深入研究地方立法的价值取向还有利于明确地方立法的空间范围。尽管我国是单一制国家，但是由于各地区情况不同、差异巨大，给地方立法留下了较大空间。在中央立法与地方立法并存的二元立法体制下，虽然《立法法》已对中央与地方的立法权限做了原则性规定，大致划分了中央与地方各自的立法空间，但是面对如此空旷的立法空间，如果没有价值准则的指引，则很难对地方立法的立法事项进行有效整合，无法准确把握地方立法的空间范围。

3. 地方立法价值取向的实践准则

地方立法的过程涉及对多种利益进行协调、平衡与取舍，地方国家权力机关在地方立法时需要妥善处理好与各方面的关系。面对瞬息万变的社会现象和复杂多样的价值标准，不同地域的地方立法机关会在不同的价值判断中选择不同的价值取向。为了统一标准，也为了便于操作，目前实践公认的地方立法价值取向三原则是不抵触原则、有特色原则和可操作原则。

第一，不抵触原则。地方立法的不抵触原则是指地方性法规在制定、修改与废止过程中不能与宪法、法律、行政法规的条文规定、基本原则和精神实质相违背。《宪法》作为我国的根本大法，在条文中明确规定了地方立法应遵循不抵触原则。《宪法》第100条第1款规定："省、直辖市的人民代表大会和它们的常务委员会，在不同宪法、法律、行政法规相抵触的前提下，可以制定地方性法规，报全国人民代表大会常务委员会备案。"根据不抵触原则，地方性法规在制定时都要进行合法性审查，不仅不能违反上位法的条文规范，还不能背离上位法的精神与原则。不抵触原则限定了地方立法的活动范围，地方立法必须遵循不抵触原则才能有发展空间。

第二，有特色原则。地方立法的有特色原则是指地方性法规的制定应当紧密结合地方的具体情况和实际需要，彰显地域特色。对地方立法应当如何突出地方特色，有研究指出：一是要抓住本地方的特有事务进行立法，避免地方立法趋同；二是要选择国家尚未立法，地方改革发展中迫切需要立法解决的重大事项和人民群众关心的重大问题立法，突出地方立法的创制性、实验性，为国家立法积累和创造经验；三是进行实施性立法时，要针对本地的实际问题进行细化、补充，避免"上下一般粗"或变相照搬。这就意味着地方立法的有特色原则需要贯穿在执行性地方立法、事务性地方立法和先行性地方立法三个领域。此外，地方立法的有特色原则需要结合地方的城市定位、历史传统、经济基础等因素来理解和贯彻。

第三，可操作原则。地方立法中的可操作性是指地方立法所立的法规条文"要有针对性、适用性，要管用、实用，能解决实际问题"。地方立法的可操作性是地方立法的关键。如果说宪法、法律、行政法规还可仅在宏观领域提要求、讲原则，那么，地方性法规则必须具有可操作性的内容，必须对具体的执法者和司法者来说可以拿来即用。除此之外，有学者还指出地方立法的可操作性必须对普通老百姓而言也是可以拿来即用的，认为地方立法的可操作性要做到"地方立法所创制的法律规则无内在的矛盾，并能够为其接收者所认知和理解，特别是能为广大普通老百姓所适用、所接受，正如法国民法典在制定中所追求的要让农民在油灯下也能读出他们的权利一样"。相比较地方立法的不抵触和有特色原则，地方立法的可操作性原则在实践中贯彻落实得并不太好，许多地方立法只是对上位法的简单重复或者是对其他地方立法性文件的盲目移植，过分追求体系上的大而全、小而全，能够切实起到规范效果的立法条文并不多。个中原因非常复杂，其中一个立法技术方面的原因就是地方性法规的起草者在起草过程中对法律规范三要素的把握不到位。一个完整的法律规范是由假定、行为模式和法律后果组成。如果过分注重对行为模式的规范而没有相应的法律后果，则无法实现立法的可操作性。

（二）三地地方立法价值取向的主要内容

研究地方立法的价值取向是一个具有挑战性的理论课题。一方面是因为地方立法的价值取向具有多元性，是一个复杂的系统工程。"任何一项立法，都意味着对多重价值的权衡和选择。只要社会存在着不同的价值主体、不同的价值诉求、不同的价值理念，那么，就必然地存在着价值冲突。存在着价值冲突，就必须进行价值权衡和选择"。另一方面是因为地方立法的价值取向具有动态性，始终处在变动发展过程中，即便是同一个价值取向，在不同的发展阶段也具有不同的内涵和要求。总的来说，京津冀三地地方立法在价值取向上应当始终把握民主、科学、公平、民权等基本价值。博登海默曾说过："任何值得被称为法律制度的制度，必须关注某些超越特定社会结构和经济结构相对性的基本价值。在这些价值中，较为重要的有自由、安全和平等。"此外，现阶段的三地地方立法在价值取向上还应当注重合作价值、精细化价值以及自主性价值等。

1. 民主价值

地方立法的民主价值意味着地方性法规在制定、修改、废止的全过程中都应当符合最广大人民的根本利益，地方性法规的条文规范应当具有充分的民意代表性。地方立法是对地方上不同利益群体的利益进行协调和再分配的过程。如何处理地方立法中不同利益群体的关系问题，这就涉及地方立法的民主价值。地方立法不应当在各种利益的较量与博弈过程中忽略立法本身所必须追求的民主价值。地方立法的民主性是地方立法应当具有的基本价值取向。在现代社会，民主是现代立法的正当性基础。"正确的立法价值取向不是立法者个人意志或少数人意志的体现，而是人民的共同意志的体现。要想使代表人民意志的立法价值取向得以实现，首要的选择便是坚持民主立法，建立民主立法制度。这是立法价值取向实现的首要条件和保障"。对地方立法而言，民主立法既具有更多的现实保障和更便利的实现条件，也具有更强烈的民主需求。地方性法规是在特定地域范围内实施的，由于对地域文化的认同感与归属感以及交通的便利等因素影响，地域范围越是局限，在该地域范围内实现民主立法的程度就应当越大。这就决定了相对中央立法而言，地方立法应当具有更浓烈的民主价值关怀。地方立法的民主价值取向应当强调地方立法服务公共利益而非少数特权阶层的局部利益，应当通过各项制度和各种途径保障地方立法的民主性。具体来说，地方立法民主价值的提升可以从以下两个方面展开：

（1）地方立法中的公众参与。地方立法中的公众参与是对代议制民主的补充，是为了弥补代议制民主制度的某些不足而逐渐发展起来的一种直接民主形式。公众参与作为直接民主形式，在地方层面更容易展开。地方立法中公众参与的形式具有多样性：既表现为在草案制定与修改过程中通过各种途径广泛征求公众意见，又表现为允许公民旁听相关会议。例如，北京市先后对"禁止燃放烟花爆竹""见义勇为人员奖励和保护""市容环境卫生""养犬管理""实施交通安全法""禁燃改限放"等专项立法鼓励公众参与，推动了北京市民主立法的进程。此外，北京市还早在1999年就开始探索允许市民旁听市人大常委会会议，建立了北京市人大"公民旁听"制度，成为允许公民旁听省级人大常委会会议最早的地区之一。关于地方立法中的公众参与，还需注意两个方面的问题。第一，对公众意见的处理机制有待进一步完善。地方立法过程中，立法机关会收集到大量的公众意见，对这些意见如何答复，如何避免意见答复过程中的避重就轻和相互推诿是需要进一步探讨的。第二，地方立法中的公众参与不能"一刀切"，需要针对不同的参与人群建立切实可行的参与模式。

（2）地方立法中的信息公开。地方立法中的信息公开对保障公民的知情权和参与权以及保证立法的公平公正具有重要意义。需注意的问题是，地方立法的信息公开绝不只是意味着草案文本内容的公开，而应当是整个地方立法过程的全方位信息公开。目前，地方立法公开的内容基本上仅限于草案文本，而对立法过程中的其他大量信息，例如，起草者说明、审议过程中的各种观点、会议记录、审议报告等则处于信息封闭的状态。如果不借助于这些大量的草案之外的信息，就无法判断一条规范是否具有正当性。因此，在地方立法过程中，立法机关应当在信息公开方面有更大的作为。

2. 科学价值

地方立法的科学价值取向是指地方立法过程中"必须以符合法律所调整事态的客观规律作为价值判断，并使法律规范严格地与其规制的事项保持最大限度的和谐"。这就是说，地方立法需要遵循科学发展规律，需要与立法的内外在条件保持高度一致。地方立法既不能超越科学发展规律超前立法，也不能违背科学发展规律滞后立法。在科技发展日新月异的现代社会，如何进一步实现地方立法的科学价值呢？这需要从以下几个方面努力：第一，地方性法规在进行立法规划、编制立法计划时需要更多地考虑地方社会发展的客观需要。不同地方的地方性法规在进行立法规划和立法计划编制时需要紧密结合本地实际情况，既不能好高骛远，也不能盲目借鉴。第二，在具体的地方立法条文制定与修改过程中要更加注重借助数据支撑、寻找科学依据、寻求专家的技术支持。第三，各领域地方立法要协调发展，不可只注重某一方面的地方立法而不顾其他。改革开放40多年来，伴随社会主义市场经济的不断完善，促进经济发展的地方立法不断增多，而在民生领域、社会保障领域的地方立法则有所延后。今后地方立法的纠偏行动切忌太过，要以科学性为指导，在加快社会保障立法进程、促进生态文明建设的同时引导经济平稳较快发展，推动经济社会协调发展。

3. 公平价值

公平是一切法律所应当具备的最基本品质。地方立法中的公平价值取向是指地方立法应当秉持公正、无偏私，平等对待各方主体。对地方立法而言，公平应当是其基本的价值取向之一。立法的公平价值取向至关重要，只有保证立法的公平，才能保证执法和司法的公平。对此，马克思早就尖锐地指出："如果认为在立法者偏私的情况下有公正的法官，那简直是愚蠢而不切实际的幻想！"地方立法公平的实质，是关于权利与义务、权力与责任的一种公平的分配关系。毕竟，"与执法注重'管理'、司法注重'判断'相比，立法主要就是'分配'，借助立法要合理分配权利义务和责任，调整各种利益关系"。地方立法机关在对公民的权利与义务、行政机关的权力与责任进行配置的过程中要充分把握公平价值取向，平等对待，合理配置。立法平等是地方立法公平价值取向的内在要求。立法平等是指"所有类属相同的人（社会主体），除特殊的理由外，必须视为平等地享有同类法律权利的资格和平等地承担法律义务的主体"。保证地方立法的公平价值取向需要地方立法者平等对待一切公民，不能因身份的不同而使一部分公民享有特权。当前，在贯彻落实京津冀协同发展战略过程中，三地地方立法机关在把握地方立法公平价值取向时，需要注意，对个人而言，地方立法的公平价值取向还要求在地方立法过程中要适度向社会弱势群体倾斜。对此，有学者指出，需要通过立法上适度的差别对待实现立法上的矫正公平。"针对合理的差异，在立法上给予权利和义务的特殊规定，是立法公平的另一重要表现形式：矫正的立法公平"。

4. 赋权价值

我国《宪法》规定了公民享有的基本权利，其他法律对基本权利之外的公民权利做了规定。地方立法的赋权价值取向就是指要通过地方立法落实公民基本权利和其他权利，保护公民基本权利和其他权利不受侵犯。在推进全面依法治国的时代背景下，我们应当在对法治概念以及法治精神有更深入理解的基础上，认识到地方立法应切实将承认公民权利、保护公民权利、防止公共权力恣意侵犯公民权利作为价值追求。为此，地方立法应当进一步展开两个方面的工作，一方面是将以宪法为核心构筑起来的一系列公民权利落到实处，另一方面是进一步明确地方公共权力的界限和规范地方公共权力的运行。

第一，必须通过地方立法落实公民权利，尤其是关系民生和社会保障方面的公民权利。目前，关于公民在民生和社会保障方面的权利，宪法和法律规定已经非常明确。

例如，《宪法》第14条第4款规定："国家建立健全同经济发展水平相适应的社会保障制度。"《宪法》第45条第1款规定："中华人民共和国公民在年老、疾病或者丧失劳动能力的情况下，有从国家和社会获得物质帮助的权利。国家发展为公民享受这些权利所需要的社会保险、社会救济和医疗卫生事业。"《社会保险法》第2条规定："国家建立基本养老保险、基本医疗保险、工伤保险、失业保险、生育保险等社会保险制度，保障公民在年老、疾病、工伤、失业、生育等情况下依法从国家和社会获得物质帮助的权利。"对地方而言，当下最需要做的就是抓紧制定一系列相关法规文件，并保证相关法规的贯彻执行，通过地方立法的形式切实推进公民权利的实现。

第二，必须通过地方立法保护公民权利，防止公民权利受到公共权力的恣意侵犯。公民权利与公共权力是一对矛盾范畴。在传统的法律工具主义影响下，很长一段时期我们的地方立法都是以维护公共权力、方便行政管理为价值追求的，偏向通过地方立法来确认公共权力的权威性并为公共权力的行使提供便利条件。近年来，随着法治理念的传播，公民的权利意识不断提高。公民权利在法律地位上的提升不仅意味着需要通过立法排除公共权力对公民权利的侵害，保护公民权利，还意味着需要通过立法引导公共权力更好地为公民权利服务，不断满足私权利主体日益增长的权利需求，实现地方立法的人性化发展。

5. 合作价值

地方立法的合作价值取向是指在地方立法时应当以有利于双方或多方主体合作的方式进行立法设计，以实现维护公共利益和管理社会事务的立法目的。合作治理是中国公共治理发展的新趋势。地方立法应当对此有所回应，在立法的价值取向上，将合作价值纳入自己的视野。京津冀三地地方立法的合作价值取向既要立足政府与社会自治力量的合作，也要立足公共权力与公民权利的合作，还要立足三地公权力主体之间的合作。

首先，基于地方立法的合作价值取向，地方立法在功能上要更多地发挥立法的引导、促进功能。随着依法治国实践的不断深入，行政权力越来越受到严格的法律规范，行政权运行的边界、程序、方式都会受到法的约束，行政主体的依法行政使得行政主体与行政相对人之间的抵触对抗不那么明显，双方之间协商合作成为可能。相应地，地方立法的强制、制裁功能有所减弱，引导、促进功能变得更加重要。地方立法机关和行政执法部门要更多地站在引领者、指导者、监督者的角色上通过引导市场及市场主体发挥其主观能动性来共同实现立法目的。

其次，在具体的行政手段上，要更加注重运用非强制性手段和柔性方式实现地方立法的合作价值。传统上，地方立法多适用强制性规范、禁止性规范、惩罚性规范，明确公民、法人或其他组织应当履行的义务以及违反义务应承担的责任。随着依法治国实践的不断深化，地方立法应当更多地采用非强制性的、柔性的方式来引导各方主体权利义务格局的形成。在地方财政实力和经济条件允许的情况下，还可以通过更多的经济激励手段实现立法目的。在这方面，我国是有法律依据的。例如，《循环经济促进法》第五章专门规定了激励措施，包括财政支持、税收优惠、信贷支持、收费制度等手段。该法第 42 条规定："国务院和省、自治区、直辖市人民政府设立发展循环经济的有关专项资金，支持循环经济的科技研究开发、循环经济技术和产品的示范与推广、重大循环经济项目的实施、发展循环经济的信息服务等。"

6. 精细化价值

地方立法的精细化价值取向是指地方立法应当本着立法解决问题的原则，有几条立几条，避免大而全、小而全的立法模式。地方立法的精细化价值取向主要是就地方立法的立法技术而言的。这种精细化包括两个方面，一方面是指在已有的法律体系框架下，地方立法要结合地方实际，精耕细作，使条文规范更具操作性；另一方面是指地方立法在立项起草及审议的全过程都应当具有明确的问题意识，针对问题立法，立法解决问题。此外，在地方立法实践中，还应当处理好精细立法与节约立法的关系。不能将地方立法的精细化简单等同于对各类规范性文件的汇总，甚至照抄照搬上位法规范造成重复性立法，而应当有效利用立法资源，将"好钢用到刀刃上"。

（三）需要协调好的几组关系

如前所述，地方立法的价值取向涉及地方立法的诸多方面，内涵丰富。要秉持正确的地方立法价值取向，就需要处理好地方立法与党的领导、地方立法与行政执法、地方立法与司法审判之间的关系。

1. 地方立法要服从党的领导

地方立法要处理好与党的领导的关系，地方各级人大及其常委会要在同级党委的领导下，依法行使地方立法权。但这既不意味着党委要取代地方立法机关，也不意味着每一部地方立法草案的出台都要由党委来牵头制定，而是说，地方立法要与党领导国家和地方建设的根本宗旨保持一致，要服务于党在新时代的各项目标任务。具体来说，党对地方立法的领导是一种政治上、组织上、思想上的领导，地方立法对党的领导的贯彻落实表现为通过地方立法活动将党的路线、方针、政策，与地方实际相结合，转化为可以具体执行、遵守的法律规范，从而引导地方经济社会走向健康发展的道路，实现党的总体规划和宏伟目标。例如，地方的经济立法应当服务于党对地方经济的发展规划，地方的文化立法应当服务于党对地方文化的整体定位等。

2. 地方立法要发挥对行政的引导价值

地方立法机关是地方的最高国家权力机关。在依法行政和政府职能转变的过程中，地方立法机关要加强自身建设，保持先进性，使地方立法能够推动政府职能转变和政府行为转变，发挥地方立法对行政的引导价值。具体来说，这种引导价值表现在以下两个方面：

第一，要加快社会领域的地方立法。随着政府公共服务职能的不断加强，政府需要对越来越多的社会事务领域进行照顾，着力促进社会发展和解决民生问题已成为中央和地方政府工作的重点之一。目前，关于社会保障方面的立法在全国范围内仍不健全，许多还处于探索阶段。因此，在地方立法层面，尤其需要关注民生，关注社会保障领域的立法，包括养老、医疗、就业、公共安全、食品卫生、弱势群体权益保障等问题，通过地方立法的形式为人民谋福利，保障人民共享改革发展的成果。

第二，要推动政府行为方式的转变。政府行为方式传统上注重强制、处罚等惩戒性方式，过去的地方立法也多是对这种行为方式的认可和保护。然而，随着政府职能社会化和社会文明程度的不断提升，越来越多的政府行为需要以一种全新的面孔出现，即协商的方式、合作的方式、指导的方式、激励的方式等柔性的方式。地方立法对此应当保持敏感，并有所回应，通过立法的形式推动政府行为方式转变。

3. 地方立法要发挥对司法的规范价值

地方立法对司法的规范价值主要表现为地方性法规对司法审判的拘束力。在许多行政案件中，司法机关在对具体案件做出裁判的过程中，地方性法规是其裁判的依据之一或者主要依据。《行政诉讼法》第63条第1款规定："人民法院审理行政案件，以法律和行政法规、地方性法规为依据。地方性法规适用于本行政区域内发生的行政案件。"该条第3款规定："人民法院审理行政案件，参照规章。"据此，对行政诉讼审判而言，地方性法规在本地域内发挥着和法律、行政法规同样的司法拘束力，而规章的司法拘束力则明显弱于地方性法规，只是具有参照的效力。地方性法规立法者在制定、修改及解释过程中应当时刻铭记地方立法对司法的深远影响，做到用语明确、规范恰当，为司法机关的断案裁判提供有力指引。

二、立法规划和立法选项标准问题

（一）立法规划

1. 立法规划的性质、类型与标准

立法规划是今后一段时间立法工作的指引。统观全国与各地的立法工作安排，立法规划通常的时间期限为五年，也就是一届人大常委会的任期。因此，立法规划的期限与新一届人大常委会的任期是统一的。明确了这个统一性，那么立法规划的性质也就会凸显，即立法规划在本质上是新一届人大常委会在任期内要完成或者致力于完成的立法任务清单。这就是立法规划的性质。

五年时间，并不漫长，是踮踮脚尖就能看到的；五年时间，也不短暂，如果把握好就会带来一些阶段性的飞跃。新中国成立以来，经过十三个五年计划，我们已经从贫穷落后的国家发展成为世界第二大经济体，马上要全面建成小康社会。对地方立法工作来说，高度重视地方立法规划，编制实施好每一个五年立法规划，将有利于更充分地发挥立法引领改革发展的作用，并有利于更有效地发挥人大在立法工作中的主导作用。

根据十二届全国人大常委会于 2015 年 6 月公布的立法规划，立法规划的项目类型可以划分为三类：第一类是条件比较成熟、任期内拟提请审议的项目（共 76 件）；第二类是需要抓紧工作、条件成熟时提请审议的项目（共 26 件）；第三类是立法条件尚不完全具备、需要继续研究论证的项目。这既是目前公布的比较权威的立法规划项目类型划分标准，也是成熟度标准：立法条件已经成熟的，本届任期内要完成立法的制定或修改工作；立法条件有可能成熟的，本届任期内要抓紧工作，争取提请审议；立法条件不成熟的，继续研究论证。

2. 三地立法规划需要考虑的几个因素

第一，政治站位要高远。以北京为例，要紧紧围绕"四个中心"建设和首都功能发挥进行立法规划。中央提出，看北京首先要从政治上看。可见中央对北京的城市功能有明确的定位。因此，在立法规划上，我们应当坚持"四个中心"的选项标准：凡是与"四个中心"建设关系密切的，应当优先纳入立法规划；凡是与"四个中心"建设关系不太密切的，可以暂缓纳入立法规划。

第二，处理好区域规划、城市规划与立法规划的关系。除了中央层面的各项规划，京津冀三地目前都有许多各自辖区内的发展规划，要妥善处理好区域规划、城市规划与立法规划的关系。以北京为例，要围绕实现北京城市更好的发展做好地方立法规划。2017 年 9 月，中共中央、国务院做出批复，高度肯定了《北京城市总体规划（2016—2035 年）》，认为"理念、重点、方法都有新突破，对全国其他城市有示范作用"。时任北京市委书记蔡奇强调："这版总体规划的实施过程就是建设伟大祖国首都、大国首都、强国首都的历史进程，与实现'两个一百年'奋斗目标和中华民族伟大复兴的历史进程相契合。"新的规划编制好了，当前市委市政府的重点工作就是组织落实好规划的实施。在立法规划的编制和项目筛选过程中，必须考虑北京城市总体规划与五年立法规划的关系，以立法规划保障和落实城市总体规划，促使北京城市的健康有序协调发展，实现建成国际一流的和谐宜居之都的宏伟目标。具体来说，中央批复文件中提到的严格控制城市规模、科学配置资源要素、做好历史文化名城保护和城市特色风貌塑造、着力治理"大城市病"、高水平规划建设北京城市副中心、深入推进京津冀协同发展等今后工作的重点方向应当是立法规划编制的重点领域。

第三，统筹利用立法资源，用好法规修订和上位法实施这两个"筛子"。面对纷繁复杂的立法规划项目，我们手头其实已经有两个"筛子"：一个筛子叫"法规修订"；另一个筛子叫"上位法的实施"。用好这两个筛子，对我们优化立法资源配置，集中力量解决亟须解决的立法问题，具有重要意义。具体来说，一是要把握好法规制定与法规修订的关系，用足立法修订资源，能够用立法修订解决的社会问题，尽量不再通过制定新法规的形式解决。地方立法包括立、改、废三个环节。制定一部新的法规需要面对和解决的问题、需要协调的各方面关系，是修订一部既有的法规无法比拟的。在立法资源有限而社会问题层出不穷的情况下，我们就要学会用足用好立法修订这一立法技术，能够用修改条文、增加条文、删减条文解决的问题，就不另行制定新法。二要处理好上位法的实施与新条例的制定之间的关系。上位法的实施与新条例的制定，立法领域不同、难易程度有别。通常，上位法的实施由于有上位法的依据，在法律关系确认、法律问题甄别、法律责任划定等方面都要相对容易展开些。因此，能够通过实施上位法予以规范的问题，就不再作为一个新的社会问题予以立法关照。

第四，把握好新时代地方立法的重点领域。建设京津冀城市群，需要解决的问题很多。因此，通过人大立法手段解决的问题则必须是关系全局的、十分重要的、引领发展的，其他一些紧急的但不是最重要的问题则可以通过政府规章或者政策文件的形式予以规范。哪些是关系全局、十分重要、引领发展的问题？这应当是与新时代的时代发展要求相一致的。首先，新时代城市管理与城市治理方面的立法需求应当受到充分重视。习近平总书记提出，城市管理要像绣花一样精细，要精治、法治、共治。管理是会出效益的。如何通过立法手段提高城市管理质量、提升城市发展水平，是值得深入思考的问题。其次，新时代人民日益增长的美好生活需要与不平衡不充分的发展之间的矛盾迫切需要立法回应。当前，人民对美好生活的需要与不平衡不充分的发展之间的矛盾突出表现在教育、养老、幼儿照料、家政服务等民生领域，立法应当有所回应。

（二）立法选项标准

立法选项，也称立法项目选择，是指"立法机关在了解该项立法的社会需求，权衡立法条件成熟的程度和立法需求的缓急状况的基础上，做出是否立法和何时立法以及采取何种立法的决策"。此外，还有学者指出，立法选项是"立法机关针对纷繁复杂的社会关系，在需要法律调整的诸多事项之中，基于一定的立法目的，做出是否、何时将某一个或几个事项纳入正式立法程序的决策"。立法选项是启动立法程序的重要步骤，是立法机关行使立法权进行立法决策的重要载体。

长期以来，我国国家立法机关在立法项目的选择上形成了一套行之有效的做法，例如，"成熟一个制定一个"、先"零售"后"整批"、先"制定试行法"再"出台正式法"等。下面将逐一介绍。其一，"成熟一个指定一个"的标准。这是指"有了充分的经验才能立法；没有成熟的经验就不能立法。一个法律会包括许多问题，但其中最核心、最灵魂的问题，只有几条。"其二，先"零售"后"整批"的标准。这是指"在立法时不必在意法律、法规的完整性，一个法可以分作若干次制定出来，先一个部分一个部分的制定，经过一个积累过程后再制定一个完整的法律或相对完整的法律"。其三，先"制定试行法"再"出台正式法"的标准。这是指"试行法是由立法机关原则通过和批准的，它在全国范围内试行，经过一个阶段的实践，再总结经验，加以修改完善，作为正式法施行。"根据美国法学家赛德曼的研究，立法选项至少需要考虑如下几个因素：一是立法的影响性评估，即立法对潜在利益群体的影响性评估；二是立法的可行性评估，即保障法案实施的可能性；三是立法的障碍性评估，即法案实施可能遇到的困难。

地方立法必须妥善处理好与各方面的关系，那些不属于地方立法范畴的事项，就不能进入地方立法的选项程序。一方面，地方立法不能规范上位法专属立法事项。地方立法不能就宪法、法律、行政法规这些上位法专属立法事项进行规定。"如果立法所拟解决的主要问题属于应当由国家专属立法权解决的问题，或者是突破上位法规定赋予执法部门特殊手段的问题，或者是改革中比较复杂的一些体制性问题、遗留性历史问题等，这样的项目一般不能考虑立项"。另一方面，要排除那些仅为实现行政命令的立法项目。现代立法应当具有引导行政权合法合理行使的功能，绝不能仅仅成为保障行政权的工具。"与现代市场经济相适应的法治建设，绝不是简单的行政命令披上一层法律外衣就可以万事大吉的，也并不意味着法规的单纯数量上的增加，更不能片面地以令行禁止、严刑峻法的法律强制力为追求目标"。

我国《立法法》第6条第1款规定："立法应当从实际出发，适应经济社会发展和全面深化改革的要求，科学合理地规定公民、法人和其他组织的权利与义务、国家机关的权力与责任。"当前，京津冀三地地方立法在选项标准的把握上，既要坚持形式性审查标准，又要坚持实质性审查标准，综合判断，做出科学的立法决策。

第一，地方立法的可行性标准。可行性标准主要是为了判断立法建议项目所需的立法条件是否成熟。可行性标准可以根据以下四项原则进行判断："一是立法建议项目经过了充分的调查研究，所要解决的主要问题比较明确，并提出相应的立法对策；二是立法所拟调整的社会关系比较明晰，所拟解决的主要问题可以通过立法的方式解决；三是立法所涉及的体制性矛盾已经协调解决或者可以协调解决；四是已经草拟出比较规范的法规草案和起草说明等。"

第二，地方立法的急需性标准。立法资源属于稀缺的社会资源，只有当前本地经济社会发展中急需的事项才能进入地方立法范畴。急需性标准主要用来判断立法建议项目的必要性、迫切性。急需性标准可以根据以下几项原则进行判断：一是围绕党和国家的重点工作任务，坚持经济立法与社会立法并重；二是从维护国家法律制度的统一和地方立法科学性的角度，坚持立、改、废并重的立法原则；三是是否在立法前已经做了大量的调研、论证和协调工作，立法的基础性工作是否扎实。

第三，总量控制标准和综合平衡标准。不但以可行性标准和急需性标准对立法建议项目进行审查后，还要按照总量控制、综合平衡的原则对立法项目进行形式审查。"总量控制，主要是要充分考虑到审议机关和立法综合工作机构的实际工作承受能力，合理确定每年立法的总量。笔者认为，从提高审议质量，合理安排审议数量，并给立法综合机构留有一定调研修改时间的角度考虑（一些重要的项目要考虑隔次审议），常委会一年总的立法任务以 10 件至 12 件为宜。综合平衡，就是要统筹兼顾经济领域立法项目和社会领域立法项目的比例以及立、改、废立法项目的比例，并考虑到省人大各专门委员会、常委会各工作机构的工作需求，使年度立法计划安排的经济领域与社会领域的立法项目，制定与修改、废止的立法项目基本均衡，使立法机关内部的立法工作资源得到合理配置"。

对京津冀三地来说，坚持地方立法符合事物发展的客观规律，尤其还应当做到坚持地方立法符合社会主义市场经济自身的客观规律。"自市场经济理论提出后，人们越来越认识到市场经济的法律应当首先体现市场经济的规律，而不只是体现立法者的意志。离开市场经济的自身规律来人为地依照立法者的愿望而制定出的法律，必然会不利于市场经济的发展。过去我们强调法是统治阶级意志的表现，在经济领域中造成了违背经济规律的恶果，足以引起教训。还市场经济法律以其客观自身规律的本性，这是市场经济法律的第一要义"。

党的十九大报告对地方立法工作提出了新的要求，强调要"发挥人大及其常委会在立法工作中的主导作用"。今后京津冀三地的地方立法，要认真对待地方立法选项工作，切实发挥地方人大对地方立法的主导作用。"让人大真正对哪些领域急需出台法规、法规的制定目的是否合乎人民利益等做出独立判断，防止少数部门在'不纯立法动机'下提出立法动议，从而提高地方立法目的的正当性。因为与担负执法权的政府部门相比，地方人大不仅是地方性法规的制定主体，同时也与法规本身没有多少利益纠葛，能够秉持中立的立场推动法规的出台"。只有这样，才能有效防止地方立法的部门利益化倾向，还原地方立法的实质正当性。

三、京津冀世界级城市群建设亟待强化社会立法

当前，在各地的地方立法中，"政府主导立法"的立法模式仍是当前各地的主要立法模式。在"政府主导立法"模式下，地方政府实际上在地方立法中发挥着主导和

支配作用。人大关注政府、依靠政府，一部地方性法规立或不立、怎么立，往往不是由人大说了算，而是由政府或政府部门说了算。出于节约立法成本与优化立法资源的角度考虑，将政府的立法建议稿经过适当修改和正当程序直接上升为地方性法规成为各地通行的做法。这样做的合理之处无须赘言，然而却忽略了一个根本性的问题：政府是以管理者身份出现在社会管理事务中的，由管理者制定立法规则则使政府既当裁判员又当运动员。"政府主导立法"模式所带来的严重后果已经逐渐显现。一方面，立法机关的独立性受到挑战。立法机关越来越从属于行政机关，难以有效发挥自身的功能和作用。另一方面，立法机关的权威性受到挑战。公众因为对立法机关缺乏信赖而越来越表现出对立法的淡漠情绪。改变上述问题的基本策略是实现立法模式的转型。地方立法转型的基本方向应当是从"政府主导立法"模式转向"人大主导下的社会立法"模式。在"人大主导下的社会立法"模式中，立法需要更多地关注社会、依靠社会，围绕社会问题的有效治理和实现社会更好的发展而立法。党的十八大以来，以习近平同志为核心的党中央高度重视社会建设和法治建设。党的十八大报告将社会建设纳入"五位一体"的中国特色社会主义事业总体布局，提出要"加强和创新社会管理"。党的十八届三中全会明确将社会管理概念上升为社会治理概念，提出要"创新社会治理""提高社会治理水平""改进社会治理方式"。党的十八届四中全会进一步提出，要"坚持法治国家、法治政府、法治社会一体建设""推进多层次多领域依法治理"。从社会管理到社会治理表述的改变，以及法治社会概念的提出，充分反映了新的历史条件下我们党治国理政思想的与时俱进。"创新、协调、绿色、开放、共享"的五大发展理念更是对新时期的社会建设和地方立法工作提出了新的要求。党的十九大报告旗帜鲜明地提出，要"推进科学立法、民主立法、依法立法，以良法促进发展、保障善治"。值此时代背景下，充分认识京津冀三地地方立法面临的新形势与新任务，遵循立法的基本规律，以立法转型推动实现地方立法的跨越式发展，具有重要的理论意义和实践价值。我们应当认清形势，把握机遇，从立法理念、立法体制、立法机制以及制度建设等方面加以完善。具体包括：转变立法理念，坚持治理理念引领，从政府主导立法到社会推动立法，从便利政府监管到倡导社会自治；调整立法思路，使社会立法具有回应性，聚焦公共领域，立足建设"小政府、大社会"；健全人大主导的社会立法体制，完善社会立法机制建设和制度建设等。

（一）立法、法治与良法

立法是人类社会文明的产物。自人类有立法史以来，就不断在对立法问题进行整理、反思与总结。在现代社会，立法已经不再被视为神灵意志、君主意志的体现，而是代表了人民意志。现代社会的立法活动已经越来越注重技术理性和科学理性，从技术与科学的层面推动实现价值理性。

1. 立法与立法权

要探究立法的实质，必须明白所立之"法"到底为何物。罗科斯·庞德从实用主义角度将"法"界定为行为及争端解决的指导原则和权威性规则。对此，笔者深表赞同。"19世纪的法律科学经常把行政管理与法律作比较。但真正的比较在于法的行政性适用与司法性适用之间。用'法'（law）这个词代表作为行为及争端解决之指导原则的、权威性的规则"。既然"法"是作为行为及争端解决的指导原则和权威性规则而存在，那么我们在立法时，就要按此标准进行制度选择上的取舍与判断。所立之法必须是行为之指导原则或者是争端解决之指导原则，且是权威性的规则。第一，立法应当确定一般性的行为指导原则。立法是为社会公众提供行为规范。对此，应当把握两点：一是立法要瞄准社会大多数人，不能仅仅为了少数人的利益立法；二是立法要对社会公众的行为规范具有指引作用，社会公众通过立法条文可以对行为做出合理的预期。由此，立法才可以发挥引导社会的功能。第二，立法应当确定普遍适用的争端解决指导原则。这是指，在立法中，不仅要兼顾各方利益，还要对各方之间可能出现的争端及其争端解决途径预先做出假设、判断并进行规范。任何一部立法，如果没有着眼于争端解决，必将是不完整的。第三，立法应当是权威性的规则。此要把握两点：一是权威。何为权威？权威不是来自立法者地位的崇高和立法机关外在的威严，而是根植于民众内心的信任。唯有信任，才会信服；唯有信服，才有权威。二是体现为规则。既然是规则，就必须明确、具体，具有可操作性，避免产生理解歧义和出现指向不明的现象。

法治与立法是两个不同层次的概念。法治是立法的上位概念，立法必须符合法治的原则、精神与体系。哈耶克关于法治应当超越形式合法性的观点值得重视。在哈耶克看来，立法不能赋予政府以按其意志任意行事的无限权力，否则立法就是仅具有形式合法性而实质上严重背离法治精神的。"法治是这样一种原则，它关注法律应当是什么，亦即关注具体法律所应当拥有的一般属性。我们之所以认为这一原则非常重要，乃是因为在今天，人们时常把政府的一切行动只需具有形式合法性（legality）的要求误认为成法治。当然，法治也完全以形式合法性为前提，但仅此并不能概括法治的全部意义：如果一项法律赋予政府以按其意志行事的无限权力，那么在这个意义上讲，政府的所有行动在形式上就都是合法的，但是这一定不是法治原则下的合法"。

立法权在法治国家权力体系中居于首要地位，对现代民主国家具有重要作用。卢梭形象地将立法权比喻为国家的心脏，将行政权比喻为国家的大脑，显然，心脏比大脑更为重要。"政治生命的原则就在于主权的权威。立法权是国家的心脏，行政权则是国家的大脑，大脑指使各个部分运动起来。大脑可能会麻痹，而人依然活着。一个人可以麻木不仁地活着；一旦心脏停止了它的机能，任何动物马上就会死掉。国家的生存绝不是依靠法律，而是依靠立法权"。立法权本质上不同于行政权，立法工作的思路、方法应当与行政工作的思路、方法有根本不同。但是，在现代社会，有时候一不注意，就会混淆了立法与行政的边界。哈耶克对西方各国现行的立法体制提出了尖锐的批评："在当代西方民主政治架构中，代议机构实际上不适当地承担了两种截然不同的任务，即立法工作和政府治理；由此导致了立法的严重异化，使法律和立法的真正含义被歪曲、被掩盖。""这些国家的民选代议机构虽然通常被称作'立法机构'，但其绝大部分工作并不是制定、批准作为一般行为规则的法律，而是指导政府为解决特定问题而采取特定的行政措施。这些民选议会所做出的一切决议，不论是颁布正义行为规则性质的决议，还是授权政府采取特定行政措施的决议，往往都被笼统地称为'法律'，这样就导致了真正的法律同命令之间的混淆。在实际政治生活中，上述代议机构的主要任务并非立法工作，而是政府治理任务"。

2. 法治思维与良法

所谓法治思维，既区别于人治思维和权力思维，又区别于法律思维。"其实质是各级领导干部想问题、作决策、办事情，必须时刻牢记人民授权和职权法定，必须严格遵循法律规则和法律程序，必须切实保护人民和尊重保护人权，必须始终坚持法律面前人人平等，必须自觉接受法律的监督和承担法律责任"。有学者从以下几个方面总结了法治思维的基本内涵：①法治思维是遵从宪法法律至上、倡导良法为治的思维；②法治思维是尊重人权和自由、维护秩序和安全的思维；③法治思维是依循职权法定、主张正当行权的思维；④法治思维是要求公平对待、允许合理等差的思维；⑤法治思维是坚持程序正当、注重实体正义的思维；⑥法治思维是严格公正执法、自觉接受监督的思维。对法治思维更深入的研究，需要结合法治的内涵展开。亚里士多德曾经对法治的含义进行过经典描述："法治应当包含两重意义：已成立的法律获得普遍的服从，而大家所服从的法律本身又应该是制定得良好的法律。"由此，可以得出一个公式：法治 = 良法 + 善治。套用此公式可得出另外一个公式：法治思维 = 良法思维 + 善治思维。对地方立法工作者来说，坚守法治思维立法，一言以蔽之，就是要坚持良法思维，要立良法。

何为良法？在古典自然法学派看来，良法应当符合自然规律和道德准则。国内有学者尝试对良法的概念做出界定："所谓良法，是指符合法律的内容、形式和价值的内在性质、特点和规律性的法律。良法的标准表现在三个方面：在法的内容方面，必须合乎调整对象自身的规律；在法的价值方面，必须符合正义并促进社会成员的公共利益；在法的形式方面，必须具有形式科学性。"王利明教授认为："良法应当反映最广大人民群众的意志和利益，符合公平正义要求，维护个人的基本权利，反映社会的发展规律。"在中国特色社会主义法治体系框架下，至少必须符合以下要素的立法才可称之为良法：第一，立法应当反映民意。一部法规立或不立，如何立，要由民意说了算，由人民做主，这样才符合立法为民的基本精神。"实现法治民主的关键是，让立法这样一种最典型的公共事务的决定充分反映民意，并非把民意直接编织到执法活动之中，因为这样做的结果只能是以局部的民意修改整体的民意"。第二，立法应当发现规律。立法必须符合经济社会发展的各项基本规律，任何时候都不能违背规律立法。具体来说，引导本地经济改革与经济运行的地方立法必须符合经济规律和市场规律，针对社会问题的立法必须符合社会变迁与社会发展规律，针对自然灾害防治的立法必须符合自然规律等。第三，立法应当坚守正义。哈贝马斯指出："法治国家的法律概念有两个组成因素，即保障平等的普遍性和保障正确或正义的真实性。"法律的公平正义最先应当在立法中得到反映。立法中的失之毫厘会导致执法或者司法结果的谬以千里。立法坚守正义必须做到以下两点：一要坚持立法平等。立法平等是法律面前人人平等原则在立法工作中的具体体现。立法平等意味着在立法规则的制定过程中，必须平等对待立法中的各类利益相关者，让他们都能够实际参与立法过程、清晰表达立法诉求。二要坚持立法公正。立法者应当秉公立法，坚守公平公正和公共利益，既不可被任何利益集团或者权力部门所俘获，也不可通过立法实现私人目的。第四，立法应当规范权力。权力会导致腐败，绝对的权力会导致绝对的腐败。法治的要义和精髓在于通过法律限制权力，立法的缺位和不到位会直接带来权力的恣意和暴虐。为实现规范权力运行的良法目的，必须坚持以下三点：一是坚持权力限缩理念，通过立法"把权力关在制度的笼子里"。"作为新一轮法治思维的核心理念，良法的实现剑指国家权力的适度限缩"。二是坚持规则意识，做到以明确的立法规则引导和规范权力运行。要尽量减少立法中不确定性法律概念的使用频次，像"有关部门"这类概念要尽量杜绝出现在立法语言中。三是坚持责任意识，做到有权必有责、赋权必追责、权责一致。

根据哈贝马斯对公共领域的定义，"所谓'公共领域'，我们首先意指我们的社会生活的一个领域，在这个领域中，像公共意见这样的事物能够形成……当这个公众达到较大规模时，这种交往需要一定的传播和影响手段。今天，报纸和期刊、广播和电视就是这种公共领域的媒介。"在哈贝马斯的语境下，公共领域是社会公众能够自由讨论公共事务的活动空间。显然，哈贝马斯的公共领域理论与我们所探讨的公共领域立法还不是一个层面。公共领域立法是"为解决公共问题而进行的立法"。公共领域立法，需要明确一个基本目标：更好实现对公共事务的有效治理。此目标包含三点要求：第一，要以治理的思维来立法，而不是以管理的思维来立法；第二，围绕公共事务的有效治理来立法；第三，围绕社会广泛关注的热点问题立法。为更好实现对京津冀三地公共事务的有效治理，当前，三地地方立法机关应当重点在以下三个层面展开立法工作：一是围绕城市发展与城市治理进行立法；二是围绕三地不同功能定位与京津冀协同发展进行立法；三是围绕新发展理念进行立法，通过立法保障和实现创新、协调、绿色、开放、共享的新发展理念。

（二）京津冀立法转型的基本方向

立法是社会变迁的反映。立法转型问题涉及立法的发展方向、价值取向、外部环境变化、立法体制机制改革等众多问题。立法转型是实现立法跨越式发展的根本途径。改革开放40多年来，经济与社会已经发生翻天覆地的变化，客观上要求我们必须反思：原有的立法模式是否还适应当前经济社会的发展需要？立法模式是否需要创新和变革？立法转型应当怎样进行？根据已有文献，许多学者都对立法转型的必要性与转型方向等问题进行了有益的探讨。秦前红认为，应当"在立法模式上进行适当的调整和转变，即逐步缩小和限制'变革性立法'的范围，并向'自治性立法'过渡"。李晓东等指出："立法转型和社会变迁有着以下互动关系：立法转型的必要性和路径选择从根本上是由中国社会变迁的内容和向度决定的；同时，合理的立法模式的确立有利于良法的产生，从而能保证社会变迁沿着合理的向度发展。"蒋银华认为，地方立法应该采取"助推型"立法模式，这是国家治理的最佳方式。"行为法经济学派认为最恰当的立法方式是助推式的，立法者不强迫行动者接受某种行为约束，而是站在行动者的角度通盘考虑何种制度设计对行为者来说是最佳的之后采取一些引导性方式约束行动者"。刘振刚指出了"促进型"立法所具有的基本功能。"促进型立法之所以能在立法体系中占一席之地，与管理型立法遥相呼应，主要原因在于其特有的功能优势。作为调整社会关系的规范，法律具有宣示、指引、评价、预测、惩戒等基本功能。与管理型立法相比，促进型立法更注重行为的评价与引导，更善于运用正向激励、间接约束等方式发挥其宣示、指引、预测的功能，以促成社会发展"。立法转型已经成为立法实践中一个亟待解决的共性问题，立法转型是立法发展的潮流和趋势。京津冀三地的地方立法应当顺势而为，明确立法转型的目标和方向，以立法引领和推动改革发展。

三地的地方立法转型的基本方向应当是从"政府主导立法"模式转向"人大主导的社会立法"模式。"政府立法"模式是当前地方立法的主要模式。在"政府立法"模式下，地方政府实际上在地方立法中发挥着主导和支配作用。人大关注政府、依靠政府，一部地方性法规立或不立、怎么立，往往不是由人大说了算，而是由政府说了算。这是因为，政府处于社会管理的第一线，对社会矛盾、社会问题既有深刻的理解，也有改变的欲望，因此，往往能够对某一领域立法的必要性、立法拟要解决的主要问题有一个基本的把握，甚至还会给出一个系统的立法架构。

改变上述问题的基本策略是实现立法模式的转型。"社会立法"模式是北京市地方立法转型的根本方向。在"社会立法"模式下，立法需要更多地关注社会、依靠社会，围绕社会问题的有效治理和更好地推动社会发展来立法。

（三）社会立法的内涵与功能

本杰明·N.卡多佐曾说："当人们使用一个含义过于宽泛、内容没有精确界定的术语、却未对其中包含的不同意思加以区分时，混淆就产生了，大多数争论皆源于此。"从科学的角度讲，任何一个概念都由内涵与外延两部分组成。内涵，主要是指概念所反映的事物的内在属性；外延，主要是指概念的适用范围。笔者致力于采取一种与传统法学研究不同的视角，对作为本节内容中的"社会立法"给出较为清晰的概念界定。

1. 社会立法的含义

目前，国内对社会立法的概念还没有形成统一的定义。通过检索权威的工具书发现，不同的工具书对社会立法的定义大不一样。《中华法学大辞典·法理学卷》将社会立法定义为："对具有普遍社会意义的立法的统称，例如涉及教育、居住、租金的控制、健康福利等。"《中国大百科全书（社会学卷）》对与社会立法相关的社会工作立法进行了定义，指出社会工作立法是"国家关于解决和预防社会问题、改善和管理社会生活、开展社会福利等方面工作的法律规范"。《教师百科辞典》将社会立法定义为："国家立法机关按照立法程序所制定修改的各种涉及社会福利的法案。""社会立法"的英文表述为"social legislation"。"社会立法"这个词曾经原封不动地出现在哈耶克的著述中。哈耶克指出："'社会立法'（social legislation）也可以意指政府为某些不幸的少数群体（亦即那些弱者或那些无法自食其力的人）提供一些对他们来说具有特殊重要性的服务。"

总体上，本节所关注的"社会立法"，与传统法学研究框架下所指代的"社会立法"具有根本不同。本节中，"社会立法"主要用来描述一种立法理念的转变、立法主体的转换、立法趋势的形成以及相应的新兴立法领域与立法技术。传统法学研究视野中的"社会立法"则主要指向了劳工立法和社会福利与社会保障立法这三大领域。根据以上分析，结合党的十八大以来中央关于法治建设和社会建设的新认识、新判断，本节倡导的"社会立法"是指：治理理念引导下的多元社会主体共同参与、合作立法，能够有效解决社会问题和更好推动社会发展的立法模式。

2. 社会立法的基本特征

第一，在立法理念上，坚持治理理念引领立法。治理理念引领下的地方立法需要注意三个转变：一是立法逻辑的转变。管理理念引领下的地方立法基本遵循是：对某一个社会问题，首先要确定具体的行政管理部门，看是由哪一个行政机关来负责这项事务，再根据该机关的管理需要，看具体通过立法授予该机关哪些权力。这样，对复杂的社会问题的治理，就被简化为通过立法授权行政机关进行管理。结果却往往事与愿违。治理理念引领下的地方立法应当遵循的基本逻辑是：对某一个社会问题，首先判断相关的影响因素、相关的利益主体以及立法干预的有效性，如果确实需要以立法的形式进行干预，就要为各个利益主体提供充分的立法博弈机会与博弈空间。二是立法本质的转变。在治理理念引领下，立法的本质不是管理者对被管理者的约束，而是社会主体通过规则共同治理社会事务。坚持治理理念引领地方立法，就是要坚持合作共治，将立法作为全体社会成员共同的事情，而不仅仅看作立法者的事情或者行政机关的事情。三是立法视角的转变。在治理理念引领下，立法对某一社会事务的治理，需要具有更宏观的视角，立法者需要站在更高的层面上综合考虑问题，对经济与社会发展给予恰当的引导。例如，立法治理大气污染，不仅要考虑对污染源的控制，还要综合平衡产业发展、结构转型、社会稳定等背后的因素。不能"头痛医头、脚痛医脚"，污染源虽然控制住了，但结构转型没有跟上的话，就会造成大量的剩余劳动力和闲置社会资源，不仅造成严重的人力、物力资源浪费，还容易引发社会矛盾。

第二，在立法主体上，坚持多元社会主体共同参与立法。在法治社会，立法需要解决的都是具有全局性的、复杂的社会问题。社会问题本质上是全体社会成员共同的问题，需要全体社会成员共同参与、共同治理。所谓多元社会主体，从不同的角度可以有不同的分类，归结到一点，就是要坚持利益相关标准。坚持多元社会主体共同参与立法，就是要使立法尽可能照顾到每一位利益相关者。坚持多元社会主体共同参与立法，对立法者来说，应当坚持以下三个原则：一是穷尽利益集团原则。利益集团是直接受到立法决策影响且影响最大的社会主体。一项立法决策，在给某一利益集团带来重大利好的同时，对另一利益集团可能就意味着重大损失。例如，立法支持新能源汽车发展的决策，对新能源汽车厂商是重大利好，会带来市场的供不应求、价格上涨甚至股市飙升；与此同时，对传统的汽车制造企业和油企来说，都是重大不利消息，会导致销量下滑、价格下降，量价齐跌。穷尽利益集团原则，是指对即将受到立法决策影响的每一类利益集团，都要给予其充分的立法参与机会。这里需要注意的是利益集团的类型化。立法无法做到对每一个利益集团给予关照，而只能通过类型化的方法，对利益集团进行分类后，再对该类利益集团给予关照。还以新能源汽车立法为例，涉及的利益集团包括：新能源汽车制造企业及经销商、传统的汽车制造企业及经销商、石油企业、电力企业，以及环保行业团体、政府税收主管部门、政府交通主管部门等。对这些利益集团，必须确保其在立法中都能得到公平的参与机会。二是重视公共舆论原则。所谓舆论，是舆情民意的集中体现。在利益集团与代表制下，全体社会成员的意志可以通过利益集团和人大代表得到部分体现。然而，毕竟还存在一些未被组织化、未被代表化的利益，这些利益也应当受到立法者的关注。移动互联网的快速发展，使得人人都是自媒体，人人都可以便捷地制造舆论、快捷地传播舆论，舆论的力量格外彰显。未被组织化的社会公众习惯通过互联网就某一事件或问题发表评论。重视公共舆论原则意味着，立法必须时刻关注舆论、快速回应舆论、恰当引导舆论。三是保障有效参与原则。坚持多元社会主体共同参与立法中的参与，应当是实质性的、有效的参与。参与一定不是作秀，也不一定非得采用听取意见的方式。多元社会主体参与立法的目的，是为了表明观点态度、阐明事实真相。立法者组织多元社会主体参与立法的目的，是为了查明事实真相、做出立法决策。真相往往隐藏在对立的意见当中。要使参与更加有效，就必须重视立法中的不同意见，保障持有不同意见者参与立法过程。

第三，在立法对象上，主要是针对民生和社会治理等社会问题立法。改革开放 40 多年来，我国经济实现了快速发展。与经济发展相伴生的，则是贫富差距扩大、区域发展不平衡、城乡发展不均衡以及教育、医疗、环境等诸多社会问题。分析上述社会问题，有些是在经济发展过程中产生的，如贫富差距扩大；有些则是自始至终一直存在的，如教育、医疗等社会资源供给不足。诸多的社会问题叠加，极易引发社会矛盾。今后一段时期，立法的首要任务已经不再仅仅是为经济发展保驾护航，而是要更加致力于社会问题的解决。所谓社会问题，是在社会发展中普遍存在的问题。社会问题具有历史性、地域性。西方自由资本主义时期的社会问题是劳工权利保护，垄断资本主义时期的社会问题是社会保障与社会福利。我国的经济发展是跨越式的，相应的社会问题是复合型的。"社会立法针对的主要问题是贫困、失业、收入保障、文盲、疾病、住房、养老等社会性问题，尤其是社会问题引发的社会动荡、社会失范、社会冲突和社会无序的状况"。总体来看，民生问题与社会治理问题构成了当前社会问题的两大领域。民生问题主要是公民个人的生存与发展问题，社会治理问题主要是社会整体的文明与秩序问题。民生问题与社会治理问题是相联系的，民生问题解决不好，会形成严重的社会矛盾，极大增加社会治理的难度。民生领域的社会立法，应当紧扣人民最关心最直接最现实的利益问题进行。社会治理领域的社会立法，应当围绕构建全民共建共享的社会治理格局进行。"要以最广大人民利益为根本坐标，创新社会治理体制，改进社会治理方式，构建全民共建共享的社会治理格局"。

第四，在根本属性上，社会立法具有内生性、合作性、客观性三个根本属性。首先，社会立法的内生性是指社会立法应当着眼从深层次的体制、机制、制度层面解决社会问题。某一问题之所以成为社会问题，说明社会上具有适合该问题存在的外部土壤环境，即社会的体制、机制、制度层面的原因。因此，解决社会问题的立法路径必须从深层次的体制、机制、制度层面进行寻找。"社会的公众问题常常包含着制度上、结构上的危机，也常常包含着马克思所说的'矛盾'和'斗争'"。其次，社会立法的合作性是指社会立法为多元社会主体均预留了立法上的利益空间与合作空间，期待通过多元社会主体间的合作互利实现立法目的。社会立法并不只是依赖于政府管理，而是高度重视并依赖于多元社会主体之间的合作。最后，社会立法的客观性是指社会立法应当遵循社会发展的基本规律。过去，我们格外强调法律是统治阶级意志的体现，突出法律的主观性与阶级性特征，这固然没有错误。但是，在治理理念导向下，治理的对象不再是人，而是事务和问题，这就需要更加重视法律的客观性特征。表现在社会立法中，就是需要遵循社会发展的基本规律。法律缘何而来？"法律不是凭空从立法者手中出现的，而是来自社会的规制需求和正义观，它们只是在立法程序中被澄清和确定下来"。"可以认为作为立法者制定的法律是与客观规律不能截然分开，法律精神绝不仅仅是体现统治阶级意志的主观性一面，而且包括社会规律的客观性一面"。

第五，在立法目的上，社会立法的直接目的是预防和纠正社会失衡现象，根本目的是实现人和社会的更好发展。首先，社会立法的直接目的是以立法手段进行社会调控，防止出现社会失衡现象。"在社会失衡的情势下，社会上会存在经济和社会地位强弱不同的多种社会群体。其中处于弱势地位的群体及其个体成员，面临着诸多困境和压力，单靠其自身力量难以纾困和解压，因而必须由国家汇聚各方力量，采取各种措施，对其生存权、发展权予以保障，对其面临的社会风险加以分担，这样才能在保障社会成员基本权利的基础上不断提升社会福利，化解社会矛盾和社会危机增进社会整合与社会和谐促进社会发展与社会进步"。其次，社会立法的终极目的是实现人和社会的更好发展，包括但不限于"保证所有人生存合乎人的尊严，缩小贫富之间的差距，以及消除或限制经济上的依赖关系。"

3. 社会立法的功能定位

社会立法作为与政府立法不同的立法模式，其功能定位包含三个层次：基本功能、核心功能和辅助功能，分别对应社会发展、人大职能和政府职能三方面。"现代国家的社会立法活动总是与政府职能角色、社会问题、社会政策、社会服务、社会需要满足和社会整合功能，尤其是社会团结、社会公正和社会秩序目标紧密联系在一起"。要做好社会立法工作，必须首先明确社会立法的功能定位。

第一，推动社会发展和实现公平正义是社会立法的基本功能。社会立法的基本功能是从立法对社会的促进作用来说的。"社会立法主要功能是回应不断变化的社会需要，通过解决社会问题改善社会福利状况"。社会立法关注制约社会发展的关键问题，并用法律手段予以解决，对实现社会公平正义、维持良好社会秩序以及不断推动社会进步均具有至关重要的意义。在此，社会立法的基本功能与法律的价值追求具有一致性。"法律创造了行为秩序，使人们有可能和平共处，并在劳动分工的合作中塑造其外部生活条件；法律给予个体生活必需的导引，使其个人行为模式稳定化；它使社会统治的运作合法合理化的同时，也施予了限制，且给予弱者必要的保护；它保障着个体自由；它是预防冲突，当冲突爆发时，又消解或至少使冲突缓和并将其维持在可承受范围内的主要社会手段等"。社会立法基本功能的实现，依赖科学理性的立法法案或条文规范。"要通过法律规范规制性地干预社会运作，决不能筹划着在整体上改造社会，而必须限定在可通过针对性措施予以改变的特定行动关联上"。

第二，强化人大在立法中的主导作用是社会立法的核心功能。党的十八届四中全会提出，要健全有立法权的人大主导立法工作的体制机制。党的十九大报告对此予以进一步强调。从政府立法到社会立法，立法模式发生了转型，人大的作用也将发生根本性的改变。在政府立法模式下，政府部门对立法发挥了主导作用。人大依赖政府，政府主导立法，从立法计划的提出，到立法草案的起草，往往都是由政府部门说了算。立法变成政府部门意志的体现，政府部门既是执法者，又成为立法者，违背了最基本的权力运行准则。在社会立法模式下，立法主体多元化，社会团体、专家学者等众多社会主体都可以基于自己的专业判断更积极地参与立法活动，立法权将更多地回归到其原本的权力主体，人大在立法中的作用得到凸显。

第三，倒逼政府转型和推进法治政府建设是社会立法的辅助功能。社会立法模式下，政府的权力边界将更加清晰。行政权不可以任意取代立法权，行政权的扩张将被严格限制。这客观上有利于规范政府的权力运行，倒逼政府转型，实现法治政府建设目标。"在中国的现实语境下，通过立法手段构建惠及全体国民的公共财政体制，建立公共服务和产品的问责制，推动政府从赢利型政府向服务型政府转型，督促国家肩负起对公民的义务和责任等，都是社会立法应当完成的历史使命"。

（四）社会立法的现状评估与案例分析

本节仅以北京市为例，评估分析当前社会立法的整体状况。作为首善之区，北京市在地方立法建设上一直走在全国前列。近年来，北京市坚持"问题引导立法、立法解决问题"的基本思路，高度重视通过立法方式解决社会问题、缓解社会矛盾，在社会立法领域不断取得显著成绩。下面主要对北京市社会立法现状进行梳理和评估，并结合《北京市居家养老服务条例》《北京市控制吸烟条例》《北京市大气污染防治条例》等地方性法规进行具体的案例分析。

1. 北京市社会立法的现状梳理与评估分析

截至 2016 年 7 月 28 日，北京市现行有效的地方性法规共计 147 件。从 2006 年到 2016 年，北京市地方性法规立法的具体情况如下：2016 年立法 1 件，为《北京市院前医疗急救服务条例》。2015 年立法 6 件，分别是《北京市实施〈中华人民共和国工会法〉办法》《北京市国家工作人员宪法宣誓组织办法》《北京市统计条例》《北京市建设工程质量条例》《北京市水土保持条例》《北京市居家养老服务条例》。2014 年立法 7 件，分别是《北京市控制吸烟条例》《北京市轨道交通运营安全条例》《北京市动物防疫条例》《北京市人口与计划生育条例》《北京市大气污染防治条例》《北京市实施〈中华人民共和国全国人民代表大会和地方各级人民代表大会代表法〉办法》《北京市人民代表大会代表建议、批评和意见办理条例》。2013 年立法 3 件，分别是《北京市促进中小企业发展条例》《北京市专利保护和促进条例》《北京市实施〈中华人民共和国防震减灾法〉规定》。2012 年立法 5 件，分别是《北京市湿地保护条例》《北京市食品安全条例》《北京市各级人民代表大会常务委员会规范性文件备案审查条例》《北京市河湖保护管理条例》《北京市审计条例》。2011 年立法 2 件，分别是《北京市就业援助规定》《北京市生活垃圾管理条例》。2010 年立法 3 件，分别是《中关村国家自主创新示范区条例》《北京市农业机械化促进条例》《北京市水污染防治条例》。2009 年立法 4 件，分别是《北京市实施〈中华人民共和国农民专业合作社法〉办法》《北京市绿化条例》《北京市道路运输条例》《北京市城乡规划条例》。2008 年立法 2 件，分别是《北京市法律援助条例》《北京市实施〈中华人民共和国突发事件应对法〉办法》。2007 年立法 5 件，分别是《北京市各级人民代表大会常务委员会检查法律法规实施情况办法》《北京市各级人民代表大会常务委员会听取和审议人民政府、人民法院和人民检察院专项工作报告办法》《北京市志愿服务促进条例》《北京市信息化促进条例》《北京市公路条例》。2006 年立法 4 件，分别是《北京市精神卫生条例》《北京市燃气管理条例》《北京市实施〈中华人民共和国民办教育促进法〉办法》《北京市实施〈中华人民共和国种子法〉办法》。

从 2006 年到 2016 年 7 月，北京市人大共计制定法规 42 件，年均 4 件左右。从名称来看，以某某法律实施办法命名，用以执行上位法规定的有 7 件，占比约 16.7%；以某某办法、某某规定命名，用以专门规定北京市人大等机关具体工作程序或某方面工作内容的有 4 件，占比约 9.5%；以某某条例命名的有 31 件，占比约 73.8%。其中，在 31 件条例里，属于社会立法的条例有 10 件，占比约 32.3%，具体包括：《北京市院前医疗急救服务条例》《北京市居家养老服务条例》《北京市控制吸烟条例》《北京市促进中小企业发展条例》《北京市专利保护和促进条例》《北京市湿地保护条例》《北京市农业机械化促进条例》《北京市法律援助条例》《北京市志愿服务促进条例》《北京市信息化促进条例》。上述判断的依据有两个：一是名称中出现某某服务条例、促进条例、发展条例、保护条例等字样；二是内容上重视多元社会主体共同治理。剩下的 21 件条例则主要是管理性的，可以纳入政府立法范畴，占比约 67.7%。

总体上，北京市社会立法呈现如下发展特点：其一，从立法数量来看，北京市社会立法的总数还偏少。自 2006 到 2016 年的十年间，北京市社会立法数量共计 10 件，占全部地方性法规立法数量的 23.8%，占条例立法数量的 32.3%。其二，从发展速度来看，北京市社会立法近年来一直保持着匀速增长。十年共计 10 件，平均每年 1 件。事实上，自 2014 年以来的三年间，北京市社会立法也的确是以每年 1 件的速度在增长。例如，2014 年的《北京市控制吸烟条例》、2015 年的《北京市居家养老服务条例》和 2016 年的《北京市院前医疗急救服务条例》。其三，从立法质量来看，北京市社会立法的立法质量在不断提升。这种提升表现在两个方面：一是越来越重视多元社会主体的立法参与;二是在法律责任设计上,越来越倾向于明晰政府的责任,而不再单纯将立法等同于立罚。

2.北京市社会立法的具体案例分析

(1)《北京市居家养老服务条例》:新时期北京市社会立法的典范。2015 年 1 月 29 日北京市第十四届人民代表大会第三次会议审议通过的《北京市居家养老服务条例》虽然条文不多、不设章节,只有短短 22 条,但却代表了新时期北京市社会立法的较高水准,符合社会立法的本质属性和基本要求,堪称北京市社会立法的典范。

第一,该条例围绕社会热点问题立法,为当前和今后一个时期具有较大社会需求的养老照料提供立法指引。随着全市人口老龄化的趋势越来越明显,养老问题日益严峻。"随着经济发展和工业化、城市化进程不断加快,人们的居住方式和生活方式发生了深刻变化,青年人因为求学、工作和婚姻等原因,与老年人分开居住和生活已成为普遍现象。同时,由于社会转型带来的生活节奏加快和工作压力增加,导致青年一代对年长一代的照顾变得越来越难以实现,家庭养老功能日益弱化,亟须一个完善的社会服务系统来支持"。《北京市居家养老服务条例》的制定,从立法层面明确各个主体对居家养老的义务与责任,有利于满足日益增长的养老服务需求。

第二,该条例的立法过程体现了人大主导立法的基本思路。其一,从牵头起草主体来看,该条例是由市人大牵头起草的。"市人大常委会第二十七次主任会议讨论决定了法规起草工作方案,决定成立立法工作领导小组和起草工作组,领导小组由市人大、市政府主管领导担任,工作组由市人大和市政府有关部门组成"。这就不同于以往大多数草案由政府部门牵头起草的情况,可以有效防止立法的部门化倾向。其二,在审议阶段,市人大常委会与人大代表也发挥了重要作用。"在审议过程中,常委会组成人员和代表提出了很多很好的修改意见。针对审议中提出的意见,工作机构进行了多次调研论证,召开各类座谈会、论证会 20 多次,并到部分区县开展了实地调研"。

第三,重视多元社会主体共同参与和共同治理,构建全市范围内的居家养老服务体系。根据该条例,居家养老服务是以家庭为基础、以社区为依托、政府主导、社会参与的养老服务模式。该条例旨在发挥多元社会主体的作用,建立全市范围内的居家养老服务体系。根据该条例,北京市居家养老服务体系共包括四个层次:一是由政府提供的基本公共服务;二是由社会组织和机构提供的公益性服务;三是由社区居民委员会、村民委员会在自治范围内组织老年人和居民开展的互助服务;四是由企业提供的市场化服务。从基本公共服务到公益性服务,再到互助服务,最后到市场化服务,体现了从政府到市场的服务供给模式。此类立法路径和立法技术,既能充分发挥政府的公共服务职能,又能充分调动市场主体参与养老服务的积极性,共同为老年人提供养老服务。

第四，明确政府在居家养老服务中的法律责任，坚持立法等于立责。与以往立法中偏重以行政处罚方式惩罚行政相对人不同，该条例重视通过立法条文明确政府在居家养老中应当承担的职责、义务以及责任追究方式，体现了权利本位、社会本位的立法思想。例如，该条例第5条第1款规定了市和区、县人民政府在居家养老服务中应当履行的职责，包括将老龄事业纳入国民经济和社会发展规划及年度计划、建立与老年人口增长和经济社会发展水平相适应的财政保障机制、完善与居家养老相关的社会保障制度、按标准配置社区养老设施等共计七项。

（2）《北京市控制吸烟条例》：喜忧参半的社会立法。吸烟本是个人选择的一种生活方式，且是在明知吸烟有害健康的情况下仍然坚持的一种生活方式。通过立法干预个人的吸烟行为，旨在保障公共场所内社会公众的健康权益。当个人自由威胁到公众健康时，通过立法干预个人自由就具有了正当性。早在2005年，中国就已经批准了世界卫生组织的《烟草控制框架公约》。该公约第8条要求缔约方通过并实施法律及其他措施，保护公众在室内公共场所、工作场所、公共交通工具以及特定其他公共场所免受烟草烟雾的危害。

2015年6月1日，具有"史上最严控烟条例"之称的《北京市控制吸烟条例》（以下简称《条例》）正式实施。该条例坚持室内公共场所全面控烟的原则，并允许对违反条例规定者处以罚款。该条例实施一年以来，取得了良好的控烟效果。"据中国控烟协会对《条例》实施前后的对比调查显示，本市公共场所室内吸烟现象有所下降，公共场所发现吸烟者比例由原来的11.3%下降到了3.8%，无烟环境最好的是学校、星级宾馆、医院，变化幅度最大的是公共交通站。吸烟现象下降最明显的是餐馆，由原来的40.3%下降到14.8%。有93%的被访者认为本市无烟环境有了改善，82%的受访者对《条例》的执行表示满意。世界卫生组织授予市政府'世界无烟日奖'，称北京控烟取得了令人鼓舞的成效"。

控烟是全社会的事情。控烟是为了全社会，控烟的成效要依靠全社会。控烟立法本是属于典型意义上的社会立法。然而，以社会立法的标准来衡量，该条例还是存有结构性缺陷的，很可能会影响控烟预期效果的实现。该条例最主要的问题在于对政府责任的立法规制还不够具体。例如，该条例第十六条规定："市卫生计生行政部门应当公布吸烟违法行为投诉举报电话；对投诉举报的违法行为，市或者区、县卫生计生行政部门应当及时处理，建立投诉举报及处理情况登记。"该条既未具体规定投诉举报电话是多少，也没有规定有关部门处理投诉举报的期限和程序。仅仅根据"应当"和"及时"这些没有具体指向内容的词语，既不能使立法条文具有可操作性，也会影响立法目的的实现。虽然此后政府方面已经公布了全市统一的控烟举报电话为12320，并建立了"无烟北京"微信投诉平台，但是这些措施已经属于政府行为，而不是立法行为。立法如果仅仅是对政府进行授权，而不通过明确、具体的指向对象对政府进行立法控制，则背离了社会立法的根本属性，也终将损害立法的威严。在这方面，《深圳经济特区控制吸烟条例》第 38 条的处理方式值得我们在今后立法中学习借鉴。该条例规定："市政府设立 12345 公开电话为全市统一的控烟投诉电话。有关部门接到投诉的，应当受理。对实名投诉的，应当自受理之日起十五个工作日内将处理结果告知投诉人。"该条文具有明确的可操作性，对发挥个人的控烟作用具有极大的鼓舞性，对政府的控烟行为具有极强的规范性。

（3）《北京市养犬管理规定》：管理与服务应当并重。《北京市养犬管理规定》是 2003 年 9 月 5 日由北京市第十二届人民代表大会常务委员会第六次会议审议通过的。该规定对养犬应当遵照的法律程序、养犬人的义务等做出了严格规定，授予了行政机关对养犬管理的登记、收费、年检、处罚等行政权力，希望能以立法规范养犬行为，实现文明养犬和限制养犬的立法目的。然而，有评论指出："2003 年《管理规定》依然没有根本解决北京的养犬问题。北京家犬数量保持着较高的增长速度，总量并未得到有效控制。"严苛的受理程序、并不人性化的管理方式以及执法资源的匮乏，导致随处可见的违法养犬行为。例如，重点管理区内养大型犬、烈性犬，养犬不履行登记手续，养犬不缴纳管理服务费等。违法行为的大量存在严重挑战了立法的权威。与此同时，公安机关作为立法授权的养犬管理主管机关，也早已疲于对养犬事务进行管理。仅仅四年之后，公安机关虽然着手推动成立养犬自律组织，但是养犬自律组织也没有发挥应有的作用。"北京市从 2007 年开始，在公安机关的大力推动下启动了养犬自律组织建设工作，到 2008 年年底全市成立养犬自律会达到 6500 个。但绝大部分基层组织在养犬管理上没有发挥应有的作用，许多养犬自律会有名无实，根本没有开展活动"。

时隔多年，《北京市养犬管理规定》依然生效，但是其形式意义已经大于实际意义。面对该规定，我们需要反思，养犬管理到底是属于政府管理事项还是属于社会治理事项？传统的登记、收费、处罚、年检等管理方式为什么难以有效管理养犬行为？立法的目的是要有效规范养犬行为，形成文明养犬的生活秩序，不论是由政府管理，还是由社会治理，管理的思维与服务的思维都应当并重，管理的方式与服务的方式都应当并用。治理养犬这一社会问题，根本上还需要依靠社会主体的共同参与。

（五）当前社会立法存在的主要问题

社会立法是与政府立法相区别的一种立法理念和立法模式，需要有与之相匹配的立法思路、立法体制、立法机制和制度设计。总体上，当前社会立法还处于较为初级的发展阶段，与旺盛的立法需求及未来的立法趋势极不匹配，需要认真分析存在的问题并找出产生问题的根源。

1. 立法理念上存在的问题

立法理念体现了立法的指导思想和价值追求，"既包含了人们关于立法的认识、思想、价值观、信念、意识、理论、理性、理想、理智，又涵盖了上述思维产品的表现物，如立法目的、目标、宗旨、原则、规范、追求等"。党的十八届四中全会提出，要恪守以民为本、立法为民理念，贯彻社会主义核心价值观，使每一项立法都符合宪法精神、反映人民意志、得到人民拥护。反观当前的社会立法活动，在立法理念上还存在下列问题：一是以管理理念指导社会立法实践。当前，我国正处于社会转型时期，新的社会秩序尚未建立，旧的社会秩序依然存在，各种利益交织，各种矛盾叠加。反映在立法理念上，突出表现为管理理念与治理理念的冲突与对抗。例如，有的立法草案坚持管理理念，侧重管理的便利性和有效性；有的立法草案坚持治理理念，侧重治理的多元化。当前的社会立法，正在管理理念与治理理念的冲突及对抗中艰难前行。总体来说，管理理念依然盛行，治理理念依然不足。二是权力本位色彩较为浓厚。与管理理念相呼应的，是立法中的权力本位色彩较为浓厚。权力本位的表现是，一部法律立或者不立，怎么立，不是根据社会实际情况，由民众和民意说了算，而是由有权机关和掌权者说了算。权力本位则助长了社会立法中的部门利益和长官意志。三是在一定程度上还存在法律万能论思想倾向。法律是社会关系调整之利器，但却不是唯一的利器。法律万能论的思想给立法带来了沉重的负担。"我们在不经意间已经悄悄地进行了一场观念的革命：凡事均以法律为准绳来衡量和评判，凡事均可以通过法律途径解决，凡事必借助法律的强制力保障和实施。在面对问题和麻烦时，我们习惯首先想到立法，因此，只要社会上一出现某种问题，马上就有呼吁相关立法的声音出现"。但是，立法并不能解决全部的社会问题。法律万能论的最终结果必将导致立法条文的繁多和法律权威的衰落。

2. 立法体制上存在的问题

立法体制，是关于立法权限划分的体系和制度。"立法体制是关于立法权、立法权运行和立法权载体诸方面的体系和制度所构成的有机整体，其核心是有关立法权限的体系和制度"。立法体制对立法发展具有关键作用。在立法学理论上，立法体制通常涉及中央与地方的立法权划分、人大对政府的授权立法等问题。社会立法的重点领域在于民生、社会建设以及社会治理领域。由于地方发展不平衡，民生、社会建设以及社会治理通常可以归入地方性事务范畴，主要属于地方立法领域。当前在立法体制上存在的突出问题在于政府主导型立法体制不利于社会立法的发展。政府主导型立法体制具有严重弊端：其一，政府主导型立法体制使立法角色发生错位。立法本是立法机关的任务，政府本应当只作为执法主体存在。然而，在政府主导型立法体制下，政府混淆了立法权与行政权的界限，将自身置于立法者的角色，而真正的立法者却处于从属地位，在立法中充当配角的角色。这种角色变换是严重背离法治精神的，与社会立法的本质要求背道而驰。其二，政府主导型立法体制与治理的理念及法治的要求严重背离。政府主导型立法体制奉行管理理念，立法目的是实现更好的管理。政府以管理者的身份出现在立法中，相应地，社会公众是作为被管理者而存在的。这就与社会立法的基本理念严重背离。社会立法坚持治理理念，主张由社会全体成员一致解决共同面临的社会问题，全体社会成员都是参与主体，不侧重管理者与被管理者的类型划分。其三，政府主导型立法体制直接导致社会立法部门化、部门利益合法化，侵害社会公共利益。"行政机关在法律起草或者直接立法时，往往不是基于社会公平正义来配置权利和义务的，首先是以自身狭隘的部门利益为出发点，通过立法给作为管理者的自身配置过大的权力、轻微的义务或责任，给人民群众配置以较小的权利、较大的义务"。

3. 立法机制上存在的问题

立法机制与制度设计密切关联。从程序上看，立法机制主要包括立法的启动机制、起草机制、审议机制、表决机制等。从内容上看，立法机制包括立法激励机制、立法监督机制、立法评估机制等。"没有良性的立法机制，就犹如没有好的车床，很难加工出好的立法产品"。目前，京津冀三地立法在立法机制上还存在许多不足，影响了社会立法的发展。

第一，立法激励机制不健全。立法激励机制不健全，严重影响了社会公众参与立法的积极性。社会立法与社会公众息息相关，理想的社会立法状况应当是：社会公众主动关心立法、踊跃参与立法，不仅建言献策，而且自发地推动立法。但是，现在的情况却是：社会公众对立法持冷漠态度，立法仅仅成为立法机关的事情。这种状况的出现与立法激励机制的欠缺有直接关系。立法对社会公众激励机制的缺失主要表现在以下方面：一是立法通常由人大常委会通过，而不是由人大通过的。以北京市为例，2014 年，北京市第十四届人民代表大会第二次会议表决通过了《北京市大气污染防治条例》《北京市实施〈中华人民共和国全国人民代表大会和地方各级人民代表大会代表法〉办法》《北京市人民代表大会代表建议、批评和意见办理条例》，被誉为"十三年来首次行使立法权"。二是人大代表虽然享有提案权，事实上却很难将议案列入会议议程。在北京市，根据《北京市制定地方性法规条例》第 10 条的规定，一个代表团或者 10 名以上的代表联名，可以向市人民代表大会提出法规案，由主席团决定是否列入会议议程，或者先交法制委员会审议、提出是否列入会议议程的意见，再由主席团决定是否列入会议议程。多年来，人大代表在人大会议上的议案，很少有直接列入会议议程的，通常都转化为对相关工作的立法建议。

第二，利益平衡与博弈机制欠缺。立法的过程，实质就是各种利益的较量与平衡过程。各种利益冲突、各种矛盾问题只有在立法过程中予以充分展现、暴露，才能经过分析、取舍、协调与平衡之后立出良法。在政府主导型立法体制下，利益平衡与博弈机制格外欠缺。政府以公共利益的名义，削弱甚至剥夺了立法机关进行利益平衡的权力。立法机关没有直接面对利益对峙的群体，无法占有充分的事实性信息，从而常常将立法的话语权让渡给政府。试想，如果设计了恰当的立法机制，允许各种利益群体在立法机关面前充分博弈，政府也只是作为利益群体之一参与立法，立法机关就可以占有充分的立法信息，做到对立法项目的事实问题、法律问题、专业问题一清二楚。

第三，立法项目形成机制不完善。立法项目形成机制，主要包括立项机制和选项机制两方面。目前，无论是立项机制还是选项机制均存在不够完善之处。首先，立项机制的不足主要体现为立法规划和立法计划中公众意见的缺失。地方性法规的立项，是指"依法享有法规制定权的地方国家权力机关为科学开展地方性法规的创制工作，在自身职权范围内，根据本地方的实际情况及需要，依法所做的关于一定时期内制定地方性法规的设想与安排"。目前，地方立法项目主要是通过五年立法规划和年度立法计划形成。立法规划和立法计划在形成之前，虽然都有向社会公开征求意见的环节，但是，显然形式意义大于实际意义，很少出现社会公众的立法建议被直接纳入立法规划或立法计划的情况。其次，选项机制的不完善主要表现为选项标准的主观性、选项结果的任意性等方面。

第四，立法起草机制有待改进。立法的起草环节非常关键，草案基本上奠定了立法的框架和内容。很多时候，对草案的修改只是对立法条文的小修小补，大的框架和主要内容并不会变动。目前，地方立法在起草机制设计上还很不科学，由于立法赋予了政府部门牵头起草地方性法规的权力，导致实践中大部分的社会立法项目草案都是由政府部门牵头起草的，政府部门的利益得到了充分的表达和保障，社会公众、社会群体的利益却没有得到有效保护。

4. 具体制度设计上存在的问题

除了在立法理念、立法体制、立法机制上存在问题，在具体制度设计上也存在一些问题，主要表现为立法辩论制度未确立、立法评估制度不完善、专职代表制度尚未建立等方面。

第一，立法辩论制度未确立。凡属与立法相关的，都是社会发展的热点问题、重点问题与难点问题。对这些问题的解决，应当在立法上坚持兼听则明、偏信则暗的原则，建立立法辩论制度，由对立的双方或者多方阐明观点、摆出事实。真相往往存在于对立的观点中。只有通过辩论，立法机关才能发现矛盾焦点和解决问题的出路。很遗憾，在政府主导型立法体制下，我们并没有建立立法辩论制度。未经过辩论洗礼的社会立法，表面看来一团和气，实际则暗流涌动。

第二，立法评估制度不完善。立法评估制度包括立法前评估制度和立法后评估制度两类。立法前评估制度主要是围绕立法的必要性、可行性、手段与目的的匹配性等进行。立法后评估制度主要是围绕立法的实施效果进行，通过法律实施发现立法条文的不足并予以完善。总体上，立法评估制度对提升立法质量、弥补立法条文漏洞至关重要。但是，目前还存在评估主体权威性不足、评估标准不客观、评估方式不科学等问题，需要进一步完善。

第三，专职代表制度尚未建立。在我国的人民代表大会制度下，除了人大常委会工作人员，人大代表都是兼职的，人大代表的身份更多代表了一种荣誉和社会地位。兼职的人大代表在我国立法中事实上承担了两种功能：一种功能是代表人民审议各种工作报告，履行决策权；另一种功能是代表人民提出各种立法提案，履行立法权。然而，由于人大代表的兼职性特点，导致无论是对于决策权，还是对于立法权，人大代表都只能从形式意义上去履行职责，无法真正满足权利行使的要求。

（六）加强社会立法的对策建议

保罗·A.弗罗因德指出："法官所奉行的标准是：一致性、平等性和可预见性；而立法者所奉行的标准则是：公平分享、社会功利和平等分配。"立法与司法有着截然不同的运行原理与行为准则。当前，地方立法正处于从政府立法向社会立法转型的关键时期。我们应当认清形势，把握机遇，从立法理念、立法体制、立法机制以及具体制度建设等各个方面加以完善。具体包括：转变立法理念，坚持治理理念引领，从政府主导立法到社会推动立法，从便利政府监管到倡导社会自治；调整立法思路，使社会立法具有回应性，聚焦公共领域，立足建设"小政府、大社会"；健全人大主导的社会立法体制，完善社会立法机制建设和制度建设等。

1. 以科学的社会立法理念引领社会立法工作

社会立法理念的确定必须紧紧围绕社会立法的本质属性与根本特征。在新形势下，北京市社会立法在立法理念上应当坚持治理理念、权利本位、社会本位和立法节制思想。

第一，坚持治理理念。治理理念强调多元社会主体的共同参与，这是与社会立法的本质属性相符合的。在治理理念下，立法是社会主体共同的事情，必须由社会主体协商确定法律规则。治理理念强调发挥社会主体的能动性和培养社会的自治精神，将属于社会的权力和权利还给社会，致力于建设"小政府、大社会"。以治理理念为指导，社会立法必须厘清立法的权力边界，合理配置立法资源。

第二，坚持权利本位。社会立法必须坚持权利本位，杜绝权力本位。坚持社会立法的权利本位具有如下要求：一是坚持权利本位意味着在社会立法中必须将政府的法律责任具体化、明确化，不能只授权、不追责。有文章指出，"张扬'政府责任'的社会立法理念并非偶然，近年来，在一根叫 GDP 的指挥棒的牵制下，政府就像一个极具野心的'投资商'，耗费大量财力办企业、上项目，而教育、医疗、社会保障等民生领域只能分到一些'残羹剩饭'。近年来各种民生问题日趋严重，其根源就是政府偏离了公共财政的'管家'角色，公共产品和服务的供给严重匮乏"。二是坚持权利本位意味着立法者应当具有平等的立法价值取向，平等对待社会立法中的各利益相关主体。社会立法应当格外关注社会公平和社会参与。社会立法的直接目标应当是保障所有人享有机会均等和基本保障。立法中的平等对应社会政策领域就是机会均等。有研究指出："从现在到 2030 年，面对社会和经济新挑战，中国社会发展的总体目标是逐渐实现所有人的机会均等和基本保障。""中国需要实行促进'机会均等和基本保障'的社会政策。简单地说，就是所有国民都享有获得基本公共服务和为国家繁荣做出贡献的平等机会，而不应受到出生地点、性别等先天性因素的制约；所有国民都享有基本保障，从而避免出现贫困和社会排斥，这既是为了促进社会公平与社会和谐，也是为了防止对人的潜能造成不可挽回的损失，同时促进社会成员的经济自由"。

第三，坚持社会本位。坚持社会本位至少意味着以下两点：一是政府要放松对社会的管制。过去，我们的政府不是管得太少，而是管得太多，将社会事务的方方面面都纳入管理范围，但又管不好。邓小平同志曾经尖锐地指出："我们的各级领导机关，都管了很多不该管、管不好、管不了的事，这些事只要有一定规章，放在下面，放在企业、事业、社会单位，让他们真正按照民主集中制自行处理，本来可以很好办，但是统统拿到党政机关，拿到中央部门来，就很难办。谁也没有这样的神通，能够办这么繁重而生疏的事情。"二是要加快培育行业协会、社会团体等各类社会组织。随着政府权力的收缩，许多政府职能将要转移给社会。对此，要重视通过立法途径加快培育行业协会、非政府组织、非营利组织、社会团体等各类社会组织，提高社会成员的组织化程度，不断壮大社会力量。

第四，奉行立法节制思想。立法资源的有限性与社会矛盾的多样性之间必然产生矛盾。"当我们不断地制造法律，公众的法律信仰却越来越弱，法院的审判活动不堪重负，立法与诉讼成本高昂不堪的时候，或许我们应当认真反省孟德斯鸠在两百五十多年前在考察了许多社会的立法后，对我们语重心长的那句提醒：节制是立法者的美德"。从政府立法转向社会立法，立法模式的转变有可能会带来新一波的立法浪潮。对此，我们应当奉行立法节制思想，节约使用立法资源。立法节制主要是指：能够修改使用的，不再重新制定；能够统一合并的，不再分别拟定；能够解释适用的，不再单独制定。奉行立法节制思想，还要彻底摆脱长期以来形成的立法供给不足的惯性思维。以北京市为例，"截至 2012 年底，现行有效的地方性法规有 140 部，政府规章有 249 部。可以说，无论是国家还是地方，法律制度已覆盖社会发展的方方面面。这是当前中国在法制体系上最基本的国情，地方立法的工作和认识也要基于这个法制国情出发。因此，当我们在实践中遇到问题时，需要注意摆脱以往在长期法制不健全的情况下形成的'无法可依'的惯性思维"。

2. 健全人大主导型社会立法体制

习近平总书记指出："要优化立法职权配置，健全有立法权的人大主导立法工作的体制机制，发挥人大及其常委会在立法工作中的主导作用，健全立法起草、论证、协调、审议机制，完善法律草案表决程序，增强法律法规的及时性、系统性、针对性、有效性，提高法律法规的可执行性、可操作性。"人大主导型社会立法体制由人大而不是政府对社会立法发挥引导和支配作用，多元社会主体在人大主持下有序参与社会立法。"人大主导型立法体制是我国立法模式转型的基本方向，这既是对部门分立型立法体制的超越，也是法治意义上立法模式的回归"。从政府主导型社会立法体制转变为人大主导型社会立法体制，需要注意以下几点：

第一，严格区分立法权与行政权，防止行政权任意扩张。在社会立法领域，行政权的扩张主要表现为侵入了立法权的权力范围，将政府部门的意志擅自转化为立法意志。严格区分立法权与行政权，在地方立法层面必须做到严格区分地方性法规与政府规章。地方性法规与政府规章的制定主体不同、法律效力不同。在立法实际工作中，要严格把握地方性法规与政府规章各自的性质、特点与界限。对于一部政府规章，如果要上升为地方性法规，就不能仅考虑政府管理的便利性、有效性问题，还要考虑法律的公平性、法律关系的多样性、权利义务的一致性等问题。

第二，着力构建三角型的社会立法结构模式。传统的立法结构是单一的线型立法结构，类似于一种传送带模式，具体表现为立法机关对行政机关进行授权，行政机关管理社会事务。这种单一的线型立法结构是单向度传递的，着眼点是立法权力对行政权力的控制，无法保证信息沟通的及时和充分，容易造成立法权力的被俘获和行政权力的滥用。在人大主导型立法体制下，构建三角型的立法结构模式，将人大置于三角型的顶角位置，将政府和社会公众分别置于三角型的两个边角位置，有利于用三角型的稳定性来保障立法体制的稳定。

第三，立法要符合当前的社会价值判断及社会根本利益。从政府主导型立法体制到人大主导型立法体制，随着立法主导者的变化，各种矛盾、利益、诱惑都会逐渐集中到人大来。这就要求立法者在立法时必须始终以社会根本利益为出发点和归宿，做出符合社会价值判断的立法选择。对此，美国学者博登海默早已有过忠告："当立法者制定的规范同整个社会的价值判断及真正利益完全一致的时候，就达到了一种理想的境况，但是政治现实往往实现不了这一理想。立法者有可能是征服者集团的代表人，并会把征服者的价值判断体系强加在广大的被征服者的身上。他们也有可能是经济支配集团或政治统治集团的代理人，他们关于何谓可欲的社会政策的看法会带有阶级偏见或阶级利益的色彩。"对此，我们必须牢记忠告，维护立法的权威。

3. 不断完善社会立法机制

社会立法模式的精髓在于人大主导、社会参与。人大主导体现在立法工作机制上就是要不断完善立法的立项机制、起草机制、审议机制等工作机制。社会参与体现在立法机制上则意味着要健全立法激励机制，鼓励多元社会主体参与立法；探索多元化的纠纷解决机制，重视社会矛盾的疏导和化解等。

第一，健全立法激励机制，鼓励多元社会主体共同参与立法。立法应当采取措施，鼓励多元社会主体共同参与立法。建立健全立法激励机制应当妥善处理好如下问题：一是畅通人大代表议案转化为立法草案的途径，充分发挥人大代表参与社会立法的积极性。目前，人大代表参与立法的积极性不断提高，立法议案的水平也越来越高，有的还直接附有草案建议稿。但是现有机制却对人大代表的议案转化为立法草案持保守态度，长此以往，会严重挫伤人大代表参与社会立法的积极性，必须有所改变。二是充分尊重专家理性和专业判断，重视专家学者和各专业领域权威人士的意见。专家理性和专业判断对保证立法的科学性至关重要。在社会立法过程中，除了要继续重视法律专家的意见，还要尊重各相关领域的专业意见。对专家理性和专业判断的激励方式可以是多样的，如畅通立法信息的反馈机制就是其中之一，人大在听取了专业意见后，及时将依据专业意见做出的立法调整予以书面告知，这对参与立法的专业人士来讲就是一种肯定和激励。三是必须采取措施鼓励利益相关者有效参与社会立法。四是要鼓励社会团体积极参与立法。

第二，进一步完善立法起草机制，切实保障人大的立法起草权。目前的立法起草工作主要是政府部门在发挥主导作用，即由一个相关部门牵头起草。但部门主导立法起草的机制已经受到了不少指责。因此，完善立法起草机制，必须将立法起草的支配权收归人大。具体途径如下：一是可以直接由人大的专门机构专职负责草案起草工作。"发挥人大及其常委会在立法工作中的主导作用，建立健全由市人大相关专门委员会组织有关部门参与起草综合性、全局性、基础性等重要法规草案制度"。二是可以将目前的部门主导立法起草机制改变为人大支配下的政府起草机制。"为了防止部门利益法律制度化，要加强市政府内部对法规起草工作的整体统筹，改变部门主导立法起草工作的情况。要完善市政府向市人大常委会提请审议法规案的方式，改变由政府职能部门主导法规起草工作并向常委会作说明的方式，改为主管法制工作的副市长或委托政府法制部门负责人作说明。谁作说明，谁就要负责任。"

第三，优化社会矛盾的疏导和化解机制。在社会立法框架下，应当格外重视社会矛盾的疏导和化解机制建设。社会问题与社会矛盾具有可复制、可再生的特点，如果不在立法层面从矛盾的疏导与化解机制上下功夫，不仅就会导致执法与司法的超负荷运作，而且不能从根本上解决问题。以目前社会上普遍存在的欠缴物业费纠纷为例，小区业主欠缴物业费纠纷已经成为法院物业服务纠纷的主要类型。此类案件大多案情简单、标的额较少，但却并不能做到案结事了，有的业主今年败诉了，明年又不缴纳。究其原因，是因为立法上缺乏对该社会问题的有效疏导与化解机制。"绝大多数案件因物业公司追索物业费而提起，尽管从表面上看是业主拒付物业服务费，但实际上背后是大部分业主认为自身权益受侵害而引发不满造成的"。社会立法就是要关注社会矛盾与社会问题的综合治理，不能仅仅将着眼点落在执法和司法上，而是要构建纠纷解决的社会机制。针对社会问题的立法规范，不仅要注重通过法律手段进行高压控制，还要像大禹治水一样，重视对问题本身进行因地制宜、因势利导地疏导和化解。唯有疏导和化解的方法，才能从根本上解决问题。

第四，在利益平衡与博弈基础上，探索社会立法自运行机制。社会立法与传统立法不同，本身是具有自运行的可能性的。传统立法采取的主要是高压控制的方式，侧重许可、处罚与强制。立法上对社会问题的解决直接转化为执法中对具体行为的控制。然而实践中，具体的违法行为虽然可以无穷无尽、变幻多样，但执法资源是有限的。这样，执法资源的有限性与违法行为的无限性之间必然产生矛盾。想要完全通过立法授权的方式对社会问题进行有效治理，已经不再具有现实可能性。由于社会立法是在治理理念下多元社会主体共同参与社会治理的立法模式，充分的立法参与与立法协商就为社会立法的自运行提供了可能性。社会立法应当具有一定自运行的法律效果，不需要完全依赖于行政机关的惩罚性制裁措施。在充分参与、平衡与博弈的基础上，可以探索建立社会立法的自运行机制。这一判断可以从盖格尔的理论中获得支持。根据盖格尔的理论，法律的有效性包括行为有效与制裁有效两种类型。"如果一个规范，在10次应用中，4次被自愿遵守，3次通过制裁得以实现，其有效率达70%，其中行为有效率为40%，制裁有效率为30%，而无效率则为30%。有效率的高低反映着社会对规范的承认程度和社会的有序程度"。以往我们的立法过于关注制裁有效性，而忽视了行为有效性。在社会立法模式下，应当对法的行为有效性问题进行充分研究，在可量化、可估算的基础上，建立和完善社会立法自运行机制。

4. 社会立法制度建设方面的建议

第一，建立立法辩论制度。立法辩论制度对明确立法焦点问题、提高立法质量至关重要。"保证一项法律正确性的支撑点在于辩证的思维——对立的意见中留有真相。对正义的确保则建立在这样的期待上，即组织化了的利益（organisierteInteressen）不会完全被实现，而只会在妥协中达到适当的平衡"。理论上，立法辩论制度可以贯穿立法的全过程，立法的提案、起草、审议等环节都可以发生辩论。实践中，由于立法辩论制度在我国尚属于一项新生制度，即便是在最先引入立法辩论制度的深圳，也只是规定立法辩论适用于立法草案审议环节。经过实践摸索，深圳市已经对立法辩论制度运行积累了许多经验，并拟出台立法辩论方面的法律规则。早在 2014 年，深圳市就已经制定了《深圳市人大常委会立法辩论规则（送审稿）》并提请深圳市人大常委会审议。根据该规则，"立法辩论是指市人大常委会、专门委员会、工作委员会在审议法规过程中，组织专门会议，围绕一项或者多项议题进行的正式争论辩驳活动"，"在立法过程中，涉及人民群众普遍关注的且争议较大的热点、难点问题，对公共利益有较大影响的问题，或者是常委会组成人员之间有较大分歧的问题，均可以举行立法辩论会"。

第二，完善立法评估制度。立法评估制度是目前各地都在探索实施的制度。据报道，重庆市人大常委会自主起草并审议通过了《重庆市志愿服务条例》等法规，尝试在部分法规表决前进行法规实施风险评估等，推动了重庆市立法工作的发展，提高了立法质量。京津冀三地立法评估制度还需要以科学立法为指导进一步完善。一是评估的标准和规则应当尽量客观公正；二是评估的主体应当尽量权威且独立；三是评估的内容应当多样，既包括对立法合法性的评估，又包括对立法必要性与可行性的评估，还包括对立法的风险评估等；四是评估的方式可以灵活，既包括对整部法规的评估，又包括对争议较大的条款的评估。

第三，探索专职人大代表制度。早在 2010 年，四川省罗江县就已经开始探索建立专职人大代表制度。专职人大代表制度对实现民主立法、提高人大代表履职能力具有重要作用。与专职人大代表制度有异曲同工之妙的是人大常委会专职委员制度。党的十八大报告提出，要"健全国家权力机关组织制度，优化常委会、专委会组成人员知识和年龄结构，提高专职委员比例，增强依法履职能力"。目前，人大常委会专职委员制度已经在全国推广，并且有的省市还规定了专职委员的比例。未来，希望能在人大常委会专职委员制度基础上，建立专职人大代表制度，往民主立法方向再迈进一步。

第三节　京津冀生态环境协同发展的法治保障

一、京津冀空气污染的法律治理

2012 年冬季，我国中东部地区频繁遭遇严重的雾霾天气袭击，其范围之广、持续时间之长、污染程度之重着实令人警醒。雾霾、PM2.5、气溶胶、空气质量指数（air quality index，简称 AQI）等专业术语和新名词开始走入国人视野。随之而来的，还有空气净化器销量的不断攀升和防霾口罩的广泛应用。2013 年，环境空气质量新标准开始实施，但是，空气污染形势却更加严峻。"雾霾污染席卷大江南北，陆续有 25 个省份、100 多座大中城市遭遇不同程度的雾霾袭击，波及东北、西北、华北、黄淮、江南等地区，面积逾 143 万平方公里，多地城市 PM2.5 监测出现'爆表'现象"。中华人民共和国原环境保护部（以下简称原环境保护部）发布的《2013 年京津冀、长三角、珠三角等重点区域及直辖市和省会城市空气质量报告》首次对我国自 2013 年实施环境空气质量新标准的 74 个城市进行了评价，情况不容乐观。该报告指出，从全国范围来看，"京津冀区域空气污染最重"。2014 年，雾霾依然在肆虐。全国许多地方的空气质量指数（AQI）持续居高不下。仅以 2014 年 1 月份为例，根据原环境保护部公开监测数据显示，北京市 AQI 超过 300 的严重污染天气有 1 天，AQI 在 200 到 300 之间的重度污染天气有 2 天；天津市 AQI 超过 300 的严重污染天气有 2 天，AQI 在 200 与 300 之间的重度污染天气有 5 天；河北省石家庄市 AQI 超过 300 的严重污染天气有 15 天，其中 1 月 15 日至 19 日甚至连续 5 天 AQI 均达到 500，AQI 在 200 与 300 之间的重度污染天气有 10 天。如果说冬季雾霾的发生主要是因为北方供暖季燃煤量的增加和空气流动不畅所致，那么到了炎炎夏季总该还人们一片蓝天白云了吧？很遗憾，即使在 2014 年的夏季，我们也经常笼罩在灰蒙蒙的雾霾之下。权威资料显示，"京津冀、长三角、珠三角等区域每年出现灰霾污染的天数达 100 天以上，个别城市甚至超过 200 天"。另有数据显示，"最近 10 年来，2012 年的霾天最多，达到 124 天。近 30 年来，1980 年霾天数最多，达到 135 天"。恶劣的雾霾天气极大损害了公民的健康权益，制约着我国经济社会的快速发展。治理空气污染成为当务之急。

（一）空气污染的现状及其法律治理的基本框架

空气污染并非现代社会的独有产物。自从有人类以来，就存在因焚烧、烹饪、取暖等人类行为而导致的空气污染现象。然而，现代社会的空气污染无论从污染规模、污染程度、污染危害、治理难度等各方面，均远非昔日所能比。

1. 空气污染的现状与危害

我国的空气污染目前已经发展到了令人触目惊心的严重程度，在全世界的空气质量排名中已经比较落后。根据美国耶鲁大学和哥伦比亚大学发布的"2012 全球环境表现指数"，在全世界 132 个国家和地区中，中国排名第 116 位，其中在空气污染指标上，印度排名最后，中国排在第 128 名。根据中国环境状况公报显示，2012 年，二氧化硫排放总量为 2117.6 万吨，氮氧化物排放总量为 2337.8 万吨；186 个地级以上城市可吸入颗粒物年均浓度超标，占 57.2%；83 个环保重点城市可吸入颗粒物年均浓度超标，占 73.4%、46.1% 的市县出现过酸雨。中国大气污染形势相当严峻。中国社科院发布的《全球环境竞争力报告（2013）》也印证了上述判断。该报告公布了几组数据和排名：在总的环境竞争力排名中，中国名列总共 133 个国家的第 87 位；单从生态环境竞争力来看，中国排名倒数第九，为第 124 位；单从空气质量来看，中国的空气质量在 133 个国家中，排名全球倒数第二。其中，反映空气污染程度的三项关键指标——细颗粒物（PM2.5）、氮氧化物和二氧化硫的排放量，中国分别为全球第四差、第二差、第三差。

空气污染直接威胁着人们的身体健康。在空气污染中，PM2.5 对人群健康的危害性已经得到了国际社会的公认。PM2.5 可诱发或加重心血管系统或呼吸系统疾病，包括诱发心脏病、刺激呼吸道、引发咳嗽、降低肺功能、加重哮喘乃至增加癌症风险等。"根据一份名为《2010 年全球疾病负担评估》的权威报告，2010 年中国约有 120 万人因室外空气污染过早死亡，'环境颗粒污染'是中国第四大致命因素，前三名分别为饮食风险、高血压与吸烟"。此外，空气污染还会增加人们的经济负担，带来严重的经济损失。"据世界银行在 2007 年的一份报告中估计，污染带来的损失高达中国国内生产总值的 5.8%，其中包括过早死亡、卫生保健开支和物质损失"。北京大学公共卫生学院 2012 年 12 月发布的《危险的呼吸——PM2.5 的健康危害和经济损失评估研究》的数据显示：2012 年，北京、上海、广州、西安因 PM2.5 污染造成的早死人数达 8572 人，引发的经济损失达 68.2 亿元。

2. 空气污染法律治理的基本框架

随着中国特色社会主义法律体系的宣告建成，我国社会各领域均已建立起以宪法为统帅的基本法治框架，空气污染治理领域也不例外。虽然中华大地雾霾肆虐，但这并不能抹杀我们过去几十年来在空气污染治理领域的法治努力。经过多年积累，我国已经形成了包括《中华人民共和国宪法》（以下简称《宪法》）、《中华人民共和国环境保护法》（以下简称《环境保护法》）、《中华人民共和国大气污染防治法》（以下简称《大气污染防治法》）等法律法规在内的基本法律体系，建立了一系列重要的法律制度。一是《宪法》。《宪法》作为我国的根本大法，以其最高法律效力保障空气污染治理的合法性。该法第 26 条第 1 款规定："国家保护和改善生活环境和生态环境，防治污染和其他公害。"这就为我国进行空气污染防治立法指明了方向。二是《环境保护法》。《环境保护法》作为环境保护领域的基本法，规定了环境保护的方针、政策和基本原则等内容。该法第 4 条规定："保护环境是国家的基本国策。国家采取有利于节约和循环利用资源、保护和改善环境、促进人与自然和谐的经济、技术政策和措施，使经济社会发展与环境保护相协调。"该法第 5 条规定："环境保护坚持保护优先、预防为主、综合治理、公众参与、损害担责的原则。"三是《大气污染防治法》。《大气污染防治法》是空气污染治理领域的专项法律，该法针对不同的大气污染物来源，分别从燃煤产生的大气污染、机动车船排放污染、扬尘废气污染等方面对大气污染防治进行了规定。四是其他相关法律文件。除上述法律外,《中华人民共和国环境影响评价法》（以下简称《环境影响评价法》）、《中华人民共和国固体废物污染环境防治法》《中华人民共和国清洁生产促进法》《中华人民共和国循环经济促进法》等法律中也包含了有关空气污染治理的规定。例如,《环境影响评价法》将环境影响评价分为规划的环境影响评价和建设项目的环境影响评价两类,要求对城市规划与建设项目可能造成的环境影响进行分析、预测和评估,并要提出预防或者减轻不良环境影响的对策和措施。

从制度设置来看,我国目前已经建立起了包括事前控制、事中控制、事后控制在内的一系列的空气污染控制法律制度体系。有学者指出:"从源头控制角度来看,有规划制度、环境影响评价制度、环境标准制度、产业政策目录制度、排污申报许可制度。从事中控制的角度来看,有排污收费制度、总量控制制度、环境监测制度、大气污染突发事件应对机制、环境目标考核责任制等。从事后救济制度来看,大气污染防治法律中有民事责任、行政责任、刑事责任等救济制度。除此之外,协同大气污染防治的相关配套制度还有清洁生产制度、循环经济制度、经济激励措施等。"以《环境保护法》为例,《环境保护法》规定了适用于环境保护领域的主要法律制度。2014 年,该法经过最新修订,建立起了更加严格的法律制度体系。该法第 44 条规定:"国家实行重点污染物排放总量控制制度。重点污染物排放总量控制指标由国务院下达,省、自治区、直辖市人民政府分解落实。"第 45 条规定:"国家依照法律规定实行排污许可管理制度。实行排污许可管理的企业事业单位和其他生产经营者应当按照排污许可证的要求排放污染物;未取得排污许可证的,不得排放污染物。"第 59 条第 1 款规定:"企业事业单位和其他生产经营者违法排放污染物,受到罚款处罚,被责令改正,拒不改正的,依法做出处罚决定的行政机关可以自责令改正之日的次日起,按照原处罚数额按日连续处罚。"当前的空气污染集中表现为区域性、复合型、以霾为主要形式、以 PM2.5 为主要载体等特点。空气污染的范围大幅扩张,从单个城市迅速扩展到城市群。"以往的空气污染问题在北京、上海等经济发达的城市表现尤为突出,周边城市的环境问题尚未暴露出来,而 2013 年的空气污染则不一样,北京、石家庄、天津等都特别严重,表现出明显的区域集中特征"。空气污染具有复合型特征。传统的空气污染主要是煤烟型污染,源于煤炭等燃料的燃烧;现代的空气污染则是复合型污染,既有煤烟污染,又有机动车尾气排放所致的光化学污染。"我国主要城市群正经历煤烟型污染向复合型污染的转变,污染成因复杂,光化学烟雾、灰霾天气、酸沉降等多种问题并存"。空气污染以霾为主要表现形式,以 PM2.5 为主要载体。在现代社会,通过法律治理空气污染已经成为各界人士的共识与期待。与行政手段相比,法律手段更具有可预期性、稳定性、科学性、合理性。

（二）从属地主义到合作治理：空气污染治理模式面临转型

合作治理是目前社会各个领域都比较流行的治理方式，它符合公众参与、协同治理的基本趋势。一般来说，合作治理含义广泛，既包括政府之间的合作，也包括政府与公民之间的公私合作。本章所研究的空气污染治理领域中的合作治理主要是指政府之间的合作。2014年2月26日，习近平总书记就京津冀协同发展发表了重要讲话。随着京津冀协同发展上升为重大国家战略，京津冀地区迎来了难得的历史机遇期。以空气污染治理为抓手，探索三地合作的空气污染治理模式转型，将为京津冀地区协同发展开辟一条绿色通道。京津冀合作治理空气污染仅是全国的一个缩影。从属地主义到合作治理，是空气污染治理模式的必然转向。当然，合作并不等于否认个体的独立性，空气污染的合作治理是在充分尊重并发挥地方主动性基础上的合作，强调区域内的联合和共同发展，意在建立区域内空气污染治理的长效机制和实现各方共赢。

1. 空气污染治理的传统模式：属地主义模式及其困境

2015年8月29日《大气污染防治法》经历了修订。在此之前，空气污染治理领域属于传统的属地主义模式。例如，原《大气污染防治法》第2条规定："国务院和地方各级人民政府，必须将大气环境保护工作纳入国民经济和社会发展计划，合理规划工业布局，加强防治大气污染的科学研究，采取防治大气污染的措施，保护和改善大气环境。"原该法第3条规定："国家采取措施，有计划地控制或者逐步削减各地方主要大气污染物的排放总量。地方各级人民政府对本辖区的大气环境质量负责，制定规划，采取措施，使本辖区的大气环境质量达到规定的标准。"据此，2015年《大气污染防治法》修订之前的空气污染治理模式是以行政区划为基础的、由中央政府和地方各级人民政府负责的属地主义治理模式。国务院和地方各级人民政府是大气污染防治中的政府责任主体，国务院对全国范围内的大气环境质量负责，地方各级人民政府对各自辖区范围内的大气环境质量负责。传统的属地主义治理模式的特点有三个：其一，以行政区划为基础进行空气污染治理。在属地主义模式下，空气污染治理是以行政区域划分为基础的，由各级政府在其辖区范围内负责推进，在一个行政区域内的空气污染防治进程、防治措施等内容主要由当地政府决定。其二，关门主义的空气污染防治思路。在属地主义模式下，各级政府均在辖区范围内进行各自的空气污染治理，对所辖境内的污染企业等违法主体的行为进行法律控制，同级政府间缺少横向交流。基本上，地方政府对相邻的其他同级地方政府的空气污染防治措施缺乏应有的关心。其三，"命令——控制"式的空气污染治理推进策略。在属地主义模式下，空气污染治理主要是由各级政府自上而下制定防治目标，规定防治措施，进行监督检查，整体上还属于"命令——控制"式的行政推进策略。上级政府对下级政府下达治理任务，下级政府对上级政府的命令遵照并执行。

在传统的属地主义治理模式下，空气污染问题不但没有解决，反而愈加严重、愈加复杂。这就充分说明属地主义治理模式已经深深地陷入困境，无法有效发挥空气污染治理的作用。因此，需要对属地主义的空气污染治理模式进行深刻反思。

第一，属地主义治理模式不符合空气流动的自然规律。空气污染属地主义治理模式的基础在于各级政府的管辖范围。管辖范围的界限是人为划定的，用于规范各类法律主体的行为。2002年颁布并实施的《行政区域界线管理条例》第2条规定："地方各级人民政府必须严格执行行政区域界线批准文件和行政区域界线协议书的各项规定，维护行政区域界线的严肃性、稳定性。任何组织或者个人不得擅自变更行政区域界线。"然而，自然行为并非法律行为。自然行为有其本身的自然规律。只有充分尊重自然规律，才能保持法律的权威。违背或者割裂自然规律的法律，是无法获得执行力的。空气流动是一种自然现象，遵循特定的气象规律和地理规律。例如，空气总是从上风口方向往下风口方向流动；三面环山的地理位置不利于空气污染物的疏散等。因此，有关空气污染防治的治理模式在设计之初就应当充分认识并考虑到这些自然因素，设计出符合自然规律的空气污染治理模式。反观我们目前属地主义的空气污染治理模式，就设计得极不科学。属地主义的空气污染治理模式只是将人类治理环境的便利性作为最重要的考虑因素，而割裂甚至违背了大气流动的自然规律，其结果自然是难以达到理想的治理效果。

第二，属地主义治理模式无法避免区域间空气交叉污染和重复治理现象。当今属地主义的空气污染治理模式无法克服地方政府各自为政所带来的治理缺陷。相邻省份、相邻地区的空气污染防治法规、防治政策、防治标准不同步出台，就会导致在一地花大力气治理的空气环境，会因为相邻地区怠于治理空气污染而收效甚微。以京津冀地区为例，2014年1月，北京市出台了《北京市大气污染防治条例》，该条例是第一部为应对雾霾天气、治理PM2.5而制定的地方性法规，旨在通过法律途径有效治理北京市境内的空气污染现象。然而，相关数据和资料显示，北京市境内的空气污染物有许多是来自周边地区。"在常年观测的结果中发现，在300米的高空中二氧化硫的浓度总高于地面二氧化硫的浓度。说明大量的二氧化硫是由周边地区输送的"。公众与环境研究中心主任马军表示："北京的污染物有大约1/4源自周边的影响。"在北京市通过立法全面禁止新建和扩建高污染项目时，由于经济发展水平和发展阶段的限制，有些地区可能正在试图承接这些高污染项目。试想，如果这些高污染项目的承接位置恰好位于北京市的上风口方向，那么这些源源不断的空气污染物将会宣告北京市通过地方立法治理空气污染的失败。当今属地主义的空气污染治理模式不仅不能有效治理空气污染，而且不可避免地会导致空气的交叉污染和重复治理现象，增加空气污染治理的成本。属地主义治理模式必然会使空气污染治理陷入"污染、治理、再污染、再治理"的恶性循环，无法从根本上治理空气污染，浪费国家的人力、物力、财力资源。

第三，属地主义治理模式无法充分调动各方主体治理空气污染的积极性。治理空气污染是政府的责任，也是社会的责任，必须充分动员、通力合作，调动各方面利益主体治理空气污染的积极性，共同完成空气污染治理的任务。由于空气污染治理在根本上具有长远性、公益性、外部性等显著特征，容易导致治理过程中的"搭便车"现象。因此，更需要从外部机制设计上加以纠正，通过合理的制度设计，防止空气污染治理领域"公地悲剧"的发生。反观目前的空气污染属地主义治理模式，既无法充分调动地方政府治理空气污染的积极性，也无法充分调动市场主体参与污染治理的积极性，更无法实现立法的初衷。首先，属地主义治理模式在调动地方政府的治理积极性方面是失效的。地方政府及其官员作为理性经济人，在经济交往活动中，只会选择能够带来眼前利益的行为。属地主义治理模式赋予了地方政府较大的治理权限，地方政府可以决定治理的时间、措施、进程、力度等关键内容。在缺乏外部激励和外部监督的情况下，地方政府在治理环境与发展经济的平衡中往往倾向选择后者。其次，属地主义治理模式无法充分调动公民等市场主体参与治理的积极性。市场交易制度的不完善、市场激励机制的欠缺等，导致市场主体没有主动参与空气污染治理的强烈愿望。事实上，公民等市场主体不仅是空气污染的制造者和空气污染治理的被处罚者，而且是空气污染治理的重要参与者，必须通过合理的制度设计充分调动市场主体参与空气污染治理的积极性。

2. 空气污染治理模式的变革：合作治理模式及其组成

实践证明，单纯的属地主义治理模式已经无法有效解决新形势下的区域空气污染治理问题。要从根本上解决空气污染问题，必须区域联动，探寻区域空气污染合作治理之道。空气污染合作治理模式是指将相邻区域作为一个整体，统筹规划，明确共同的空气污染治理目标，采取相同或类似的空气污染治理措施，共同治理区域内空气污染现象的治理策略。空气污染的合作治理模式与属地主义治理模式的区别主要有以下几点：①治理范围不同。合作治理模式的范围基于遵守协议约束的相邻行政区域，如京津冀三地；属地治理模式的范围仅限于某一单独行政区域。②治理手段不同。合作治理模式的治理手段强调多元与开放，既注重协商、合作等柔性治理手段，又不放弃强制、处罚等刚性治理手段；属地主义治理模式的治理手段则较为单一，主要采用刚性的强制性、禁止性规定约束相对人。③监管方式不同。合作治理模式在监管方式上更加注重外部监管，某一行政区域的空气污染治理进程除了受到上级政府部门的监管、社会公众的监督，还受到相邻其他区域的监督；属地主义治理模式在监管方式上则完全不受相邻行政区域的监督。例如，在合作治理模式下，京津冀三地中，每个地方的空气污染治理进程都受到其他两个地方的监督；在属地主义治理模式下，京津冀三地均可以各自决定自己的空气污染治理进程而不受其他两个地方的监督。

空气污染合作治理模式符合当前空气污染治理的需求，能有效应对区域复合型空气污染现象。根据国外学者的研究，空气污染分为煤烟型污染（smoke）和雾霾型污染（smog）两种类型。前者的主要污染物来源是煤炭，后者的主要污染物来源是石油化石燃料。在工业革命后的很长一段时期，煤烟型污染一直是空气污染的主要形式。在第二次世界大战后，雾霾型污染越来越严重。从历史上看，两种污染类型对应不同的历史发展阶段，有出现的先后次序之分。不过，工业化、后工业化以及城市化运动的交织加剧了空气污染的复杂性。由于现阶段我国区域发展不平衡，不同地区之间工业化程度不同，导致目前我国的空气污染呈现复合型特征，既有煤烟型污染，又有雾霾型污染，并且两种污染形式相互交叉。"由于城市规模不断扩张、集中连片，污染物通过大气环流在城市间输送，造成区域内各城市大气污染高度关联，并导致污染物在输送过程中相互融合，形成区域复合型大气污染"。在这种情况下，仅仅依靠某个城市自身的力量已经无法满足区域共同的空气污染治理需求，迫切需要跨越地域和行政的界限，改变各自为政的属地主义治理模式，建立空气污染合作治理模式。

建立空气污染合作治理模式与国家关于大气污染防治要联防联控的政策规定相一致。国务院、原国家环境保护部的相关文件中反复对建立大气污染防治区域联动机制做出过具体要求。2010年5月，国务院办公厅转发的原环境保护部等部门《关于推进大气污染联防联控工作改善区域空气质量的指导意见》提出，解决区域大气污染问题，必须尽早采取区域联防联控措施。2011年12月，国务院正式印发了《国家环境保护部"十二五"规划》，明确提出通过大气污染联防联控制度控制区域大气污染问题。2012年10月，原环境保护部、发展改革委、财政部联合发布了《重点区域大气污染防治"十二五"规划》，明确提出要创新区域管理机制，提升联防联控管理能力。2012年11月，党的十八大报告提出，要高度重视生态文明建设，建设美丽中国。2013年11月，党的十八届三中全会指出，要建立陆海统筹的生态系统保护修复和污染防治区域联动机制，从而明确将污染防治区域联动机制的建立提上议事日程。探索建立空气污染合作治理模式，正是贯彻落实党中央、国务院关于建立大气污染防治区域联动机制的有益尝试。

区域合作、共同治理空气污染的合作治理模式在我国并非无先例可循。早在北京奥运会、上海世博会、广州亚运会等特殊时期，为了在赛事或会议期间获得良好的空气质量条件，京津冀、长三角、珠三角等地就已经开始探索空气污染的合作治理模式，并取得较好的效果。"奥运会、世博会以及亚运会期间，通过建立区域大气污染联防联控机制，打破行政界限，成立领导协调小组，签署区域环保合作协议，编制实施空气质量保障方案，实施省际联合、部门联动的环境监管模式，通过建立科学系统的环境监测体系展开对二氧化硫、氮氧化物、颗粒物等多种污染物的协同控制，通过信息共享以及统一执法等手段保障了三个城市空气质量的稳态高效达标"。特殊时期的空气污染控制实践证实了区域空气污染合作治理模式的可行性。我们应当在总结奥运会期间空气污染控制有益经验的基础上，把握经济转型发展的战略机遇期，探索空气污染合作治理的长效机制。

为了共同应对大范围的雾霾袭击，各地政府均开始重视区域范围内的空气污染合作治理。空气污染合作治理的地方实践目前正在全国各地展开，声势浩大。以京津冀地区为例，该区域作为空气污染的重灾区，近来不断出台各项措施，推动空气污染的合作治理。截至目前，京津冀地区已经对区域内空气污染合作治理制订了详细的行动计划，并出台了相关规划。继国务院《大气污染防治行动计划》之后，2013年9月17日，原环境保护部等6部门联合发布《京津冀及周边地区落实大气污染防治行动计划实施细则》；9月18日，北京、天津、河北、山西、内蒙古、山东等六省区市与环境保护部签订大气污染防治目标责任书。有分析指出，签订目标责任书是"京津冀及周边地区抓政策落地迈出的关键一步"。2014年，京津冀合作治理空气污染已经在向统一规划、统一监管领域继续推进。"京津冀及周边地区将逐渐统一区域油品标准和车辆环保标识，方便车辆跨省市流动行驶时统一监管。此外，京津冀三地还将共同应对区域大范围空气重污染，统筹编制空气达标规划"。上述措施表明，京津冀空气污染合作治理模式具有政策上的连续性和操作上的可行性。当然，为了建立区域空气污染合作治理的长效机制，还需引入法治框架，为区域空气污染合作治理提供法治保障。

空气污染合作治理模式中的"合作"，既包括中央与地方的合作，又包括区域内地方政府之间的合作。建立空气污染合作治理模式，需要充分协调中央与地方之间、区域内地方政府之间等各方面的关系。只有通过法治化的途径，将空气污染合作治理统一纳入法治框架，才能真正建立起空气污染合作治理的长效机制。建立空气污染合作治理模式，从法治化的角度来说，首要解决空气污染治理区域联合立法的合法性与正当性问题。有了区域联合立法框架，还应当探索建立区域空气污染治理的统一执法机制，并且要严格公正执法，这样才能真正实现空气污染合作治理的法治化。建立空气污染治理统一执法机制，主要包括如下内容：其一，统一执法主体。应当厘清区域空气污染治理执法机关的职责权限，整合执法主体、执法人员，相对集中行政执法权，深入推进跨区域综合执法。其二，统一执法标准。区域空气污染治理的统一执法，关键在于区域内的执法标准要统一。对同一个违法行为，如果A地处于高额罚款，B地仅处以警告，那么就会造成违法主体向B地集聚。这就无法实现AB两地共同的空气污染治理目标。其三，统一执法程序。针对空气污染治理领域的行政检查、行政处罚、行政强制等执法行为，区域内应当制定统一的执法细则，明确权力运行的步骤、期限等程序要素。其四，创新执法方式。柔性执法是相对刚性执法而言的新型执法方式，是指"行政执法机关采用非强制手段来实施行政行为"。在区域空气污染治理中，执法机关应当积极探索柔性执法变革方式，鼓励运用行政合同、行政奖励、行政指导等柔性执法方式治理空气污染，改变执法的简单化、粗暴化倾向。

（三）地方立法在空气污染治理中的困境与出路

由于我国东西部区域差异较大，以及法律修订程序较为烦琐和复杂，在实践中，通过地方立法进行先行先试就成为法律变革的必然路径。根据《中华人民共和国立法法》的有关规定，在 2015 年《大气污染防治法》修订之前，地方性法规可以对空气污染治理领域的新问题、新情况进行法律规范。作为空气污染的重灾区，北京市率先启动了新时期空气污染防治的地方立法工作，于 2014 年 1 月通过了《北京市大气污染防治条例》。该条例的颁布揭开了我国应对 PM2.5 等新型空气污染物的地方立法序幕，可以预见，未来一段时期将会迎来空气污染防治地方立法的高峰。

1. 责任与担当：地方立法在空气污染治理中肩负的使命

地方立法应当而且能够在空气污染治理中发挥更大的作用。这主要是由空气污染治理的特殊性决定的。首先，空气污染治理受各地自然环境的影响更为直接。空气污染治理不同于其他社会事务的管理，其受地理因素、气象条件等自然环境的影响更为直接。由于我国幅员辽阔，区域之间的自然环境、资源禀赋各不相同，导致各地方的空气污染物成分差异较大。例如，同样是颗粒物污染，不同地区的颗粒物类型却不同。我国内蒙古、东北地区由于纬度较高、风力较大，其主要颗粒物是 PM10（可吸入颗粒物）；京津冀、长三角、珠三角地区由于风力相对较小，其主要颗粒物是 PM2.5（细颗粒物）。这就需要各地方根据自己的自然条件和污染物类型进行相应的空气污染治理地方立法。其次，空气污染治理受地区经济发展水平的影响巨大。我国东部地区由于优先发展战略，工业化程度相对较高，污染程度也比较严重；西部地区由于开发较晚，经济发展相对迟缓，污染程度也相对较轻。即便是处于同一个经济区域，不同省市的经济发展水平与污染程度也各不相同。以京津冀地区为例，北京由于要着力提升城市核心竞争力，已经开始调整疏解非首都功能，将高污染工业项目搬迁或改造。出于对更高生活品质的追求以及由于城市发展过程中难以避免的交通拥堵、人口膨胀等"城市病"现象，汽车尾气排放正在取代燃煤而成为首要的污染物来源。河北作为工业大省，其煤炭消费总量巨大，燃煤仍然是造成河北空气污染的主要原因。仅 2012 年，河北省"煤炭消费 2.71 亿吨标准煤，占能源消费总量的 89.6%，高于全国平均水平近 20 个百分点"。这就需要各地方根据自己的污染物来源和经济发展水平制定相宜的法规。因此，空气污染的法律治理在很大程度上是个地方立法的问题。地方立法既可以对空气污染治理设置较高的法律标准，也可以为发展本地经济而暂时忽略空气污染治理问题。在建设社会主义生态文明和建设法治中国的时代背景下，研究空气污染治理的地方立法问题尤为重要。下面将主要以《北京市大气污染防治条例》（以下简称《条例》）为例进行现状剖析并提出相关建议。

2. 惩罚与冲突：空气污染治理地方立法的现状及困境

该条例在我国空气污染治理立法史上功不可没，许多媒体评论对其赞誉有加。然而，作为应对 PM2.5 的第一部地方性法规，由于受到既有立法体制机制的束缚，该条例在立法目的与制度设计等方面难免存在考虑不周，需要我们认真分析并深刻反思。

第一，对行政权力的广泛授予使立法目的遭遇正当性疑问。根据该《条例》第 1 条规定，该条例的立法目的依次包括防治大气污染、改善大气环境质量、保障人体健康、推进生态文明建设、促进经济社会可持续发展共五个方面。单从条文规范来看，上述立法目的均无不妥。纵观该《条例》全文却发现，对行政权力的广泛授予大量充斥其中，对行政权力的监督制约与对行政机关法律责任的规定却较少。众所周知，罚款是行政机关对违法行为最常用的处理方式。在空气污染治理领域，对违法行为提高罚款处罚力度的呼声一直高涨。根据法律原理，有权力必有监督和制约，否则就会使权力面临滥用的可能性，从而违背立法的根本目的。该条例究竟是以治理空气污染为目的还是以对行政相对人进行罚款为目的？这个看似毫无悬疑的问题在此却耐人寻味。理由如下：一是面对众多行政处罚措施，该条例对罚款表现出明显偏好。即便对有的违法行为规定了其他行政处罚措施，仍然不忘要对其处以罚款。二是该条例只是规定公民、法人和其他组织有权申请行政处罚信息公开，但是仅用"有权"二字更多是一种赋权和宣誓意义，距离实际操作上的指导性还有一定差距。该条款既没有规定行政相对人申请信息公开的程序，也没有涉及行政主体主动信息公开问题。由于空气污染治理的公共利益属性，行政主体在有关空气污染行政处罚的信息公开领域应当承担更多的公开义务，定期、主动、全面发布该信息，而不能只被动地等待相对人申请时才吝啬地公布一点信息以应对舆论。三是该条例对罚款采用区间式授权规定，未明确具体罚款的裁量标准，给行政机关留下较大的裁量空间。针对相应的违法行为，到底是处以 5 万元罚款还是处以 50 万元罚款？裁量的依据是什么？该《条例》本身既未明确，也未说明要将此解释权留给哪个机关做有权解释。该《条例》对罚款的大量使用容易混淆立法的手段与目的。必须重申，立法的目的不是为了罚款，而是为了发现污染原因并从源头治理。

与对行政权力的大量授予形成鲜明对照的是，该《条例》对地方政府的法律责任缺乏细致规定。该条例第二章以"共同防治"为名，规定了地方政府、排污单位、公民、法人等主体在空气污染治理中应当承担的法律义务。该章详细展示了地方政府及其组成部门在空气污染治理工作中的主导作用。但是，该《条例》第七章法律责任部分共计 30 余个条文中，仅有第 90 条这一个条文是规定政府的法律责任的，并且该条只是规定了环境保护等行政主管部门及相关人员的行政责任和刑事责任，对地方政府的法律责任、对相应主体的民事责任等均未规定。该条例对行政相对人的法律责任规定得淋漓尽致，对行政主体的法律责任却轻描淡写，不能不说是法律责任设计上的缺漏。

第二，地方立法不协调导致无法有效完成空气污染治理任务。在建设法治中国的时代，空气污染治理要依法进行。然而，地方立法的不协调正在严重阻碍着空气污染治理的进程。空气污染治理地方立法的不协调主要表现在各地启动立法时间不同步、立法目标不一致、制度设计不对等、处罚标准不统一等方面。例如，2014 年 3 月，北京市率先实施了该条例，但是该《条例》仅仅适用于北京市行政区域内。彼时，相邻的天津市、河北省的空气污染治理地方立法并未与该条例保持同步。空气污染物具有流动性，其并不因为该《条例》的出台而不从天津、河北流入北京。京津冀三地间地方立法的不协调会使该条例的立法努力在实施过程中大打折扣。北京市虽然严格治理空气污染，但是无法摆脱周边污染物入侵的困境。北京市要想完成本市的空气污染治理任务，必须与周边地区共同努力，单靠自身的立法控制将无法取得理想的防治效果。

第三，具体制度设计不健全削弱了地方立法的话语权威。地方立法的权威主要通过精良的法律制度设计来实现。地方立法要想在空气污染治理中切实发挥作用，就要充分考虑经济激励、技术保障等方面的制度建设，为空气污染治理领域的市场机制建设、技术创新与应用提供制度平台。该条例在制度设计上具有很多亮点，确立了许多重要的空气污染治理法律制度，如规定了重点大气污染物排放总量控制制度、大气环境质量目标责任制、考核评价制度和排污许可证制度等。但是，很多制度规定只能说是搭建起了一个初步的框架结构，制度设计仍然没有到位。这就容易导致立法的可操作性不强，严重制约着立法效力的发挥。例如，排污权交易制度规定不完善。发达国家的经验表明，建立排污权交易制度是利用市场机制治理空气污染的有效途径。只有排污份额可量化、可交易，才能发挥市场的激励作用。该《条例》第 44 条对排污权交易制度的规定如下："本市在严格控制重点大气污染物排放总量、实行排放总量削减计划的前提下，按照有利于总量减少的原则，可以进行大气污染物排污权交易试点。具体办法由市人民政府制定。"据此，排污权交易制度的实施依赖于排污权交易实施办法。但是，实施办法的完成时间、主要内容等实质性信息却不得而知。这样，就使立法上良好的制度设计容易被实质性信息的缺漏所绑架。假设行政机关不断推迟出台实施办法，立法规定的排污权交易制度将会沦为一纸空文。又如，对技术革新的制度关怀严重不足。空气污染治理是一个法律问题，也是一个技术问题。从根本上解决空气污染，需要依靠不断的技术创新。立法者虽然认识到了技术进步对空气污染治理的促进作用，但是还未把"认识"上升为"重视"。该条例中大量的条款都是禁止性的、义务性的、处罚性的，而缺乏对技术进步的促进与扶持、对技术成果的推广与应用的法律保障。这显然是不够的。法律条文的禁止性规定虽然能够起到消除增量的作用，对空气污染治理起到立竿见影的效果，但是从根本上来说，禁止建设、强制搬迁等手段都具有简单粗暴的特点，并非长效机制。因此，只有应当尊重科学规律，通过技术革新逐步减少排污设备的污染物排放，鼓励开发和使用清洁能源，降低使用成本，才能从源头上减少污染物的产生。

3. 协调与合作：空气污染治理地方立法的发展方向

继北京之后，天津、河北、江苏等许多地方均已启动空气污染治理地方立法工作。该条例无疑为各地的地方立法提供了直接样本。空气污染治理地方立法应当以该条例为基石，秉持更加理性和科学的立法态度，遵循全面协调与合作的立法路径，多管齐下，共同完成空气污染治理任务。

第一，明确地方政府的法律责任，强化对政府行为的法律控制。空气污染治理既是公民的责任，又是政府的责任。地方政府在地方经济发展与环境保护中起决策者、执行者、监督者的作用，负责编制本地发展规划，制定相关法律政策，组织行政执法与监督。空气环境问题发展到目前的严重污染阶段，既不能只将责任归咎于排污主体的超标排放。空气污染治理地方立法也不能只采取加大处罚力度、提高违法成本的单一立法思路，而应当更多地从规范政府行为的角度明确地方政府在治理空气污染中的义务与责任，强化对政府行为的法律控制。一是地方立法要对空气污染治理的管理体制和组织结构进行精心设计，明确地方政府及其组成部门尤其是环境行政主管部门的法律义务。根据行政法原理，对行政机关来说，权力即意味着责任和义务。法律对行政机关权力的大量授予即意味着行政机关要履行相应的法律义务，如果行政机关不履行或者不恰当履行，就要承担相应的法律责任。地方立法在空气污染治理领域对地方政府及其组成部门进行立法授权时，要充分考虑到权力即责任，有多少权力，就要规定多少相应的责任。二是加强信息公开制度建设。地方立法应当在主动公开和依申请公开两方面加强空气污染治理信息公开制度建设。以罚款的主动公开为例，地方立法应当规定行政机关要定期主动公布罚款金额，并且专款专用，规定罚款所得只能用于治理空气污染，不得挪作他用。三是对行政裁量的标准进行立法指引。为了防止行政裁量权的滥用，立法应当对行政裁量给以必要的指引和约束。以空气污染行政处罚领域为例，地方立法应当规定，行政裁量权的行使要充分考虑处罚手段与立法目的是否匹配、处罚幅度是否合比例、被处罚人的主观状态、被处罚行为的客观危害性等因素。四是探索建立多元化的地方政府法律责任体系。地方政府及其行政主管部门在空气污染治理中负有主导义务，相应地，其承担的法律责任也应当是多元的、立体的。从责任主体来说，一方面要明确地方政府在空气污染治理中的整体责任，另一方面要规定环境保护等行政主管部门及其相关人员的法律责任。从责任方式上来说，一方面要规定传统的行政处分责任与刑事责任，另一方面要探索可行的行政赔偿责任和行政补偿责任。

第二，完善区域法治形态理论，搭建区域空气污染协商立法框架。区域法治形态理论认为，区域法治是"一种崭新的法治形态"。目前我国在法治形态上基本划分为中央法治形态和地方法治形态两类。中央法治形态对应宪法、法律、行政法规、部门规章等中央层面的规范性文件；地方法治形态对应地方性法规、地方规章等地方层面的规范性文件。这种法治形态划分方式构建了从中央到地方严密统一的法律体系。仔细观察却发现，涉及地方之间（尤其是涉及省级地方之间）的区域法治形态却成为一片空白地带。现有的法律框架鲜有关于区域法治的明确规定，关于区域之间经济、社会、环境冲突的规范与协调更多纳入了法外空间，即采用非法律的行政手段、协调方式进行调整。事实上，区域法治形态是随着区域问题的集中而浮现的，是解决区域问题的法治努力，它具有自身独立存在的价值，应当引起法学界的关注。区域空气污染协商立法框架，是指相邻区域的地方政府在各自的空气污染治理实践基础上联合制定的空气污染治理法律规范性文件。在目的上，区域空气污染协商立法致力于将相邻区域视为一个共同体，制定共同的行为准则，共同治理区域内的空气污染现象。在性质上，区域空气污染协商立法类似于区际协定、洲际条约等法律规范，具有"软法"（soft law）的法律属性。在功能上，区域空气污染协商立法的功能在于统一相邻区域的空气污染防治立法目标，实现地方立法的协调与一致。区域空气污染协商立法作为介于中央立法与地方立法之间的中观层次立法，其对地方立法具有重要影响。一是保证地方立法在启动时间上的一致性。区域内的共同体成员应根据区域空气污染协商立法框架确定的时间表，在规定时间范围内启动各自的地方立法程序。二是保证地方立法在空气污染治理目标上的一致性。区域内的共同体成员具有相同的空气污染防治目标，为了实现这个共同目标，各地应当根据各自的资源禀赋条件确立自己的防治目标。协议框架应当明确规定共同的年度减排任务、各自的年度减排任务、年度空气污染治理成效等内容，并尽可能量化。三是保证地方立法在法律责任上的一致性。区域内的共同体成员对空气污染违法行为的处罚、对地方政府及其行政主管部门的责任规定应当具有一致性。区域空气污染协商立法框架以具有一致性的治理手段和处罚措施保证了区域共同空气污染治理目标的实现。

第三，增强空气污染治理的法律制度建设，使政府与市场在空气污染治理中形成制度合力。空气污染治理在本质上属于"制度性治理"范畴，需要坚实的制度框架予以支撑。空气污染治理机制作为一种新型的公共事务治理机制，"并不否定'命令机制''市场机制''协商合作机制'与'公众参与机制'，而是强调上述机制的有机统合，并根据区域合作实践的客观需求而有所侧重"。在对空气污染治理进行制度移植与制度设计的时候，必须兼顾政府与市场两种机制在空气污染治理的作用，为各项空气污染治理法律制度的建立和完善提供全方位的机制平台。通过立法上良好的制度设计，可以有效发挥法律的激励功能，为空气污染治理提供法律保障。目前的空气污染治理法律制度建设亟须加强以下几个方面：

一是加快区域空气污染治理交易制度体系一体化建设。空气污染治理交易制度体系主要包括排污权交易制度、碳交易制度及其他相关交易制度。建立污染治理的交易制度体系是充分发挥市场机制进行空气污染治理的重要途径。发达国家已经在建立排污权交易制度、碳交易制度等方面积累了宝贵经验，值得我们认真研究和借鉴。目前，我国各地正在积极试点建立排污权交易制度、碳交易制度，但是从区域空气污染合作治理与区域经济一体化发展的角度出发，笔者并不赞同各地重复建设各类排污权交易中心、碳交易所等交易机构。重复建设会造成严重的资源浪费，导致市场的恶性竞争。笔者认为，空气污染治理交易制度体系的建立应当以区域为单位，采取一体化建设的策略。首先，空气污染治理交易制度体系应当以区域为单位建立。制度体系的建立应当以区域整体为依托，相邻区域协商一致，共同建立区域性的统一的排污权交易制度、碳交易制度等。例如，京津冀应当建立区域统一的空气污染治理交易制度体系，统筹协调区域内的排污权交易、碳交易等。其次，区域空气污染治理交易制度体系应当采取一体化建设的思路。由于空气污染治理是一项综合性工程，既要控制一次污染物，又要控制二次污染物，因此应当统筹考虑，将二氧化硫、一氧化氮、二氧化碳、臭氧、挥发性有机物等多种污染物成分的有效控制同时纳入议事日程，一体化建设排污权交易制度、碳交易制度等相关制度。以区域排污权交易制度的建立为例，应当在测算区域大气环境容量总量、进行区域排污权初始分配的基础上，建立区域排污权交易市场体系，规定区域排污权交易主体、程序、方式、监管等问题。

二是完善区域空气污染治理领域的生态补偿制度建设。党的十八届三中全会通过的《中共中央关于全面深化改革若干重大问题的决定》明确提出了生态补偿制度建设问题。生态补偿不仅存在于流域治理、矿产资源开发利用、海洋环境保护等传统领域，也存在于区域空气污染治理领域。以京津冀地区空气污染治理为例，为了维持北京市、天津市的空气环境质量，就要对当前河北省的燃煤量进行控制，推广使用天然气等清洁能源。在现有的技术条件下，燃煤与使用清洁能源之间存在巨大的资金缺口，这个缺口是否应当纳入区域生态补偿的范围，由北京市、天津市进行支付以及按怎样的比例和标准进行支付，这个问题值得进一步研究。区域空气污染治理的生态补偿制度到底应当如何定性、如何建立？关键要明确谁是补偿支付的主体。如果地方政府是补偿支付的主体，则财政资金是主要的资金来源，制度定性应为行政行为；如果市场主体是补偿支付的主体，则社会资金是主要的资金来源，制度定性应为市场行为。"就中国当下的生态补偿实践而言，政府主导远远大于市场配置，而就公法行为而言，法无规定不可为，政府层面的实践往往遵循传统的收费和监管思维，以收费作为生态补偿的主要手段，这势必与我国的《立法法》的规定及中央的简政放权相冲突"。建议在区域生态补偿制度的建立阶段，应由政府进行主导和培育，以政府投入和财政转移支付为主；在区域生态补偿制度逐步走向成熟的阶段，政府应还权于市场，由市场机制进行调节。"从长远来看，完全依靠政府补偿来实现生态补偿并不是长久之计，应当充分利用市场机制来完善生态补偿机制。建议向排污者征收生态补偿税或生态补偿费，甚至可以考虑通过发行生态补偿基金彩票或债券来筹集生态补偿金，以扩展生态补偿金的筹集渠道"。

2014 年 4 月 24 日修订的《环境保护法》规定了按日计罚制度，对违法排污企业无期限按日连续处罚，罚款数额上不封顶，同时建立企业环境信息诚信档案，被称为"史上最严环保法"。这是从上位法和环境保护基本法的层面对地方立法的有力支持。期待今后的空气污染治理地方立法能够以《环境保护法》为指引，谱写更具操作性和执行力的新篇章！

（四）空气污染治理中的执法问题研究：政府监管与执法变革

"徒法不足以自行。"无论法律制度设计得多么精巧，最终还需依靠具体的执法者来执行。我国严重空气污染问题的出现，固然与法律规范的滞后性有关，但是也与现实中的执法不力大有关联。倘若《大气污染防治法》等法律法规自始至终都被不折不扣地严格贯彻执行，我们的空气污染程度恐怕要减轻许多。面对 960 万平方公里的土地上挥之不去的雾霾天气，我们不禁追问，难道都是环境违法者的责任吗？是谁放纵了违法者？是什么影响了法律的执行？

1. 政府在空气污染治理中的角色定位：污染监管者与责任承担者

政府是公共利益的代表，法律赋予政府各项公权力，使其能够代表国家保护大气环境，对违法排污者进行惩罚。《环境保护法》和《大气污染防治法》均规定了政府在空气污染治理中的监管者主体地位。《环境保护法》第 7 条第 2 款规定："县级以上地方人民政府环境保护行政主管部门，对本辖区的环境保护工作实施统一监督管理。"《大气污染防治法》第 3 条第 1 款规定："县级以上人民政府应当将大气污染防治工作纳入国民经济和社会发展规划，加大对大气污染防治的财政投入。"该法第 5 条规定："县级以上人民政府环境保护主管部门对大气污染防治实施统一监督管理。县级以上人民政府其他有关部门在各自职责范围内对大气污染防治实施监督管理。"上述条款分别规定了国务院和地方各级人民政府及各行政主管部门在空气污染治理中的监管者主体地位。

政府在空气污染治理中拥有监管者主体地位，也就意味着政府应当在法定权限范围内积极从事空气污染监管活动，保障辖区内空气质量达到法定标准。《大气污染防治法》第3条第2款规定："地方各级人民政府应当对本行政区域的大气环境质量负责，制定规划，采取措施，控制或者逐步削减大气污染物的排放量，使大气环境质量达到规定标准并逐步改善。"根据该款规定，如果辖区内的大气环境质量没有达到规定标准，就意味着当地地方政府的监管失职，从理论上讲，地方政府就要承担相应的监管不力的法律责任。可是，虽然各地均不同程度地遭遇雾霾袭击，但我们却从未看到哪个地方政府因此而受到了法律责任的追究。原因在于，《环境保护法》和《大气污染防治法》对政府责任的规定主要限于政治责任。"这两部法都没有规定各级政府在空气质量不达标时的法律责任，而只是通过政绩考核等方式对地方政府施加政治压力的方式来促进地方政府履行其职责。因此，目前的《环境保护法》和《大气污染防治法》规定的地方政府大气质量责任制度主要是一种政治责任制度"。如何使政治责任上升为法律责任，是值得我们进一步研究的内容。

2. 雾霾天气彰显我国空气污染法律监管体制存在漏洞

第一，监管思路定位有误，过度依赖高权行政。在中国经济与社会发展的许多领域，都存在着过度倚重高权行政的思维定式。所谓高权行政，是指主要依靠行政机关的权威性和行政行为的强制力进行的监管。在高权行政模式下，行政机关作为管理者高高在上，行政机关则被法律赋予了所必要的各种行政权力，发现、调查和惩处行政违法行为主要被认为是行政机关的分内之事，就对各项社会事务的监管而言，高权行政认为，行政机关是天然的监管者，而监管只是监管者自己的事情。另外，中国空气污染监管体制在思路定位上也打上了高权行政的印记。空气污染治理事关百姓生命健康。加强政府的空气污染监管责任是现代社会发展的客观要求。责任与权力相伴生，有责任必要赋予其相应的权力，有权力必要使其承担相应的责任。然而，如果将加强政府的空气污染监管责任仅仅理解为扩大监管机关的监管权力或者提高对违法者的处罚标准，则失之偏颇。一方面，违法排污者成为众矢之的。违法向大气排放污染物的生产经营者作为空气污染的直接责任主体，理当承担相应的法律责任。然而，如果只是一味地强调违法排污者的法律责任，忽视监管者的责任，则难免会有转嫁责任之嫌疑。目前，为了快速有效地治理雾霾，有一种观点认为，需要提高对违法者的惩处力度，使其不敢违法，尤其是需要提高对违法排污者的罚款力度。修订后的《环境保护法》第59条回应了这种呼声，建立了"按日计罚"制。该条规定："企业事业单位和其他生产经营者违法排放污染物，受到罚款处罚，被责令改正，拒不改正的，依法做出处罚决定的行政机关可以自责令改正之日的次日起，按照原处罚数额按日连续处罚。前款规定的罚款处罚，依照有关法律法规按照防治污染设施的运行成本、违法行为造成的直接损失或者违法所得等因素确定的规定执行。地方性法规可以根据环境保护的实际需要，增加第一款规定的按日连续处罚的违法行为的种类。"另一方面，政府垄断监管权力。修订后的《环境保护法》更加注重通过增强信息公开和扩大公众参与的方式实现环境污染的共同治理。该法在第五章用6个条文专门规定了信息公开和公众参与的相关制度。这无疑是一个巨大的进步。然而，单从条文规定来看，法律对社会公众在环境污染治理中的定位与期待也只限于"参与"，似乎并不特别支持监管机关之外的公民、法人或其他组织在环境污染治理中担任重要角色。例如，《环境保护法》第53条规定："公民、法人和其他组织依法享有获取环境信息、参与和监督环境保护的权利。各级人民政府环境保护主管部门和其他负有环境保护监督管理职责的部门，应当依法公开环境信息、完善公众参与程序，为公民、法人和其他组织参与和监督环境保护提供便利。"法律虽然规定了任何组织和个人都可以参与环境保护，但是却没有规定详细的操作程序，没有明确的激励机制，没有规定在行政机关监管不力等情形下的救济途径。

第二，监管模式正处转型，监管主体职权交叉。我国对空气污染治理的监管模式实行的是统一监管和部门监管相结合的模式。统一监管主要是指由县级以上人民政府环境保护行政主管部门对空气污染治理实施统一监管。部门监管主要是指由县级以上人民政府其他有关主管部门在各自职责范围内对空气污染治理实施监督管理。《环境保护法》和《大气污染防治法》都明确了目前统一监管与部门监管相结合的监管模式。《环境保护法》第10条规定："国务院环境保护主管部门，对全国环境保护工作实施统一监督管理；县级以上地方人民政府环境保护主管部门，对本行政区域环境保护工作实施统一监督管理。县级以上人民政府有关部门和军队环境保护部门，依照有关法律的规定对资源保护和污染防治等环境保护工作实施监督管理。"《大气污染防治法》第5条规定："县级以上人民政府环境保护主管部门对大气污染防治实施统一监督管理。县级以上人民政府其他有关部门在各自职责范围内对大气污染防治实施监督管理。"这种监管模式就决定了各监管主体之间不可避免地会出现职权交叉的现象，容易造成监管漏洞。"济南市环保局的一位工作人员介绍说，如果在路上发现了机动车拖'黑尾巴'，他们能做的就是拍照取证，然后将拍照记录交给交警部门，交警部门会查阅车主档案，通知其限期改正。但问题在于机动车冒黑烟现在还未列入公安部门的处罚目录，因此只能在年审时设卡。另外，环保人员如果发现工地有扬尘，也只能将监测数据通报建委和城市管理局，由相关部门处罚"。

第三，监管路径过于单一，市场功能受到抑制。《大气污染防治法》对空气污染的法律监管主要遵循"命令控制型"监管路径，其基本特征表现为"法律义务＋法律责任"，即先规定生产经营者应当履行的各项法律义务，再规定生产经营者违反义务时应当承担的法律责任。修订后的《环境保护法》作为"史上最严"的环境保护法律规范性文件，更加遵循这一"命令控制型"监管路径，并在法律责任中增加了许多条文。与"命令控制型"监管路径相呼应的，是监管机关的"行政强制型"监管手段，主要包括行政许可、行政处罚、行政强制等类型。《环境保护法》第24条规定："县级以上人民政府环境保护主管部门及其委托的环境监察机构和其他负有环境保护监督管理职责的部门,有权对排放污染物的企业事业单位和其他生产经营者进行现场检查。被检查者应当如实反映情况,提供必要的资料。实施现场检查的部门、机构及其工作人员应当为被检查者保守商业秘密。"该法第 25 条规定:"企业事业单位和其他生产经营者违反法律法规规定排放污染物,造成或者可能造成严重污染的,县级以上人民政府环境保护主管部门和其他负有环境保护监督管理职责的部门,可以查封、扣押造成污染物排放的设施、设备。"在《环境保护法》及《大气污染防治法》中,虽然也有关于政府激励的相关规定,但是显然不是法律的重点,且缺乏具体的程序规定。在强调实现国家治理体系和治理能力现代化以及加强社会管理创新的大环境下,空气污染监管应当在"命令控制型"监管路径之外,积极探索"市场激励型"监管路径,更多地使用柔性监管手段进行监管。

第四,行政执法畸形发展,事多人少执法不力。法律的生命在于实施。行政执法的好坏直接影响着法律目的的实现。在调研中,笔者发现,无论是实务界人士还是理论界人士,大多认为目前中国空气污染严重的主要原因在于执法不力。由于中国人口多、底子薄,许多容易造成严重空气污染的行业都是由农民在村庄里从事生产的,且多以小作坊、小加工厂为主要形式存在。据悉,"河北 3.3 万多个污染源中,有不少重污染小企业分布在乡镇农村,成为监管盲区、死角。目前,小炼油、小制革、小电镀等污染严重的小企业,开始逐渐由县城、城乡接合部向偏远农村转移逃避监管,一些重污染小企业甚至藏在玉米地里生产"。面对如此庞大的监管对象群体,如果不创新执法体制机制,客观上就需要为之配备多少执法资源呢?事实上,中国的环境行政执法长期面临着执法资源短缺的困境。无论是在人员配备还是在财力保障上,现有的执法资源都无法满足环境保护与监管的需要。长期的执法资源短缺造成中国环境行政执法畸形发展,主要表现如下:一是运动式执法。运动式执法是我国社会转型时期政府干预市场的重要表现形式,即"为了解决法律无效、有法不依、执法不严的问题,政府经常开展各种各样的执法运动,集中人力、物力在特定时间、空间进行飓风式的大检查、大整顿"。运动式执法虽然能够在短期内迅速实现一定范围内的法律秩序,但是却无法将这种秩序予以有效维持。等到执法风暴过去之后,一切就又都恢复到原有状态。运动式执法的典型是城管执法。城管一来,小贩就都撤去;城管一走,小贩就又回来。同理,运动式的空气污染执法并不能真正实现执法的目的。二是选择性执法。执法资源的有限性必然导致选择性执法,带来执法不公。首先,在监管对象众多的情况下,执法者可以进行监管对象的选择。例如,当前的执法资源只能满足对 10 家企业的监管,然而实际上却存在 20 家企业。执法者只能从 20 家企业里面选出 10 家进行执法。选谁不选谁,就成为执法者可以自主决定的事情。其次,在监管程度差异较大的情况下,执法者可以进行监管程度的选择。例如，执法者根据企业的规模、性质等因素进行执法程度的选择，"对当地企业和外地企业、大企业和小企业、熟悉企业和陌生企业的惩处分别对待"。三是被动式执法。环境行政执法机关作为保障空气环境质量的常设机关，发现并惩处生产经营者的违法排污行为本应是其应尽之责。然而实践中，环境行政执法机关有时更加注重发挥"惩处"功能，而未尽其"发现"功能。这让人不禁质疑，到底是执法机关没有"发现"违法行为的能力，还是已经"发现"了却睁一只眼闭一只眼直到再也瞒不过去了才被迫出来执法？

3. 建立统一而开放的空气污染治理法律监管框架

第一，进一步统一空气污染监管权限。监管部门众多，无疑会分散监管风险，加大责任认定的难度。一旦发生严重污染事件，相关监管主体难免就会出现推诿扯皮的现象。进一步统一空气污染监管权限实属必要。统一空气污染监管权限意义重大。一方面，空气污染监管权限的统一能够降低执法成本、提高执法效率，避免出现对同一区域内的空气污染由多个部门轮番进行监督检查的现象发生；另一方面，空气污染监管权限的统一能够最大限度地保证监管主体与责任主体的一致性，一旦发生严重污染事件，就能够快速认定监管失职的责任主体，不用再追究问题到底是出在哪个监管部门的监管领域。此外，建议对包括空气污染监管在内的环境保护监管实行垂直管理体制。目前，《环境保护法》规定由地方各级人民政府对本行政区域内的环境质量负责。这样虽然有利于发挥地方各级人民政府对环境保护监管的财政保障作用和沟通协调作用，但是如果地方各级人民政府以维护本地经济发展为由对违法排污企业进行袒护，则更加无法实现保障空气质量的立法目的。因此，建议在环境保护领域实行垂直管理体制。具体可采取"两步走"的策略：第一步，先实行省级范围内环境保护监管的垂直管理。第二步，在经过充分试点和积累充足经验的基础上，再推行全国范围内的中央垂直管理。

第二，推进执法体制改革，在空气污染治理领域引入私人执法机制。《中共中央关于全面深化改革若干重大问题的决定》明确指出要深化行政执法体制改革。行政执法既是与百姓生活密切相关的领域，也是百姓洞悉执法文明程度的窗口。目前，包括环境行政执法在内的行政执法领域还存在许多突出问题："乱执法、粗暴执法、执法寻租、贪赃枉法甚至充当黑恶势力'保护伞'的问题时有发生；执法不作为问题日益凸显；执法不重视程序、违反程序的问题较为普遍；一些执法人员素质、水平不高甚至'吃拿卡要'问题比较突出。"对上述问题的治理，可以考虑在不断提高公共执法水平的同时，大胆进行执法体制机制创新，在空气污染治理领域引入私人执法机制。通说认为，私人执法是指"个人或企业调查违法行为，抓捕违法人员（包括刑事罪犯），并对违法行为提起诉讼（包括刑事诉讼）。如果案件成功解决，法律的私人执行者有权保留所有案件收益"。1974 年，加里·贝克尔和乔治·斯蒂格勒率先提出"法律执行的私人化"这一开创性概念，颠覆了法律只能由国家机关予以强制执行的传统观念。在我国，空气污染治理领域尝试推进私人执法改革具有重要意义。其一，空气污染治理领域的私人执法可以有效节约国家财政资源。为了有效开展空气污染治理与环境保护工作，国家从上至下建立起环境监测机构、环境监察机构等部门，配备数量庞大的执法人员与技术人员。引入私人执法机制，则可以避免国家在前期对空气污染治理监管领域大规模的人力资源与设施设备投入，只根据私人执法效果对其进行事后奖励。其二，空气污染治理领域的私人执法可以更有助于实现监管目的，使执法效益最大化。"执法权究竟属于国家抑或私人并不是最重要，关键在于能够通过何种模式使执法的效益达到最大化"。私人出于逐利动机，为了获得执法之后的丰厚回报，自然会尽最大努力促成执法目的的实现。相反，公共执法机构的执法人员由于其职位与工资均是受到法律保障与约束的，不能通过执法获得个人的法外权益，因此其也就丧失了执法的动力。因此，必须明确，在我国空气污染治理领域引入私人执法机制，主要是想借助私人对执法的热情给传统执法机制注入活力。私人执法是对公共执法的有力补充，而非要取代公共执法的执法主体地位。未来应当把握《大气污染防治法》的再次修改契机，在空气污染治理领域适当引入私人执法机制，实现公共执法与私人执法的良性互动。

第三，建立环境责任强制保险制度。环境责任强制保险制度是指将环境责任风险通过强制性的保险制度设计由相关主体进行承担的制度。环境责任强制保险制度的最主要特点就是它的强制性，即由国家或政府通过法律、法规、行政命令等在特定环境领域内强制建立起投保人和保险人的责任保险关系，相关生产经营者必须购买。由于我国正日益处于风险社会阶段，环境污染事件频发，建立环境责任强制保险制度意义重大。首先，环境责任强制保险能够激发保险公司积极参与环境安全风险的管理。其次，环境责任强制保险能够减轻政府处理环境污染事件的压力。再次，环境责任强制保险能够对生产经营者提供有效制度激励。最后，环境责任强制保险能够弥补法律诉讼和政府监管的不足，更好地保护公民、法人和其他组织的合法利益。在 2015 年《环境保护法》修订过程中，立法者显然已经认识到了建立环境责任保险制度的重要性。该法第 52 条规定："国家鼓励投保环境污染责任保险。"该条虽然表明了最高立法机关赞同建立环境责任保险制度的立法态度，但是并没有就如何鼓励做进一步的规定。这就难免会使该条规定的法律效力大打折扣。尽管立法上还较为谨慎，实践中环境责任保险制度已经开始试点并且在有的地方开展得如火如荼。2012 年，深圳市制定了强制污染责任保险的企业名录，将投保企业范围明确为六大类企业，共涉及六类行业的646 家企业，投保特点以强制为主。2013 年 2 月，原环境保护部与中国保监会联合印发《关于开展环境污染强制责任保险试点工作的指导意见》，指导各地在涉重金属企业和石油化工等高环境风险行业推进环境污染强制责任保险试点。虽然《环境保护法》第 52 条并未明确规定环境污染责任保险应当是强制性的，但是，如果仅仅将其定位为自愿性的商业保险，则由于生产经营者需要自己支付全部保险费用，肯定会影响生产经营者的投保热情。可以预见，商业性的环境污染责任保险肯定会面临投保动力不足的困境。鉴于此，建议相关法律适时建立环境责任强制保险制度，将自愿性、商业性的环境责任保险制度上升为强制性、政策性的环境责任保险制度。一是要明确该项制度是属于强制性的，生产经营者都必须执行。由于空气污染治理领域涉及的行业众多，在该项制度建立之初，可以先从特定行业和特定领域开始试行。例如，从高风险行业开始进行试点。二是要明确该项制度是属于政策性的，前期会由国家财政进行相应补贴或者进行相应的税收减免。

第四，加大监管者责任，科学合理配置法律责任体系。针对实践中普遍存在的执法机关缺乏执法权力等状况，修订后的《环境保护法》明确了环境监察机构的法律地位，规定环境保护主管部门委托的环境监察机构有权对排放污染物的企事业单位和其他生产经营者进行现场检查。"目前在环保执法一线的主要是地方环保部门下设的环境监察机构，这些机构是事业单位，法律上没有明确其执法权限，导致实践中执法不力。环保法修订之后，其将具有相对独立的执法权"。与《环境保护法》对监管者权力授予的明确性相比，在对监管者责任的规定方面，该法尚显欠缺。以引咎辞职制度为例，该法虽然在第 68 条规定了引咎辞职制度，但是却存在适用范围不太明确的问题。例如，对于什么是造成严重后果，该法并未明确规定。实践中，到底该由谁来做出合法有效的解释？如果是由行政法规对其进行解释，则难免有自降法律效力并混同立法权与行政权的嫌疑。又如，该条规定："地方各级人民政府、县级以上人民政府环境保护主管部门和其他负有环境保护监督管理职责的部门有下列行为之一的，对直接负责的主管人员和其他直接责任人员给予记过、记大过或者降级处分；造成严重后果的，给予撤职或者开除处分，其主要负责人应当引咎辞职……"根据该条，假设某个地级市内的两个县均发生严重环境污染事件，是不是只要两个县的主要负责人引咎辞职即可？还是说该两个县所属的地级市及其以上的主要负责人也应当引咎辞职？到底哪些人算是主要负责人呢，是正职领导还是分管相关工作的副职领导？该条文并未明确。

（五）司法在空气污染治理中的作用：完善环境公益诉讼制度

司法是社会正义的最后一道防线。在空气污染治理领域，传统的司法救济方式需要借助环境侵权损害赔偿诉讼模式。这一传统模式的启动需要依次证明侵权行为的存在、损害后果的发生以及侵权行为与损害后果之间具有因果关系。对普通受损害方而言，受制于知识结构、信息获取、经济负担等各方面条件的限制，其证明能力相对较低。因此，尽管《中华人民共和国侵权责任法》第 66 条规定，因污染环境发生的纠纷，由污染者就法律规定的不承担责任或者减轻责任的情形及其行为与损害之间不存在因果关系承担举证责任，传统的侵权损害赔偿诉讼模式在空气污染治理领域所发挥的作用依然有限。鉴于此，突破传统的司法救济方式，进一步完善环境公益诉讼制度十分必要。

1. 环境公益诉讼制度的立法现状与司法实践

2012 年修订后的《中华人民共和国民事诉讼法》（以下简称《民事诉讼法》）首次建立了中国的环境公益诉讼制度。该法第 55 条第 1 款规定："对污染环境、侵害众多消费者合法权益等损害社会公共利益的行为，法律规定的机关和有关组织可以向人民法院提起诉讼。"根据该条，环境公益诉讼制度的适用范围限于污染环境的行为，原告资格限于法律规定的机关和有关组织。但是该法并未进一步解释法律规定的机关和有关组织具体包括哪些。2014 年修订后的《环境保护法》进一步就环境公益诉讼制度作了规定。该法第 58 条规定："对污染环境、破坏生态，损害社会公共利益的行为，符合下列条件的社会组织可以向人民法院提起诉讼：（一）依法在设区的市级以上人民政府民政部门登记；（二）专门从事环境保护公益活动连续五年以上且无违法记录；符合前款规定的社会组织向人民法院提起诉讼，人民法院应当依法受理。提起诉讼的社会组织不得通过诉讼牟取经济利益。"根据该条，环境公益诉讼制度的适用范围有所扩大，不仅适用于污染环境的行为，还适用于破坏生态的行为。但是该条对原告资格则作了限制性规定，只有满足条件的社会组织才有原告资格。

司法实践的探索其实是早于立法规定就已经存在的。在环境问题愈演愈烈的情形下，为了加强对环境污染纠纷的司法救济，许多地方纷纷设立了环保法庭。2007 年 11 月，贵阳市中级人民法院成立环境保护审判庭，并成立清镇市人民法院环境保护法庭，专门审理环境违法案件，保卫贵阳青山绿水。2008 年 5 月，江苏无锡市中级人民法院成立环境保护审判庭。2008 年 12 月，昆明市中级人民法院环境保护审判庭正式挂牌成立。截至 2012 年 11 月，全国已经建立了 95 家环保法庭。贵阳市、无锡、昆明等地的环保法庭成立之后，不但审理了许多传统的环境民事、行政、刑事案件，而且在中央层级的法律没有明确规定的情形下，审理了一些环境公益诉讼案件，取得了良好的社会效果，为从立法上建立环境公益诉讼制度奠定了基础。

2. 环境公益诉讼制度存在的主要问题

环境公益诉讼是指"以维护环境公共利益为目的，与诉讼请求无法律上利害关系的机关、组织和个人，针对造成环境污染和生态破坏的单位和个人，违反或者怠于履行环境保护法定职责的行政机关，根据法律规定向人民法院提起的诉讼"。根据法律依据及对象的不同，环境公益诉讼制度还可进一步分为环境民事公益诉讼制度和环境行政公益诉讼制度两类。环境民事公益诉讼制度是指根据民事诉讼法律的规定，由有关主体为保护环境的目的，针对生产经营者的违法行为而提起的公益诉讼。环境行政公益诉讼制度是指根据行政诉讼法律的规定，由有关主体为保护环境的目的，针对环境行政机关的违法行为而提起的公益诉讼。在此，笔者仅就环境民事公益诉讼制度的不足做些许分析。第一，环境民事公益诉讼制度的原告资格过窄。环境民事公益诉讼制度虽然已经通过《民事诉讼法》及《环境保护法》的有关规定建立起来，但是仍然存在原告资格过窄的问题。根据《环境保护法》第 58 条，有资格提起环境民事公益诉讼的主体必须是社会组织，公民个人不享有原告资格。同时社会组织提起环境民事公益诉讼必须满足两个条件：一是依法在设区的市级以上人民政府民政部门登记；二是专门从事环境保护公益活动连续 5 年以上且无违法记录。据统计，完全符合上述条件的社会组织在全国总共不过 300 家。有学者分析指出，这 300 家社会组织里面，有意愿提起环境民事公益诉讼的比例非常低。"在这 300 家社会组织中，有相当一部分是官办的社会组织，如各省的环境科学学会、环保产业协会、环保基金会，还有一些省的环保联合会、生态文明研究会、林业协会等。在这些组织中，除中华环保联合会有提起环境公益诉讼的经历和意愿外，其他机构尚未见有提起环境公益诉讼实践的报道。根据经验分析，这类社会组织有提起环境公益诉讼意愿者，不超过 10%"。由此，在相关社会组织垄断了环境民事公益诉讼的起诉权而这些社会组织普遍又怠于行使自己的起诉权的情况下，期冀通过环境民事公益诉讼制度减少空气污染、保护生态环境，就非常困难了。第二，缺乏必要的经济激励。《环境保护法》第 58 条规定："提起诉讼的社会组织不得通过诉讼牟取经济利益。"在相关司法解释尚未明确的情况下，这条规定无疑为环境公益诉讼制度泼了一盆冷水。根据理性经济人原理，任何组织都有趋利的动机，除非得到了有效的保障。在现有的环保组织中除一部分具有国家财政经费扶持外，还有许多是民间性质的，其经费来自个人或组织的捐赠。众所周知，环保公益诉讼取证困难、牵扯主体众多，如果没有足够的经济激励措施，是没有社会组织愿意启动环保公益诉讼的。毕竟对大多数社会组织而言，这注定是一场赔钱的买卖。我们现在对环保公益诉讼的制度设计就是，在既没有给予环保组织充分的经费支持的情况下，又断绝了它们通过诉讼获得经济利益的门路。这无疑会抑制环保组织从事环境公益诉讼的积极性，不利于环境公益诉讼制度的建立和完善。

3. 完善环境公益诉讼制度的对策建议

第一，扩大环境民事公益诉讼的原告资格范围。中国环境民事公益诉讼最大的问题在于，我们的诉讼制度的基础主要是个人主义的，立法者希望公民或组织"各人自扫门前雪，休管他人瓦上霜"。以个人主义为本位的制度设计在传统社会并没有问题，但在现代社会，尤其是在空气环境污染领域，受害人往往人数众多，并且往往找不到特别明确的、传统意义上的受害人，越是影响重大的空气环境污染越是难以与某个个人所受的具体损害联系起来。鉴于此，通过扩大环境民事公益诉讼的原告资格范围，将有关机关、社会组织和公民个人作为环境民事公益诉讼的适格原告，应当是未来的发展方向。为了环境公益的需要，我们应当在传统的原告资格理论中开创一个例外，让在传统诉讼制度的视野中并没有受到损害的人也享有提起诉讼保护环境的原告资格，这不仅仅是为了保护优美的环境，更是为了我们自身的生存和发展。"从长远看，能够提起公益诉讼的社会组织应当包括在各级人民政府民政部门登记的社会组织，并且公民也应当被赋予提起环境公益诉讼的资格"。

第二，通过经济激励促进环境公益诉讼发展。环境公益诉讼要得到健康发展，就需要有一些明确的经济激励措施。虽然《环境保护法》第58条规定提起诉讼的社会组织不得通过诉讼牟取经济利益，但是我们其实可以在实践中对该条做出有利于公益性社会组织发展的司法解释。因为，"不得通过诉讼牟取经济利益"不等同于"不能因为诉讼而获得经济利益"。"通过诉讼谋取经济利益"的情况是一种"手段——目的"导向的，提起公益诉讼只是手段，谋取经济利益才是根本目的，提起诉讼的动机不纯。"因为诉讼而获得经济利益"的情况则是一种"原因——结果"导向，提起公益诉讼只是获得经济利益的原因，获得经济利益是提起公益诉讼的可能结果之一。想要"牟谋"利益未必能够"获得"利益；能够"获得"利益未必是之前就有获利的目的，可能只是因为受到了政府的事后奖励。因此，我们应当而且能够为环境公益诉讼制度的发展提供更加开明的司法环境，通过经济激励机制促进环境公益诉讼制度良性发展。

（六）域外的经验：以美国为例的观察与启迪（1943—2014 年）

从世界范围看，空气污染是各国在工业化、城市化发展过程中普遍会遭遇的问题。美国、英国等国家均有过严重的空气污染历史。1943 年洛杉矶烟雾事件造成 65 岁以上老人死亡 400 多人，1948 年多诺拉事件造成 4 天内 42% 的居民患病，1952 年伦敦烟雾事件导致 5 天内 4000 余人死亡。自 20 世纪中叶以来，为了摆脱雾霾天气的困扰，美国、英国等较早完成工业化、步入现代化的国家就已经开始了空气污染治理的立法探索，并取得了显著成效。空气污染治理是一个技术问题，更是一个法律问题。观察别国治理空气污染的立法历程，吸收借鉴有益的立法经验，对加快我国空气污染的法律治理、完善中国特色社会主义法律体系均具有极为重要的意义。下面以美国为例，着重考察 1943 年洛杉矶烟雾事件之后的美国空气污染立法进程，对相关法律文本和法律背景进行详细分析，以期对中国新形势下的空气污染法律治理有所帮助。

1. 发现雾霾：洛杉矶烟雾事件后的地方空气污染法律治理

空气污染并不是工业时代的特有产物。历史上，自从有了人类活动，就一直存在着空气污染现象。不过，工业时代的规模化生产方式和舒适性生活方式无疑大大加重了空气污染的程度。由于科学研究未跟进、技术更新不及时、立法规范不到位，政府无法采取有效措施及时治理空气污染。20 世纪中期，美国的空气污染问题日益严重。

（1）20世纪40年代的美国：多地均遭遇严重空气污染。机器大工业和现代交通工具的蓬勃发展在为美国经济注入强劲发展动力的同时也带来了严重的空气污染问题。治理空气污染最初被认为是法律赋予州和地方政府的权力。截至20世纪40年代，美国大多数州都已经制定了空气污染控制的法律规范性文件。然而，由于对造成空气污染的原因一直缺乏科学把握，导致州和地方政府控制空气污染的法律文件在制定时无法对症下药，影响了其效力的发挥。多年积累下的严重空气污染问题终于在20世纪40年代集中爆发。1949年，一位美国法律学者撰文回忆了过去十年中发生在多诺拉、洛杉矶、圣路易斯等城市的较为严重的空气污染事件。"1948年10月27日，烟雾笼罩了宾夕法尼亚州多诺拉市，导致这座拥有10000人口的工业城市里4000人患病、600人接受医学治疗、21人死亡，原因是烟雾带来了严重的空气污染。1947年10月3日，阴霾笼罩洛杉矶，超过一半的居民眼睛遭受刺激，原因是有毒烟雾带来了空气污染。1939年11月28日，圣路易斯大街上的路灯必须在上午9点就开启，原因是由这个城市的家庭和工厂的煤炭燃烧所带来的空气污染"。严重的空气污染引起了民众的恐慌和不满，谣言四起。政府开始出面辟谣，并着手治理空气污染。以洛杉矶市为例，1943年洛杉矶烟雾事件之后，政府下决心重拳出击治理空气污染，采取行政手段强制关停了一批容易造成空气污染的设施设备，试图在短期内解决空气污染问题。"洛杉矶时任市长布朗信誓旦旦地宣称，四个月内永久消除雾霾。当时洛杉矶市政府的措施是，关闭市区的一家化工厂，接着又关停了全市30万座焚烧炉"。遗憾的是，这些措施对治理洛杉矶市空气污染的作用非常有限，雾霾不但没有消失，反而愈演愈烈。直到十年之后，洛杉矶市还在遭受严重的雾霾袭击。"1955年9月，洛杉矶发生了最严重的光化学烟雾污染事件，两天内因呼吸系统衰竭死亡的65岁以上的老人达400多人"。

（2）煤烟与雾霾：空气污染的两种类型。痛定思痛，洛杉矶市政府开始反思并修正空气污染治理策略。为了从源头上解决问题，洛杉矶市政府加大了对空气污染治理的科研投入，研究空气污染物成分，寻找造成本地空气污染的真正原因。在理论上，根据污染物来源及成分的不同，可以将空气污染分为煤烟型污染（smoke）和雾霾型污染（smog）两种类型。前者主要是因煤炭燃烧而引发，使用设备包括家庭供暖设备及工厂燃煤设施等；后者主要是因石油化学燃料的使用而引发，使用范围包括机动车、飞机等现代交通工具。"煤烟引起的污染——由于煤烟及其副产品的排放引起；雾霾引起的污染——由于工业烟雾和气体、毒酸以及其他无法消散在空气中的近地面物质引起。例如，匹兹堡和圣路易斯主要是烟雾污染问题，而洛杉矶面对的则主要是雾霾问题"。1953年及其之后的调查结论更加证实了光化学污染的罪魁祸首来自汽车尾气排放这一判断。"1953年的一个调查报告指出，石油工业每天排放500吨碳氢化合物，但小汽车、卡车和公共汽车每天排放出来的碳氢化合物是前者的两倍多，达

1300 吨。1957 年的调查发现，机动车辆排放的废气约占洛杉矶每天总排放量 2500 吨的 80%"。由于之前的治理一直聚焦于限制燃煤数量、进行燃煤技术处理等煤烟型污染控制，与洛杉矶主要面临的雾霾型污染状况极为不符，所以根本无法有效控制和治理空气污染。空气污染物的成分非常复杂。"空气污染是多种污染物之间发生化学反应的结果，并且该结果与其原始成分截然不同。阳光是产生光化学反应的重要因素。举例来说，二氧化氮分解为一氧化氮和氧原子，自由的氧原子在空气中结合产生臭氧"。在发现雾霾的成因之后，洛杉矶市揭开了美国通过法律治理雾霾的发展历程。

（3）控制空气污染的地方立法努力：州和地方政府。1955 年之前，美国没有关于空气污染控制的联邦立法，各州和地方政府在空气污染治理中发挥了主要作用。美国各州控制空气污染的立法努力主要体现在制定各州自己的《空气污染控制法案》、成立协调机构等方面。加利福尼亚州于 1947 年颁布了《空气污染控制法案》，授权在该州的每一个县市设立空气污染控制区，集中治理空气污染。"随后十年里，加州南部四个郡联合组成南加州空气质量管理局，对洛杉矶以及整个南加州地区开始了近 70 年的大气治理。时至今日，洛杉矶 PM2.5 已经达日均 35 微克的低值"。加州模式对今后空气污染治理的联邦立法产生了重要影响。与各州的宏观立法指引不同，这一时期，美国各地方政府在空气污染治理领域发挥了主力军的作用，许多城市开始制定并实施自己的空气污染控制条例。"到 20 世纪 60 年代早期，大多数空气污染法律仍然是由地方政府制定的、以公害为基础的条例。控制空气污染最通常的方式是由一个基础的公害条例来禁止特定的行为，例如黑色烟雾或者刺激性气体的排放"。洛杉矶市控制空气污染的地方立法在 20 世纪中期的美国是最先进的。"其他地方也通过立法控制空气污染，但是没有任何地方有像洛杉矶市那么综合和严格的法典"。在洛杉矶，违反空气污染控制法律会导致刑事犯罪，案件将在普通法庭受审，违法者可能会被处以罚金甚至监禁。根据相关法律，洛杉矶市还建立并完善了空气污染控制的立法机构、执行机构和司法机构。"（1）市议会是立法机构；（2）由工程师、检查员和执法人员组成的空气污染控制办公室是执行机构；（3）听证会是司法机构。根据州法律，听证会必须包含两名律师和一名化工或机械工程师。听证会在记录大厅有一间法庭。听证会有三个功能。对于不服空气污染控制办公室做出的许可决定的任何人而言，它是一个上诉法庭。根据空气污染控制办公室的要求，它可以撤销许可。但是它最大的一部分职责是裁定各种案件"。

2. 从地方到联邦：联邦政府控制空气污染的主要法律

州和地方政府在控制空气污染方面做出了巨大努力，探索出了许多法律制度，客观上有利于减轻或者治理当地的空气污染。但是由于财力、资源有限，地方空气污染控制计划和地方空气污染控制机构一直受到预算资金不足的困扰。"典型地，关于何种污染物将要进入大气以及该污染物的健康影响的任何有意义的评估花费可能都超过了机构的年度预算"。州和地方政府无力支持空气污染治理的庞大花费，迫切需要联邦政府的资助与介入。

（1）1955年《空气污染控制法》：联邦政府初次介入。该法首次授权联邦政府介入空气污染治理问题，在此之前，空气污染治理一直被认为是专属于州和地方政府权力范围内的事务。由于是第一部联邦立法，该法在授权联邦政府进行空气污染治理的治理主体、治理方式和资助力度等方面还比较审慎。其一，在治理主体上，该法主要是授权联邦政府参与空气污染治理的研究工作，治理空气污染仍然主要依靠的是州和地方政府的力量。"1955年法案只是授权联邦机构参与研究资金"。可见，联邦政府对空气污染治理的参与只是初步的有限参与。其二，在治理方式上，该法主要通过对空气污染问题的成因、结果及对健康的影响等问题进行前期科学研究的方式表示联邦政府对空气污染问题密切关注，未涉及具体政策措施。"它简单承认了空气污染问题的存在，并授权卫生部长、教育和福利部长来进行研究，以更好地了解空气污染产生的原因及存在的后果，并对州和地方政府机构提供技术帮助。1962年修正案呼吁由美国外科总医师进行关于机动车尾气排放对健康影响的研究。这是第一次由联邦机构进行的有关空气质量对健康影响的调查"。其三，在资助力度上，相比较空气污染治理的复杂性，该法对联邦政府的资助金额明显不够。"这个联邦立法授予了每年500万持续5年的联邦研究资助。1955年法案于1961年修订，以持续另外4年的联邦研究资助"。尽管该法经历了两次修订，在资助金额方面有所提升，但是额度仍然不大。

（2）1963年《清洁空气法》：污染治理力度加大。1963年美国国会通过了《清洁空气法》。该法相比较1955年的《空气污染控制法》，在参与主体、治理方式、资助力度、州际治理等方面均发生了显著变化。其一，在参与主体上，该法允许"非联邦机构参与到研究中来"，这标志着联邦立法自1955年以来的重大转变。其二，在治理方式上，该法在加强空气污染治理的科学研究之外，还"第一次建立起了空气污染治理法律的实施机制"，尽管该实施机制仍然比较薄弱。其三，在资助力度上，该法大幅度提高了联邦政府用于空气污染治理的财政投入金额。"联邦将在3年内持续提供共计9600万美金用于州和地方政府机构从事研究和污染控制项目"。年均3200万美金的投入与1955年法案的年均500万美金投入简直是天壤之别。其四，该法还就联邦政府的州际空气污染控制与协调问题进行了规定。"除了扩大研究经费的接受者范围，1963年法案还授权联邦政府权力，以解决跨州空气污染问题，这主要是由于高硫煤和石油的燃烧引起"。

（3）1967年《空气质量法》：联邦政府角色转向。1967年的《空气质量法》使联邦政府在空气污染治理领域的角色发生了根本转变。联邦政府由之前的辅助、支持与协调州和地方政府的角色一跃而成为空气污染治理领域的主力军。该法授权联邦政府通过确立空气质量控制区域等途径进行空气污染监管和控制。"现在,立法者意识到联邦机构的研究不能替代管制。联邦政府有义务和权利来制定和实施空气质量规则。1967 年法案要求卫生部长、教育部长和劳工部长将国家的某些地区划分为空气质量控制区域,以便规划、监管和控制。1967 年法案还建立了固定污染源的排放标准并扩大了研究活动。1967 年法案的实施开启了联邦空气管制与执行的时代序幕"。当然,联邦政府主导作用的发挥仍然离不开州和地方政府的努力。"空气污染控制以实现环境空气质量标准为基础,环境空气质量标准是由各州为它们各自的空气质量控制区而制定的。各州以《州实施计划》为依据控制污染排放,以满足空气质量标准"。

(4)1970 年和 1977 年《〈清洁空气法〉修正案》:国家标准建立更新。1970 年和 1977 年的《〈清洁空气法〉修正案》主要是围绕国家环境空气质量标准及相关标准的建立与更新而进行的。1970 年修正案在标准制定、公民诉讼、空气质量等方面都有新的规定。其一,在标准制定方面,该修正案授权美国环境保护部负责制定一系列的空气质量和排放标准。"1970 年修正案要求新成立的美国环保部制定《国家环境空气质量标准》以保护公共健康和福利,制定《新能源标准》和《国家有害空气污染物排放标准》。1970 年修正案要求大多数州提交《州实施计划》以便获得并维持《国家环境空气质量标准》"。其二,该修正案还在公民个人环境诉讼方面进行了立法规范,"授权公民个人起诉污染者或政府机构在执行法案条款时的失职行为"。其三,1970 年修正案对空气治理期限进行了规划,对空气质量品质提出了具体要求。"它要求到 1975 年所有地区均达到清洁空气状态。到 1975 年,来自汽车尾气的一氧化碳和碳氢化合物的排放要比 1970 年的排放水平下降 90%;到 1976 年,来自汽车尾气的氮氧化物的排放要比 1971 年的排放水平下降 90%"。现在看来,1970 年修正案显然过于乐观了。

1977 年修正案就国家环境空气质量标准的更新、固定污染源的排放补偿、联邦与州的权力平衡等内容进行了规定。其一,该修正案授权美国环保部进行国家环境空气质量标准的审查和更新。"1977 年修正案要求环保部以五年为间隔审查和更新国家环境空气质量标准。根据该修正案的'预防显著恶化'部分,I 类地区的空气污染物浓度不允许任何增加"。其二,该修正案确立了固定污染源的排放补偿制度。"一个关键的概念是固定污染源的排放补偿(emissionoffset)。通过使用排放补偿的概念,在现存污染物来源减少的同时可以设立新的污染物来源"。其三,在联邦与州的权力平衡中,该修正案倾向于支持州的治理计划。"1977 年法案认为没有联邦机构能够以任何方式参与、支持或者为执照或许可证提供财务帮助或者批准一项行为,而该项行为与已经批准或颁布的州执行计划不一致,但是没有进一步界定'一致性'"。

(5)1990 年《〈清洁空气法〉修正案》:联邦立法走向成熟。1990 年《〈清洁空气法〉修正案》是继 1977 年修正案之后关于空气质量的重要联邦立法。该修正案共计 11 个条文，包括：达到和维持国家环境空气质量标准、移动源污染、有害空气污染物、酸沉降控制、许可证制度、平流层臭氧保护、强制执行、杂项条文、清洁空气研究、弱势企业关怀、清洁空气就业援助。该法的主要内容如下：其一，授予了联邦政府更广泛的权力。"1990 年修正案比以往任何空气质量立法授予联邦政府的权力都更多更重要。用 9 个条款，涵盖了从雾霾、机动车尾气排放、有毒空气污染到酸雨，考虑内容比较全面"。其二，监管措施更加具体和严格。"为了强调雾霾问题，在根据轻度、中度、较重、严重、极端五个程度分类的地区都设立了最后期限。为了控制酸雨，新的监管措施和许可都已授予"。其三，制定了新的汽车排放标准等国家排放标准。"始于 1995 年的汽车年建立了新的更加严格的汽车排放标准。有害空气污染物的国家排放标准项目也被授权扩展到更广泛的行业和活动"。1990 年修正案意义重大，它确立了美国空气污染治理的基本框架，标志着美国空气污染防治联邦立法的成熟和完善。自 1990 年修正案之后的二十余年，清洁空气的美国立法思路和基本框架没有发生显著变化。美国环保部遵循 1990 年修正案的要求不断制定、实施并执行新的规定。"过去二十年，环保部制定了更加严格的空气质量标准，推进了新的更加严格的污染源排放控制方案"。

（6）2009 年《清洁能源与安全法》：温室气体污染控制。近年，因温室气体而引发的全球气候变化成为各界关注的焦点。早在 2007 年，美国联邦最高法院就在马萨诸塞州诉美国环保部一案中即表明了法院的立场。该案判决认为："基于《清洁空气法》的界定，机动车尾气排放的温室气体是污染物。"与法院立场的坚定所不同，国会在是否支持气候变化立法问题上始终犹豫不决。直到 2009 年，有关温室气体总量控制与交易的《清洁能源与安全法》才通过。"法案的核心是总量控制与交易计划，设置一个温室气体排放上限，提供允许份额的交易。份额是由美国环保部签发的无形资产，允许一吨二氧化碳或者其他等值的温室气体排放"。然而，该法案在实施过程中似乎遇到了很大阻力，影响着法案效力的发挥。

（7）2011 年《州际空气污染规则》：州际治理一波三折。洲际污染控制的立法努力在美国由来已久。早在 1990 年《〈清洁空气法〉修正案》中，即有"好邻居条款"专门规定跨州的空气污染控制问题。根据"好邻居条款"，2005 年，美国环保部发布了一项更全面的州际传输规则即《清洁空气州际规则》。2011 年，该项规则被《州际空气污染规则》所取代。《州际空气污染规则》主要规定了 28 个处于上风口的州在降低二氧化硫和氮氧化物排放方面的义务，要求各州通过减少发电厂排放以显著提升空气质量，因为这些排放会带来其他州的臭氧和细颗粒物污染。在一个独立的、但是相关联的管制行为中，美国环保部于 2011 年 12 月 15 日最终确定了一项增补规则，要求 5 个州——爱荷华州、密歇根州、密苏里州、俄克拉荷马州和威斯康星州——根据《州际空气污染规则》的臭氧季节控制方案来降低夏季的氮氧化物排放。《州际空气污染规则》要求总共 28 个州降低年度二氧化硫排放、年度氮氧化物排放和臭氧季节氮氧化物排放，以达到 1997 年的臭氧和细颗粒物以及 2006 年的细颗粒物国家环境空气质量标准。在 2012 年 2 月 7 日和 2012 年 6 月 5 日，美国环保部对《州际空气污染规则》进行了两次微调。《州际空气污染规则》由于显著增加了上风口州的义务，因此遭遇到激烈的挑战，不断反复。先是哥伦比亚特区巡回法院撤销了此项规则，随后联邦政府向联邦最高法院提起诉讼。最终，联邦最高法院推翻了哥伦比亚特区巡回法院的决定，支持了该项规则。"2013 年 9 月 4 日，联邦政府向联邦最高法院提请审查哥伦比亚特区巡回法院关于《州际空气污染规则》的决定。2014 年 4 月 29 日，联邦最高法院推翻了哥伦比亚特区巡回法院否决《州际空气污染规则》的决定"。

3. 经验与启迪：美国控制空气污染的法律经验

他山之石，可以攻玉。从 1943 年到 2014 年，美国治理雾霾等新型空气污染的立法努力已经走过了 71 年，其经验值得我们学习和借鉴。

（1）在中央与地方关系的动态平衡中进行空气污染防治立法规划。由于空气污染的流动性及其治理的复杂性，空气污染治理在实践中经常涉及中央与地方关系这个宪法层面的核心问题。虽然我国与美国分别实行单一制和联邦制的国家结构形式，却无一例外都面临着如何处理好中央与地方关系的问题。美国的经验显示，在治理空气污染问题上，既不能完全依靠地方政府，又不能完全依赖中央政府，应当在中央与地方关系的动态平衡中做好空气污染防治立法规划。

首先，治理空气污染应当遵循"先地方、后中央"的立法路径。美国联邦宪法设计了分权主义和联邦主义的权力框架，为了防止联邦权力过分膨胀而侵害各州和地方政府的自主权，在中央与地方关系的处理上遵循联邦谦抑原则，凡是属于州和地方政府领域范围内的事务，一般先由州和地方政府处理。在美国，治理空气污染最初被认为是属于州和地方政府权力范围内的事项，仅由州和地方政府颁布法律法规进行治理，联邦政府并未介入。后来，随着州和地方政府治理空气污染的失效，联邦政府开始逐步加强对空气污染的监管与控制。空气污染治理遵循"先地方、后中央"的立法思路是十分必要的。州和地方的不同立法实践为中央立法提供了多元参照，州和地方无力解决的法律问题呼唤中央统一立法。当下我国治理空气污染的立法实践恰恰正遵循着"先地方、后中央"的立法路径。在 2015 年《大气污染防治法》修订之前，北京等城市已经率先启动了新时期大气污染防治的地方立法工作。2014 年 1 月通过的《北京市大气污染防治条例》就是首部应对 PM2.5 的地方性法规。地方立法的有效运行，能够为《大气污染防治法》的修订积累充分的法治经验。

其次，治理空气污染最终必须依靠强有力的中央立法。虽然地方立法在治理空气污染中发挥着重要作用，但是只有上升到中央立法层面，才能在全国范围内有效治理空气污染问题。在美国长达 71 年的空气污染立法史中，仅由州和地方政府进行立法控制的时间只持续了 15 年，在 1955 年之后的近 60 年时间里，都是主要由中央立法在肩负着治理空气污染的重任。当然，中央立法会经历一个漫长的过程。自 1955 年联邦政府初次介入空气污染治理，到 1990 年基本确立空气污染治理的主要法律框架，期间经历了 35 年。因此，大气污染防治的立法过程应当是艰难曲折甚至是不断反复的，我们不能希望修订一次《大气污染防治法》就能够解决所有问题，要有与大气污染长期做斗争的思想准备。

最后，中央立法要协调好跨区域空气污染问题。由于空气污染的流动性，上风口的污染物总会被吹到下风口，但下风口地区的法规与规章却无法将其效力延伸至上风口地区。这样，如果上风口地区采取宽松的污染管制政策，即便下风口地区采取严格的污染管制政策，也始终无法摆脱来自上风口地区的污染传送。治理空气污染必须打破传统的行政区域划分界限，遵循污染物传播与扩散的自然规律，并由中央进行统一立法和统一协调。美国治理跨区域空气污染的立法努力由来已久。自 1999 年《〈清洁空气法〉修正案》的"好邻居条款"到 2005 年的《清洁空气州际规则》再到 2011 年的《州际空气污染规则》，历时 12 年。反观我国，目前尚未就跨区域空气污染治理进行系统而周密的立法设计。因此，我们应当充分重视该问题并探索可行的路径。

（2）综合协调，建构多元并存的空气污染防治法律规范体系。空气污染治理涉及方方面面的问题，从来不是单纯的环境立法就可以解决的，必须与建设、能源、交通等其他领域的立法综合协调，齐头并进。

首先，空气污染防治立法要与土地利用和城市规划立法相结合。土地利用和城市规划与空气污染之间有直接关系。以城市规划为例，如果规划中的住宅区与办公区、商业区相距遥远，则会造成公众出行时对汽车的严重依赖，增加汽车的使用频率，向大气排放更多的污染物。因此，在制定、修改土地利用规划和城市规划时，必须充分考虑其对空气污染的影响。"有效处理空气污染需要从其根源着手，如形成我们的能源密集型生活方式的土地利用模式。但是，大多数空气污染控制工作都忽视了土地利用因素"。今后，无论是中央层面还是地方层面，在对空气污染防治进行立法修订时，都不能"头疼医头脚疼医脚"，必须通盘考虑，将空气污染防治立法与土地利用和城市规划立法相结合。

其次，空气污染防治立法要与能源立法相结合。造成空气污染的一个非常重要的因素就是石油化石燃料的使用。治理空气污染的过程其实也是能源革命的过程。必须通过立法规范和技术创新，尽可能降低太阳能、风能、生物质能等可再生能源和新能源的使用成本，扩大其使用范围。美国在通过能源立法影响清洁空气立法方面有一些值得借鉴的地方。在 1990 年修正案之后，《清洁空气法》本身未曾发生大的改变，反而是通过能源立法的有关规定促进了美国空气质量的提升。2005 年，国会制定了《能源政策法》，规定了可再生燃料的使用目标。"2005 年《能源政策法》包含了影响《清洁空气法》的大量条款。最显著的是，该法在 1501 条确立了可再生燃料标准，要求炼油厂 2006 年使用 40 亿加仑的可再生燃料，到 2012 年增长到每年高达 75 亿加仑"。2007 年的《能源独立和安全法》进一步提升了之前的目标。"国会于 2007 年颁布了《能源独立和安全法》，扩大了可再生燃料项目，到 2022 年需要使用 360 亿加仑。该法的可再生燃料定义为从生物质和纤维素乙醇燃料生产"。目前，我国在能源利用上还存在严重依赖煤炭的现象，在通过立法促进可再生能源和新能源利用方面还比较落后，应当适时出台相关法律法规，通过完善能源立法来加快空气污染防治进程。

最后，空气污染防治立法要与交通立法相结合。公路、水路、航空等交通领域的规划涉及机动车、船舶、航空器的使用，与空气污染关系密切。"高速公路的汽车排放量占了全部一氧化碳排放量的大约 60%，挥发性有机碳排放量的大约 29%，氮氧化物排放量的大约 31%"。在美国，如果一个高速公路规划项目会导致超过预计额度的空气污染物排放量，则会导致该项目受到阻碍。"高速公路本身并不排放或产生任何空气污染物。然而，当行驶在高速公路上的汽车排放了比预算规定的空气污染物排放量更多的污染物时，联邦对高速公路项目的资助就会受到限制。交通项目可能面临联邦审批的迟延"。同样道理，水路和航空的立法和规划也必须考虑潜在的空气污染问题。在中国，交通领域的立法本身还不算完善，对交通立法的研究相对薄弱，在交通立法过程中对潜在的空气污染影响的评估也不充分，因此必须对此引起高度重视。

（3）提升环境空气质量标准和产业技术标准，多种污染物协同控制。治理空气污染必须不断完善环境空气质量标准和产业技术标准，做到多种污染物协同控制。空气污染物成分复杂，既有传统的二氧化硫污染、氮氧化物污染等，又有新型的细颗粒物污染、臭氧污染等，在治理空气污染时，必须提高标准，通盘考虑，齐抓共治。

首先，应当进一步完善中国的环境空气质量专项标准。目前中国现行有效的环境空气质量标准共有三部，分别是《环境空气质量标准》（GB3095-2012）、《室内空气质量标准》（GB/T18883-2002）、《保护农作物的大气污染物最高允许浓度》（GB9137-1988）。虽然《环境空气质量标准》已在 2012 年经过最新修订，调整了环境空气功能区分类，并增设了 PM2.5 浓度限值和臭氧 8 小时平均浓度限值，对细颗粒物污染和臭氧污染进行环境监测，但是，从整体上来说，中国的环境空气质量标准还是相对粗糙和简陋的，尚未就各种主要污染物制定专项标准规范。反观美国，早在 1997 年已经就臭氧和颗粒物颁布了专项标准，这一点值得我们学习。"1997 年 7 月 18 日，美国环保部颁布了名为《臭氧国家环境空气质量标准》和《颗粒物国家环境空气质量标准》的新规章，收紧了环境空气质量标准"。

其次，要不断提升相关产业的技术标准。空气污染涉及汽车、钢铁、煤炭、玻璃制造等众多产业。治理空气污染不能仅仅依靠提高罚款标准、对相关产业进行地域转移或者暂时关停、限制生产等行政措施，而要以技术促发展，通过提高技术标准，促进企业进行技术革新，达到防治空气污染的目的。没有落后的产业，只有落后的技术。在这个日新月异的社会，我们必须更加依赖技术理性。美国作为汽车使用大国，在通过提升汽车产业技术标准来治理空气污染方面早已有探索。"1978 年出台的公司平均燃油效率标准（CAFE），它规定了在美国销售的汽车每加仑油耗所必须达到的最小行驶里程"。我们今后应当以空气污染治理为抓手，不断提升各个相关产业的技术标准，促进产业转型和技术升级。

最后，在治理细颗粒物污染的同时应当重视治理臭氧污染，做到多种污染物协同控制。目前，社会各界已经对雾霾的危害性有了深刻认识，对治理 PM2.5 等细颗粒物污染有着强烈诉求。相比之下，对臭氧 8 小时的概念和臭氧污染的危害性却并不十分明确。臭氧是光化学烟雾的主要成分。与细颗粒物污染相比，臭氧污染更具有隐蔽性。臭氧污染经常发生在晴空万里的日子里，长时间生活在雾霾笼罩下的人们，出于对晴朗天气的喜爱，往往有意无意地忽略了晴空之下的臭氧污染。这就更需要政府和专家有针对性地对臭氧 8 小时污染及其治理进行适度宣传与恰当引导。

（4）注重经济诱导，利用市场机制治理空气污染。市场机制是充分利用经济手段治理空气污染的有效方式，比传统的命令控制机制更加灵活，也更利于降低成本和提高效率。美国作为典型的市场经济国家，在利用市场机制治理空气污染方面已经积累了许多有益经验。

首先，建立污染物总量控制与交易制度（cap-and-trade program）。污染物总量控制与交易制度是指预先设定各种不同类型的污染物排放总量，针对不同的排污企业发放不同的排污份额，企业的排污份额可以在市场中进行自由交易的制度。"总量控制与交易计划是预先设定一个总排放量，在此基础上发放排放许可证。政府向受规制的企业或其他实体（如州政府）免费派发许可证，或拍卖许可证，或者将这两种办法结合起来使用。受规制的企业必须按其所得的许可量进行排放，以便对自己的行为负责。许可证可以被买卖，因此，那些减排成本较高的企业可以从减排成本较低的企业那里购买许可量"。建立总量控制与交易制度是从根本上治理空气污染的必然要求。治理空气污染必须从"限制增量、减少存量"的基本原则出发，而总量控制与交易恰恰就是在限制增量。美国 1990 年修正案最先确立了关于二氧化硫的总量控制与交易计划。"这个交易计划的目标是，与 1980 年的水平相比，美国电力公司将减少 1000 万吨二氧化硫和 200 万吨一氧化二氮的排放。1995—2000 年是该计划实施的第一个阶段，涵盖了 110 个电厂的 263 个发电机组，其中大多数坐落在密西西比河东面，具有大型的烧煤设备。第二个阶段从 2000 年开始，覆盖面延伸到具有 25 兆瓦及以上功率的发电设备，其控制更加严厉。许可证交易似乎使减少二氧化硫排放的成本降低了近50%"。

其次，发挥税收政策在空气污染治理中的杠杆作用。税收是政府调节宏观经济的杠杆，也可以用来引导治理空气污染。一方面，针对可再生能源、绿色产业等有利于减少空气污染的项目，可以制定税收优惠政策。"美国州级政府层面上的技术促进规则《可再生能源投资组合标准》，其目标就是推动部分电力由可再生能源来生产。这一规则类似于为可再生能源的生产和投资制定了税收减免政策，它是为采用特殊的技术而设置的税收优惠，而非泛泛地给出激励以减少碳排放"。另一方面，针对石油、汽车等容易造成空气污染的行业和产品，可以通过立法进行能源税、汽油税、碳税等税收征收。在美国，由于 2007 年联邦最高法院在马萨诸塞州诉美国环保部一案的判决中已经认定二氧化碳属于空气污染物，因此不断有学者呼吁开征碳税以防治空气污染。"几乎所有参与过政策选择讨论的经济学家都同意，采用一种将碳税和总量控制与交易计划结合在一起的综合性碳价政策，在效率和分配方面都将大大优于基于行业的指挥与控制法"。目前，中国有关征收环境税、能源税的讨论也非常激烈，但仍需慎重考虑立法征税、重复征税、税费衔接等问题。

治理空气污染是一项复杂而艰巨的任务。在建设法治中国的时代，通过法律治理空气污染已经成为各界的共识。布莱克门大法官在塞拉俱乐部诉莫顿案的反对意见中曾经指出："当现存的方法和传统的观念被证明不能完全有效地解决新问题而让我们束手无策时，我们的法律为什么还必须如此僵化，我们的程序观念为什么还必须如此顽固呢？"如今我国的空气污染日益严重，如果不在法律上做出创新性的应对之策，仍然囿于"各人自扫门前雪，休管他人瓦上霜"的观念，恐怕我们的子孙后代就永远感受不到"山清水秀，莺歌燕舞"的意境了。约翰·多恩先生早就对我们提出了古老而又中肯的忠告："谁都不是一座孤岛，自成一体；每个人都是广袤大陆的一部分，都是无边大海的一部分，如果海浪冲刷掉一个土块，欧洲就少了一点；如果一个海角，如果你朋友或你自己的庄园被冲掉，也是如此。任何人的死亡都使我受到损失，因为我包孕在人类之中。所以不要问丧钟为谁而鸣，它为你而敲响。"空气污染问题已经成为制约我国经济社会发展的一个关键问题。如何让法律成为真正可以利用的保护环境的有力武器，而不仅仅是一种高调的法律行为艺术，这是我们这个时代的法学研究者义不容辞的责任。观察美国 71 年来治理雾霾等新型空气污染的法律历程，我们发现，治理空气污染的法治努力绝不简单等同于在刑事立法上扩大空气污染罪名的适用空间或者在行政立法上增加空气污染罚款数额这么简单，而是要将各种法律控制手段融为一体，将事后惩罚与事前控制紧密结合，通过精良的立法制度设计建构起系统的空气污染防治法律规范体系，并随着时代变迁不断完善相关立法。唯有如此，才能真正实现空气污染防治领域的良法之治，让中华大地远离雾霾，重见蓝天。

二、水资源保护与利用的法律问题研究：以北京市为例

伴随着经济的高速发展和人口规模的不断扩大，北京市已经迈入水资源严重短缺的时代。"北京是严重缺水的大城市，人均占有水资源量不足 300 立方米，属重度资源型缺水地区。随着经济和社会的发展，北京水资源可用总量不足、水环境质量恶化已成为制约北京发展的主要因素"。另据北京市水务局统计，"近年来北京市水资源总量约 25 亿立方米，2012 年全市用水总量约为 36 亿立方米，十多亿立方米的用水缺口不得不依靠超采地下水、增加从外省调水才能'解渴'"。在这样的不利环境下，我们必须高度重视用法律手段解决北京市的水资源保护与利用问题，维护首都的水资源安全。

（一）水资源保护与利用的法律框架

水资源保护与利用应当至少包括水资源保护、水资源合理使用、水污染防治三个层面。其中，水资源合理使用在国家法律体系中主要通过《中华人民共和国水法》（以下简称《水法》）及相关配套法规进行规范，相应的行政主管机关主要是水务部门；水污染防治在国家法律体系中主要通过《中华人民共和国水污染防治法》（以下简称《水污染防治法》）及相关配套法规进行规范，相应的行政主管机关主要是环境保护部门；对于水资源的保护问题，则两部法律均有涉及。《水法》规范的主要问题包括水资源规划，水资源开发利用，水资源、水域和水工程的保护，水资源配置和节约使用，水事纠纷处理与执法监督检查等。《水污染防治法》主要规定了水污染防治的标准和规划，水污染防治的监督管理，水污染防治措施，饮用水水源和其他特殊水体保护，水污染事故处置等内容。北京市历来高度重视水务法制建设工作，用法律规范加强水资源保护和水污染治理。2010 年 11 月 19 日北京市第十三届人民代表大会常务委员会第二十一次会议通过了《北京市水污染防治条例》，成为水污染治理领域的重要立法。截至目前，由市人大常委会、市政府审议通过并有效的地方性水法规、规章有《北京市水污染防治条例》《北京市实施〈中华人民共和国水法〉办法》《北京市水利工程保护管理条例》《北京市城市河湖保护管理条例》《北京市节约用水办法》《北京市自建设施供水管理办法》等 20 余部。此外，全市各涉水行政主管部门还根据上位法制定了一系列行政规范性文件。以水务行政主管部门的行政规范性文件为例，"市水行政主管部门会同市政府有关部门或者以水行政主管部门名义先后出台了《北京市实施〈占用农业灌溉水源、灌排工程设施补偿办法〉细则》《关于严格取水管理工作的通知》《关于再生水管理有

关问题的通知》等一批规范性文件。"这些地方性法规、规章及行政规范性文件的出台，为北京市水资源保护与利用提供了必要的法律框架。

（二）水资源保护与利用中存在的主要问题

尽管全市范围内水资源保护与利用的法律框架已经搭建，但是在很多方面仍不够完善，有待进一步加强。

第一，管理体制上的问题。前已述及，北京市在水资源保护与利用方面主要由水务行政主管部门和环境行政主管部门负责，此外还涉及发展改革、规划、农业、市政市容、国土资源、卫生等多个主管部门。这就必然涉及在水资源保护与利用领域的部门协调问题。根据《北京市水污染防治条例》第6条规定："市、区环境保护行政主管部门对本行政区域内的水污染防治实施统一监督管理。市、区水行政主管部门对本行政区域内的水资源保护和再生水利用进行管理，负责污水处理和河道综合整治等方面工作。发展改革、农业、城市管理、规划国土、卫生、住房和城乡建设、园林绿化、工商、旅游等行政主管部门按照各自的职责，依法做好有关水污染防治工作。市、区环境保护行政主管部门可以根据需要聘请监督员，协助开展水污染防治工作"。但是，如果协调不好，多头监管同样会成为多头不管。

第二，水资源保护不到位的问题。水资源保护不到位主要体现以下两个方面。一是地表水水源匮乏。北京市近年连续干旱，致使地表水水源无法满足本市的正常生产生活用水。"密云、官厅两大水库的来水呈衰减趋势。密云、官厅水库是北京市地表水主要供水水源，由于上游用水量的增加和水资源开发利用程度的提高，致使水库来水量呈衰减趋势。尤其是1999年以来，由于华北地区连续9年干旱，官厅、密云两大水库来水量锐减，水库蓄水入不敷出"。两大水库的蓄水量已经明显低于安全储备量。"截至2009年底，两大水库蓄水量从1999年的27.9亿立方米下降到12亿立方米，已低于《21世纪首都水资源规划》确定的15亿立方米安全储备量"。北京市地表水水源匮乏，与建设国际一流和谐宜居之都的水资源要求相距甚远。"据相关调研分析显示，纽约、伦敦、东京等世界城市天然水资源量丰富，可利用水资源量约为城市需水量的7~8倍，城市水源主要依靠地表水，其中纽约、伦敦地表水利用量占总用水量的90%以上，城市发展水资源安全储备充足。目前北京，本地水资源量不仅没有安全储备，连正常的用水需求都难以满足，必须寻求新的来源"。二是地下水超采严重。由于本市地表水水源供应不足，被迫长期超采地下水。"平原区地下水埋深从1999年的12米下降到目前的24米，年均下降1.2米，地下水水源地水位下降更为迅速，造成水源井出水能力衰减，水质变差，农灌井枯竭，危及城乡生活生产的供水安全；潮白河水源地埋深从1999年的11米下降到目前的39米，年均下降2.8米，八厂水源地出水能力衰减幅度超过50%"。全市超采区范围巨大。迄今，"已经形成了2600多平方千米的超采区，其中严重超采区有 1300 多平方千米"。对此，法律规范的缺位负有不可推卸的责任。有文章以现行《北京市自来水厂地下水源保护管理办法》为例进行了分析。"现行《北京市自来水厂地下水源保护管理办法》是 1986 年颁布的，适用范围仅限自来水集团第二、三、四、五、七、八等水厂，20 年来我市饮用水水源地已经发生了很大变化，现行《管理办法》已经远远不能满足管理工作的需要，需要对现行法规进行修改、补充和完善，将全市所有饮用水水源地纳入法治化管理轨道"。

第三，水资源的合理使用方面的问题。一是供水能力需要进一步提高。随着北京市城市化进程的加快，供水设施安全保障能力明显不足，城市供水能力需要进一步提升。"城市自来水供水能力与自来水用水高峰日供水量的比值，称为城市供水安全系数，按照国际惯例，城市供水安全系数为 1.3~1.4。北京城市自来水供水安全系数长期一直在 1.0 左右，2009 年北京中心城自来水供水安全系数为 1.06，低于国内外主要城市的安全供水水平"。二是用水效率还需提升。尽管北京市在节约用水方面做了很多工作，还于 2012 年专门出台了《北京市节约用水办法》，但是用水效率尚需继续提高。"近几年，北京市政府和有关管理部门通过各种措施，限制和转移高耗水行业、推广节水灌溉、牺牲生态用水，保障了首都北京社会经济的快速发展。2009 年，全市万元GDP 水耗为 33.06 立方米（新水消耗量为 27.06 立方米 / 万元），比 2005 年的 51 立方米下降 54.78%，在全国属于领先水平，但同国外发达城市相比，尚有许多潜力可挖。根据调研数据，纽约、伦敦、东京等城市的城市用水结构中，主要为居民生活用水、公共生活用水和工业用水，基本不包括生态用水和农业用水，而且工业用水所占比例也非常低，不及 5%。而北京市的用水结构中，农业用水和工业用水所占的比例却高达 34% 和 15%"。

第四，水污染治理仍需下大力气。由于长期过度开发利用水资源，北京市的水污染问题非常严重。"由于历史欠账较多，还是有大量未经处理的废污水排入河道和渗坑、渗井，加之近年来北京地区连续干旱少雨，河湖普遍缺少新水补充，致使河道几乎没有环境容量，自净能力和纳污能力非常有限，水体生态功能非常脆弱，社会各界对水环境质量反映仍十分强烈"。

（三）水资源保护与利用的对策建议

第一，管理体制方面的建议。传统上，水资源保护与利用采用的是区域管理模式，即按照行政区域划分，确定水资源保护与利用的管理主体。在管理体制创新上，《北京市水污染防治条例》（以下简称《条例》）试图突破传统管理体制的束缚，建立以流域管理模式与区域管理模式相结合的管理体制。"为了弥补现有制度的缺憾，《条例》贯彻流域管理思路，在规划和总量指标分配方面，初步构建了流域管理与区域管理相结合的水环境管理体制"。未来北京市在水资源保护与利用问题上，应当进一步扩大流域管理模式的适用范围，逐步将区域管理模式完全过渡到流域管理模式。流域管理模式符合水资源流动性、跨区域的特色，应当是未来水资源保护与利用的主流管理模式。"建立以自然流域为单元，统筹水资源利用和水环境保护的流域管理模式是国际上通行的做法，如英国的泰晤士河、欧洲的莱茵河、美国的田纳西河和查尔斯河等都是通过流域管理模式成功改善了当地的水环境质量"。

第二，水资源保护方面的建议。北京市在未来几年应当进一步采取法律手段，加强对包括地表水源保护和地下水源保护在内的水资源保护法律制度建设。一是要加强地表水源的法律保护，要"加强城市河湖的水资源保护，重点加强河湖水域游泳、钓鱼、洗车、倾倒垃圾的监督管理工作。"二是要加强地下水源的法律保护，"将全市所有饮用水水源地纳入法治化管理轨道。"

第三，水资源合理使用方面的建议。当前，应当加强供水和节约用水法制建设。在供水管理方面，迫切需要提升城市供水能力建设。具体表现为：加强城市供水管网的维护，加大农村供水保障力度，加强对饮用水水源地的保护，提升对自来水的水质直饮要求等方面。"统筹城乡公共供水工作，强化供水监管工作，保障供水安全，科学合理利用水资源"。在节约用水方面，要注意通过提高用水效率来节水，而不是通过压制用水需求来节水。要注意发挥地方立法的引导性、激励性作用，"制定《北京市节约用水奖励办法》，完善节约用水法律制度。"党的十八大报告提出，要"深化资源性产品价格和税费改革，建立反映市场供求和资源稀缺程度、体现生态价值和代际补偿的资源有偿使用制度和生态补偿制度。积极开展节能量、碳排放权、排污权、水权交易试点。加强环境监管，健全生态环境保护责任追究制度和环境损害赔偿制度"。对于北京市水资源保护与利用法律制度建设来说，当前尤其需要加强两个制度建设。一是探索建立流域生态补偿制度。"建立上下游生态补偿制度。上游有义务承担环境责任，但应当获得最低限度的补偿"。二是开展排污权和水权交易制度，运用市场手段激励节约用水和减少污染。

第四，水污染防治方面的建议。北京市的水污染既包括地表水的污染，也包括地下水的污染。相应的，北京市水污染的治理也需要从地表水污染治理和地下水污染治理两方面进行。目前，尽管已经出台了《北京市水污染防治条例》等地方立法，对水污染的法律后果进行了明确规定，但是由于北京市的水污染历史欠账较多，治理起来难度较大。党的十八大报告提出，要"加强环境监管，健全生态环境保护责任追究制度和环境损害赔偿制度"。具体到水污染防治法律制度建设来说，应当注意两方面的问题：一是要进一步加大对违法排污行为的处罚力度，但需注意规范罚款的用途，水污染的罚款必须专门用在对水污染的治理上，专款专用；二是要加强对水污染受害人合法权益的保护，对因地表水污染、地下水污染而导致的集体性、区域性疾病，应当探索开辟法律上的救济渠道。

三、既有建筑绿色化改造的相关法律问题

　　绿色建筑是建筑业今后的发展方向，也是绿色经济发展新的增长点。发展绿色建筑不仅意味着新建建筑要达到绿色建筑的标准，而且意味着要对既有建筑进行绿色化改造，给大量既有建筑注入绿色生机。既有建筑是相对新建建筑而言的。既有建筑是指"建成并投入使用两年以上的建筑物"。近年来，随着我国大规模工业化、城镇化和新农村建设的发展，每年既有大批量建筑物竣工，也会伴随产生规模庞大的既有建筑群落，加上新中国成立以来尤其是改革开放以来不断建成的建筑物，导致既有建筑存量巨大。有数据显示，近几年，全国每年竣工建筑面积超过 20 亿平方米，截至 2009 年底，全国房屋建筑面积总量高达 460 亿平方米。在这 400 多亿平方米的既有建筑中，绝大多数都是高能耗建筑，存在资源消耗水平偏高、环境负面影响偏大等不足，严重违背了低碳环保理念，制约着绿色经济发展。既有建筑绿色化改造是指通过对既有建筑进行节能、节水、节材、节地、室内环境改善、室外资源优化整合等方面的改造，使既有建筑具备绿色品质，达到绿色建筑标准。推进京津冀区域既有建筑绿色化改造意义重大。首先，推动既有建筑绿色化改造，能够促进建筑行业转变发展方式；其次，推动既有建筑绿色化改造，能够促进建筑相关行业转型升级，构筑绿色产业链，推进绿色就业；再次，推动既有建筑绿色化改造，有利于实现节能减排的目标任务；最后，推动既有建筑绿色化改造，能够有效应对全球气候变化和人类社会可持续发展。

（一）既有建筑绿色化改造的法律与政策框架

　　对既有建筑绿色化改造，我国尚未建立完善的法律与政策体系。与既有建筑绿色化改造活动相关的法律法规都散见于现行的相关法律规范条文中。在法律层面，目前我国还没有针对既有建筑绿色化改造制定专门的法律。但是，《建筑法》《城乡规划法》《节约能源法》《可再生能源法》等现行法律条文中均涉及既有建筑绿色化改造的相关内容。例如，《节约能源法》中的部分条文就涉及既有建筑的节能改造。如该法第 38 条规定："国家采取措施，对实行集中供热的建筑分步骤实行供热分户计量、按照用热量收费的制度。新建建筑或者对既有建筑进行节能改造，应当按照规定安装用热计量装置、室内温度调控装置和供热系统调控装置。具体办法由国务院建设主管部门会同国务院有关部门制定。"在行政法规层面，现行的行政法规体系中同样缺乏针对既有建筑绿色化改造的专项法规。相关的行政法规有《民用建筑节能条例》《公共机构节能条例》等。2008 年 7 月 23 日，国务院以第 530 号令公布了《民用建筑节能条例》，并于 2008 年 10 月 1 日起实施。条例中明确提出国家鼓励和扶持在新建建筑和既有建筑节能改造中

采用太阳能、地热能等可再生能源。同日，国务院以第531号令公布了《公共机构节能条例》，并于2008年10月1日起实施。该条例主要以加强机构内部节能管理为重点。就京津冀区域而言，已有通过地方立法推动既有建筑绿色化改造的尝试。以北京为例，2010年5月28日北京市第十三届人民代表大会常务委员会第十八次会议上通过了《北京市实施〈中华人民共和国节约能源法〉办法》的修订。该实施办法第44条提出："本市推广绿色建筑标准。鼓励、支持新建民用建筑执行绿色建筑标准；鼓励、支持既有民用建筑通过改造达到绿色建筑标准。"进一步推动"绿色北京"建设，北京市发布了《关于印发〈"绿色北京"行动计划（2010-2012）〉的通知》（京发〔2010〕2号）。该文件提出了2012年和2020年"绿色建筑"建设的近期目标和远景目标，并制定了"绿色北京"建设指标体系。2010年11月，为规范绿色建筑评价标识管理，北京市住房和城乡建设委员会、北京市规划委员会联合发布《北京市绿色建筑评价标识管理办法》（京建发〔2010〕670号），规范和指导北京市绿色建筑评价标识工作。2011年5月，为推动北京市绿色建筑评价标识工作，发挥专家队伍的作用，北京市住房城乡建设委和北京市规划委联合制定了《北京市绿色建筑评价标识专家委员会管理办法（试行）》，并成立了由119人组成的北京市绿色建筑评价标识专家委员会。2011年8月，北京市住房和城乡建设委员会正式发布《北京市绿色建筑评价标准》，在符合国家标准和北京市地方相关标准的前提下，分别从节地与室外环境、节能与能源利用、节水与水资源利用、节材与材料资源利用、室内环境质量和运营管理六方面建立评价体系。

（二）京津冀区域既有建筑绿色化改造面临的主要问题

既有建筑绿色化改造能够体现可持续发展的时代主题，是一项世界各国面临的共同任务。既有建筑绿色化改造工作面临的主要挑战是较高的城镇化率带来能源资源的巨大消耗。城镇化是一把"双刃剑"，既推动了经济社会快速发展，又带来巨大的能源资源消耗。目前，我国正处于高速城镇化发展阶段，大量的能源资源消耗已经成为影响社会可持续发展的突出问题。有资料显示："每提高1%城镇化率，将新增城市用水约17亿立方米，新增能耗约6000万吨标准煤，新增建筑用地1000多平方公里，新增钢材、水泥、砖木等建材总重量约6亿吨"。以北京为例，北京市的城镇化率是处于全国前列的。根据北京市统计年鉴（2011年）的数据，2010年我市常住人口为1961.2万人，其中城镇人口为1685.9万人，农村人口为275.3万人，城镇化率水平达到85.96%，远高于全国平均城镇化47.5%的水平。未来，京津冀区域还将继续推进城镇化建设，城镇化水平还将进一步提高。在较快的城镇化增长速度和巨大的资源消耗与能源压力下，落实节能减排目标，大力开展既有建筑绿色化改造工作迫在眉睫。具体来说，当前，京津冀区域推进既有建筑绿色化改造还面临以下障碍。

第一，重视程度问题。既有建筑绿色化改造尚未引起决策层的高度重视，这是该项工作目前面临的最大挑战。与西方国家所走的市场引导型既有建筑绿色化改造路径不同，中国的既有建筑绿色化改造需要走政府推动型的道路。然而，在通过绿色建筑引导经济发展方式转变和社会生活改变的背景下，既有建筑绿色化改造的重要性仍被发展新建绿色建筑和进行既有建筑节能改造的呼声所淹没。首先，既有建筑的绿色化改造并未被提升到与新建绿色建筑同等重要的地位。重视新建绿色建筑对提升城市整体品位和建设低碳生态城市的作用，忽视既有建筑绿色化改造对该领域的贡献，是当前京津冀区域城市建设中普遍存在的问题。究其原因，主要是由既有建筑绿色化改造工程代价巨大，却又无法取得像新建绿色建筑一样的醒目政绩所造成的。其次，重视既有建筑节能改造而忽视系统性的绿色化改造。节能改造只是绿色化改造的一个环节，在发展绿色经济、倡导绿色消费的背景下，如果对一栋既有建筑的改造零敲碎打，今年实施节能改造，明年实施节水改造，后年提升环境品质，这样就只会使既有建筑的绿色化改造变成让人担忧的扰民工程。不重视既有建筑绿色化改造，盲目发展新建绿色建筑和进行既有建筑节能改造，不仅是对绿色建筑概念与理论的片面理解，而且会造成难以弥补的资源浪费，占用土地，挥霍资金，给国家财政带来巨大损失，损害纳税人的合法权益。

第二，成本分担问题。资金不足是既有建筑绿色化改造面临的突出难题。一方面，既有建筑绿色化改造需要从节能、节水、节地、节材、环境保护等多方面进行，需要投入大量资金，预期成本较高；另一方面，由于既有建筑绿色化改造在性质上还具有长远性、公益性，能够节约资源、保护环境，造福子孙后代，长期效益显著，短期效益却并不明显。任何投资方都不愿意面对在投入高额成本之后无法及时收到预期效益的现实。这样，在较大的成本投入与较小的短期收益之间就产生了一种内在的张力，这种张力既抑制了各投资方参与改造的积极性，也影响着既有建筑绿色化改造的进程。由于既有建筑绿色化改造是一个涉及多方主体的系统工程，政府、社会、企业、用户均可以从中获益，任何一方既不愿意也没有能力承担改造的全部费用，因此，设计一种各方主体共同参与、共同承担改造成本的成本分担机制非常重要。目前，尽管中央财政会有相应的专项补贴、地方财政试图通过各种措施激发改造主体的积极性、银行也在研究绿色金融的可行性，但是，有关既有建筑绿色化改造的合理的成本分担机制还是缺失的。

第三，法律保障问题。现有的法律框架还无法为既有建筑绿色化改造提供充分的法律保障，这是开展既有建筑绿色化改造面临的又一难题。这表现在以下三个方面：一是在立法层面，有关既有建筑绿色化改造的法律法规体系还未完全建立。尽管在已经颁布实施的《中华人民共和国建筑法》《中华人民共和国节约能源法》《中华人民共和国防震减灾法》《民用建筑节能条例》等法律和行政法规中涉及与既有建筑绿色化改造相关的内容，但是这些相关内容都是零星出现的，还没有关于既有建筑绿色化改造的专门法律或行政法规。二是在执法层面，低位阶的规范性文件影响着既有建筑绿色化改造的进程。由于缺乏专门法律或行政法规为指引，具有可操作性的既有建筑绿色化改造规范依据大多是以规章或其他规范性文件的形式出台。由于这些规章或其他规范性文件本身的法律位阶较低，其行政约束力与法律约束力有限，导致既有建筑绿色化改造的推广工作滞后。三是在司法层面，既有建筑绿色化改造过程中产生的纠纷目前还无法获得有效的司法救济。规章或其他规范性文件在司法裁判中只具有"参照"的地位，无法成为直接的司法判断依据。这就导致如果既有建筑绿色化改造过程中产生纠纷诉诸法院，法官在断案时就会受到法律依据不足的困扰，影响了司法救济的有效性。

第四，体制机制问题。相关体制机制的不完善也成为既有建筑绿色化改造顺利开展的掣肘。既有建筑绿色化改造需要有与之配套的良好的制度环境，如果体制机制建设滞后，就不仅无法有效促进既有建筑绿色化改造，还会对其产生阻碍作用。目前的既有建筑绿色化改造相关体制机制还存在若干问题：一是管理体制没理顺。以既有建筑绿色化改造的参与主体为例，在政府方面涉及规划、建设、财政、税收等多个政府部门，在企业方面涉及金融、供水、电力、燃气等多家公司，此外还有业主、用户等使用主体。这就必然存在既有建筑绿色化改造的统一领导、协调沟通、改造实施问题。理顺既有建筑绿色化改造的管理体制，需要明确其领导机构、管理机构、支持单位、组织管理程序等问题。二是激励机制不完善。既有建筑绿色化改造非常复杂，必须通过有效的激励机制充分调动各方主体参与改造的积极性，激励手段必须具有多元性、复合性。现有的激励机制还存在着结构单一、作用有限的缺陷，需要进一步完善。三是监管机制不到位。目前，还没有就既有建筑绿色化改造设计专门的监管机制，监管依据、监管机构、监管手段、责任追究等事项不明晰，导致多头监管、职权交叉却又监管不力的情况频频出现。

第五，技术支撑问题。既有建筑绿色化改造需要科学的技术支撑体系为依托，否则将面临改造的瓶颈。一个科学的技术支撑体系能够合理测评哪些建筑具有改造价值，能够为既有建筑绿色化改造提供技术标准、技术咨询与服务，并在改造后进行检测与评估。目前的技术支撑体系还无法发挥其应有的作用，亟须完善。一是既有建筑绿色化改造范围的确定需要技术支持。既有建筑存量广泛，凡是建成两年以上的建筑都称为既有建筑。但是并不是所有的既有建筑都具有绿色化改造的可行性和必要性。可行性和必要性各自所应满足的条件需要技术攻关来划定。二是既有建筑绿色化改造需要完整的技术标准体系为指引。改造的过程应当是对相关技术标准予以实现的过程。目前还没有关于既有建筑绿色化改造的专门的技术标准体系，影响了既有建筑绿色化改造的质量。三是技术咨询与服务无法满足既有建筑绿色化改造的需要。既有建筑绿色化改造需要具有一定资质和技术力量的技术咨询与服务机构为其提供技术帮助。目前，中国既有建筑绿色化改造的技术咨询与服务机构较少，技术力量薄弱，尚需大力扶植。四是改造后维护、检测与评估体系未建立。既有建筑的绿色化改造应当是着眼于改造后的整个建筑生命周期。既有建筑绿色化改造完成后，还应当对其进行定期维护、检测和评估，这样才能延长建筑寿命，提升建筑品质。目前，这种改造后的维护、检测与评估体系尚处于缺位状态，亟须建立。

（三）加快推进京津冀区域既有建筑绿色化改造的建议

既有建筑的绿色化改造是一项复杂的系统工程，不仅参与主体多元，而且改造工程多样，如果没有政府的统一领导、指挥协调、大力支持，改造工作就会困难重重、步履维艰。现阶段，政府应当担负起既有建筑改造整体推进的重任，从法律、技术、资金、管理等各方面为既有建筑绿色化改造开辟通道，综合运用行政、法律、经济等各种手段推进既有建筑绿色化改造工作。

第一，采用行政手段强制推进既有建筑绿色化改造。行政手段是政府进行行政管理的传统方式。行政手段具有快速、强制、高效等特点，能够在短期内取得明显效果。虽然近些年越来越强调行政主体与相对方之间的合作与协商，但是行政手段仍然是政府在短期内实现既定目标的有效方式。从政府本身来说，重视既有建筑绿色化改造工作，应当通过行政手段强制推进改造进程。中央政府应当确定既有建筑绿色化改造的总体目标与任务。地方政府应当根据地方实际情况规划好本地既有建筑绿色化改造的进程，明确年度指标，进行量化管理。既有建筑绿色化改造工作完成情况应当纳入政府考核指标体系，没有按照既定目标完成任务的，应当追究行政责任。采用行政手段强制性推进既有建筑绿色化改造，还需要注意改造不是大而全地盲目上项目、施工程。应当采用分类改造、分步改造的策略。对既有建筑区分其不同的类别、功能，有步骤、有秩序地稳步推进。

第二，建立健全法律法规体系和技术标准体系。既有建筑绿色化改造需要有与之配套的法律法规体系，这是法治社会的必然要求。由于行政手段具有不稳定性，较多体现长官意志，对既有建筑绿色化改造这项艰巨任务，采用法律手段予以推进是更具有长远性的。建立健全既有建筑绿色化改造法律法规体系，要在对现行法律法规和既有建筑绿色化改造实际需要进行充分调研的基础上，研究制定工程建设、市场管理、资金筹措与使用、信息管理与发布等方面的法律法规，以适应推动既有建筑绿色化改造工作的要求。既有建筑绿色化改造作为一项需要专门知识和技能的技术性工作，其技术标准体系的确立至关重要。建议国家建设主管部门根据我国既有建筑的实际情况，参考绿色建筑的相关标准，制定既有建筑绿色化改造专项标准，并以专项标准为核心，修订或完善其他相关标准，整合形成既有建筑绿色化改造的技术标准体系。

第三，理顺既有建筑绿色化改造的管理机制。既有建筑绿色化改造管理机制建设的好坏关系到既有建筑绿色化改造的成败。理顺既有建筑绿色化改造的管理机制，需要从管理主体和管理过程两方面进行。①组建既有建筑绿色化改造管理机构。既有建筑绿色化改造涉及的主体方方面面。从横向来看，既包括政府主管部门、公用企业单位、建筑物产权单位和业主个人、物业服务企业，又包括行业协会、技术服务机构等政府外的管理服务主体。此外，由于既有建筑绿色化改造还涉及中央政策与地方政策的衔接问题，涉及中央财政与地方财政的匹配问题，因此，从纵向来看，既有建筑绿色化改造的主体还包括中央政府与地方政府两类，牵扯到中央与地方的关系问题。理顺既有建筑绿色化改造的管理体制，首先应针对既有建筑绿色化改造的特点，明确相应的管理主体。基本思路是以政府主管部门为依托，吸收相关行业协会、科研单位等专业组织共同组建既有建筑绿色化改造管理机构。其中，政府主管部门应当对管理机构的管理职权进行权限授予，牵头组织并整体推进管理机构的建立，还要从宏观上引导建立完善的管理制度；相关行业协会、科研单位应当发挥其在行业自律、科研技术等方面的组织优势、信息优势和技术优势，协助政府主管部门尽快组建既有建筑绿色化改造的管理机构。具体对策是在住房与城乡建设主管部门内组建关于既有建筑绿色化改造的综合性管理协调机构（如既有建筑绿色化改造办公室）。在中央，该办公室可以归入住房和城乡建设部统一管理，作为该部的组成部门或直属机构。在地方，该办公室可以归入各地住房和城乡建设局统一管理，作为该局的组成部门或直属机构。组建既有建筑绿色化改造管理机构尤其需要注意运用法律的手段赋予既有建筑绿色化改造办公室相应的管理职权，并对该办公室的编制、人员、经费、办公场所等关键问题进行法律保障。例如，应当通过立法的形式保障该办公室工作人员具有行政编制或者事业编制，该办公室的办公经费应当通过立法全部纳入或部分纳入各级财政预算体系。②整合管理机构的管理职能。中央既有建筑绿色化改造管理机构负责全国范围内既有建筑绿色化改造的整体推进工作，并指导各地既有建筑绿色化改造管理机构的相关工作。各地既有建筑绿色化改造管理机构负责地方范围内的既有建筑绿色化改造工作。具体在管理职能上有以下几项。一是沟通协调职能。既有建筑绿色化改造是一项复杂程度高、协调难度大的系统性工程，涉及节能、节水、节地、节材等各方面工作，需要进行综合协调、整体推进。在实施的过程中，既有建筑绿色化改造管理机构需要与相关政府主管部门、公用企业单位、建筑物产权单位及建筑物所有权人、设计施工单位等主体及时做好沟通联络，避免引起纠纷。如果发生纠纷，就要对各方主体间的矛盾进行协调，综合平衡各方主体的利益，以便在政策制定和实施的过程中既能维护公共利益又可以对私人利益做到最小侵害。二是要编制改造规划。既有建筑绿色化改造管理机构应当编制既有建筑绿色化改造的年度改造规划、中长期改造规划及针对不同类型建筑物的专项改造规划。改造规划应当报上级权力部门批准。各项规划的编制均应当明确总体改造目标和具体的实施计划。在编制规划的过程中应当注意听取其他既有建筑绿色化改造相关主体的意见，尤其是需要充分考虑建筑物所有权人对改造规划的意见，避免因改造产生纠纷引发行政诉讼或群体性信访，影响社会稳定。编制规划时听取意见的形式可以多样，可以采用听证会、论证会、专家咨询会等多种途径，集思广益，保证公共决策的合法性与正当性。三是要制定相关法律和政策。"我国现行的法律法规对能源、土地、水资源、材料的节能降耗，还没有可操作的奖惩方法来强制各方利益主体必须积极参与"。既有建筑绿色化改造管理机构应当针对既有建筑绿色化改造的各个环节，研究适用于既有建筑绿色化改造的法律和政策，向有关主管部门提出政策建议，推动实现既有建筑绿色化改造相关法律法规体系的建设，确保改造施工有法可依，为既有建筑绿色化改造工作提供完善的法律保障。四是要加强质量监管，保证有法必依。既有建筑绿色化改造管理机构同时也是既有建筑绿色化改造的监管机构，应当强化监管责任，保证既有建筑绿色化改造法律法规的贯彻执行。具体来说，要加强对绿色化改造工程施工过程的安全监管，强化对改造工程的质量监管，特别是要加强对较大规模改造工程的质量监管，杜绝豆腐渣工程，延长建筑寿命。五是要指导既有建筑绿色化改造服务体系建设。例如，鼓励发展既有建筑绿色化改造科技服务机构。通过制定相关鼓励政策，支持建立既有建筑绿色化改造科技服务机构，将信息咨询、成果评价、技术交易等事务性、服务性的职能交给有条件的科技服务机构承担。又如，培育行业协会等行业自律组织。行业协会在协调企业与政府之间的关系、规范市场行为等方面起着重要作用。应为行业协会的发展创造条件，鼓励行业协会充分发挥其在政府和行业之间的纽带作用。

第四，完善既有建筑绿色化改造的激励机制。一方面，要明确既有建筑绿色化改造的激励对象。大致包括以下五类对象。一是地方政府及主管部门。既有建筑绿色化改造是一项自上而下整体推进的事业。由于各地的自然禀赋、经济发展状况有所不同，既有建筑绿色化改造必须结合各地的具体情况进行，地方政府及主管部门在推进既有建筑绿色化改造过程中具有至关重要的作用。如何调动地方政府及主管部门的积极性，发挥其在推进既有建筑绿色化改造中的作用，是需要着力解决的问题。二是公用企业单位。供热、供水、供电、燃气等公用企业单位是既有建筑绿色化改造的重要参与主体。公用企业单位负责相关网管的建设、维修及设备维护、更换等事项。将公用企业单位作为激励对象，发挥这类主体参与既有建筑绿色化改造的积极性，有利于从网管及设备等方面进行更新升级，从源头上进行既有建筑节能及节水改造，能够产生事半功倍的效果。三是建筑物所有权人。建筑物所有权人是既有建筑绿色化改造后的直接受益者，可以享受因绿色化改造而带来的各项经济节约及使用便利。但是，建筑物所有权人并不是既有建筑绿色化改造的天然拥护者。如果没有相关的激励政策，他们并不愿意支付一定的经济代价及暂时的使用代价进行绿色化改造。这是因为，建筑物所有权人在建筑长期使用的过程中，已经习惯于建筑的固有性能，并且对实施绿色化改造后的效果自身很难进行预判，所以对既有建筑的绿色化改造热情不高。因此，建筑物所有权人应作为既有建筑绿色化改造激励政策的实施对象。四是物业服务企业。物业服务企业承担着既有建筑的设施维护、环境保洁与绿化、小区服务与管理等工作。如果物业服务企业对既有建筑绿色化改造的认同度高、态度积极，则既有建筑绿色化改造的工程进展就会更加顺利。因此，既有建筑绿色化改造需要争取物业服务企业的支持与配合。物业服务企业应当作为既有建筑绿色化改造的激励对象。五是其他从事既有建筑绿色化改造活动的相关单位。例如，施工、检测单位，设备材料提供商、技术产品的研发机构、技术支持与服务机构等。这些主体都参与既有建筑绿色化改造进程，可适当考虑对其进行政策引导和激励。

另一方面，要拓展既有建筑绿色化改造的激励方式。由于目前既有建筑绿色化改造的市场化运作方式尚未形成，采取单一手段很难调动各方主体实施和参与既有建筑绿色化改造的积极性。因此，应考虑采取包括政策引导、经济补贴、鼓励技术创新等在内的综合性激励措施，鼓励相关主体积极参与既有建筑绿色化改造活动。一是行政激励。将地方政府及主管部门作为激励机制的实施对象，可以主要通过行政手段对其进行激励。建议将既有建筑绿色化改造的量化指标作为考核地方政府及主管部门的内容之一。二是经济激励。经济激励包括财政补贴、税收优惠、专项资金等。财政补贴既可以采取直接补贴方式，也可以采取贴息贷款等间接补贴的方式。税收优惠主要用于对既有建筑绿色化改造的相关市场行为进行培育和引导。税收优惠既可以针对消费行为也可以针对技术和产品的研发行为进行。专项资金既可以在中央和地方新设关于既有建筑绿色化改造的专项资金，也可以充分利用现有的相关专项资金作为有力补充。此外，碳排放交易也有望成为一种新的经济激励方式。三是技术激励。技术激励主要是指针对既有建筑绿色化改造过程中的技术和产品需求，鼓励相关技术和产品的研发与应用，完善技术标准体系，为既有建筑绿色化改造的实施提供技术支撑。具体措施包括技术奖励与推荐、工程试点与示范等。

第五，强化既有建筑绿色化改造的监管机制。既有建筑绿色化改造必须建立完善的监管体系，加强对改造过程和改造市场的监督管理，杜绝破坏市场经济行为的发生，以及改造过程中的质量和安全隐患。一是，强化监管机制必须明确监管主体。既有建筑绿色化改造的监管主体包括专门监管机构和社会公众两类。专门监管机构是根据法律法规的授权，由政府组织成立的，设立专门监管机构应当注意将目前分散于各管理机构的职能进行相对集中，提高监管效率。此外，由于既有建筑绿色化改造在很大程度上属于公共利益的范畴，社会公众也有权进行监管。要加强信息公开，为全社会共同监管创造环境，保证改造工作持续有效开展。二是，强化监管机制必须完善监管制度体系。建立包括信息公开制度、投标方监督制度、综合评价制度和诚信制度等在内的科学、合理、完善的监管制度体系，为既有建筑绿色化改造的监管提供必要的制度保障。三是，强化监管机制必须严格责任追究。对既有建筑绿色化改造工程的设计、施工图审查、施工、验收等环节应严格执行相关标准、规范和法律责任追究制度，加强监管制度的执行力度。一旦发现在改造过程中的违规行为，就要取消相关扶持政策，甚至追究法律责任。

第六，建立既有建筑绿色化改造的评价体系。对既有建筑绿色化改造效果实施评价制度，并定期公布评价结果，作为政府采取激励政策和监管措施的重要参考，同时也将引导建筑改造市场的发展，对推动既有建筑绿色化改造可持续实施具有重要意义。既有建筑绿色化改造评价主要包括过程评价、经济评价、效益评价。其中，过程评价是对项目立项决策、施工及管理全过程的系统总结，全面评价项目前期及实施过程中各主要环节的实施情况，总结施工与管理中的经验教训，分析改造工程实施过程中突发情况的产生原因与解决措施，判定实际改造效果与预期结果的符合程度。同时，还要通过对项目改造完成后的有关实际数据的观测调查，对比改造效果与预期效果的差距，并分析其产生的原因，从而为后续改造项目提出切实可行的对策与措施。过程评价应涵盖项目实施的各个阶段，并能反映各阶段的主要特征。经济评价主要包括财务内部收益率、财务净现值、贷款偿还期、经济内部收益率、经济净现值、投资回收期等盈利能力和清偿能力等。效益评价包括经济效益评价、环境效益评价和社会效益评价。经济效益评价主要评价项目对所在地区、所属行业和国家产业在经济方面的影响。环境效益评价包括项目的污染控制、地区环境质量、自然资源利用和保护、区域生态平衡和环境管理等。社会效益评价主要对项目在社会经济发展各方面的有形和无形效益和结果的分析。

第七，加强舆论宣传，引导公众积极参与既有建筑绿色化改造。在推进既有建筑绿色化改造的过程中，政府要加大宣传引导力度，调动公众参与既有建筑绿色化改造的积极性。具体来说，有以下三种途径：一是政府要加强对既有建筑绿色化改造的必要性和现行政策措施的宣传，利用媒体、科普讲座、发放改造常识手册等形式，让公众及时了解既有相关鼓励政策、改造的总体实施情况和有关常识。二是政府要加强对从业人员的关于既有建筑绿色化改造知识和技术的宣传培训工作，指导改造适用技术和产品的应用，提高改造施工技术水平，确保施工安全和工程质量。三是政府应当注重既有建筑绿色化改造过程中的信息公开制度建设和公众参与制度建设。通过信息公开，保证公众对既有建筑绿色化改造预期和结果的知情权；通过公众参与，保证公众对改造进程享有参与权。

第四节　京津冀教育协同发展的法律与政策

一、流动人口子女教育的法律保护

随着中国经济的持续快速发展，越来越多的人选择离开户籍所在地，来到城市谋求新的发展。城市，尤其是一二线城市，在中国的城镇化进程中吸纳了较多的外来人口。其中既有拥有城市户口的外来人口，又有拥有农村户口的外来人口。外来人口同户籍人口共同为北京市的经济社会发展贡献着力量。然而，外来人口尤其是农村外来人口的子女受教育情况却缺乏充分的法律保障，这引起了社会的广泛关注。本节中的"流动人口"特指那些处于城市中低阶层、具有相对弱势群体地位的外来务工人员；"子女教育"特指外来务工人员随迁子女接受义务教育情况及义务教育之后的升学考试情况，不包含对农村留守儿童受教育情况的研究。

（一）流动人口子女教育的法律保护现状

1.法律法规规章层面的保护

宪法作为国家的根本大法，对公民的受教育权进行了宪法规范和保障。《中华人民共和国宪法》第46条规定："中华人民共和国公民有受教育的权利和义务。国家培养青年、少年、儿童在品德、智力、体质等方面全面发展。"这一规定使受教育权成为我国公民所享有的宪法基本权利之一。宪法中规定的受教育权需要通过相关的教育法律法规具体体现。宪法中的受教育权不仅是指教育机会的平等权，而且是指公民接受义务教育的权利、接受高等教育的权利、接受职业教育的权利等具体权利。《中华人民共和国教育法》（以下简称《教育法》）是教育领域的基本法律。该法在保障受教育者的受教育权利方面做出了细致规定，这主要体现在第37条和第43条两个条文。该法第37条规定："受教育者在入学、升学、就业等方面依法享有平等权利。学校和有关行政部门应当按照国家有关规定，保障女子在入学、升学、就业、授予学位、派出留学等方面享有同男子平等的权利。"该法第43条详细列举了受教育者的权利，包括："参加教育教学计划安排的各种活动，使用教育教学设施、设备、图书资料；按照国家有关规定获得奖学金、贷学金、助学金；在学业成绩和品行上获得公正评价，完成规定的学业后获得相应的学业证书、学位证书；对学校给予的处分不服向有关部门提出申诉，对学校、教师侵犯其人身权、财产权等合法权益，提出申诉或者依法提起诉讼；

法律、法规规定的其他权利。"《教育法》对义务教育也有明确规定，该法第19条规定："国家实行九年制义务教育制度。各级人民政府采取各种措施保障适龄儿童、少年就学。适龄儿童、少年的父母或者其他监护人以及有关社会组织和个人有义务使适龄儿童、少年接受并完成规定年限的义务教育。"《中华人民共和国义务教育法》（以下简称《义务教育法》）则对公民接受义务教育进行了具体规范。该法第2条规定了国家的义务教育制度："国家实行九年义务教育制度。义务教育是国家统一实施的所有适龄儿童、少年必须接受的教育，是国家必须予以保障的公益性事业。实施义务教育，不收学费、杂费。国家建立义务教育经费保障机制，保证义务教育制度实施。"该法第4条规定了义务教育的主体资格："凡具有中华人民共和国国籍的适龄儿童、少年，不分性别、民族、种族、家庭财产状况、宗教信仰等，依法享有平等接受义务教育的权利，并履行接受义务教育的义务"。对于流动人口随迁子女如何接受义务教育，该法第12条规定："父母或者其他法定监护人在非户籍所在地工作或者居住的适龄儿童、少年，在其父母或者其他法定监护人工作或者居住地接受义务教育的，当地人民政府应当为其提供平等接受义务教育的条件。具体办法由省、自治区、直辖市规定"。这就奠定了流入地政府为流动人口随迁子女提供义务教育的法律责任，但是该法对各地如何保障实施并未具体规定。

京津冀区域历来高度重视通过法律手段解决流动人口子女教育问题。以北京市为例，先后制定实施了《北京市未成年人保护条例》《北京市实施〈中华人民共和国义务教育法〉办法》等地方性法规和规章。《北京市未成年人保护条例》是北京市首次尝试通过地方立法方式解决流动人口子女教育问题。该条例第36条规定："本市各级人民政府和有关部门应当创造条件，保障外地来京务工经商人员的未成年子女接受义务教育。"《北京市实施〈中华人民共和国义务教育法〉办法》对于流动人口子女如何接受义务教育提供了法律指引。该法第12条规定："非本市户籍的适龄儿童、少年，因父母或者其他法定监护人在本市工作或者居住需要在本市接受义务教育的，由父母或者其他法定监护人持本人及儿童、少年的身份证明、居住证明、工作证明等材料，经居住地所在街道办事处或者乡、镇人民政府审核确认后，到居住地所在区、县的教育行政部门确定的学校联系就读；学校接收有困难的，可申请居住地所在区、县的教育行政部门协调解决。"该法第13条规定："市和区、县人民政府应当依法保障外地来京务工农民子女中的适龄儿童、少年接受义务教育，具体办法由市人民政府制定。"

2. 政策层面的保护

《国家中长期教育改革和发展规划纲要（2010—2020年）》在战略目标上提出要坚持教育的平等性，"形成惠及全民的公平教育。坚持教育的公益性和普惠性，保障公民依法享有接受良好教育的机会。建成覆盖城乡的基本公共教育服务体系，逐步实现基本公共教育服务均等化，缩小区域差距。努力办好每一所学校，教好每一个学生，不让一个学生因家庭经济困难而失学。切实解决进城务工人员子女平等接受义务教育问题"。对流动人口子女的义务教育和升学考试，该纲要明确提出"坚持以输入地政府管理为主、以全日制公办中小学为主，确保进城务工人员随迁子女平等接受义务教育，研究制定进城务工人员随迁子女接受义务教育后在当地参加升学考试的办法"。《国家教育事业发展"十二五"规划》更具体地提出了数字要求，"进城务工人员随迁子女在公办学校接受义务教育的比例达到85%"。该规划多次提到流动人口子女教育问题。例如，"完善进城务工人员子女接受义务教育体制机制，探索非本地户籍常住人口随迁子女非义务教育阶段教育保障制度"。又如，"保障进城务工人员随迁子女享受基本公共教育服务权利。健全输入地政府负责的进城务工人员随迁子女义务教育公共财政保障机制，将进城务工人员随迁子女教育需求纳入各地教育发展规划。加快建立覆盖本地进城务工人员随迁子女的义务教育信息服务与监管网络。鼓励各地采取发放培训券等灵活多样的形式，使新生代农民工都能在当地免费接受基本的职业教育与培训。推动各地制定非户籍常住人口在流入地接受高中阶段教育，省内流动人口就地参加高考升学以及省外常住非户籍人口在居住地参加高考升学的办法"。这些规定都明确指出了未来流动人口子女教育的方向。《国务院办公厅关于做好农民进城务工就业管理和服务工作的通知》（国办发〔2003〕1号）则是关于流动人口子女义务教育的较早规定。该通知规定要"保障农民工子女接受义务教育的权利。流入地政府应采取多种形式，接受农民工子女在当地的全日制公办中小学入学，在入学条件等方面与当地学生一视同仁"。《国务院办公厅转发教育部等部门关于进一步做好进城务工就业农民子女义务教育工作意见的通知》（国办发〔2003〕78号）更加细致地规定了流动人口子女的义务教育问题。《国务院办公厅转发教育部等部门关于做好进城务工人员随迁子女接受义务教育后在当地参加升学考试工作意见的通知》（国办发〔2012〕46号）则是针对新形势下流动人口子女义务教育后的升学考试问题进行了明确规定。该通知指出了做好随迁子女升学考试工作的主要原则："坚持有利于保障进城务工人员随迁子女公平受教育权利和升学机会，坚持有利于促进人口合理有序流动，统筹考虑进城务工人员随迁子女升学考试需求和人口流入地教育资源承载能力等现实可能，积极稳妥地推进随迁子女升学考试工作。"关于具体办法的制定，该通知指出："各省、自治区、直辖市人民政府要根据城市功能定位、产业结构布局和城市资源承载能力，根据进城务工人员在当地的合法稳定职业、合法稳定住所（含租赁）和按照国家规定参加社会保险年限，以及随迁子女在当地连续就学年限等情况，确定随迁子女在当地参加升学考试的具体条件，制定具体办法。"根据该通知要求，制定随迁子女升学考试政策应当考虑三个方面的因素：一是与城市经济社会资源状况相适应，要考虑城市功能定位、产业结构布局和城市资源承载能力；二是与学生家长的条件相结合，要考虑进城务工人员在当地的合法稳定职业、合法稳定住所（含租赁）和按照国家规定参加社会保险年限等情况；三是要考虑随迁子女在当地连续就学年限等情况。

京津冀区域对流动人口子女教育的政策保障工作一直非常重视。以北京为例，《北京市中长期教育改革和发展规划纲要（2010—2020年）》提出要"进一步增强保障来京务工人员随迁子女接受教育的能力"，要"以公办学校接收为主，完善来京务工人员随迁子女接受义务教育的保障体制"。《北京市"十二五"时期教育改革和发展规划》提出"十二五"时期，"妥善解决来京务工人员随迁子女在京接受教育需求的任务更加艰巨"，在目标上要"加快推进城乡教育一体化机制建设，进一步增强保障来京务工人员随迁子女接受义务教育的能力"。在流动人口子女义务教育阶段要"坚持以公办学校为主，规范、扶持民办学校，切实保障来京务工人员随迁子女接受义务教育的权利"。《北京市进城务工人员随迁子女接受义务教育后在京参加升学考试工作方案》则就近期社会关注度较高的异地高考等流动人口子女义务教育后的升学考试问题做出了回应。该方案指出，近期实行过渡期升学考试措施，千方百计为随迁子女在京升学考试提供多样化服务。"在北京市出台随迁子女在京升学考试办法之前和新办法公布后3年内，为了方便随迁子女在京升学考试，实行如下过渡措施：（一）自2013年起，凡进城务工人员持有有效北京市居住证明，有合法稳定的住所，合法稳定职业已满3年，在京连续缴纳社会保险已满3年，其随迁子女具有本市学籍且已在京连续就读初中3年学习年限的，可以参加北京市中等职业学校的考试录取。其中来自农村的学生和学习涉农专业等符合相关规定的学生享有北京市中等职业教育免学费和国家助学金政策。学生从中等职业学校毕业后，可按照有关规定参加高等职业学校的考试录取。（二）自2014年起，凡进城务工人员持有有效北京市居住证明，有合法稳定的住所，合法稳定职业已满6年，在京连续缴纳社会保险已满6年，其随迁子女具有本市学籍且已在京连续就读高中阶段教育3年学习年限的，可以在北京参加高等职业学校的考试录取。学生从高等职业学校毕业后，可以参加优秀应届毕业生升入本科阶段学习的推荐与考试录取。（三）自2014年起，凡进城务工人员持有有效北京市居住证明，具有合法稳定职业及合法稳定住所，其随迁子女具有本市学籍且已在京连续就读高中阶段教育3年学习年限的，可选择在京借考高考。北京市按教育部相关文件规定，经学生户籍所在省同意后为学生提供高考文化课在京借考服务，学生回户籍所在省参加高校招生录取。（四）凡进城务工人员持有有效北京市居住证明，其随迁子女均可按照有关规定，和户籍学生同等待遇报名参加北京市成人高等教育、高等教育自学考试、网络高等教育、开放大学的考试录取"。

（二）流动人口子女教育法律保护存在的问题

尽管上述诸多法律法规及政策措施对于保障流动人口子女的受教育权利起到了积极的推动作用，但是，法律法规及政策的出台并不等于问题的解决，流动人口子女教育现状充分表明法律法规及政策目标与社会现实之间尚存在巨大差距。

第一，城市化改造给流动人口子女义务教育带来巨大影响。城市化改造一方面使得城市的容量不断扩大，城市的边缘地带不断向外延伸，使得相对落后的农村地区不断被城市文明所取代；另一方面严重影响着被改造地区的居民生活。由于房租及其他生活成本相对较低等各方面原因，城乡接合部地区历来是流动人口聚居较多的地区。对城乡接合部的城市化改造和重点整治无疑会给住在这里的流动人口带来生活上的不便，对其随迁子女的义务教育造成严重影响。其一，城市化改造造成流动人口子女学校的不断搬迁和消亡。除了在公办学校就读的学生，许多流动人口子女就读于离家较近的打工子弟学校，随着城市化改造范围的不断扩大，许多打工子弟学校遭受冲击，不断不继续向外搬迁，有些则因找不到合适的办学地址而不得不停办。"城乡接合部改造使流动人口子女学校有消亡或细碎化的隐忧北京市城乡接合部有170余所自办校，众多流动人口子女仍在该类学校就读，大规模的城乡接合部城市化改造使该类学校有逐步消亡或细碎化的隐忧"。即便根据政策的保护"先拆民房、后拆学校"，有些学校暂时没有被拆迁，但也多数成为拆迁或者建设工地中的"孤岛"，处境艰难。"本着先拆民房、后拆学校的原则，不少已拆或正在拆迁的小学校舍都暂存了下来，用来招收流动人口子女。这些学校大多成为尘土飞扬、马达轰鸣的工地中的孤岛，有的甚至在瓦砾堆中开学，教学环境很差，安全隐患众多，有碍学生成长"。其二，城市化改造造成流动人口子女不断转学，有碍其顺利完成学业。由于学校不断遭受搬迁或者消亡，流动人口子女要想继续学业，就必须要么转学，要么跟随学校搬迁。更多情况下，流动人口子女要随着家庭的搬迁而不断寻找新的学校入学，或者在户籍所在地及流入地之间频繁转学。这样就难以保证流动人口子女受教育的连续性，严重影响了他们的学习成绩，甚至容易使其产生厌学的心理。"城乡接合部改造使流动人口子女不断转学，不利于其学习成长。城乡接合部改造通常意味着流动人口和自办校的大搬家，因而也意味着流动人口子女的频繁转学"。

第二，流入地政府财政压力巨大，无法充分保障流动人口子女接受义务教育。尽管根据《义务教育法》第12条第2款规定，居住地人民政府应当承担流动人口子女义务教育的责任。但是在法律没有做出更加细致的规定和提供更加有效的制度保障的情况下，流入地政府通常会面临巨大的教育财政支出压力。"按照北京市47.8万农民工随迁子女和北京市2011年生均教育事业经费（小学14482.39元，初中20023.04元）

以及小学生占 2/3，初中占 1/3 的大致比例来计算，北京市各区级政府 2011 年就要为农民工随迁子女读书付出 77 个亿。以重庆市渝中区 2010 年为例，该区当年有农民工随迁子女，小学 1783 人，初中 1727 人。根据教育部公布的 2010 年全国教育经费执行情况统计来看，重庆市当年小学生均公共财政预算教育事业费为 3633.96 元，初中为 4297.92 元由此计算，渝中区当年就要为农民工子女进城读书付出近 1400 万元"。面对如此巨额的教育经费开支，任何流入地政府都会不堪重负。如果再缺乏应有的制度设计予以保障，难免就会在流入地政府中产生不作为现象。"一方面，流入地政府和流出地政府都从自身实际利益出发，过多强调自身经费管理等方面的困难，缺少全局观念，使农民工随迁子女受教育权问题成了'皮球'，被流入地政府和流出地政府踢来踢去；另一方面，针对政府的这种不作为行为没有具体的法律法规对其进行监管。这就使得农民工随迁子女受教育权的保护难以在实际工作中取得突破性的进展"。究其原因，与现行的教育财政体制不无关联。目前的教育财政体制是义务教育经费与拥有本地户籍的学生人数挂钩，义务教育财政拨款体制以学籍（户籍）为本位。面对庞大的不断流入的流动人口子女群体，流入地政府无法准确预知其具体数量，因此在理论上无法有效提供足额的财政保障。"在现有教育财政体制下，农民工随迁子女的流动导致流出地政府继续'吃空饷'，但流入地政府却不得不承担随迁子女的教育成本。目前中央政府的主要做法是通过'以奖代补'的方式对解决随迁子女教育较好的省份给予奖励，但这种奖励难以补偿流入地政府付出的成本，未能从根本上对流入地政府积极接纳农民工随迁子女带来持久的激励"。对此，有学者指出，"目前的教育财政拨款制度不能兼顾流动学童的流动性，使得部分流动儿童教育经费问题处于流入地政府和流出地政府都不解决的真空地带，只得由流动人口子女父母自己承担教育经费去农民工子弟学校就读，使得政府在流动人口子女的义务教育问题上处于教育主体义务缺失的状态。""即便就流动儿童义务教育问题解决得较好的各大城市，如上海、北京等地，在目前的教育财政经费拨款体制下，也仅仅是能满足在公办学校就读的流动儿童的教育经费，还有许多流动儿童由于种种原因，不得不就读于条件简陋、教学质量差、得不到政府经费投入的农民工子弟学校"。

第三，公办学校对流动人口子女入学依然设置了较高的入学门槛。入学门槛在这里专指公办学校为接收流动人口随迁子女入本校就读而设置的资格条件。如果不能满足入学门槛的资格条件，学生就无法就读于该校。纵观各级各类义务教育公办学校，几乎所有学校都设置了入学门槛。越是优质校、名校，入学门槛越高。"各地通常以'入学条件''须持以下证件''所需材料'等字眼规定农民工随迁子女入读公办学校必须出具相应的证明材料，这些证明材料构成了随迁子女入学的准入条件。""各地要求出具的证明材料种类繁多，涵盖了'身份证''暂住证''劳务合同''户口簿''学籍档案'等十多种"。需要指出的是，入学门槛分为显性和隐性两类。上述身份证、暂住证、劳务合同等均属于显性入学门槛，而在这些之外，还存在一些隐性门槛，如未成年人监护人对学校是否有贡献等。有些学校在显性入学门槛中并未设置不合理的要求，貌似只要相关手续齐全，流动人口子女就可以入学。实际情况却是，如果当年报名的学生人数较多而招生人数又有限，学校就会通过各种方式提高隐性入学门槛，其结果必然是导致部分流动人口子女无法顺利地在公办学校就读。入学门槛的设置反映了当前义务教育阶段公办教育资源供给与需求的严重不对称性。由于学龄人口多，学校可提供的学位少，造成了义务教育阶段公办教育资源的稀缺性。"据中国教育报报道：农民工随迁子女受教育面临五大难题，首当其冲就是城市教育资源紧张。城市教育资源供求不均衡，富余校舍主要集中在中心城区，而农民工聚居的城乡接合部校舍十分短缺。此外，农民工聚集城市在资金土地和师资方面面临很大压力。据广东省统计，如果非户籍常住人口子女每年增加 25 万人，未来 5 年共需增加 125 万个学位，按生均用地 12 平方米计算，需新增土地供给 2.25 万亩。在非户籍常住人口集中的珠三角地区，教育供求矛盾非常突出"。公办学校只有通过设置入学门槛的方式将一部分学生挡在本校大门之外。"从中央与地方政府流入地与流出地政府责任分担来看，许多涉及农民工随迁子女教育的问题还悬而未决，流入地政府不得不通过设定'入学门槛'来保护本地居民的利益其中"。

第四，流动人口子女义务教育后的升学考试问题突显。流动人口的流动分为省内流动和跨省流动两大类型。在省内流动情况下，由于省内教育的统一性和省内户籍的逐渐放开，流动人口子女在流入地参加中考、高考较为容易；在跨省流动情况下，由于各省有命题自主权、分数差异大等客观因素的存在，流动人口子女义务教育后的升学考试问题显得较为突出。"目前解决省内流动的随迁子女在流入地参加中考、高考已经不是大的问题，解决的重点应放在跨省流动的随迁子女升学问题上。跨省流动的随迁子女主要集中在几个直辖市和较发达的省份，解决起来要比省内复杂和困难得多"。①异地高考问题。近年来，异地高考问题格外引人关注。根据目前的高考报名规定，流动人口随迁子女在流入地参加高考的途径并不畅通。2010 年教育部发布的《普通高等学校招生工作规定》明确指出："申请报考高校的所有考生，须在其户籍所在省（区、市）高校招生委员会（以下简称省级招委会）规定时间和指定地点报名。"虽然该文件中同时还规定了"省级招委会可按照以考生户籍为主、与在本地区高级中等教育学校就读一定学习年限相结合的原则，结合本地区实际就报名条件、时间和有关要求做出具体补充规定。"但仅依据户籍政策这一条，就基本上堵塞了流动人口子女在流入地参加高考的路径。庞大的流入人口群体显然对这一政策积怨已久，他们奔走相告，呼吁放开异地高考，允许其子女在流入地参加高考。经过激烈的博弈和持久的呼唤，各地都对异地高考问题做出了回应。北京也出台了过渡期的政策，制定了《进城务工人员随迁子女接受义务教育后在京参加升学考试工作方案》。该方案规定从 2013 年开始，符合住所、职业、社保、学籍条件的流动人口子女，可在京参加中职学校的考试录取；2014 年开始可以参加高职考试录取，而最为人所关注的大学本科部分的录取则尚未公布放开的时间表。对此，有评论指出："虽然北京市教委一直在强调接下来的三年仅为'过渡期'，但仅就这份方案而言，其实质无疑是考试权与录取权的割裂，有限度的'开放'只不过是将原有的户籍栅栏异形移位——外来者只能在教育资源的末端寻找机会"。显然，这一过渡时期的规定无法满足流动人口子女要求平等升学的渴望。②异地中考问题。由于高考的指挥棒效应，目前舆论的焦点集中于对异地高考问题的关注，对异地中考的关注相对较少。就北京市而言，随着《进城务工人员随迁子女接受义务教育后在京参加升学考试工作方案》的实施，2013 年北京迎来了第一批异地中考者。"昨天是本市首次放开'异地中考'考试的第一天，全市共有千余名随迁子女考生走进中考考场，参加北京市中等职业学校的考试录取，这也是本市自去年年底出台《进城务工人员随迁子女接受义务教育后在京参加升学考试工作方案》之后，首批以正式考生资格踏入本市中考考场的非京籍考生，而此前随迁子女考生并不具备在京参加中考的资格，他们只能在京借考"。相对这千余名参加异地中考者，2013 年北京市又有多少非本市户籍应届初中毕业生呢？据报道，"2013 年本市应届初中毕业生预计为 9.6 万人，其中本市户籍应届初中毕业生 7.17 万人，非本市户籍应届初中毕业生 2.43 万人，初步确定各类高级中等学校招生规模为 8.8 万人"。由此，在 2.43 万非本市户籍应届初中毕业生中，只有千余人选择在北京参加中考，比例只占到了约 4%。如此低的异地中考参加比例足以说明政策尚缺乏对流动人口子女在北京参加中考的吸引力。

（三）流动人口子女教育法律保护的对策建议

从世界范围内看，各国对流动人口子女在公立学校受教育问题都倾向采取较宽松的政策，国家不得因教育资源紧缺而剥夺流动人口子女的受教育权利。"美国 1982 年联邦最高法院的移民子女案判决德州法律违宪并确定：非法移民的学龄儿童亦有权就读免费公立学校，州不得因为教育需求与教育供给的矛盾而剥夺他们免费教育的权利，教师或管理人员等不得为任何可能使非法移民及其子女产生恐惧心理的行为，比如，问及身份工作单位社会保险卡号等"。然而，在人口、资源、环境压力巨大的大城市，关键的问题不是流动人口子女是否应当享有法律上的受教育权，而是应当采取何种措施保障流动人口子女充分享有公平的教育机会和享受优质的教育公共服务。

第一，制订更加具有包容性的本地发展规划。对流动人口的随迁子女就学问题，应当秉持更加包容的态度来容纳他们、关心他们，而不是拒之于千里之外。况且，早已有学者研究指出，政府的冷漠和拒绝接受并不能真正促使流动人口子女离开城市。"不管北京如何拒绝、排斥，他们中的很多人都坚决留在北京，并且北京各级政府越是在义务教育阶段对其缺乏重视，他们学业成绩就越差，也就越不可能回家乡继续接受高中教育，进而在家乡考取大学，结果导致很多人初中毕业后即操起父辈在本地的旧业。即便仅以卖菜、回收废品等低技术含量职业维生，他们也会选择继续留在北京生活。"由此，解放思想，实事求是，制定更加具有包容性的本地发展规划应当成为未来城市发展必须要面对的问题。可采取的方案是，以本地常住人口为基数进行规划设计，而不是像现在这样以户籍人口为基数进行规划布局。构建以常住人口为基数的城市发展规划和教育发展规划，不断增强城市教育资源的承载力。"由于传统的城市规划没有充分考虑流动人口因素，致使城市各项建设指标出现偏差，许多大城市仍不同程度地存在常住人口多而城市容量小的矛盾，给城市的基础设施和环境带来沉重的压力因此，在编制城市发展规划时，应以常住人口作为服务总人口，根据常住人口的数量、构成及分布状况和产业布局状况完善配套设施建设。""流入地应将常住人口纳入区域教育发展规划，在郊区新城和公建配套学校覆盖不到的城郊结合地区、街镇，一方面充分挖掘现有校舍办学潜力，另一方面增建一定数量的义务教育阶段学校"。

第二，建立随迁子女义务教育经费保障制度。前已述及，造成流入地政府财政负担过重的主要原因是现行与户籍挂钩的教育经费制度。因此，要增强流入地政府的责任意识，保障流动人口子女能够在流入地顺利读书，就必须改变现行的教育经费制度，"建立随迁子女义务教育经费保障机制，按照随迁子女实际人数拨付教育经费"。这就意味着，义务教育经费与常住人口学生人数挂钩，与户籍制度脱钩。由于我国存在中央财政与地方财政两级财政体系且人口流动频繁，实践中如何操作才能保证按照随迁子女实际人数拨付教育经费还有待探讨。有学者呼吁借鉴西方国家的教育券形式，将选择学校的权利交到学生及其家长手里。教育券，是一种由政府支付的有价教育凭证，持有教育券者可以在受领该券的学校免费接受义务教育。教育券理论最早由美国货币经济学派的代表人物米尔顿·费利德曼在其1955年发表的《政府在教育中的作用》一文中提出。其主要观点是："改变目前对公立学校的直接补助的教育投入方式，主张由政府向学生家庭直接发放教育券。即政府把原本应投入到教育中的资金经过折算发给每一位学生，学生凭券可以进行自主选择，到政府认可的任何一所学校（无论是公立学校或私立学校）就读。学校在收到教育券后，可以凭教育券从政府那里兑换与券值等额的教育经费，以支付办学费用。这样，通过教育券制度的实行，增加了学生的选择权利，把竞争机制引入教育体系。随着教育券的流动，能实现优胜劣汰，打破公立学校的垄断局面，形成良性、公平的教育竞争机制，最终实现教学质量与教学效率的提高。"在中国公立教育力量强大、民办教育力量弱小的现行教育格局下，通过教育券的形式向学校注入资金，还有利于激发公立学校的办学热情，壮大民办学校的办学实力，促进教育的均衡发展。"通过发放教育券形式，政府一方面对流动学童及其家庭的关怀和扶持实现制度化。另一方面，教育券制度将原有的政府基础教育经费由间接分配变为直接分配，经费跟着生源走，学生掌握了教育经费的控制权。可以促使公办与民办、公办与公办之间教育质量的竞争，这样也必将促使公办学校在接受流动学童入学问题上放下架子。同时，通过给流动学童家庭发放教育券，把接收流动学童入学的民办学校纳入政府教育财政补偿和负担体系中，给民办教育在国民教育中的地位和投资收益以制度上的保障"。此外，还有学者建议应当通过立法途径，完善教育法律法规，制定专门的《义务教育财政投入法》以规范义务教育经费投入，保障流动人口子女的受教育权。"在我国目前已颁布的教育法律法规中，只规定了各级政府有责任分担义务教育成本，但是并未对各级政府义务教育经费的具体分担责任做出明确规定。在教育政策的执行过程中，各级政府不免会对应尽的义务教育责任私自'缩水'。因此，国务院应修订现行法规中有关义务教育财政的条款，尽早出台《义务教育财政投入法》，使义务教育经费的投入有法可依"。

第三，创新体制机制，挖掘公办学校资源，支持民办学校发展。以北京市为例，随着北京市贯彻落实国家"两为主"教育政策的实施，目前北京市流动人口子女在公办学校就读的比例已经较高，接下来的任务应当是从数量保障转为质量保证，保证流动人口子女在公办学校中享受平等的优质的教育资源。公办学校始终是接纳流动人口子女入学的主力军。今后仍需坚持"大力挖掘公办教育资源，以全日制公办学校为主保障随迁子女就学"的教育原则。不容否认，大量的流动人口子女进入公办学校学习，必然给公办学校的教育资源及既有教育格局带来影响。因此，要以接纳流动人口子女入学为契机，整合公办学校教育资源，挖掘公办学校教育潜力，促进公办学校教育水平再上新台阶。目前，在有些城市，虽然有不少中心城区的公办学校都有接收一定比例流动人口子女入学的指标要求，但是难免会在城乡接合部等边缘地区自发地形成许多以接纳流动人口子女为主的公办学校。这两类公办学校虽然都接纳流动人口子女入学，但是接收比例、办学规模、硬件设施、师资水平等都不可同日而语。基于此，有学者指出，应当充分发挥城市优质学校教育资源对流动人口随迁子女公办学校的带动作用。"可通过建立发展共同体的方式把优质学校与随迁子女公办校捆绑在一起，把对随迁子女公办校发展的促进作用作为考核优质学校的重要内容，使城市优质学校有动力帮助随迁子女公办校共同发展。促进这两类学校教师进行交流，让城市优秀学校教师能够定期到随迁子女公办校任教，带动这些学校的教师发展，让随迁子女公办校教师到优质校顶岗学习，参与优质校备课上课评课等常规教学活动，在工作过程中提升教学水平"。除此之外，还应充分认识到民办打工子弟学校对促进流动人口子女教育所发挥的巨大作用，大力支持民办打工子弟学校的发展。"民办打工子弟学校对解决随迁子女义务教育问题起到了重要作用，特别是外来随迁子女集中的地区。为促进和规范民办学校发展，流入地应建立公共财政支持的扶持机制和成本核算的收费机制，规范民办学校财务会计和资产管理制度，在师资、教学管理等方面进行帮扶。近年来，流入地政府在扶持民办打工子弟学校上也积累了不少先进经验，如上海向民办学校购买学位的方式，温州公有民办、公益非营利形式的公益学校。以温州市公益学校为例，在办学体制上，教育局向公益学校配备不少于三分之一的公办教师，并提供不少于三分之一的公办经费和生均补贴；在管理体制上，实行董事会决策下的校长负责制。这些经验为提高民办学校教育质量，解决随迁子女教育问题提供了许多有益探索"。

第四，不断完善流动人口子女义务教育后的升学考试途径。以北京为例，未来几年，流动人口子女在京接受义务教育后的升学考试环境应当向着更加开放、更加宽松的方向发展。毕竟，在京接受义务教育后参加中考及在京接受高中阶段教育后参加高考与典型的"高考移民"还是有本质区别的。接受完义务教育及高中阶段教育后参加升学考试的流动人员子女本身具有在当地接受教育的系统性，其父母也已对当地经济和社会发展做出了十年甚至数十年的贡献；而典型的"高考移民"并没有在当地接受过系统教育，其父母大多也没有为当地经济社会发展做出过长年累月的贡献。流动人口子女接受义务教育后在升学考试方面遭遇到的问题，具有深刻的社会背景和复杂的社会根源。有些原因是全国性的、体制性的，必须从全局视角着手予以解决。首先，应当进一步增加国家对教育的投入，优化教育资源配置。各级政府应当不断提高教育支出在政府各项财政支出中的比例，并对教育经费的落实予以监督保障，不断提升教育水平。"当前我国教育资源配置存在不合理现象，地区间人均所拥有的资源存在很大差异，尤其是优势教育资源大都集中在京沪等沿海发达地区。这就造成了其他地区考生在现有高考制度下对教育资源尤其是优势教育资源获取的难度加大，供需矛盾突出。所以，对异地高考各地区会呈现出不同的态度。国家应积极促进教育资源的优化合理配置，使得地区间人均教育资源占有比趋于均衡"。其次，应当创新高校招生录取方式，扩大高校的招生自主权。目前，高校招生尤其是部属高校招生基本上都采取分省配额制，每年根据省份不同配给不同的招生名额。"目前，央属高校招生基本上采用分省配额制，但在如何分配招生指标方面并没有明确规定和说明。央属高校倾向于将更多招生指标投放到基础教育更发达、经济发展水平更高的省份，导致地区入学机会差异更加悬殊。省属高校的做法与央属高校相似，只是属地招生份额更大"。这种招生方式具有浓厚的计划经济色彩，已经引起许多学者的诟病。改革的思路应当是赋予高校更大的招生自主权，由各高校公开公平选拔考生。此外，还有学者建议取消分省命题制，实行全国统一考试。"回归全国统一高考，是全国考生享有平等高考权利的重要前提。目前，全国16个省份部分或完全实行分省命题，其中文科综合、理科综合、外语等高考科目试卷多是委托或联合教育部考试中心命制，因考试风险增加、考试成绩可比性差、命题成本增高、高考权威性削弱等问题颇受诟病。鉴于2012年全国所有省份全面进入新课改高考，如果转而实行全国统一考试，就必须实现高考从当前知识立意为主向能力立意和评价立意为主的彻底转变，以消除各地高中新教材差异对高考成绩的影响"。

二、优质高中教育资源统筹的"北京模式"

党的十八大以来，教育领域的改革不断走向深入。以办好人民满意的教育为宗旨，全国各地陆续展开了全方位的教育体制改革和教育配套改革。北京市作为首善之区，在教育改革领域一直走在全国前列。自2014年以来，北京市结合首都实际情况，以市级优质高中教育资源统筹为突破口，不断深化本市基础教育综合改革，统筹推进优质高中教育资源均衡化发展，初步形成了市级优质高中教育资源统筹的"北京模式"。

（一）市级优质高中教育资源统筹的含义、形势与意义

1.市级优质高中教育资源统筹的含义

市级优质高中教育资源统筹，是指从北京市教育工作大局出发，对全市优质高中教育资源进行优化布局和整合调整，通过将优质高中入学名额定向投放等方式，以实现各区之间教育均衡和更大程度教育公平的新型教育供给机制。根据北京市教委的文件精神，市级优质高中教育资源统筹简称"市级统筹"，是指为了加强市级政府对优质高中教育资源的统筹力度，充分发挥高校附中作用，进一步扩大普通高中优质教育资源容量，引导全市义务教育均衡发展而建立的市级优质高中教育资源统筹工作机制。市级优质高中教育资源统筹是北京市深化教育领域综合改革的重要举措，将通过优质高中教育资源的合理配置，引导全市义务教育的均衡发展，进一步推进普通高中管理体制改革、人才培养模式改革以及考试招生制度改革。

市级优质高中教育资源统筹，是在教育供给侧结构性改革的大背景下，针对北京市基础教育的实际情况，就北京市优质高中资源供给做出的改革探索。市级优质高中教育资源统筹，对进一步深化北京市基础教育供给侧结构性改革、实现教育公平、促进教育均衡等均具有重要意义。市级优质高中教育资源统筹，既要在增量配置上做文章，也要在存量优化上做文章，必须双管齐下。市级优质高中教育资源统筹的供给侧结构性改革，一方面要坚持扩大供给，另一方面要坚持精准供给。扩大供给，就是要增加优质高中教育资源的总体容量，要探索通过扩大招生人数、新建改建校区等方式，将优质高中教育资源的总量进行适当提升。精准供给，就是要在现有的优质高中教育资源总量前提下，探索通过调整中考招生方式、优质高中入学名额分配方式等途径，将优质高中教育资源精准投放到最应当投放的区域和学校。为了做到优质高中入学名

额的精准投放，将"好钢用到刀刃上"，每年，北京市教育部门都要对当年各个优质高中的招生人数、各个初中校的优质高中升学率等进行准确统计和测算，然后根据最新的统筹政策，明确每个初中校的优质高中入学名额指标。

2. 市级优质高中教育资源统筹面临的形势与任务

随着首都经济发展水平的不断提升和社会文明程度的不断进步，首都教育事业发展面临新的形势与任务。我们必须认清形势，明确任务，进一步深化教育供给侧结构性改革，统筹优质高中教育资源供给。

第一，从"有学上"到"上好学"，人民群众的教育需求发生变化。当前，社会各界对首都基础教育公共服务的需求有了新的变化。从原来的"有学上"到现在的"上好学"，人民群众对优质教育的需求程度越来越迫切。经过几十年的发展，北京市基础教育的入学保障及各项服务工作不断完善，义务教育阶段适龄儿童人人"有学上"的教育需求已经满足。在此基础上，人人"上好学"、接受优质教育资源又成为社会各界对教育公共服务的新需求。如何充分认识这种需求变化，并通过有效的政策供给满足这种新的教育需求，成为决策者面临的新问题。

第二，优质教育资源"供给不足"和"供给失衡"现象叠加。当前首都的优质教育资源供给面临"供给不足"和"供给失衡"的双重现象，亟须通过教育领域的供给侧结构性改革予以纠正。一方面，首都优质教育资源供给严重不足，无法满足人民群众日益增长的让孩子接受全过程优质教育的需求。无论是义务教育阶段，还是高中教育阶段，家长都想竭尽全力让孩子享受到优质的教育资源。这种对优质教育的渴望和焦虑已经在入托阶段、"幼升小"阶段、"小升初"阶段、中考阶段均有体现。另一方面，首都优质教育资源供给严重失衡，出现优质教育资源聚集与优质教育资源匮乏同时存在的"马太效应"。北京市有 16 个区，由于各区之间经济发展水平不同、对教育的重视程度不同等因素，优质教育资源不断向城六区尤其是东城区、西城区、海淀区聚集，远郊区的优质教育资源则极为匮乏。如果不加以纠正，任由其发展，就会形成强者更强、弱者更弱的两极分化局面，非常不利于首都社会稳定及各项事业发展。因此，从市级层面统筹考虑、均衡配置，改变优质教育资源供给方式，打破原有的区域教育壁垒，以供给侧结构性改革引领教育均衡优质发展，成为新时期我们必须应对的挑战。

第三，市级优质高中教育资源统筹成为深化基础教育供给侧结构性改革的重要抓手。高中教育是基础教育的末端。针对高中教育的供给侧结构性改革，可以并且应当成为深化基础教育领域供给侧结构性改革的重要抓手。众所周知，多年来，北京市义务教育改革一直在不断推进。针对义务教育阶段的突出问题，出台各种措施进行整治，包括治理义务教育阶段的择校问题、为中小学生减负、取消共建生和推优生、降低特长生比例等，凡此种种，各项改革措施此起彼伏。与此同时，学区房价格却一路高歌猛进，中小学生的课业负担似乎并未真正减轻，家长们仍在暗中较劲、满怀焦虑。针对义务教育的改革似乎遇到了瓶颈，改革到底还能否持续？改革的出路何在？显然，针对义务教育改革的思路需要调整。针对优质义务教育资源的供需不平衡问题，最初的改革策略是尝试通过优化优质义务教育资源配置的方式予以解决，以缓解北京市各区之间优质义务教育资源配置的严重不均衡现象。但是，"头疼医头、脚疼医脚"，并不是改革的良策。教育是自成体系的，具有贯通性，学前教育、义务教育、高中教育、高等教育一脉相承。其中，义务教育与高中教育又具有天然的关联性，二者最终都指向高等教育。针对义务教育的改革出了问题，症结就在于人为地将义务教育与高中教育割裂开来，没有将二者作为一个整体统一考虑。有鉴于此，统筹优质高中教育资源的有效供给，以优质高中教育资源带动优质义务教育资源均衡发展，成为改革的新思路。

3. 市级优质高中教育资源统筹的重要意义

市级优质高中教育资源统筹是北京市在深化基础教育综合改革过程中探索形成的教育新机制。该机制是北京市深化基础教育综合改革的重要成果与重大创举，对于北京市继续深化教育领域供给侧结构性改革、推动义务教育均衡优质发展、倒逼高考高招制度改革、真正实现教育的本质和目的等均具有重要意义。

第一，市级优质高中教育资源统筹对北京市深化教育供给侧结构性改革具有重要意义。供给侧结构性改革，是当前助推各领域改革发展的利器。全国政协常委、民进中央副主席朱永新在接受记者采访时曾坦言，供给侧结构性改革不仅是经济领域的事，也是教育领域的事。教育领域供给侧结构性改革的关键，是要提升优质教育资源供给总量，优化优质教育资源配置方式，从而给学生和家长提供更多、更好的选择机会，满足社会各界对优质教育资源的渴求。改革是摸着石头过河，教育改革也不例外。前些年，我们侧重在需求侧做文章，忽视了供给侧结构性的改革，走过一些弯路。曾经针对择校热现象严重，我们寄希望于通过出台禁令的方式遏制住择校之风。尽管短期内成效显著，但是显然违背了人人都希望享受优质教育资源的内在需求与基本规律。从抑制需求到统筹供给，将教育改革的重心前移到供给侧，显然更加适应改革的要求。针对优质高中教育资源的统筹供给，就是要全面扩大优质高中教育资源供给，不断优化优质高中教育资源配置，让更多的孩子能够便利可得地享受优质高中教育资源。高中教育是基础教育的终点，更是高等教育的起点。对高中阶段的供给侧结构性改革至关重要，其影响关系到义务教育阶段和高等教育阶段的供给侧结构性改革，其成败关系到教育领域供给侧结构性改革的全局。

第二，市级优质高中教育资源统筹对北京市义务教育均衡发展具有重要意义。市级优质高中教育资源统筹对巩固北京市义务教育改革成果、实现北京市义务教育均衡发展具有重要意义。多年来，北京市义务教育改革坚持就近免试入学的基本政策，破除重重阻力，取得了较好的成绩。据统计数据显示，"目前实现免试就近入学全覆盖。全市公办小学 100% 实行划片就近入学，公办初中 100% 实行划片入学，全市加快 2015 年全市小学就近入学比例达到 94.06%，全市初中就近入学比例达到 90.55%，免试就近入学比例稳步提升"。如此骄人的成绩如何才能得以维持？义务教育改革成果如何才能巩固？成为下一阶段北京市义务教育改革的逻辑起点。通过摸索，我们找到了市级优质高中教育资源统筹的法宝。通过市级优质高中教育资源统筹的方式，让老百姓家门口的每一所初中校每年都有一定比例的学生能升入优质高中，从而增加一般初中校对学生的吸引力，保障义务教育就近免试入学政策具有长期性、稳定性、可执行性。此外，市级优质高中教育资源统筹，有助于从根本上解决义务教育阶段出现的各种问题。毕竟，小学择校的目的，是为了通过上一所优质小学，来升入优质初中，进而再升入优质高中。如果优质高中的供给方式没有改变，无论在小学阶段和初中阶段的教育资源如何优化配置，终究无法有效解决问题。以供给改革带动均衡发展，以市级优质高中教育资源统筹带动优质义务教育资源均衡发展，无疑是北京市在总结多年改革实践的基础上探索出的改革新经验。

第三，市级优质高中教育资源统筹对实现教育目的和教育本质具有重要意义。市级优质高中教育资源统筹对准确把握教育的目的、让教育回归教育的本质具有重要意义。教育的目的应当是培养一个面向未来的合格公民。此有三重含义：一是教育应当面向未来。教育的目的不可仅限于当下，而要着眼于长远。当前的教育，必须面向五年、十年甚至二十年之后的未来社会发展需要。二是教育应当致力于培养未来社会的合格公民。教育的目的是要从学生当下的行为养成、性格品德、兴趣爱好等方面培养入手，致力于为未来社会输送一个合格的公民。三是教育必须符合社会发展的基本规律和人才成长的基本规律。所谓十年树木，百年树人，人才培养具有长期性、艰巨性。如何让当前的教育能够符合人类社会发展的基本规律和人才成长的基本规律，是教育者必须思索的重要问题。明确了教育的目的，教育的本质也就迎刃而解了。习近平总书记在视察北京市海淀区民族小学时曾提出，要在最好的方面做最好的自己。这就是说，每个人都要找到自己最喜爱、最适合、最擅长的领域，并在该领域做出自己最大的贡献。教育的本质应当是以人为本，发现并挖掘每一个孩子的内在潜质，并协助将其发挥到极致。诚然，市级优质高中教育资源统筹是有利于实现上述教育目的、回归上述教育本质的。市级优质高中教育资源统筹，扩大了优质高中教育的可得性，有利于让更多的孩子能够接受优质高中教育，客观上降低了高中入学考试的难度，减轻了孩子们的考试压力。这样，孩子们就可以有更多的时间去思索考试成绩之外的事情，可以花更多的心思用于发现并培养自己的兴趣爱好。

第四，市级优质高中教育资源统筹对高等教育改革具有重要意义。市级优质高中教育资源统筹能够对未来的高等教育改革形成倒逼机制。高等教育改革涉及高等教育的办学理念、高等教育的培养方向、高等教育的招生制度与招生方式等一系列问题。市级优质高中教育资源统筹，打破了传统的高中教育招生方式和高中阶段培养模式，甚至挑战了整齐划一、一切向高考成绩看齐的高中教育理念，将高等学校的专业化教育模式适当前移到高中阶段，必将对未来的高等教育改革起到重要的推动作用，形成倒逼机制，善莫大焉！

（二）市级优质高中教育资源统筹的理念、目标与路径

1. 市级优质高中教育资源统筹的基本理念

随着改革进入"深水区"，我们需要解决的问题越来越复杂。与此同时，改革的理念与目标也经过不断调整而越来越清晰、具体。作为北京市深化基础教育综合改革的重要环节，此次市级优质高中教育资源统筹在基本理念上坚持本轮基础教育综合改革把学生放在正中央的正确理念，使改革不断贴近教育的本质与教育的真谛。

把学生放在正中央，是本轮基础教育综合改革的基本理念。把学生放在正中央，意味着一切教育教学要以学生的成长和成才为中心。"'把学生放在正中央'既是对以往教育改革'以人为本'的延续和升华，更是党的群众路线在全面深化教育综合改革中的具体体现。它坚持问题导向，从解决学生和家长最关心、最直接、最现实的利益问题入手，积极回应人民群众对'更好的教育'的现实期待，抓住考试招生制度改革这个'牛鼻子'，通过对考试形式和内容、招生计划分配方式、招生录取机制等全过程、全方位的改革，扭转指挥棒，带动基础教育综合改革的全面深化"。坚持把学生放在正中央，必须认真对待学生对优质高中教育资源的迫切需求，并千方百计扩大优质高中教育资源供给，满足学生的正当要求。因此，在本轮深化基础教育综合改革的背景下，优质高中教育资源的根本属性已经发生了变化。改革之前，优质高中教育资源具有稀缺性、竞争性、选拔性；改革之后，优质高中教育资源将具有可及性、普惠性、保障性。经过整合，优质高中教育资源将惠及每一所公立初中校，并惠及每一位用心学习的孩子。

2. 市级优质高中教育资源统筹的主要目标

市级优质高中教育资源统筹的主要目标是要在坚持教育公平和教育均衡的前提下，实现高中教育的优质多样。因此，教育公平、教育均衡、优质多样成为市级优质高中教育资源统筹的三个主要目标。其中，教育公平和教育均衡是基本目标；优质多样，实现高中教育的多样化、优质化发展是最终目标。

第一，要坚持教育公平。公平应当成为政府向社会提供基础教育公共服务的第一要素。教育公平主要是指机会公平，要保障人人享有接受优质教育资源的机会。就北京市来说，在义务教育小学入学阶段，因为户籍、学籍等原因，导致有些学生不能进

入优质学区、优质学校就读；在义务教育小升初阶段，受客观环境影响，也使有些学生无法进入优质中学就读。因此，必须探索从政策层面进行矫正，以实现政策上的分配正义。通过向一般初中校定向提供优质高中教育资源名额等方式，扩大优质高中教育资源的覆盖面，为那些错失优质小学、优质初中教育的孩子再提供一次接受优质高中教育的机会，将是基础教育阶段最大的教育公平。

第二，要促进教育均衡。义务教育均衡发展是《中华人民共和国义务教育法》（以下简称《义务教育法》）明文规定的。《义务教育法》第6条第1款规定："国务院和县级以上地方人民政府应当合理配置教育资源，促进义务教育均衡发展，改善薄弱学校的办学条件，并采取措施，保障农村地区、民族地区实施义务教育，保障家庭经济困难的和残疾的适龄儿童、少年接受义务教育。"该法第22条第1款规定："县级以上人民政府及其教育行政部门应当促进学校均衡发展，缩小学校之间办学条件的差距，不得将学校分为重点学校和非重点学校。学校不得分设重点班和非重点班。"据此，促进义务教育均衡发展是各级人民政府及其教育行政部门的法定职责。此次市级优质高中教育资源统筹，必将有力促进各区域之间、各学区之间的义务教育均衡发展。此外，通过支持东城、西城、海淀的优质高中校采用新建、扩建等方式到其他区域办学，或者走兼并合作的路子办学，必将有助于不同区域间的高中教育均衡发展。

第三，要实现优质多样。自恢复高考以来，我们的高中教育目标近四十多年来未曾改变，似乎就是为了应对高考。高中三年的学习目标与学习任务，都是围绕着高考设定。一代又一代、一届又一届的莘莘学子，将最宝贵的三年青春年华消耗在了一日又一日的练习、测验之中，不知道自己的兴趣爱好，不清楚未来的职业方向。如果说三四十年前，全国一盘棋、高中教育"一刀切"的高中教育模式还情有可原的话，在2017年的首都北京，在崇尚创新、锐意改革的首善之区，再做这样的坚持实在徒劳。改革，是大势所趋；改变，是出路所在。首都北京，高等教育资源集聚，各类优质人才汇集，具有实现高中教育改革创新的天然优势。在教育公平与教育均衡的基础上，坚持优质多样是此次市级优质高中教育资源统筹的最终目标。优质是根本，多样是特色。一方面，教育质量的提升即优质化教育是根本。深耕供给侧结构性改革的试验田，扩大优质高中教育资源供给，目的在于满足社会对优质高中教育资源的需求，实现优质高中教育资源的供需平衡。另一方面，通过探索多样化的高中教育模式，百花齐放、百家争鸣，也有助于全面提升教育质量，真正实现以人为本和因材施教。

3. 市级优质高中教育资源统筹的具体路径

自2014年以来，以中招机制改革和培养模式创新为契机，北京市市级优质高中教育资源统筹的路径不断拓宽，逐步形成了以下述六种途径为主、辅之以其他相关配套措施的改革路径。

第一，将优质高中本校的部分招生计划进行跨区统一分配。从中招机制改革入手，实现优质高中教育资源在全市的重新分配，是探索市级优质高中教育资源统筹的第一条路径。基本步骤是：①确定进入跨区名额分配的优质高中数量和名单；②确定每所优质高中进行跨区招生计划投放的具体数额；③将每所优质高中的跨区招生计划投放到相应各区。经过层层筛选，北京市初步确定了10所优质高中进行跨区招生计划（称为"统筹一"），由北京市教育考试院每年对外公布这10所优质高中的跨区招生计划和招生名额。截至2016年，中招的最新数据显示，这10所优质高中主要来自东城区、西城区、海淀区。其中，东城区有2所，分别是五中和汇文中学；西城区有5所，分别是四中、八中、师大附中、师大二附中和实验中学；海淀区有3所，分别是人大附中、北大附中和一〇一中学。在"统筹一"计划下，这10所优质高中根据自己学校的实际情况，每年拿出一定数额的招生名额用于投放到除东城区、西城区、海淀区之外的其他区。

第二，鼓励部分优质高中采用新建、扩建校区等方式扩大招生计划。为了从增量上做好文章，做到城区与郊区的优质高中教育资源齐头并进、共同发展，北京市教育行政部门出台政策，鼓励部分优高中采用新建、扩建校区等方式，到城六区中的优质教育资源稀缺地区或者到郊区去办学，并鼓励部分具有一定办学特色和办学规模的郊区优质高中继续办学。该项计划称为"统筹二"。进入"统筹二"名录的高中学校，通常具备下列特点。①从学校隶属关系来看，可分为三类。第一类学校是隶属于部属高校附中或市属高校附中，属于高校附中的分校或者新建、扩建的校区；第二类学校隶属于东城区、西城区的部分社会知名度较高的优质高中，像北京四中、北京八中等，属于这些高中在郊区新建或扩建的校区；第三类学校属于比较有特色的城乡一体化学校，像北京实验学校平谷校区。②许多学校都已经与在京的艺术、体育类高校建立了联合培养机制。③绝大部分的学校都参与了市属高校的"双培"或"外培"计划，学生高考如果升入了市属高校，就可以参加该市属高校的"双培"或"外培"计划。截至2016年中招，进入"统筹二"计划的优质高中学校共有12所。其中，属于高校附中分校或新校区的有8所，分别是北京师范大学实验华夏女子中学、北京师范大学附属中学京西分校、人大附中通州校区、清华附中奥森校区、首师大附中通州校区、中央民族大学附属中学朝阳校区、北师大二附中未来科技城学校和北京师范大学附属中学平谷第一分校。

第三，支持艺术、体育类特色高中走专业化发展之路。北京市有许多有特色的普通高中。为了深入贯彻高中学校的优质多样化发展策略，北京市遴选了一批有艺术、体育特色的普通高中，将各个高中学校的招生计划在全市范围内按区进行分配，并鼓励各个高中学校与相应的艺术、体育院校联合培养学生。此即"统筹三"。"统筹三"的目标是要培育一批具有艺术、体育等专业特色的优质高中。能够进入"统筹三"范围的学校一般具有下列特点。一是必须有艺术、体育等专业特色；二是绝大部分学校都与有关的艺术、体育等高等院校联合培养学生；三是这些特色高中现阶段大部分还都是普通高中；四是几乎每个学校都参与了市属高校的"双培"或"外培"计划。综上，"统筹二"与"统筹三"的学校在很多方面是具有相似性的，如具有艺术或体育特色、与相关高等院校联合培养、参与市属高校的"双培"或"外培"计划等。但是，"统筹二"与"统筹三"的学校最大的不同在于，"统筹二"的学校大部分是现在的优质高中新建或扩建的校区，而"统筹三"的学校现在基本都是有特色的普通高中。截至2016年中招，进入"统筹三"计划的普通高中共有9所。

第四，开创"校额到校"招生方式，让每一所初中校都有30%以上优质高中升学名额。为落实北京市教委《关于进一步做好2016年小升初就近入学工作的通知》，进一步扩大优质教育资源供给，推进义务教育均衡发展，确保2016年每所公办初中校学生升入优质高中机会不低于该校当年升学人数的30%，2016年北京市中考新增"校额到校"招生方式，是指针对2015年中招升入优质高中比例低于30%的一般公办初中校，采用将录取名额定向分配到校的方式补足名额到30%。"校额到校"的招生方式是2016年北京市中考中招制度改革的创新之举。该方式保证了每所公办初中校每年至少有30%比例的应届毕业生可以升入优质高中就读。"校额到校"招生方式有利于补齐短板，实现真正意义上的机会公平。这无异于给在每所公办普通初中校就读的学生吃了一颗定心丸。只要学生在公办普通初中校的成绩能够排在前30%以内，就均有机会升入优质高中就读。

第五，试点实施"1+3"新型中学教育培养模式。"1+3"新型中学教育培养模式是北京市实施优质高中教育资源统筹的又一项创新之举。"1"是指初中最后一年即初三学年，"3"是指高中三年，"1+3"培养模式是指将初三学年与高中三年的学习时间融合起来，学生可以不经过统一中考，在初二年级结束时就经由所在学校推荐及录取学校测试后，进入相关高中学校学习的培养机制。"1+3"培养模式与传统的中学教育培养模式的最大不同，就是打破了初中学段与高中学段之间的壁垒，淡化了中考考试的选拔性作用，为学生的健康成长和全面成才开辟了一个崭新的领域。有专家对此做出了肯定的评价。"北京市新推出了'1+3'培养模式改革实验。从2016年起，凡城六区一般初中校就近入学的学生，都有机会在初二学年结束后得到优质高中校定量分配的学位数，到优质高中连续完成初三及高中共4年的学习。'1+3'培养模式旨在进一步深化促进'资源优质'与'机会优质'组合分配，使学生获得更实在的'优质均衡'和'机会公平'"。目前，"1+3"培养模式尚处于试点实施阶段，"1+3"培养试验校分为市级、区级两类。"一是市级统筹类学校。其中涉及清华附中、北大附中、首师大附中、北师大实验华夏女中、工美附中、徐悲鸿中学等6所优质高中新校区和部分市级统筹二、三学校，面向城六区一般公办初中校，计划招生1180人，每区计划分配到校,校额基本均等(北师大实验华夏女中、工美附中、徐悲鸿中学计划不分配)。二是城六区部分区级的、具有一定办学特色和良好办学基础的普通完中。其中包括人大附中翠微学校、北京实验学校等16所,面向本区共计划招生775人"。

第六,坚持精准支持,加大对边远山区乡村初中学校的政策倾斜力度。为了切实采取有效措施进一步缩小城乡教育发展差距,北京市教委联合北京市人力资源和社会保障局、北京市财政局,于2016年6月28日正式印发了《北京市支持乡村学校发展若干意见》。该意见旨在从提升乡村教师的教学实践能力和水平、丰富乡村学生的实际获得、健全乡村教师激励机制等方面全方位提升乡村教育水平。该意见明确提出,市级优质高中教育资源统筹项目招生政策要向乡村初中学校倾斜。根据该意见,在市级高中统筹项目招生计划的基础上,要为边远山区乡村初中学校学生提供更多优质高中学校就读的机会。这项政策可简称为"乡村计划"。据悉,2016—2017年中考成绩超过530分的学生和50%的中考成绩在500~529分的学生,均可录取到优质高中学校就读。此外,2016年11月24日,北京市教委正式发布了《北京市乡村教师岗位生活补助发放办法的补充办法》,进一步提高乡村教师待遇,建立北京市级财政对乡村教师岗位实施生活补助的相关政策。2016年,市级财政重点支持290所乡村中小学校和93所山区镇区中小学校(即分布在北京市农委划分的82个山区乡镇的镇区中小学校)。平原地区的镇区中小学校和乡村及镇区的幼儿园由区级财政支持。市教委根据所有乡村和山区镇区中小学校距离北京城市中心的直线距离远近,将所有乡村和山区镇区学校划分为五大类,制定差别化的乡村和山区镇区教师岗位生活补助标准。每月补助最低1400元,最高4000元。市财政局根据市教委核定的各区乡村和山区镇区教师总数及乡村和山区镇区教师岗位生活补助的额度,下达各区预算。

4.市级优质高中教育资源统筹的相关措施

目前,市级优质高中教育资源统筹的主要措施就是上文列举的六条路径。除此之外,还有一些相关政策措施对市级优质高中教育资源统筹产生了助力作用。例如,名额分配的中招方式、高端技术技能人才贯通培养项目等。

第一,逐年扩大名额分配招生比例,提高优质高中教育资源的可及性。名额分配是北京市目前中考中招的一种录取方式。名额分配,是指将每所优质高中的入学名额按一定比例定向分配到相应区域的计划招生方式。名额分配的目的,是为了以优质高中的入学名额引导实现区域内初中校升学水平的均衡发展。当前,北京市中考中招过程中的名额分配坚持两个基本原则:一是向普通初中校政策倾斜原则;二是向教育基础薄弱区域政策倾斜原则。从2014到2016年,优质高中招生名额分配的比例不断提升,2014年是30%左右,2015年是40%左右,2016年已经升至50%。也就是说,现在北京市每所优质高中学校的入学名额,已经有一半左右是要通过名额分配的方式进行录取。这就大大降低了优质高中所属初中或者关联初中学生直接升入优质高中的比例，有利于照顾到更多的孩子。"在中招中，我们提高了优质高中名额分配比例，名额分配比例由 2014 年的 30% 增加到 2015 年 40% 左右。2016 年优质高中名额分配比例进一步提高到 50%，且进一步向一般初中倾斜。按照规定，今年'名额分配'新增的 10% 招生比例主要用于一般初中毕业生，从而确保今年北京市一般初中毕业生有 30% 以上的机会进入优质高中"。

第二，将优质高中教育资源覆盖到贯通培养试验项目中。根据《北京市教育委员会关于 2016 年开展高端技术技能人才贯通培养试验的通知》，贯通培养试验项目包括高端技术技能人才贯通培养项目、高级外语人才培养项目、学前教育与基础教育师资培养项目、高精尖创新人才培养试验项目和中外国际学院贯通培养项目共五类。该通知指出，对贯通培养试验项目，其基础文化课教育要通过引进优质高中课程的方式予以强化。这就是说，今后要通过课程共享等方式将优质高中教育资源覆盖到贯通培养试验项目中去，实现以培养模式创新促进市级优质高中教育资源统筹。近年来，北京市不断创新基础教育培养模式，先后探索出了符合教育发展规律、有利于学生成长成才的众多培养模式。2015 年，北京市首次开始实施高端技术技能人才贯通培养试验项目。2016 年，这一培养模式不断完善。目前，主要分为五个类型：一是高端技术技能人才的培养项目，由部分职业高中、优质高中、本科院校与国外高校联合开展；二是以二外为招生单位开展高级外语人才的项目，由二外与市属高校进行合作；三是学前教育和基础教育师资的项目，支持北京城市学院、首师大等培养相关教师；四是高精尖创新人才培养，以北京电子科技职业学院为招生单位，和市属学校、中央高校的创新中心合作培养创新人才；五是中外国际学院的培养项目，进入贯通培养模式的学生，实际上就是从中职阶段由优质高中和中高职学校联合培养，进入高职阶段，最终通过专升本进入本科学习。既不需要经过高考，也可获得本科文凭，就读年限一般是七年，个别学校是八年学制。

第三，以信息公开和政策宣传促进市级优质高中教育资源统筹。现代社会注重信息的公开透明和有效传递。教育考试信息关系到每个家庭和每个孩子，做到信息的公开、透明、及时、有效尤为重要。市级优质高中教育资源统筹是造福一方的好事情、大事情，社会关注度高，社会影响力大，必须做好相关的信息公开和政策宣传工作。为此，北京市教育行政部门格外重视市级优质高中教育资源统筹的信息公开与宣传引导工作。一方面，根据预先知道的学位情况，做好优质高中学校名额分配工作。每年都及时对外公布每个优质高中学校各类统筹方式的招生名额；另一方面，根据科学的统计与测算数据，提前将初中学校三年后的优质高中入学名额分配情况告知家长。在每一项新政策制定后，北京市教育行政部门都向社会做好充分的宣传引导工作，让家长提前对学校有一个良好的预期和判断。"从今年起，在'小升初'时，每位家长都能清晰地看到三年后自己孩子所在这所初中校升入优质高中的机会有多大。具体而言，通过在优质高中学位资源教育供给侧加大市、区统筹力度，三年后将确保每所初中校学生升入优质高中机会基本均等，比例不低于该校当年参加中招人数的50%。三年后，北京市中招学生升入优质高中将实现'校额均等'和'机会均等'"。这样，就能够以政策宣传与信息引导促进实现优质高中教育资源与一般初中教育资源的有效衔接。

（三）市级优质高中教育资源统筹的经验、问题与建议

让每一个孩子都能享受到教育改革的红利，是市级优质高中教育资源统筹的最终目的。经过几年的不懈努力，市级优质高中教育资源统筹工作已经成效显著。相关数据显示，市级优质高中教育资源统筹已经对义务教育均衡发展产生了重要影响。"2016年4月底，由21世纪教育研究院发布的2015年全国19个重点大城市义务教育均衡发展满意度的调查报告中，北京的满意度与5年前相比增幅达24.18%，增幅排名第一"。纵观近三年来的市级优质高中教育资源统筹工作，既有宝贵的经验，又有亟待解决的问题，下面逐一分析。

1. 市级优质高中教育资源统筹的宝贵经验

第一，坚持教育公平和教育均衡的基本方向。始于2014年的市级优质高中教育资源统筹工作，近年来不断走向深入。其间，遇到过阻力、面临过挑战，但是这项工作始终没有动摇、没有停滞。根本原因就在于北京市教育行政部门始终有着坚定的改革决心，坚持教育公平和教育均衡的基本方向，咬定青山不放松，不畏艰难、勇往直前。市级优质高中教育资源统筹的出发点是教育公平和教育均衡，落脚点也是教育公平和教育均衡。公平和均衡已经成为北京市基础教育改革的主旋律。作为出发点的教育公平和教育均衡，是立足优质高中教育资源本身；作为落脚点的教育公平和教育均衡，是立足义务教育的均衡发展，是要以优质高中教育资源统筹带动和维护义务教育均衡发展。教育公平和教育均衡就像是一座灯塔，为教育改革指引着方向。

第二，聚焦优质高中教育资源的供给侧结构性改革，扩大供给和精准供给两手抓两手都要硬。本轮基础教育综合改革与以往最大的不同，就是聚焦教育领域的供给侧结构性改革。优质高中教育资源统筹就是围绕着优质高中教育资源的供给侧结构性改革进行制度设计和政策调整。在具体的做法上，则始终坚持扩大供给和精准供给两手抓两手都要硬，将优质高中教育资源的扩大供给和优质高中教育资源的精准供给同步推进。

第三，依托部属、市属高校及其附中，走优质高中教育资源的多样化发展之路。北京市高等教育资源得天独厚，既有北京大学、清华大学等全国知名的部属高校，又有首都师范大学、北京工业大学等众多市属高校。为了充分发挥北京市高等教育资源丰富的独特优势，北京市教育行政部门从两方面下功夫。一方面，依托高校附中，支持其通过新建、扩建等方式扩大校区规模和招生规模，加大优质高中教育资源供给；

另一方面，依托部署高校、市属高校，通过联合培养、"双培""外培"等方式，走优质高中教育资源的专业化、特色化、多样化发展之路。

第四，补齐短板、整体推进，照顾到每一所初中校的每一个孩子。市级优质高中教育资源统筹工作的力度之大，通过2016年新增的"校额到校"招生方式即可见一斑。通过"校额到校"的方式，保证每一所初中校的孩子都有不低于30%比例的优质高中入学名额。这就是补齐短板、整体推进的工作策略，全市一盘棋，不让每一所初中校掉队，从而整体提升优质高中教育资源的覆盖率，让每一所初中校的每一个孩子都有均等机会升入优质高中。

第五，将优质高中教育资源统筹与基础教育培养模式创新相结合。以优质高中教育资源统筹推动基础教育培养模式创新，以基础教育培养模式创新实现优质高中教育资源统筹，做到优质高中教育资源统筹与基础教育培养模式创新相互促进、相辅相成，是北京市优质高中教育资源统筹工作的宝贵经验。如前所述，过去几年，北京市已先后探索出"1+3"培养模式、贯通培养模式等新型教育培养模式。这些新型教育培养模式对于实现优质高中教育资源统筹发挥了重要作用。

2. 市级优质高中教育资源统筹需要协调处理好的矛盾和问题

市级优质高中教育资源统筹是北京市基础教育综合改革的重要抓手。未来几年，市级优质高中教育资源统筹工作必须不断深化、开拓创新。与此同时，我们也应当在梳理过去几年市级优质高中教育资源统筹工作中存在的矛盾和问题，以便在以后的工作中加以改进。

第一，统筹权力的享有与支配资源的匮乏之间形成鲜明的矛盾。市级优质高中教育资源统筹的权力享有与行使主体主要是北京市教育行政部门。然而，北京市教育行政部门可直接调配的优质高中教育资源却相对匮乏。市级教育行政主管部门对教育资源进行统筹的权力由党的最高决定作为上位依据。党的十八届三中全会通过的《中共中央关于全面深化改革若干重大问题的决定》（以下简称《决定》）明确提出要"深入推进管办评分离，扩大省级政府教育统筹权和学校办学自主权，完善学校内部治理结构"。根据《决定》，北京市教育委员会作为北京市政府的教育行政主管部门，享有在全市范围内对教育资源进行跨区域统筹的权力，可以就各个区域的教育资源不均衡进行重新配置。然而，北京市的现实情况是，目前全市绝大部分中小学，无论是优质教育资源还是一般教育资源，均归属各个区县教育行政部门或者相关高校直接管理。这样，市级教育行政部门享有在全市范围内进行统筹协调的权力，但是却缺少可以直接调配的优质教育资源。无疑，统筹权力的享有和支配资源的匮乏之间形成了鲜明的矛盾，这成为优质教育资源市级统筹必须着力解决的首要问题。

第二，协调处理好区域教育均衡与区际利益补偿问题。教育均衡是教育改革的基本方向。但是，对北京市各区来说，区域教育均衡必定会带来几家欢喜几家忧。对优质教育资源薄弱区来说，渴望借助区域教育均衡来促进本区教育发展；对优质教育资源集聚区而言，区域教育均衡会损害到现有的教育优势。因此，在坚持教育均衡发展理念不动摇的前提下，必须探索可行的路径，实现既能够有效调动优质教育资源集聚区的积极性，又能够切实帮助优质教育资源薄弱区快速发展的目标。因此，从全市一盘棋的角度考虑，优质高中教育资源统筹不单单是市教委的工作，而应当综合借助各区区委、区政府的力量，做好各区之间的区际利益协调与利益补偿问题。

第三，协调处理好现有政策之间的有效衔接问题，保证精准供给的有效性。截至2017年初，市级优质高中教育资源统筹政策本身包括前述六项措施，分别是："统筹一""统筹二""统筹三""校额到校""1+3"和"乡村计划"。每一项措施都有自成体系的招生计划、招生办法和名额分配方案，政策设计非常细致。但与此同时，在实践操作层面，是否都能有效实现政策设计者的初衷？政策与政策之间是否能实现无缝衔接？还需要进一步地观察。以"1+3"项目为例，政策设计者的初衷是为了真正实现基础教育培养模式的创新，并让每一个孩子都能得到最好的发展。但从目前的实践运行来看，由于受到各方面的因素制约，还需要在政策协调层面继续深化改革。

第四，平衡好优质高中学校的特色化办学与规模化办学之间的关系。目前市级优质高中教育资源统筹的重要方式之一，是支持优质高中学校走规模化发展之路。例如，支持清华附中、北大附中、人大附中等部属高校附中新建、扩建校区，支持北京四中、北京八中等传统优质学校在远郊区建立分校等。无论是新建、扩建校区还是建立分校，都属于规模化办学的思路，客观上有利于扩大优质高中学校的覆盖范围，满足更多的优质高中教育资源需求。但同时，也必须清醒地认识到，在规模化和特色化之间，要尽量找到一个平衡点。不能因为规模化，就失去了优质高中学校的特色和竞争力。对此，甚至有文章指出，对高中学校来说，特色应当重于均衡。"从推动高中教育发展的视角看，实施名额分配政策，有利于打破一直以来优质高中垄断优质生源的现象，在一定程度上是一种进步。但不得不承认，目前的高中发展应当是特色重于均衡，不应简单追求'齐步走'，而应当鼓励高中学校办出各自特色、办出更高质量。因此，相对'均衡生源'，如何让不同学生能够选择与自身兴趣特长相契合的、具有不同办学特色的高中学校，应当是一个更高的目标追求"。

3. 对下一步市级优质高中教育资源统筹工作的建议

市级优质高中教育资源统筹是一个需要从全市大局出发予以研究的新课题。要促进市级优质高中教育资源统筹，就必须打破已有的优质高中教育资源垄断格局。这对政策的制定者和执行者而言，无疑具有很大的挑战。当改革进入"深水区"、改革只剩下"难啃的硬骨头"时，我们必须抱定必胜的信念，找准可行的路径，继续撸起袖子加油干。

第一，坚定信心，迎难而上。下一步的市级优质高中教育资源统筹工作，在基本理念上，仍然要坚持把学生放在正中央的教育理念，切实关注学生的实际获得，尽最大可能让每个孩子都成长成才。在主要目标上，要继续坚持以教育均衡、教育公平和优质多样为改革目标，坚持教育均衡、教育公平、优质多样三位一体，在实现教育均衡和教育公平的前提下，探索优质多样的多元路径。

第二，整合组建市教委直属的市级优质高中，专门用于市级优质高中教育资源统筹。针对前述市教委的市级统筹权力与可直接支配的优质教育资源之间不匹配的矛盾，可以探索建立一所或者几所市教委直属的市级优质高中学校，专门招收市级优质高中教育资源统筹类学生。具体的组建方式可以有两种：一种是新设立组建，另一种是吸收合并组建。在这两种组建方式中，新设立组建需要的成本较高，从校舍、设备到师资和管理经验，都需要从头开始。与之相比，通过吸收合并的方式组建一所新的学校直接用于统筹目的，一方面能够有效降低办学成本，另一方面能够盘活现有的教育资源，可以起到"一箭双雕"的作用。

第三，探索建立普通高中成长为优质高中的长效帮扶机制。市级优质高中教育资源统筹的目的不是要削弱现有的优质高中学校力量，而是要实现全市高中教育教学的整体提升。在这个意义上，优质高中的数量应当是越来越多，质量应当是越来越强。在这个过程中，政府以及教育行政部门的主要任务就是要帮助扶持普通高中以最快的速度成长为优质高中。因此，探索建立普通高中成长为优质高中的长效帮扶机制尤为重要。首先，教育行政部门应当从政策层面允许普通高中在满足一定条件的情况下可以晋升为优质高中。其次，确定普通高中晋升为优质高中的软硬件条件。由于不同的普通高中有不同的教育特色和实际情况，因此，应当实施分类管理和精细管理的策略，为每个类别的普通高中确定各自的晋升条件。最后，确定普通高中晋升为优质高中的成长周期。这个周期可以是三年，也可以是五年，根据整体需要而定。在这个成长周期里，政府和教育行政部门每年对该普通高中进行有的放矢地帮助和扶持。如果到了确定的年限，该学校没有经评估考核认定为优质高中，则不再对其进行帮扶。

第四，在坚持优质高中教育资源规模化发展的同时，采取适当措施鼓励优质高中学校的特色化发展和创新型办学。现阶段，优质高中教育资源的规模化发展必不可少。但是，如前所述，优质高中教育资源的规模化切忌盲目扩张、千篇一律。必须探索通过适当措施充分激发优质高中学校的潜能和活力，让各个优质高中能够在自己有所专长的领域自主办学，办出特色、办出水平。一方面，要坚持高中学校发展的优质多样性原则，让每所优质高中都有自己的优势、专长和特色；另一方面，要进一步创新高中学校的办学体制和办学方式，给予高中学校一定的办学自主权。

第十章　京津冀产业协同发展的路径和机制研究

依据京津冀协同发展产业融合发展的机理和实证分析结论，我们发现京津空间邻近性优势凸显，京津冀协同发展的空间经济联系强度增大主要是京津之间联系增加引起，而京冀、津冀之间的空间经济联系强度始终处于极弱的联系程度。尽管京津冀协同发展产业拥有较高的介入机会，但是介入能力却远远低于介入机会，为此，构建以"规划引导→市场主导→政策支持→机制保障"为基本模式的京津冀协同发展产业融合发展路径，形成多形式、多元化、多层次产业融合发展的新格局，促进产业集群全面升级，发挥辐射作用，提升京津冀世界级城市群国际地位、成为我国经济新的增长极，为此提出促进京津冀协同发展产业融合发展的对策和建议。

第一节　健全京津冀协同发展协调机制

现阶段在京津冀协同发展的产业空间联系处于极弱的联系程度，运用贝恩指数测算发现城市群产业融合发展使市场空间合作在逐步增强，但力度还不够，京津冀协同发展协调发展还存在着与完成任务目标不相适应的许多亟待解决的关键性和阻碍性问题，必须建立健全多层次的协同发展制度，形成重大规划、重点发展决策科学、灵活机动、快速反应、统筹推进，收到实效。

第一，建立京津冀政府轮值协调会议制度。该制度的建立是为了京津冀政府间高层密切协作，提高协同发展步伐，有侧重地快速解决问题，推动经济发展。会议轮值召集人不按时间确定、不按照政府排序，由研究项目主办政府决定。轮值会议研究项目涉及京津冀的各项要素流动；轮值会议时间以会议主题确定。该制度建立的核心是高规格协调京津冀协同发展府际中的不同层次的各个主体，达到密切配合、分工协作、采取共进快速推进产业融合发展和区域经济高质量发展的目的。

第二，建立京津冀协同发展 13 个城市政府联席会议制度。定期举行会议，打破行政区划惯例、及时传导中央关于京津冀协同发展理念。以每季度召开一次为宜，扩大城市群横向联系沟通面、总结经验教训、互相借鉴、共同提高，同时可以强化城市群内各城市单元高层的协同发展的意识，树立大格局；发挥京津冀中心城市在空间上辐射带动作用，推进更大范围的一体化，促进协同发展发展；打破行政区划界限，解决跨行政的重大战略实施，集中办公；发挥政府和市场合力作用，构筑每个行政区追求自身利益的行为与区域整体利益的目标兼容的发展规划。同时构筑纵向到底的如河北省"省—市—县"、京津"市—区（县）"规划，保障空间经济产业错位发展、融合发展、协调发展，推进实现整体发展目标和各自发展目标步伐，增强推进京津冀产业融合发展的自觉性、积极性、创造性。

第三，建立京津冀协同发展高规格的政企联席会议制度。一方面，密切政府与产业集群企业的联系。政府向企业传导产业政策、发展规划目标等，听取企业诉求，改进工作促进优化产业结构；另一方面，以此平台增强企业家的联系，为不同产业聚集和产业集群发展创造条件，引导空间网络构建和整合，打破垄断加强合作。实现京津冀协同发展的良性发展、绿色发展、高质量发展。

第二节　推进京津冀的产业发展

京津冀协同发展产业虽然存在较高的介入机会，但是介入能力却远远低于介入机会的现象，京津冀协同发展产业布局存在明显不合理的情况，为促进产业发展和激励企业提出以下建议：

第一，发挥政府推动引导作用，为产业融合升级奠定基础。根据京津冀协同发展规划，抓住河北雄安新区和通州北京副区建设契机，加强城市群的合作，做好工业园区、高等教育机构、医疗机构、金融机构等企业总部建设规划。引导企业的集群发展，营造产业发展轴。提升河北承接能力，沿主要轴线打造承接非首都功能的载体和经济发展的增长极，完善石家庄省会的城市功能，依据原有基础建立，进一步挖掘潜力建设商贸中心，建设全国知名大型商贸产业集聚区。依据资源禀赋和天然优势，引导建立沿东接山东、中为河北、东至辽宁的跨区域集健康养生、休闲娱乐为一体的环渤海旅游度假区，组织招商引资，整合资源，有序竞争，避免重复建设。引导现代农业向河北廊坊周边区域、北京通州集聚，引导京津冀旅游业增强空间联系，促使生态休闲旅游型的产业与张家口、承德和秦皇岛的联动，提高聚集规模效益。明确产业导向，优化布局，引导京津冀制造业、现代农业、旅游业、航空、港口等产业错位发展，形成有序竞争，共赢发展局面。发挥政府职能，协商疏通京、津科研、高校的科技，优势产业向河北省的梯度转移空间渠道，促进京津科技成果在河北转化落地。

第二，整合京津冀航空、航海、交通资源，培育具有国际竞争力的产业集群。提升京津冀海城市群空、港、路服务能力，协同推进区域具有全球竞争力的优势产业，强化北方国际航运中心地位，发展现代物流业。发挥京津冀航空优势，整合城市群资源。一是协作发挥首都国际机场和新建的北京新机场、天津机场及河北各个新建机场的航空运输优势。畅通以北京为中心通向四面八方的高速公路运输渠道，整合秦皇岛港、京唐港、曹妃甸港、天津港和黄骅港，建设各港口周边高速公路运输网络，形成以天津为轴心辐射、天津周边及河北邻近县域为基地的国内及世界的现代物流中心。确立天津北方国际航运核心区地位，加强北京、天津、石家庄海关以及港口的通关一体化改革。津冀港口合作、错位发展，资源共享，打造津冀港口间的集装箱班轮精品航线，实现天津自贸区功能向河北港口保税区的延伸拓展；京津冀港口产业、物流产业通过重组、股权收购、兼并、合作等措施完善港口产业链；拓展码头运营、港口建设、港口公共服务等领域的合作，形成优势互补的干线枢纽港与支线喂给港的格局，增强津冀港口群对环渤海、内陆腹地的影响力和辐射力，协同打造以天津港为核心、河北港口为两翼，布局合理、分工明确、功能互补、安全绿色、畅通高效的世界级港口群，提升服务京津冀协同发展的能力和水平。

第三，科技创新驱动高科技主导、优势产业发展。一是加大对高科技产业的研发投入。京津冀区域集中了全国乃至世界知名的高校以及科技研发和试验人员、高校在读学生。政府应从宏观上调整财税政策和产业政策，扩大对高科技产业的投资规模，促进科研、教育与经济的融合。京津加大高科技向河北的输出与外溢力度，使京津的原创科技能力，在河北落地实施转化成果，发挥科技创新在产业发展中的作用。二是以京津冀高科技装备制造业、生物医药、信息传输、人工智能等主导产业企业为主体，开展京津冀空间技术研发合作，建立企业研发中心、科研院所、高校、生产基地创新技术联合体，促进京津冀协同发展的产业与技术合作，发展高端制造业，使产品取得国际市场优势，做大做强支柱产业。三是引进与培养人才并重，保障高科技产业具有持续的"活力"。建立京津冀世界级城市群，必须从消除产业融合的人才瓶颈着手。一方面引进科技创新和经营管理的顶级人才及其团队，突破制约性、关键性技术和管理问题；另一方面，通过"候鸟计划"，促进京津人才向河北流动。只有加大人才储备和现有技术工人培养力度、培训两轮并驱，产业发展才有后劲和活力。储备人才主要依托京津高校，培养在校专业型、复合型科技、管理人员。改变现有在校学习与实际应用脱节现象，在高等院校和科研院所实行融合型的研究机制和跨学科的专业教育，培养创造性思维的人才。重点培养现有技术工人，将高校技术理论培训与企业基地实际工作相结合，提高使用新技术、改进工业设计与操作能力，做到"学、用"结合，是企业将 R&D 合理利用，提高资金效率的捷径。四是打造产业集群品牌建设。在产业集群发展方面，发挥北京高科技优势，实现科技与天津装备制造、电子信息、航空航天、新能源新材料等战略性新兴产业等中端产业融合发展，提高产品科技含量，打造高端知名品牌产业集群。集群的根据北京的产业多集中在科技研发及金融等现代服务业领域，处于产业集群的高端；加强京津冀协商，妥善处理整体与局部利益，优化产业布局，力促京津冀高端制造业产业聚集打造知名品牌。五是科技与传统产业、低端制造业融合，改进工艺流程，实现信息化和工业化，力促河北的高能耗、高污染、低附加值的制造业转型升级。

第四，大力发展总部经济模式，壮大京津冀协同发展经济实力。京津冀协同发展，具有良好的区位优势和良好的交通运输网络设施，天津、河北的五大港口为总部物流提供了便利。在京津冀协同发展的北京、天津、石家庄打造高端国际交流平台，吸引国际组织总部落户，扩大对外开放水平，在河北省欠发达地区建立承接其制造基地转移，形成比较优势的产业集群，增强加工配套能力，增强对周边地区的带动能力，区域经济从欠发达走向发达成熟。通过"总部＋基地"链条实现京津总部向河北的信息、技术、人才等区域资源欠发达的区域辐射，甚至突破京津冀边界到周边的省市县。实现不同资源优势在城市空间通过功能链不同区段的再分工进行合作，实现共同发展。坚持市场主导，政府引导、错位发展为原则，一是加强京津冀空间联系、提升政府服务，加大市场开放程度。做好总部入驻的基础性工作。对市场自发集聚的总部，政府积极参与规划，全方位地完善总部五个条件加快发展；政府根据城市产业结构、经济基础先行规划建设，通过招商吸引总部企业集聚。二是发挥首都北京的区位和服务业在三次产业中占比高的优势，以建立全球总部为主。三是在唐山、保定、廊坊、秦皇岛、沧州等城市建立国内总部、地区总部以及行政总部、营销总部、研发总部等多种层次的经济总部，形成京津冀不同城市、不同区域之间的合理分工与合作。以总部经济加速京津冀超大城市和大城市的国际化步伐，带动实现城市群经济总量骤增。

第五，从完善企业激励机制着手，打造强大竞争力的企业主体。一要构建以企业核心价值观为主要内容的独具特色的完整企业文化体系，在企业发展战略调整、提升团队战斗力和企业竞争优势上发挥文化的引领作用。将核心价值观引领的经营管理理念贯穿创新发展和业务经营各个领域，融入经营管理、市场拓展、服务客户环节。企业主体用与时俱进的先进企业文化，塑造企业精神，指引发展方向。二要建立薪酬激励与精神激励有机结合的企业激励约束机制，在提高收入的同时，实现个人价值与社会价值的结合促使员工与企业共同成长。三要提升企业创新能力和对外推介能力。增大青年员工科技经费的投入和培训费用在企业 R&D 中的占比；加强对研发人员英语沟通能力和写作能力的培训，提高对外推介交流能力。

第三节　京津冀产业协同发展路径

京津冀产业协同发展是按照中央的部署要求逐步推进，取得了一些成就，但距离产业协同发展的目标要求还相差太远，有些问题和障碍还有待破解，有些该做的工作需要扎实推进，如中国一直自豪地认为中医药是我们的国粹，但是权威期刊《中草药》最近透露：日本占据了目前全世界90%的中药市场销售份额，因此京津冀应联合起来，通过成立联合组织，向国内外销售中药产品。现就如何借党的十九大胜利召开的东风，进一步推进京津冀产业协同发展，明确京津冀区域的战略定位，提出未来协同发展的路径，对提升京津冀三地的经济实力，使三地的经济水平迈上新台阶具有十分重要的现实意义。

对制造类产业，产品方面需要进行联合，企业插入将会涉嫌垄断，因此政府需要搭建京津冀联合平台，不必花费大成本。辅助生产方面，如需要天然气做动力的产业，可以设置专门的管理公司进行监管天然气的运输等，从而降低成本、保证质量，同时污染处理需要进行服务专业化。制造方面，由于制造成本大部分为人工成本，而制药企业工人却极度稀缺。因此，京津冀应该设立统一的职业技术学校辐射京津冀，为职业需要联合培养操作人才专门为京津冀服务。

在规模层面，京津冀应做大规模，发挥品牌的效应进行协同，而不是仅仅企业的协同。品牌协同优势的建立过程既复杂又漫长，企业的营销与宣传渠道越多、受众越广，品牌优势形成的基础就越扎实，客户就越容易接受同一个企业为之提供的其他服务。京津冀可以在一套统一的品牌下，与客户建立相互的沟通策略，统一使用集团的品牌和商誉，提高各公司的竞争能力，使其在更高的层次以集团综合经营整体的形式参与市场竞争。相对独立经营一种业务的机构，树立统一品牌的集团模式下的营销渠道基础、客户信息基础更广泛。通过集团下属机构以同一品牌在各类销售渠道为客户服务，有助于提升集团整体形象，构建品牌优势。

平台建设层面，京津冀三地进行跨地区的工商整合，资源整合，通过搭建一个大平台，平台上的京津冀各地的工业企业并非与各自所属地签署协议，而是均同北京签署协议，在大平台上将京津冀联合起来，统一招标，统一支付及付款，通过销售地产产品，从而将税负降低，同时由于大企业与小企业在进行合作时，成本较高，通过京津冀平台可以节省成本。并且可以建立多级金融中心，推动京津冀同城支付结算体系、征信系统、产权和票据市场一体化。

联合销售层面，京津冀区域的企业可以通过联合研发与销售产品、交叉共享客户信息、共享网点与后台设备以及销售渠道等方式，向客户提供多元化产品的"一站式"服务，从而使得经营成本降低，区域整体的经营绩效提高。京津冀区域可以共享信息资源，尤其是客户信息。连通企业信息库，共享销售渠道，

一、编制京津冀协同发展专项规划，是京津冀产业协同发展的重中之重

京津冀三地实现产业协同发展，关键步骤在于从顶层设计上定好位、布好局，统筹谋划，协调发展，这是京津冀产业协同发展的首要任务。

1. 统筹京津冀协同发展规划等各类规划

编制区域产业发展规划不仅要考虑到产业因素，还需要考虑环境及资源要素，产业方面涉及结构、布局等，环境需要考虑环境承载能力，能源涉及结构，存储等一些因素。

2. 统筹空间与产业发展布局

从空间上布局各地重点发展的产业园区、产业集群、产业带、高科技园区等。以河北雄安新区作为试点，尽快编制出台总体规划，做好非首都功能疏解和产业转移对接规划。

3. 完善规划，促进区域统筹协调

规划要突破区域壁垒与利益界限，以京津冀产业协调发展与建设世界级产业创新中心为总目标，结合三地发展定位，制定三地产业发展总体思路等。完善相关体制机制规程制度，有效解决区域之间因行政分割带来的各方利益冲突和步调不一的问题。

二、促进产业同链，是产业协同发展的基础

京津冀产业要想协同发展需要将三地融合，使产业链条变长，实现产业对接。要促使产业在产业链上梯度有序分布，不同产业集群在空间价值链上错位发展，并逐步改变产业分布雷同、产业梯度过大的状况。

1. 按照"强点—成群—组链—结网成系统"的路径实现京津冀产业协同创新

强化产业分工布点，明确分工定位；配套完善基础设施等公共服务保障，引导要素集聚呈轴向发展；促进产业集群，形成辐射功能；以主导产业为基础，组建产业共链、风险共担、收益共享的"链上共同体"，织结区域间产业合理分工和上下游协作发展网络体系，促进产业融合发展，推动产业分工协作发展。

2. 持续推进区域产业结构优化调整

提升北京第三产业核心竞争力和辐射带动能力,加快北京非首都功能向津冀转移,增强天津高端制造业和生产性服务业水平,提高河北省工业与服务业水平,形成合理的区域性产业梯度结构和分工链条,打造地区间"比较优势"。

3. 进一步促进产业转型升级

加大对河北钢铁等传统优势产业改造升级力度,妥善处置"僵尸企业"有序实现优胜劣汰和产业重组。

4. 打造京津冀合理的产业梯度结构和区域"比较优势"

北京要发展"高精尖"产业,优化产业特别是工业项目选择。河北省要加快改变"两高一低"传统产业格局。三地要形成分工合作、优势互补、错位发展的产业结构,避免区域内部同质竞争。重要产业形成一根链条共同崛起。

三、推进市场统一,构建产业协同发展统一市场

功能齐全、统一开放、竞争有序、繁荣活跃的市场体系,是京津冀产业协同发展的载体。当前,推进京津冀区域性统一市场的形成,一是构建京津冀统一市场运作规则。尽快建立高度接轨无缝连接的市场运行准则。例如,北京的药企搬到沧州,药品搬迁会涉及药监局的一些问题。其中一个重要原因就是没有完备的监管制度。二是共同培育京津冀区域性市场。京津冀区域应逐步建立健全规模不等、层次不同、功能各异的区域性市场体系。三是开拓统一开放的生产要素市场。加快培育和发展京津冀生产要素市场,促进生产要素跨区域流动,以生产要素流动促进产业转移。

四、充分发挥科技创新作用,助长产业协同发展

创建京津冀的创新成果流动平台、加深京津冀区域间科学技术的交流与合作。注重构建研发创新集聚区,协力发展。将一批创新潜力强的中小科技型企业聚集起来,激发创新活力,形成科技聚集区,发挥创新扩散效应,降低科研成本,控制科技创新风险,同时积极促进创新载体间的互动合作。

五、实现京津冀交通一体化,贯通产业协同发展

京津冀协同发展要率先突破的三个重点领域其中就包括交通,只有交通发达了,出行便捷了,交通网络高效了,京津冀产业协同发展才能顺利进行下一步。为此,一是统筹区域交通基础设施规划建设。有效发挥交通对京津冀区域协同发展的引领作用。

二是提升区域交通一体化、智能化、便捷化服务水平。发展安全绿色的物流运输，有效降低运输物流集散成本。三是发挥交通枢纽节点功能。提高交通枢纽周边地区产业承接能力，合理布局交通枢纽周边产业结构和规模，增强交通沿线一带产业集聚功能。加快完善连接雄安新区、京冀周边城市的交通网络，建设轨道上的京津冀。

六、推动区域内金融互通，注入产业协同发展活力

资金融通、资本运行，是京津冀产业协同发展的"催化剂"。一是通过设立引导产业发展基金、发行股票债券、PPP 投融资模式吸纳社会投资等多渠道筹措资金，解决企业融资难、融资贵问题，注重发挥杠杆作用。二是探索银行、证券、基金等各类资本市场有效分工协作机制。推动京津冀区域内支付结算、融资信贷等业务同城化，降低跨行政区金融交易成本，提升金融对产业协同发展的支撑能力。三是加强对区域金融市场的事中事后监管和信用体系建设，防范资金运作过程中可能产生的金融风险。

七、促进公共服务同享，是产业协同发展的保障

扩大公共服务供给，实现公共服务均等化，是京津冀协同发展的保障。一是以服务同享提升产业转移和发展动力。通过有效促进产城融合，完善产业区周边居住区、商务区及公共服务等功能配套，促进产业与人口、就业、社会服务协同发展，使不同地区居民获得大体均等的就业、住房、教育机会、公共服务、生活环境和生活水平，增强产业区域周边配套对要素的吸引力。二是推进优质教育、医疗卫生、劳动就业、社会保障服务等公共服务资源均衡布局，大力推进交通、能源、信息等基础设施互联互通。逐步缩小京津冀地区间公共服务水平差距，力求使人民群众共享区域协同发展成果。三是深化"放管服"改革。创新区域性财税、公共服务、绩效考核等体制机制，健全产业转移对接企业税收分享及利益协调长效机制，在市场准入、知识产权保护等方面提供支撑保障，推动要素有序流动和优化配置。

参考文献

[1]薄滂沱.现代保险服务业促进京津冀区域航空物流协同发展研究[M].天津：南开大学出版社，2018.

[2]曹鸿飞.区域经济发展视角下京津冀高等教育协调配置路径探究[M].天津：天津科学技术出版社，2018.

[3]陈玲.京津冀产业结构变动对劳动力空间分布的影响研究[M].北京：中国纺织出版社，2019.

[4]崔启亮.京津冀协同发展语言服务调查报告[M].北京：对外经济贸易大学出版社，2021.

[5]董志良.互联网+对京津冀传统行业破坏性创新研究[M].北京：冶金工业出版社，2021.

[6]郝玉柱，王可山.京津冀一体化物流发展报告 2018[M].北京：中国经济出版社，2021.

[7]河北省哲学社会科学规划办公室.京津冀协同发展蓝皮书 2014—2015年京津冀协同发展形势分析与预测[M].石家庄：河北教育出版社，2015.

[8]蒋洪强，胡溪等.京津冀区域生态环境协同治理进展评估报告[M].北京：中国环境出版集团有限公司，2021.

[9]蒋宁.滨海新区融入京津冀协同发展战略的路径研究[M].天津：天津科学技术出版社，2019.

[10]孔祥铭，王冬琳.京津冀协同发展下高职院校实训教育资源共享研究[M].北京：九州出版社，2020.

[11]李浩川，刘文亮.京津冀协同发展空间大数据应用机制研究[M].北京：中国计划出版社，2021.

[12]李景元.对接高端城市与都市区公共事业协同发展 京津冀协同发展与京津廊区域公共事业运行机制变革[M].北京：中国经济出版社，2014.

[13]李景元.首都经济圈发展的历史性突破 面对京津冀协同发展国家重大战略的机遇透析[M].北京：中国经济出版社，2015.

[14]李彦鹏.机遇·京津冀美术[M].石家庄：河北美术出版社，2017.

[15]刘秉镰，张贵.十四五时期京津冀协同发展的新格局[M].天津：南开大学出版社，2021.

[16]刘宏海.以绿色金融创新支持京津冀协同发展[M].北京：中国金融出版社，2018.

[17]刘进成.京津冀水彩画史录[M].石家庄：河北美术出版社，2020.

[18]刘振忠.京津冀协同创新创业型体育人才培养研究[M].上海：复旦大学出版社，2020.

[19]吕连宏，张保留，罗宏.京津冀及周边地区产业与能源结构优化研究[M].北京：中国环境出版社，2019.

[20]曲鲁平.京津冀协同发展视阈下体育传统项目学校联动机制的构建与实证研究[M].天津：天津社会科学院出版社，2021.

[21]史宝娟，郑祖婷，张立华，等.京津冀生态产业链的构建及优化研究[M].北京：冶金工业出版社，2018.

[22]陶品竹.京津冀协同发展与区域法治建设研究[M].北京：中国政法大学出版社，2018.

[23]汪自书，刘毅，李王锋.京津冀地区战略环境评价研究[M].北京：中国环境出版集团有限公司，2021.

[24]王可山，郝玉柱.京津冀一体化物流发展报告[M].北京：中国经济出版社，2019.

[25]王璐，王微.京津冀区域经济一体化发展研究[M].成都：电子科技大学出版社，2018.

[26]王晓平.京津冀协同发展中北京市物流资源优化配置研究[M].北京：中国财富出版社，2019.

[27]翁钢民，李凌雁.旅游流网络结构与环境响应研究来自京津冀地区的实证[M].秦皇岛：燕山大学出版社，2019.

[28]颜廷标.京津冀协同创新机理与路径研究[M].石家庄：河北人民出版社，2020.

[29]尹志超.金融普惠与京津冀协同发展[M].北京：首都经济贸易大学出版社，2017.

[30]张波著.京津冀生态文明建设中企业区域合作研究[M].北京：九州出版社，2020.

[31]张明莉，边圆围.京津冀协同发展背景下区域产业承接选择与发展研究[M].2版.秦皇岛：燕山大学出版社，2022.

[32]张喜才.京津冀高等教育与产业协同发展模式及对策 基于产业链视角的研究[M].北京：中央编译出版社，2018.

[33]赵立功，白素萍.新型城镇化进程中京津冀公共体育服务研究[M].石家庄：河北科学技术出版社，2019.

[34]赵铨瑞，赵芳.国家级文物保护单位旅游指南：1.京津冀[M].石家庄：河北美术出版

社，2016.

[35]赵晓男.京津冀地区互联网金融平台发展研究[M].北京：中国金融出版社，2017.

[36]郑国萍.京津冀教育协同发展运行研究 基于供给侧改革视角[M].秦皇岛：燕山大学
出版社，2021.

[37]周文夫.京津冀协同发展框架下河北生态环境建设研究[M].石家庄：河北人民出版
社，2015.